한국 역사 속의 문화적 다양성

이 저서는 2013년 정부(교육부)의 재원으로 한국연구재단의 지원을 받아 수행된 연구임(NRF-2013S1A5B8A01053851)

지은이

박경하 중앙대학교 역사학과 교수
전영준 제주대학교 사학과 교수
박재영 중앙대학교 문화콘텐츠기술연구원 연구전담교수

다문화총서 6
한국 역사 속의 문화적 다양성

© 박경하·전영준·박재영, 2016

1판 1쇄 인쇄__2016년 08월 30일
1판 1쇄 발행__2016년 09월 10일

지은이__박경하·전영준·박재영
펴낸이__양정섭

펴낸곳__도서출판 경진
　　　　등록__제2010-000004호
　　　　블로그__http://kyungjinmunhwa.tistory.com
　　　　이메일__mykorea01@naver.com

공급처__(주)글로벌콘텐츠출판그룹
　　　　대표__홍정표
　　　　편집__송은주 디자인__김미미 기획·마케팅__노경민 경영지원__이아리
　　　　주소__서울특별시 강동구 천중로 196 정일빌딩 401호
　　　　전화__02) 488-3280 팩스__02) 488-3281
　　　　홈페이지__http://www.gcbook.co.kr

값 17,000원
ISBN 978-89-5996-515-1 93300

다문화총서 6

한국 역사 속의
문화적 다양성

박경하·전영준·박재영 지음

경진출판

책을 내면서

통계에 의하면 2015년 기준 전국 초·중·고 다문화학생은 82,536명으로 전체 학생 대비 다문화학생 비중은 1.35%로 나타났다. 초등학교 학생 중에서 다문화학생 비율은 2%를 넘어서고 있으며, 일반 학령인구는 감소하는 반면에 다문화학생 수는 지속적으로 증가하고 있다. 다문화학생의 학업수준은 일반학생에 비하여 부진하며, 교과수업에 대한 이해도 역시 낮은 것으로 나타났다. 다문화학생의 학업중단율 또한 일반학생들에 비해 높게 나타나고 있으며, 학교급이 높아질수록 학업중단율도 높아지는 경향을 보이고 있다. 이러한 상황에 대처하기 위하여 2015년 국가 개정교육과정은 범교과 학습 주제로 다문화교육을 개별 교과목의 수업활동에 반영하도록 명시하고 있다. 다문화사회에 있어서 다양한 소통능력을 기르고 배려와 나눔을 실천하며 더불어 살아가는 세계 시민으로서의 자질과 태도를 기른다는 점에서 정부의 다문화교육의 목표와 방향이 설정되어 있지만, 교육 현장에서의 적용에 있어서는 국가적 차원에서의 많은 고민과 정책적 대안이 요청된다.

한국사회는 오랫동안 단일민족국가의 신화에 몰입되어 있었으며, 이러한 사회적 분위기를 개선하려는 노력은 학계와 교육계 및 사회단체 등을 통해 진행되어 왔다. 이미 오래 전부터 학계의 각 분야에서는 문화의 통합과 충돌에 대한 연구가 상당 부분 진척되어 왔다. 문학 분야에서는 비교문학연구, 문화연구 등을 중심으로 다문화패러다임의 가능성에 대한 분석이 행해졌다. 또한 최근 영미문학연구회

등을 주축으로 이루어지는 영문학 작품들에 대한 기존의 번역을 점
검하는 노력 또한 다문화사회에 한 걸음 내딛는 우리의 현실을 다시
검토하는 디딤돌이라 하겠다.

학계의 각 분야에서 다문화에 대한 광범위한 논의가 진행되기는
하였지만 여전히 서양에서 생성된 이론을 단순히 수용하는 데 그치
고 있다. 더구나 다문화에 대한 실제적 논의는 사회학과 정치학의
방법론으로 접근하는데 국한되어 있는 실정으로 인문학적인 접근 방
법에 입각하여 종합적인 패러다임을 제시한 예는 아직 없다.

역사학 분야에서도 강대국에 둘러싸여 개방을 경험했던 한민족의
과거에 대한 연구를 체계적으로 축적하고 있고, 특히 전근대사의 각
단계에서 나타났던 교류와 교역을 통한 문화의 전파와 정착과정을
밝히는 연구들이 진행되어 왔다. 이들 연구들은 '다문화'라는 특정
주제에 선별적으로 반응하지는 않지만, 역사상의 구현에 있어 영향
을 끼쳐왔던 다양한 문화상의 재현이라는 연구에 집중되고 있다. 최
근에는 '탈민족'적인 시각으로 민족주의 역사관에 대한 비판도 이루
어지고 있다.

한국의 다문화 정책에 대한 시각을 단순히 세계 사조의 흐름을 도
입하여 적용하는 정도에 그친다면 물과 기름 같은 서로 다른 차원의
정책으로 시행될 가능성이 높다. 때문에 한국사회가 안고 있는 문화
전통의 특성을 보다 심화하여 한국사에서 그 원인을 규명하고 밝히
는 과정이 더 필요한 시점이다. 즉, 현재 한국사회의 다문화 관련 연

구나 실천 단계는 현실성이 담보되는 사회복지 측면이 강조되고 있
다. 이로 인해 한국의 다문화사회는 탄탄한 이론적 기반 없는 사상누
각이 될 공산이 크다고 하겠다. 즉, 고대로부터 현재에 이르기까지
한국사회에 수용되고 적용된 다양한 문화적 층위를 밝히고 선명히
하는 작업이 우선되어야 하며, 당면한 한국사회의 현실을 바로 보는
전환점이 되어야 할 것이다.

2016년 8월 20일
저자 일동

목차

2부 근현대

1부 전근대

1장 문화의 개념과 한국의 다문화 연구

1. 문화의 개념과 속성

1.1. 문화의 어원

'문화(文化: culture)'란 말처럼 우리가 자주 사용하면서 또 다양한 의미로 사용하는 단어도 드물다. 본래 문화란 말은 라틴어인 'cultura'에서 유래된 것으로 'cultura'는 '육체나 정신적인 재산을 돌본다'는 의미를 갖고 있다. 이 말이 17세기 이후 유럽을 중심으로 'culture'로 사용되기 시작하면서, 점차 민족이나 사회의 정신적 또는 예술적 표현의 총체라는 의미를 형성하여 오늘에 이르게 되었다. 따라서 문화란 말이 오늘날과 같은 의미를 가지고 인류역사에 사용되기 시작한 것은 지금으로부터 약 400여 년 전부터라 하겠다.

400년이 지난 오늘날의 문화는 매우 다양한 의미로 사용되고 있다. 뿐만 아니라 이 문화란 말에 기초하여 많은 파생어들이 만들어졌다. '문화인(文化人)'·'문화민족(文化民族)'·'문화유산(文化遺産)'·'대중문화

(大衆文化)'·'한국문화(韓國文化)'·'동양문화(東洋文化)'·'서구문화(西歐文化)' 등은 모두 문화란 말의 의미를 기초로 해서 파생된 말들이다. 그러나 이러한 파생어들은 문화란 말의 동일한 의미에 기초하고 있는 것은 아니다. 예컨대 문화계나 대중문화란 표현에서의 문화는 그것이 문학이나 예술분야를 가리키는 의미로 사용되고 있지만, 문화인·문화민족에서의 문화란 지적(知的)인 것, 개화(開化)된 것, 또는 발전된 것을 의미한다. 또 한국문화·동양문화·서구문화에서의 문화는 특정한 인간집단 또는 한 지역이나 국가에서 나타나는 생활양식(生活樣式)을 총괄하여 가리키는 의미로 사용되고 있다. 이것은 곧 문화란 말이 매우 당양한 의미로 사용되고 있으며, 그런 이유로 이를 기초로 파생된 여러 복합어들도 각기 다른 문화의 의미에 그 토대를 두고 있음을 보여주는 것이다.

이렇게 문화란 말에서 파생한 복합어들이 조금씩 그 의미를 달리하는 것은 문화란 말의 의미가 상당히 복잡한 것이어서, 그 개념을 한 마디로 정의하기가 매우 어려운 것임을 보여준다. 이러한 사실은 인류의 문화를 전문적으로 연구하는 학자들조차 문화의 개념을 하나로 통일시키지 못하고 있다는 점에서도 알 수 있다.

1.2. 문화의 총체론적 관점과 관념론적 관점

본래 문화의 개념을 중요한 연구영역으로 다루는 학문은 인류학(人類學)이다. 인류학 중에서도 문화인류학(文化人類學)에서는 포괄적인 의미에서의 문화, 즉 인간에 의해 이룩된 모든 것을 그 연구의 주요 대상으로 삼고 있다. 즉 인간에 의해 이룩된 모든 것을 그 연구의 주요 대상으로 삼고 있다. 그런데 문화를 연구의 대상으로 하고 있는 인류학자들조차 문화의 개념에 대한 정확한 정의를 내리는데 의견의 일치를 보지 못하고 있다.

1952년 크로버(Alfred Kroeber)와 클락혼(Clyde Kluckhohn)이란 두 학자는 당시까지 여러 학자들에 의해 내려진 문화의 정의에 대해 검토한 바 있다. 그 결과 약 175개의 상이(相異)한 문화에 대한 정의들을 검토하여 3백여 페이지에 달하는 『문화: 개념과 정의의 비판적인 검토』란 책으로 정리하고, 이를 토대로 문화에 대한 포괄적인 정의를 시도하였다. 그러나 크로버와 클락혼의 문화에 대한 정의조차 여러 학자들이 내린 다양한 문화에 대한 정의에 또 하나의 새로운 정의를 추가하는데 그치고 말았다.

우리는 여기서 크로버와 클락혼처럼 지금까지 내려진 수많은 문화에 대한 정의들을 일일이 살펴볼 수는 없다. 하지만 문화에 대한 많은 정의들이 크게 두 가지 관점, 즉 총체론적 관점과 관념론적 관점의 두 가지 범주로 대별할 수 있으므로, 여기서는 이 두 가지 관점에서의 문화에 대한 정의를 간략히 살펴보도록 하겠다.

먼저 총체론적 관점에서는 문화를 '한 인간집단의 생활양식의 총체(總體)'로 정의한다. 총체론적 관점에서 문화를 처음 정의했던 사람은 타일러(Edward B. Tylor)로 그는 1871년 자신의 저서인 『원시문화(Primitive Culture)』에서 문화는 '지식·신앙·예술·법률·도덕·관습 및 사회의 한 성원(成員)으로서 인간에 의해 획득된 모든 능력과 습관들을 포함하는 복합총체(複合總體)'라고 정의한 바 있다. 이 타일러의 문화에 대한 정의는 가장 포괄적이고 오래된 것으로 지금도 널리 인용되는 고전적 정의에 속한다. 특히 타일러는 문화는 학습되며, 사회의 다른 구성원과 공유되고, 그것이 하나의 상호 관련된 전체를 이루고 있다는 점을 강조하고 있다. 이러한 타일러의 문화에 대한 정의는 문화가 인간 고유의 것임을 암시하는 것이기도 하다.

반면, 관념론적 관점은 총체론적 관점과 달리 문화의 한 부분인 주관적 측면을 강조하여 관념적인 영역에 한정시켜 문화를 파악하는 입장이다. 다시 말해서 문화란 인간의 실제적인 행동의 결과라기보다는 그러한 인간의 행동을 가져오게 한 규칙이나 원리만을 구별해 내서, 문화를 인간행동을 지배하는 규칙 내지 원리로 한정시키는 것이다.

한 가지 예를 들어보자. 우리나라 사람들은 전통적인 조상숭배사상 내지는 유교사상의 영향으로 조상에게 제사를 지내는 관습을 가지고 있다. 조상에게 제사를 지내는 관습에 대해 총체론적 관점에서는 제사라는 관습을 가져온 조상숭배사상이나 유교사상은 물론 제사라는 행위 자체까지도 문화의 범주에 포함시킨다. 그러나 관념론적 관점에서는 제사라는 인간의 행위는 문화의 범주에 포함되는 것이 아니며, 그러한 행위를 가져 온 조상숭배사상 내지는 유교사상만을 한정시켜 문화로 규정하는 것이다. 따라서 관념론적 관점에서의 문화란 총체론적 관점에서 본 문화의 일부분만을 떼어내어 문화에 대한 개념을 정의하고 있다고 하겠다.

이렇게 문화의 개념에 대한 정의는 크게 두 가지 관점으로 구분되고 있지만, 이 두 가지 관점 중에서 어느 것이 옳은 것이며 어느 것이 틀린 것이라고 단정할 수는 없다. 이는 각기 문화의 개념을 정의하는 데 일정한 장단점을 가지고 있기 때문이다. 인간의 행위와 사고를 가능하게 하는 기본적 원리를 밝히려는 입장에서는 관념론적 관점이 효과적이며, 반면 문화가 인간사회의 여러 현상들 간의 상호작용을 통해서 형성된다는 점에 중점을 둔다면 총체론적 관점에서 문화의 개념을 정의하는 것이 보다 바람직하다고 하겠다.

1.3. 문화의 속성

문화에 대해서 매우 다양한 정의가 내려지고 있는 데 반해, 문화가 가지고 있는 몇 가지의 고유한 속성(屬性)에 대해서는 많은 학자들이 의견을 같이하고 있다. 대체로 다섯 가지로 정리되는 문화의 속성을 살펴보면 다음과 같다.

첫째, 문화는 한 사회의 구성원에 의해 공유(共有)된다는 점이다. 사회 구성원 각 개인이 가지고 있는 각각의 취향이나 버릇은 문화가 아니라 개성(個性)에 속한다. 그러나 구체적인 행위에 있어서 이러한 개인차에도 불구하고 한 사회의 구성원들은 다른 사회집단과 구분되는 어떤 공통적인 행위·관습·경향 등을 가지고 있다. 이렇게 한 사회의 구성원들에게서 공통적으로 나타나는 현상을 우리는 문화라고 하는 것이다.

둘째, 문화는 학습(學習)된다. 한 사회의 구성원들이 행하는 공통된 행동이라 할지라도 후천적(後天的)으로 학습되지 않는 것은 문화라할 수 없다. 예컨대 모든 인간은 먹고 잠을 잔다. 그러나 이러한 행동은 동물에게서도 찾아 볼 수 있는 것으로 본능(本能)에 따른 생리적(生理的) 현상에 불과한 것이므로 문화의 범주에 포함시킬 수 없다. 따라서 인간이 한 사회집단의 구성원으로 태어나 자신의 소속된 집단에서 공유된 문화를 어릴 때부터의 사회화(社會化) 과정을 통해 후천적으로 학습할 때에만 그것이 문화로 간주될 수 있는 것이다.

셋째, 문화는 축적(蓄積)된다. 인간은 생활 속에서 직접적인 경험을 통해 터득한 지식을 다음 세대에 전하며, 다음 세대들은 여기에 자신이 새롭게 경험한 바를 더해 다시 그다음 세대로 전하게 된다. 이렇게 계속되는 세대 간의 지식의 전달과정을 통해서 문화는 시간이 흐를수록 축적되는 특징을 가지고 있다.

넷째, 문화의 체계성(體系性)이다. 문화를 구성하는 요소는 매우 다양하지만 이들 요소들은 각각 개별적으로 존재하지는 못한다. 이러한 요소들은 서로 긴밀한 상호관계를 가지며 하나의 체계를 형성해야만 문화로 규정될 수 있다.

　마지막으로, 문화는 항상 변화하는 속성을 가지고 있다. 문화는 끝없는 변화와 생성의 과정을 겪는다. 그리고 이러한 변화는 다른 사회집단의 문화적 요소가 유입되면서 나타나는 변화, 즉 문화접변(文化接變)과 내부적 요인에 의한 변화로 구분된다. 외부로부터 유입되었거나 또는 내부적으로 새로운 지식이 보다 유용한 것으로 판명되어 전체사회에 확산됨으로서 발생하는 문화의 변화와 생성과정을 통해서, 그 기능을 상실한 낡은 문화요소들은 사라지게 되며 새롭고 유용한 문화요소들이 그 기능을 대신하게 되는 변화가 항상 계속되는 것이다.

　이렇게 문화는 공유·학습·축적·체계·변화의 다섯 가지 속성을 가지고 있다. 한 사회집단의 문화를 이해하기 위해서는 이들 문화의 성격에 대한 바른 이해가 전제되어야 한다는 점에서 문화의 속성은 매우 중요한 것이다.

2. 한국의 다문화 연구 현황과 전망

2.1. 한국사회의 다문화 현상

　통계에 의하면 2008년 현재 초등학교에 입학한 다문화 가정의 자녀들은 1만 8천 명을 상회하고 있다. 이러한 현상은 1990년도 초, 이주 노동자의 거주와 1990년대 후반 농촌 총각의 국제결혼의 급증으로 형성된 다문화가정의 증가와 궤를 같이 한다고 볼 수 있다. 이러한 결과는 2010년부터 학령기 아동이 급격히 증가를 볼 것이기 때문에 정부의 현실적 당면 과제는 다문화사회에 대한 긍정적인 변화를 이끌어내는 데 목적을 둔 정책 입안이 우선시 된다. 다문화 가정에 대한 처우를 개선하거나, 방송과 언론매체를 통해 다문화가정에 대한 인식 전환을 유도하는 정도로는 한국의 다문화사회 변화 과정에 적극적인 참여가 어렵다. 오히려 이것은 각기 다른 문화에 대한 이해를 배제한 채, 정부의 일방적인 통행이 될 가능성이 높다는 점에서 주의할 필요가 있다.

한국사회는 오랫동안 단일민족국가의 신화에 몰입되어 있었으며, 이러한 사회적 분위기를 개선하려는 노력은 학계와 교육계 및 사회단체 등을 통해 진행되어 왔다. 이미 오래전부터 학계의 각 분야에서는 문화의 통합과 충돌에 대한 연구가 상당 부분 진척되어 왔다. 문학 분야에서는 비교문학연구, 문화연구 등을 중심으로 다문화패러다임의 가능성에 대한 분석이 행해졌다. 또한 최근 영미문학연구회 등을 주축으로 이루어지는 영문학 작품들에 대한 기존의 번역을 점검하는 노력 또한 다문화사회에 한 걸음 내딛는 우리의 현실을 다시 검토하는 디딤돌이라 하겠다.

역사학 분야에서도 강대국에 둘러싸여 개방을 경험했던 한민족의 과거에 대한 연구를 체계적으로 축적하고 있고, 특히 전근대사의 각 단계에서 나타났던 교류와 교역을 통한 문화의 전파와 정착과정을 밝히는 연구들이 진행되어 왔다. 이들 연구들은 '다문화'라는 특정 주제에 선별적으로 반응하지는 않지만, 역사상의 구현에 있어 영향을 끼쳐왔던 다양한 문화상의 재현이라는 연구에 집중되고 있다. 최근에는 '탈 민족'적인 시각으로 민족주의 역사관에 대한 비판도 이루어지고 있다.

철학 분야에서는 문화철학이라는 분과가 독립되어 있어 지속적이고 일관된 연구가 진행되었으며, 이는 타자와 관련하여 갈등을 다루는 이론으로 구체화되어 실천철학에 큰 영향을 미치고 있다. 사회과학 분야에서는 정치학·행정학·사회학 등을 중심으로 민족갈등, 통합 모델 및 세계화 등에 대한 연구가 진행되고 있으며, 법학 분야에서는 외국인뿐만 아니라 장애인 등에 대한 모든 형태의 차별을 철폐하여 인권평등을 보장하는 조치를 취해야 한다고 주장한다.

학계의 각 분야에서 다문화에 대한 광범위한 논의가 진행되기는 하였지만 여전히 서양에서 생성된 이론을 단순히 수용하는 데 그치고 있다. 더구나 다문화에 대한 실제적 논의는 사회학과 정치학의 방법론으로 접근하는데 국한되어 있는 실정으로 인문학적인 접근 방법에 입각하여 종합적인 패러다임을 제시한 예는 아직 없다. 때문에 본고에서는 현재까지의 다문화에 대한 국내 연구를 간략하게나마 살펴보겠다. 이와 함께 한국문화사 분야의 연구 경향을 통해 우리 역사 속의 다문화 요소들에 대한 유형적 모습을 검토하여 현재 우리 사회에 필요한 '차이'와 '공존'의 다문화사회에 대한 기초 연구로 삼는다.

2.2. 한국 학계의 다문화 연구

다문화에 대한 주제들을 중심으로 볼 때, 국내 학계의 연구 경향은 이와 관련한 서양의 이론적 틀을 원용하여 현실적 적용의 문제를 중점적으로 다루는 경향이 강한 것으로 보인다. 즉 1970년대부터 다문화적 상황에 대한 분분한 논쟁이 일어나기 시작하면서 활발히 전개된 각 분야의 의견 개진을 통한 연구 성과의 축적이 이루어졌다. 많지는 않지만 국내 학계의 연구 동향은 다문화주의에 대한 이론적인 부분의 연구가 74건으로 집계된다.[1]

다문화주의 연구와 관련한 다수의 논문들 외에 '다문화' 주제에 의

---

[1] 누리미디어에서 제공한 원문 파일의 검색 결과이다. 이외에 아직 확인되지 않는 연구성과를 감안한다면, 상당수에 이를 것으로 생각된다.

한 검색 결과 175건의 연구 성과가 있었으며, 일부 중복되는 연구논문을 제외하고 미집계된 연구를 포함한다면 많은 수의 연구 성과가 있을 것으로 생각된다. 그러나 이 또한 이론의 현실적인 적용을 위한 연구 사례의 하나로 볼 수밖에 없는 한계가 있다.2) 이와 함께 '새터민',3) '이주민', 'diaspora'4)의 주제로 검색된 연구는 모두 171건이며, 이 경우에도 앞에서와 같이 미확인된 연구가 있을 것으로 생각된다.

---

2) 본고의 작성을 위해 각각의 주제에 의한 연구 성과를 조사하는 과정에서 주제 중복이 있었으나, 중복된 연구들을 배제한 결과 얻어진 수치이다.

3) 최근의 연구들로는 곽정래·박승관, 「새터민의 매스미디어 이용과 사회적응」, 『한국언론학보』 50-6, 2006; 박명선, 「독일 이민법과 통합정책의 외국인 차별에 관한 연구」, 『한국사회학』 41-2, 2007; 윤인진, 「북한 이주민의 건강과 경제적응의 관계」, 『보건과 사회과학』 21, 2007; 윤인진·이진복, 「소수자의 사회적 배제와 사회통합의 과제: 북한 이주민의 경험을 중심으로」, 『한국사회』 7-1, 2006; 이찬 외, 「새터민의 기초직업능력 진단」, 『농업교육과 인적자원개발』 39-3, 2007; 조용완, 「북한이탈주민의 정보빈곤 해소를 위한 정보서비스 방안」, 『한국도서관·정보학회지』 37-3, 2006; 조용완, 「북한이탈주민의 정보요구와 정보행태에 관한 연구」, 『한국문헌정보학회지』 40-3, 한국문헌정보학회, 2006; 조용완, 「이주민을 위한 국내 도서관 서비스의 현황 분석」, 『한국도서관·정보학회지』 38-2, 2007 등이 있다.

4) 디아스포라와 관련된 연구들은 상당수에 이른다. 최근의 연구들을 중심으로 본다면 다음과 같은 연구들이 확인된다. 강진구, 『한국문학의 쟁점들: 탈식민·역사·디아스포라』, 제이앤씨, 2007; 공종구, 「강요된 디아스포라: 손창섭의 『유맹』론」, 『한국문학이론과 비평』 32, 2006; 김경국 외, 「중국해외이민의 제 명칭 분석 연구」, 중국인문학회 추계학술대회 발표문, 2005; 김경학 외, 『귀환의 신화: 해외 인도인의 이주와 정착』, 경인문화사, 2005; 김경학 외, 『인도인 디아스포라: 경계를 넘나드는 사람들』, 경인문화사, 2006; 김경학 외, 『글로벌시대의 인도인 디아스포라』, 경인문화사, 2007; 김경학, 「인도인 디아스포라와 초국가주의」, 『문화역사지리』 19-3, 2007; 김정현 외, 「러시아에서 고려인이 생산한 한글정보자원에 관한 연구 : 1900~1937」, 『한국도서관·정보학회지』 37-3, 2006; 박경환, 「디아스포라 주체의 비판적 위치성과 민족 서사의 해체」, 『문화역사지리』 19-3, 2007; 변화영, 「문학교육과 디아스포라」, 『한국문학이론과 비평』 32, 2006; 변화영, 「재일한국인 유미리의 소설 연구」, 『한국문학논총』 45, 2007; 오윤호, 「『중국인 거리』에 나타난 이주의 상상력」, 『어문연구』 35-4, 2007; 이경원, 「오리엔탈리즘, 시오니즘, 테러리즘: 에드워드 사이드의 『팔레스타인 문제』」, 『비평과 이론』 11-1, 2006; 이수자, 「이주여성 디아스포라: 국제성별분업, 국제혼성성, 타자화와 섹슈얼리티」, 『한국사회학』 38-2, 2004; 이재봉, 「지역문학사 서술의 가능성과 방향」, 『국어국문학』 44, 2006; 장사선, 「재일 한민족 문학에 나타난 내셔널리즘」, 『한국현대문학연구』 21, 2007; 허석, 「해외이주 일본인들의 디아스포라적 특성에 대한 연구」, 『일본어문학』 31, 2006.

넓은 의미에서 다문화주의는 다문화적 상황 그 자체를 기술하는 용어이나, 좀 더 좁은 의미에서는 문화적 다양성(인종, 사회경제적 계급, 성별, 언어, 문화, 성적 성향, 신체적 장애 등)에 대하여 각각의 개인과 집단이 어떻게 다르게 반응하며, 어떠한 사회·정치·경제적 이해관계가 얽혀 있는지를 분석하려는 비평 사조라고 할 수 있다.[5] 따라서 다문화주의는 다문화적 상황에 대한 다양한 반응들을 함께 담고 있는 용어라는 점에서 매우 유동적이고 광범위한 해석이 전개될 수 있다. 이런 이유로 다문화주의에 대한 연구들은 대부분 외국의 사례를 중심으로 하여 결과의 원론적인 수용이 전제되는 경우가 많다. 그리고 그를 토대로 한국사회에 적용 여부를 가늠한다고 생각되기 때문에 한국과 한국 다문화사회에 대한 이론적 연구가 본격적인 궤도에는 이르지 않았다고 생각된다.[6]

　한편 이와 관련하여 한국의 다문화주의에 대한 이론적 검토를 시도하는 연구가 있어 주목되고 있는데,[7] 최근의 연구 성과를 집약하면서도 그 중심은 사회복지적인 실천 방법을 찾는데 주안점을 두고 있다. 이 연구는 실질적으로 다문화주의 국가가 아닌 한국이 다문화

---

5) 이귀우, 「비판적 다문화주의와 문학연구」, 『인문논총』 6, 2002.

6) 최근 한국의 다문화사회에 대한 이론적 분석을 토대로 『다문화연구』(창간호, 2008.12)라는 학술지가 발간되었다. 여기에 실린 주요 논문은 이산호, 「프랑스의 문화다양성과 사회통합정책」; 이길용, 「일본어 언어문화의 다양성 인지와 실현」; 강진구, 「다문화교육이 대학생들의 다문화인식에 끼친 영향」; 윤재희·유향선, 「한 걸음 더 나아가기: 영·유아 다문화교육의 새로운 방향 모색」; 박재영, 「유럽 다문화사회의 문화충돌」; 김휘택, 「롤랑 바르트의 사상적 여정과 다문화」 등이며, 또 최성환, 「다문화주의의 개념과 전망」, 『철학탐구』 24, 중앙철학연구소, 2008; 류찬열, 「다문화시대와 현대시의 새로운 가능성」, 『국제어문』 44, 2008; 류찬열, 「다문화 동화의 현황과 전망」, 『語文論集』 40, 중앙어문학회, 2009; 강진구, 「수기(手記)를 통해 본 한국사회의 혼혈인 인식」, 『우리文學硏究』 26, 우리문학회, 2009; 이명현, 「타자를 바라보는 두 가지 시선」, 『語文論集』 40, 중앙어문학회, 2009; 전영준, 「신라사회에 유입된 서역문물과 多文化的 요소의 검토」, 『신라사학보』 15, 신라사학회, 2009 등이 있다.

7) 오경석 외, 『한국에서의 다문화주의: 현실과 쟁점』, 한울, 2007.

주의 표방하는 현상에 대한 문제의식에서 출발하였다. 그리고 이 문제를 해결하기 위하여 우선 다문화주의의 정의를, 첫째, 일반적으로 인종적·민족적 다양성을 지칭하는 경우와, 둘째, 학문적 담론의제로서의 다문화주의라는 시각과, 셋째, 사회운동적 측면에서의 다문화주의 및 마지막으로 국가의 소수자정책을 지칭하는 것으로 정리하고 이에 근거하여 서구의 사례를 거론하고 있다.

이와 같은 개념을 바탕으로 서구의 관주도형 다문화주의를 좁케의 분류에 따라 실질적 다문화주의와 공식적 다문화주의로 분류하였다. 실질적 다문화주의는 전지구화로 인한 국가 구성원의 인종적 다양화 현상을 국가가 수동적으로 인정하는 수준이고, 공식적 다문화주의는 국가가 적극적으로 다문화주의 담론을 유용하며 다문화 정책을 실시하는 것이다. 대표적 다문화주의 국가인 캐나다와 호주는 공식적 다문화주의 국가의 전형적인 예이다.

캐나다와 호주와 같은 공식적 다문화주의 국가에서의 다문화주의는 이주민 그룹 간의 분열을 막고 국가에 대한 소속감을 강화하기 위한 정치 수단으로서의 성격이 강하다. 공식적 다문화주의는 건국이념이 없는 이민국가에서 건국이념을 대신한 사회 통합의 이데올로기로서 사용되고 있으며, 이것이 이들 나라의 다문화주의가 소수민족의 문화권리보다 '시민으로서의 권리 및 의무'를 더 강조하게 되는 배경으로 작용한다.[8]

이에 반해 한국 정부가 이중적 잣대로 다문화주의 정책을 수립한 것은 본질적으로 다문화사회를 지향하는 것이 아니기 때문이다. 한국 정부는 한국사회가 직면한 인구감소 문제를 해결하기 위한 해법의 하나로 다문화주의를 표방하였을 가능성이 있다. 다문화주의 정

---

8) 김희정, 「한국의 관주도형 다문화주의」, 『한국에서의 다문화주의: 현실과 쟁점』, 한울, 2007, 58~64쪽.

책은 인구 정책의 일환으로 저출산·고령화에 대한 해법으로서 새로이 유입된 이주민들을 융합하고 사회적으로 통합하여 사회 안정으로 도모하려는 정부의 의도가 담겨 있다는 지적은 이런 점에서 의미 있다.[9] 그렇다면 이민국가와는 역사·사회적 배경이 다른 한국에서 정부주도의 다문화주의 정책담론이 등장하게 된 것은 무슨 까닭일까? 김희정의 연구는 이에 대한 답변을 위해 한국정부의 다문화주의 정책 추진 배경과 실제 정책을 분석하였다. 한국 정부가 다문화주의 정책을 주도하게 된 가장 큰 이유는 한국사회가 현상적으로 다문화적 인구 구성을 갖게 되었기 때문이다. 이를 반영하여 노무현 정부에서 다문화 정책을 본격적으로 수립하기 시작하였다. 그러나 실제 정책을 분석해보면 이중적인 잣대로 소수자들을 동화 혹은 배제시키려는 것으로 파악하였다.

이와 함께 인도인의 집단 이주와 관련된 인류학적인 검토도 있어 주목되는데, 일련의 작업을 통하여 출간된 저서들이다.[10] 이들에 의하면 인도인의 정주나 이민 등은 식민지 시절의 정책적 영향으로 인한 것이지만 역으로 귀환하는 경우도 있음을 들면서, 그로 인한 문화적 갈등을 경험하고 적응해 가는 과정 또한 다문화주의의 사례로 검증하고 있다.[11]

다문화교육과 관련한 연구들은 국제이해 교육이라는 주제 아래서 진행된 연구가 많았는데, 이는 초등학교 사회과 4학년 교과과정에 다른 나라들에 대한 이해라는 교육과정이 편제되어 있음에 기인한다. 현재까지 다문화와 관련한 연구의 대부분은 교육정책이나 현장

---

9) 김희정, 위의 글, 70~76쪽.
10) 김경학 외, 앞의 책, 경인문화사, 2005, 2006, 2007 참조.
11) 한국사회에 대한 귀환 문제를 다룬 연구로는 黃善翌(「해방 후 대만지역 한인사회의 귀환」, 『한국근현대사연구』 34, 2005), 김승일(사할린 한인 미귀환 문제의 역사적 접근과 제언」, 『한국근현대사연구』 38, 2006) 등이 있으며, 이들 외에도 여러 전공자들의 연구 성과가 잇달아 발표되었다.

교육을 중심으로 하는 다문화교육 연구가 주를 이룬다.[12] 그러나 대부분의 연구 성과가 초등학교 과정에서 필요한 국제관계의 변화와 국제교육정책의 확대라는 사조에 부응하여 검토된 연구이며,[13] 중등과정의 다문화교육도 사회과 교과에 나타난 세계사 학습과정 분야에서 일부 검토된 것이 모두이다.[14] 아직까지도 중고등 국사교과서의 다문화와 관련된 연구 성과의 반영이 미진한 것은 주로 한국문화가 지닌 보수적 성향으로 인한 것이라 생각된다.[15] 예컨대, 삼국시대의 다문화 혼용 양상이라든가, 고려시대의 문화 충돌과 접변 양상은 당시의 고려 문화를 국제적 문화 단계에 이르렀음에도, 이에 대한 이해의 시각이 자국의 문화 전파 역할 등 정도의 편향적 시각에 머물

---

12) 올해 있을 제52회 전국역사학대회의 역사교육부에서도 '다문화와 역사교육'을 주제로 연구발표가 진행될 예정에 있다. 여기에서도 세계사 교육과 다문화를 주제로 하는 연구가 있을 예정으로 최근 역사학계의 다문화 교육은 심화되거나, 구체화되는 증거로 보아도 무방할 것으로 생각된다.

13) 염철현, 「미국의 적극적 차별수정정책(Affirmative Action)의 전개과정과 시사점」, 『비교교육연구』 16-4, 2006; 장덕호, 「최근의 국제 관계 변화와 국제교육정책 형성을 위한 담론」, 『비교교육연구』 17-1, 2007; 김현덕, 「다문화교육과 국제이해교육의 비교연구: 미국사례를 중심으로」, 『비교교육연구』 17-4, 2007; James A. Banks, 모경환 외 공역, 『다문화교육 입문』, 아카데미프레스, 2008; 유네스코 아시아 편, 『맛있는 국제이해교육: 다문화 시대의 음식과 세계화』, 일조각, 2007; 로버트 프로서, 『블루, 화이트, 레드의 다문화주의 프랑스』, 주니어 김영사, 2008 참조.

14) 이지영, 「다문화 교육을 통한 세계사학습의 현장사례연구」, 『사회과교육』 41-3, 2002; 김선미, 「중등사회과교과에 나타난 한·중·일 관계 분석: 다문화교육의 관점에서」, 『사회과교육』 42-1, 2003; 설규주, 「세계시민사회의 대두와 다문화주의적 시민교육의 방향」, 『사회과교육』 43-4, 2004; 김한종, 「다문화사회의 역사교육: 캐나다 BC 주의 경우」, 『역사교육연구』 4; 백령, 「다문화교육 맥락에서 전통문화를 주제로 한 미술교육의 접근방법」, 『미술교육학』 20, 한국교육대학, 2007; 배은주, 「한국 내 이주노동자 자녀들의 학교생활에서의 갈등 해결 방안: 초등학교를 중심으로」, 『교육인류학연구』 9-2, 2006; 정선경, 「지구적 시각에 기초한 세계사 교육에의 접근 방안」, 『역사교육』 85; 김진호, 「미술교과서에 없는 '다문화교육'」, 『초등 우리교육』, 2006.3; 김지혜, 「외국인 이주노동자와 함께 진행한 다문화 이해수업」, 『중등 우리교육』, 2005; 박남수, 「다문화사회에 있어 시민적 자질의 육성」, 『사회과교육』 33, 2000; 김왕근, 「호주의 다문화 교육」, 『우리교육』 1995년 1월호 참조.

15) 제8차 교육과정에서는 중학교 역사 분야가 새롭게 개편될 것이므로 다문화에 대한 그간의 연구 성과가 반영되길 기대한다.

러 있음은 재고할 필요가 있다.16)

이와 함께 새터민 자녀들의 교육과 한국민 자녀들과의 소통을 전제로 한 연구에서는 '다름'과 '공존'을 주제로 하고 다문화교육을 실천과제로 설정하는 평화통일 교육에 집중할 필요도 있다는 제언도 있다.17) 이와 함께 언어교육과 관련하여 많은 양의 연구 성과가 집적되어 있을 것으로 생각되나 검색에서는 드러나지 않았고, 이미 출간된 서적이 다수 있었다.18)

국내의 다문화 정책 시행과 관련하여 정책보고서나 연구보고서가 다수 있는데 20여 건이 집계된다.19) 2006년에 있었던 정부의 다문화 정책 시행과 관련하여 집중 논의되는 것으로 생각되며, 출입국 관리나 결혼이민자의 처우 문제 등에 관한 정책보고서의 수준에 머물러 있다. 이러한 경향은 한국의 다문화 정책이 관(官)주도형이라는 점에서 유의할 필요가 있다.

전체적으로 볼 때, 한국의 다문화주의 또는 다문화 관련 연구의 경향성은 우선 외국의 사례를 중심으로 하는 이론적 틀의 짜임을 토대로 진행되고 있으며, 둘째 역사적 고증이나 검토에 관한 구체적인 연구는 미진한 반면, 언어 교육이나 문학, 사회복지 측면에서 진행되는 연구 성과가 눈에 띤다. 이는 근래에 있었던 국제심포지엄 개최에

---

16) 전상운, 「한국에 있어서의 이슬람문화」, 『한국과학사학회지』 14-1, 1992.

17) 윤인진·이진복, 「소수자의 사회적 배제와 사회통합의 과제: 북한 이주민의 경험을 중심으로」, 『한국사회』 7-1, 2006.

18) 박정은, 『캐나다에 사는 소라엄마의 언어교육 이야기』, 일지사, 2007.

19) 김이선, 「국제결혼 이주여성의 문화적 갈등 경험과 소통증진을 위한 정책과제」, 『젠더리뷰』, 2006년 가을호; 김이선, 「국민통합 및 평등사회 구현을 위한 정책연구: 여성 결혼이민자의 문화적 갈등 경험과 소통 증진을 위한 정책과제」, 『협동연구총서』 06-02-07, 한국여성정책개발원, 2006; 문순영, 「현행법(안)을 통해 본 국제결혼 여성이주민을 위한 사회적 지원체계에 대한 탐색적 연구」, 『여성연구』 72-1, 2007; 홍기원, 「다문화사회의 정책과제 방향: 문화정책의 역할과 과제」, 한국문화관광연구원, 2007 참조.

서도 확인된다고 하겠다.[20]

2.3. 한국의 문화사 분야와 연구 경향

한국의 문화사 연구가 독립된 영역에서 연구되기 시작한 것은 그리 오래되지 않았다. 문화사에 대한 애초의 접근 방법은 현재 전하는 문화재를 대상으로 양식적(樣式的) 변천이나 양식 자체만을 분석하거나, 미술사의 한 분야로 인식하는 등의 연구 방법이 동원되었던 것이 사실이다. 이러한 연구 단계에서 한국문화에 대한 역사적 접근이 이루어진 연구로는 고병익의 글이 처음이었다.[21] 그의 접근으로 비로소 문화사에 대한 연구가 진행되기 시작했고, 이후의 연구들은 좀 더 구체화되는 형태로 진행되었다.[22] 특히 한국고대사의 전개 양상에 따른 문화사에 대한 접근은 '문화'라는 특정 주제보다는 시대상에 녹아 있는 다른 형태의 역사를 발굴하는 작업에 부수적인 형태로 연구되는 경향이 강했다.[23] 그러나 역사연구의 일반적 방법에서 벗어나면서 주제별 분류에 의한 연구들이 진행되었고, 이는 문화 또는 문화사를 더욱 부각시키는 계기가 되었다. 대체로 이러한 연구는 일

---

20) 평택대학교 다문화가족센터, 「문화적 인종적 차별이 없는 다문화사회: 미래사회의 다문화가족」, 한국프레스센터, 2007.3.30; 평택대학교 다문화가족센터, 「다문화사회의 전문성 강화와 국제협력 네트워크 구축」, 2008.04.03~04; 서강대 종교연구소, 「다문화 교육의 토대로서 종교교육과 영성」 국제심포지엄, 서강대학교 다산관 국제회의실, 2008.04.07~09 등에서 연구발표회와 토론이 있었다.

21) 고병익, 「아시아사상의 한국」, 『한국의 발견』, 박문사, 1962. 이후 연구서가 집대성되어 高柄翊, 『아시아의 역사상』, 서울대출판부, 1986; 『東아시아文化史論考』, 서울대출판부, 1997 등으로 집약되었다.

22) 金定慰, 「中世 中東文獻에 비친 韓國像」, 『韓國史研究』 16, 한국사연구회, 1977.

23) 이용범, 「삼국사기에 보이는 이슬람상인의 무역품」, 『이홍식박사회갑기념한국사학논총』, 신구문화사, 1969; 「處容說話의 一考察: 唐代 이슬람商人과 신라」, 『震檀學報』 32, 1969; 이우성, 「삼국유사소재 처용설화의 일분석」, 『한국중세사회사연구』, 일조각, 1969.

반 역사에서보다는 고고학이나 미술학 등 특수사의 시각에서 출발하였던 것이 사실이다. 예컨대, 반구대 암각화와 관련한 일련의 연구들에서와 같이 선사인들이 지닌 사상에 대한 연구보다는 암각화 자체에 대한 접근이 있었다. 그러나 암각화에 대한 현재의 해석, 신석기시대의 문화교류 양상을 배경으로 하는 해석이 가능했던 것은 선사시대상과 역사적 맥락이 공유되면서부터였고, 이러한 연구는 주제별 다종다양의 학문 요소가 가미된 복합학의 요소로 발전하였다.

그러나 대부분의 연구들은 한반도의 여러 왕조들이 지녔던 문화유산에 대한 접근이었다. 다문화에 대한 현상이나 사회적 파급력 및 기능적인 접근과는 일정한 거리가 있었다. 다문화라는 사회 현상에 대한 주제를 끄집어낼 수 없었던 것은 아니었겠지만, 한국문화에 스며들어 있는 외국 문화나 사상 정도로 이해하려 했던 것은 아니었을까하는 의구심은 한국이 지닌 단일민족의 사상적 기반에 근거를 두는 것이라 생각된다.[24]

이후 1990년대에 접어들면서 한국문화사에 대한 연구들은 비약적인 발전을 하였는데, 주제별 접근 방식을 더욱 심화하여 문화교류와 접촉 및 정착과정에 대한 변화양상에 대한 연구로 이행되었다.[25] 이

---

24) 秦弘燮, 『慶州의 古墳』, 열화당, 1975; 金元龍, 『新羅土器』, 悅話堂, 1981; 李基白·李基東, 『韓國史講座: 古代編』, 一潮閣, 1982; 李鍾旭, 『新羅國家形成史』, 一潮閣, 1982; 김원룡, 「고대한국과 서역」, 『미술자료』 34, 1984.

25) 姜仁求 外, 「新羅五陵測量調査報告書」, 韓國精神文化硏究院, 1990; 국립경주문화재연구소, 「慶州龍江洞古墳發掘調査報告書」, 1990; 이희수, 「이슬람권의 한국사 관련자료 소개」, 『역사와 현실』 8, 1992; 전상운, 「한국에 있어서의 이슬람문화」, 『한국과학사학회지』 14-1, 1992; 무함마드 깐수(정수일), 『新羅·西域交流史』, 단국대학교 출판부, 1992; 崔秉鉉, 『新羅古墳硏究』, 一志社, 1992; 김두종, 『한국의학사』, 탐구당, 1993; 金元龍·安輝濬, 『韓國美術史』, 一志社, 1993; 李仁淑, 『한국의 고대유리』, 도서출판 창문, 1993; 長澤和俊·이재성, 『실크로드의 역사와 문화』, 민족사, 1994; 李盛周, 「新羅式 木槨墓의 展開와 意義」, 『新羅考古學의 諸問題』, 韓國考古學會, 1996; 권영필, 「경주 괘릉인물석상」, 『실크로드 미술』, 열화당, 1997; 이기동, 「라말려초 남중국 여러 나라의 교섭」, 『역사학보』 155, 1997; 김성혜, 「신라토우의 음악사학적 조명(1)·(2)·(3)」, 『韓國學報』 91·92, 95, 101, 일지사, 1998·1999·2000; 李熙濬, 「4~5

〈그림 1〉 경주박물관의 이국풍 동물 문양

시기의 연구서와 연구논문들은 이전부터 진행되어 온 한국문화사에 대한 연구의 집약임에는 틀림없지만, 주제에서 보다 구체화되고 연구도 심화되어 내용적으로 발전을 이루기 시작하였다. 특히 주목되는 것은 교류사나 교역사를 주제로 하되 교류의 내용이나 현상이 국가발전 단계를 이끌어내는 주제였음을 부각시킴과 동시에, 서역이나 다른 문화권의 문화 전파 또는 문화적 융합이 동일문화권에서 두드러지게 나타나고 있음을 강조하여 눈길을 끈다. 그런 이유로 정수일(무함마드 깐수)의 연구는 이슬람문화의 동아시아 문화권으로 전래된 경위와 정착과정에 대한 구체적인 연구를 진행함으로써 한국문화의 원류를 제시하는 시원적 연구였다는 점이 주목된다.

世紀 新羅의 考古學的 研究」, 서울대 박사논문, 1998; 정예경, 『중국 북제·북주 불상 연구』, 혜안, 1998; 김상현, 『신라의 사상과 문화』, 일지사, 1999; 李成市·김창석, 『동아시아의 왕권과 교역』, 청년사, 1999; 존 카터 코벨·김유경, 『한국문화의 뿌리를 찾아』, 학고재, 1999.

한국고대사에서 국가 발전의 중요한 단초는 국가 간의 무역이나 교류에 초점을 두는 경우가 많은데, 이는 한 나라의 문화가 독자적으로 생성되고 발전하는 형태라는 과거의 시각에서 벗어나 다양한 문화상의 변화를 통한 국가 형성과정으로 변화한다는 점에서 주목하여야 할 문제이다. 이러한 시각의 변화는 각 분야에서 다양한 형태로 국가 기반을 형성한다는 의미이기 때문에 교역 등을 통한 문화적 확대는 동일 문화권의 문화현상을 설명하는 중요한 해석으로 이해할 수 있다.

2000년대의 연구는 더욱 다양한 주제의 등장이라는 점에서 눈길을 끈다. 특히 국립박물관의 소장품을 중심으로 문화원형이 남아 있는 국가와의 '특별교류전'과 국가 단계의 문화 이해라는 핵심으로의 접근을 연구 주제로 삼는다는 점이 특징적이다.26) 때문에 연구자들의 시각 또한 인접국가의 문화 또는 지리적으로 먼 거리의 문화가 투영된 문화현상을 이해하고자 하는 노력이 경주되고 있다.27) 이들 연구

---

26) 국립경주박물관, 『명품100선』, 2007; 국립경주박물관, 『新羅, 서아시아를 만나다』, 2008; 국립경주박물관, 『新羅文化와 西아시아文化: 금속 및 유리공예를 중심으로』, 국제학술심포지엄, 2008; 국립중앙박물관, 『황금의 제국 페르시아』, 국립중앙박물관 문화재단, 2008.

27) 朴範薰, 「佛典에 記錄된 音樂用語에 관한 研究」, 『蓮史洪潤植教授停年退任紀念 韓國文化의 傳統과 佛教』, 논총간행위원회, 2000; 李美香, 「불교도상에 나타난 악기 연구」, 『蓮史洪潤植教授停年退任紀念 韓國文化의 傳統과 佛教』, 논총간행위원회, 2000; 국제한국학회, 『실크로드와 한국문화』, 소나무, 2000; 백산학회, 『新羅의 建國과 社會史 研究』, 백산자료원, 2000; 윤명철, 『바닷길은 문화의 고속도로였다』, 사계절, 2001; 정수일, 『씰크로드학』, 창작과비평사, 2001; 정수일, 『문명의 루트 실크로드』, 효형출판, 2002; 김대식, 『처용이 있는 풍경』, 대원사, 2002; 주보돈, 『금석문과 신라사』, 지식산업사, 2002; 朴慶植, 「新羅 始原期 石塔에 대한 考察」, 『문화사학』 9, 한국문화사학회, 2003; 이주형, 『간다라미술』, 사계절, 2003; 韓國史研究會 編, 『韓國史의 國際環境과 民族文化』, 경인문화사, 2003; 정수일, 『문명교류사연구』, 사계절, 2004; 개빈 맨지스, 조행복, 『1421 중국, 세계를 발견하다』, 사계절, 2004; 李漢祥, 「三國時代 環頭大刀의 製作과 所有方式」, 『한국고대사연구』 36, 2004; 정수일, 「혜초의 서역기행과 『왕오천축국전』」, 『한국문학연구』 27, 동국대학교, 2004; 김성혜, 「신라의 외래음악 수용양상」, 『韓國音樂史學報』 35, 2005; 권덕영, 『재당 신라인 사회 연구』, 일조각, 2005; 민족문화추진회, 『송나라 사신, 고려를 그리다: 고려도

들은 고대국가의 발달사의 주제에서 세분화된 특정 주제 즉, 유리공
예라든가 금속공예 등을 주제로 고유문화에 대한 이해와 기법을 토
대로 문화의 교류 양상과 정착과정을 심화함으로써 한반도의 국가가
문화적 유연성을 바탕으로 한 문화상을 보인다고 파악하고 있다. 특
히 동아시아 제 국가의 교역은 동일문화권 내에서 다양한 문화상이
존재할 수 있고, 그것을 어떤 방식 또는 어떻게 수용하는가의 여주에
따라 국가의 발전양상을 추론하고 있음이 특징이다.

　문화의 수용방식과 적용 문제에 있어 그 변화주체를 탐구하는 연
구들은 대체로 국가를 경영하는 위정자들의 문화사 인식 태도에 깊
은 관련이 있다고 보는 시각과 함께 국가 축제의 양상을 심화하는
연구로 이어지는 특징을 보여준다.[28] 특히 한국중세사의 전개 과정
에서 나타나는 대외무역은 특정한 지역, 즉 왕도와 가까운 거리에
있는 무역항을 중심으로 생활상의 변화를 극명하게 드러난다. 아울
러 이 시기의 종교나 신앙 또한 특정한 사상에 머무르지 않고 다양한

경』, 서해문집, 2005; 윤재운, 『한국 고대무역사 연구』, 경인문화사, 2006; 중앙아시
아학회, 『실크로드의 삶과 종교』, 사계절, 2006; 김성혜, 「신라의 불교음악 수용에
관한 고찰」, 『韓國音樂硏究』 40, 韓國國樂學會, 2006; 崔장미·車順喆, 「2006년도 사
천왕사지 발굴조사의 성과와 의의」, 『신라사학보』 8, 신라사학회, 2006; 金昌錫,
「8~10세기 이슬람 제종족의 신라 來往과 그 배경」, 『한국고대사연구』 44, 한국고대
사학회, 2006; 전덕재, 「한국 고대 서역문화의 수용에 대한 고찰」, 『역사와 경계』
58, 부산경남사학회, 2006; 김성혜, 「봉암사 지증대사 적조탑의 음악사적 조명」, 『韓
國音樂史學報』 39, 2007; 李漢祥, 「新羅古墳 속 西域系文物의 現況과 解析」, 『한국고
대사연구』 45, 2007; 신대현, 『옥기공예: 옥과 옥리를 통해 본 동양의 정신문화』,
혜안, 2007; 가일스 밀턴·손원재, 『향료전쟁』, 생각의나무, 2008; 丁載勳, 「북아시아
遊牧民族의 移動과 定着」, 『동양사학연구』 103, 동양사학회, 2008.

28) 奧村周司, 「高麗における八關會的秩序と國際環境」, 『朝鮮史硏究會論文集』 16, 朝鮮史
硏究會(東京), 1979; 奧村周司, 「高麗の外交姿勢と國家意識: 仲冬八關會儀? および迎
北朝詔使儀? を中心として」, 『歷史學硏究別冊特集: 民衆の生活·文化と變革主體』, 靑
木書店(東京), 1982; 김혜숙, 「高麗 八關會의 내용과 機能」, 『역사민속학』 9, 한국역
사민속학회, 1999; 안지원, 『고려의 국가 불교의례와 문화: 연등·팔관회와 제석도
량을 중심으로』, 서울대학교 출판부, 2006; 한국역사연구회, 『개경의 생활사: 고려
500년 서울』, 휴머니스트, 2007.

신앙 형태를 취하고 있음에도 유의해 본다면, 주변 국가와의 관계는 보다 다원적인 문화를 서로 수용하고 정착시키는 사례가 되기에 충분하다.[29]

한국사의 발전 단계에는 고대로부터 현재에 이르기까지 다양한 문화적 접촉과 융합이 필연적이었을 것은 너무도 자명한 결과로 보인다. 대륙과 대양을 연결하는 지정학적 위치는 당시의 각 나라들이 무역이나 또는 다른 인식을 통해 주요 대상의 하나로 보기에 충분하였음을 추정할 수 있다. 때문에 멀리 있었던 이슬람 제 국가들은 물론 동아시아문화권 내의 각국과도 문화적 교류와 전파를 통한 교섭은 다문화적 전통이라는 맥락에서 이해되어야 할 부분이 아닌가 생각한다.

2.4. 한국의 다문화 연구에 대한 전망

다문화와 다문화주의에 대한 국내 학계의 연구들을 통해 다양한 목소리를 담은 연구 성과를 확인하였다. 하지만 이 과정에서도 유의해야 할 사항은 한국정부의 실질적인 동화정책을 다문화 정책이라 이름 붙인 이유에 있을 것이다. 이것은 결국 다문화주의의 세계적 유행과 국제 사회에서의 이미지 제고를 고려한 측면이 작용하였을 것이다. 그런데 이러한 정책에 정작 다문화의 주체인 소수자들의 목소리는 담겨 있지 않다는 문제점이 드러난다. 결국 누구를 위한 다문화주의인가 하는 문제가 제기되는 것이다. 기존 한국사회의 도농 간, 계층 간 차이·차별 등과 같은 모순을 은폐하기 위한 이데올로기일 경향성이 높을 수 있다.

---

29) 張東翼, 『元代麗史資料集成』, 서울대학교 출판부, 1999; 『宋代麗史資料集成』, 2000; 『일본 古中世 고려자료연구』, 서울대학교 출판부, 2004.

또한 이것은 동화정책 내지 사회통합 정책이 아닌 소수자의 문화 권리를 인정하고 상호 공존하는 다문화주의가 현실적으로 가능한 것인가에 대한 질문으로 함축될 수 있다는 점에서 주의를 요망한다. 때문에 이를 위한 전제로서 단일민족 신화를 붕괴시키고 다양한 인종 민족이 상호 공존할 수 있는 이념적 기반은 무엇이 되어야 하는가는 의문을 풀어야 할 것이다.

　한국의 다문화 정책에 대한 시각을 단순히 세계 사조의 흐름을 도입하여 적용하는 정도에 그친다면 물과 기름 같은 서로 다른 차원의 정책으로 시행될 가능성이 높다. 때문에 한국사회가 안고 있는 문화 전통의 특성을 보다 심화하여 한국사상에서 그 원인을 규명하고 밝히는 과정이 더 필요한 시점이다. 즉, 현재 한국사회의 다문화 관련 연구나 실천 단계는 현실성이 담보되는 사회복지 측면이 강조되고 있다. 이로 인해 한국의 다문화사회는 탄탄한 이론적 기반 없는 사상 누각이 될 공산이 크다고 하겠다. 즉, 고대로부터 현재에 이르기까지 한국사회에 수용되고 적용된 다양한 문화적 층위를 밝히고 선명히 하는 작업이 우선된다고 볼 수 있고, 당면한 한국사회의 현실을 직시하는 토대가 될 것이다.

2장 세계의 거석문화와 한반도의 고인돌

1. 거석문화란?

1.1. 거석문화의 이해와 개념

거석문화(巨石文化)는 인간이 일정한 목적의식을 가지고, 자연석 또는 가공한 돌로 구조물을 축조하여 숭배의 대상물이나 생활의 한 방편으로 이용한 문화를 말한다. 거석(Megalith)이란 하나의 구조물이나 기념물 또는 그 일부로 사용된 돌을 말하며, 거석물(Megalithic)은 인간 행위에 의해 직접적인 대상물 즉 돌로 만든 구조물을 뜻한다. 거석문화는 돌을 이용한 구조물을 총칭한다고 할 때, 큰 돌을 이용한 고인돌이나 선돌이 이에 해당되고, 작은 돌을 이용한 돌널무덤이나 돌무지무덤도 포함될 수 있다. 또한 삼국시대의 돌방무덤을 비롯한 통일신라, 고려, 조선시대의 상류층 무덤이 모두 돌을 이용한 무덤을 쓰고 있고, 묘 앞의 문·무인석 등 석물들도 거석문화의 일종으로 볼 수 있는 것이다. 그리고 불교미술품 중 석불이나 석탑 등 석조미술품도 거석문화의 소산이다. 그러나 한국을 포함한 세계의 거석문화는 선사시대에 속한 기념물이나 거석무덤에 국한하여 보는 것이 일반적이다.

거석문화는 공통적인 특징이 태양숭배와 관련하여 보기도 하며, 한편으로 주로 큰 바다(大洋) 인근에 분포하고 있어 대양을 항해하는 것과 관련하여 해양문화의 소산으로 보는 측면이 있다. 거석은 풍작과 수확물에 대해 하늘에 감사하는 마음에서 세운 기념물, 주변 집단과의 투쟁에서 전승(戰勝)을 기념하기 위한 개선적(凱旋的) 기념물, 존경하는 지도자를 추모하기 위한 거석비 등으로 세워진 것이다. 이것들은 자연의 여러 현상과 인간의 생사에 기원하는 것으로 환희와 공포의 대상으로 표현한 것이라 할 수 있다. 거석의 건조 목적은 제의나 종교적·사회적 목적에서 축조된 것과 무덤이나 기념물의 목적으로 조영된 것이 있다. 이는 거석물을 축조하게 된 배경과 기능적인 면이다. 그래서 거석은 지역에 따라 거석의 규모나 구조, 형태가 다양하게 나타나게 되는데, 이 현상은 각 지역의 사회적인 전통과 독특한 문화적인 배경 아래서 축조되고 있음을 의미한다.

1.2. 거석기념물의 유형별 분류

세계의 거석문화에는 고인돌(支石墓), 선돌(立石), 열석(列石), 환상열석(環狀列石), 석상(石像) 등이 대표적이다.

고인돌은 땅 위와 밑에 무덤방을 만들고 그 위에 거대한 덮개돌을 덮은 형태로, 거석문화를 내표하는 유적이다. 유럽에서는 신석기시대부터, 아시아 등 이외 지역에서는 청동기시대나 철기시대에 축조된 무덤이다. 고인돌은 대부분 무덤으로 쓰이고 있지만 공동무덤을 상징하는 묘표석으로, 또는 종족이나 집단의 모임 장소나 의식을 행하는 제단(紀念物)으로 사용되는 것도 있다. 고인돌의 형태는 지역에 따라 차이가 있지만 탁자모양을 한 형태는 세계적으로 나타난 공통점이다. 우리나라를 비롯한 아시아지역은 하나의 돌무덤방에 하나의 덮개돌이 있는 것이 특징이며, 서유럽에서는 여러 개의 받침돌을 연이어 만들고 그 위에 수 개의 덮개돌이 덮여 있는 터널형(복도형, 통로형) 고인돌이 특징이다. 그리고 탁자형의 고인돌 한 쪽 벽석에 구멍이 뚫려 있는 고인돌은 인도와 그 서쪽인 서유럽까지 나타나고 있다.

우리나라 고인돌에서는 한 사람만 매장한 것이 보편적이지만 유럽의 고인돌에서는 한 무덤방에 적게는 몇 구, 많게는 수십 구의 시신이 매장되어 있어 여러 세대에 걸친 공동체의 가족납골당으로 보고 있다. 이것은 단순한 무덤방이 연이어진 거대한 봉토를 가지고 있기 때문에 조상들 집의 조성을 통해 공동체 사회를 결집시키는 역할을 하였다고 한다.

선돌은 하나의 돌을 수직으로 세워 놓은 형태로, 고인돌과 함께 거석문화를 대표한다. 이러한 선돌은 우리나라 마을 입구 등에서 허다하게 보이는 것들이다. 선돌의 기원은 일반적으로 생산과 풍요를 기원하는 남근(男根)숭배와 관련된 것으로 보고 있다.

열석은 선돌이 한 줄이나 여러 줄이 평행으로 세워진 석렬 형태이다. 유럽 특히 프랑스 브레타뉴 지방의 열석이 대표적이지만 우리나라에서는 발견되지 않고 있다. 프랑스의 카르냑의 열석은 작은 것이 60cm, 가장 큰 것이 6m나 되는 3,000여 개 이상의 선돌이 3개 구역으로 나뉘어 약 4km에 걸쳐 동서로 뻗어 있다. 이런 열석은 제사와 관련된 것으로 보는 견해와, 하지나 동지와 관련하는 의례행위와 관련된 것으로 보는 견해가 있다.

환상열석은 선돌을 원형으로 배열한 형태로, 한 열 또는 이중으로 배열한 것이 있다. 대표적인 것이 영국의 스톤헨지이다. 여기에 사용된 청석은 210km 떨어진 곳에서 이동해 온 거석으로 30개 정도의 돌을 원형으로 세우고 그 위를 연결시킨 것이다. 그 안에는 거석 두

개를 세우고 그 위에 장대석을 얹어놓은 삼석탑(三石塔) 5개를 U자형으로 배열하였다. 이 돌의 무게는 세워진 것이 30~40톤, 윗돌은 6~10톤이나 된다. 이 환상열석 주위에 길이 1.3km의 도랑과 둑이 원형으로 돌려져 있는데, 최소 247개의 선돌이 있었던 것으로 추정하고 있다. 이러한 환상열석은 장례와 관련되는 특수 의식 장소로 보는 견해와, 하지 때 일출과 관련하여 천체관측의 기능으로 보는 견해가 있다.

석상은 사람의 얼굴 등 형상을 묘사한 돌을 세워 놓은 형태이다. 우리나라에 흔한 벅수(장승)나 제주도에 많은 돌하르방, 묘 앞에 세워진 문 무인석 같은 형태이다. 그리고 절이나 절터에 남아 있는 석불도 이 석상에 포함된다. 이 석상은 여러 나라에서 발견되지만 남태평양상에 있는 조그마한 이스터 섬의 석상이 대표적이다. 이 섬은 가장 가까운 남미에서 3,200km나 떨어져 있는 외딴 섬이다. 이 섬의 해안가에 2백여 개의 석상들이 바다를 향해 세워져 있는데, 사람 얼굴을 조각한 것으로 웅장하고 당당한 모습이다. 이 석상 중 높이가 최고 10m 이상에 무게가 82톤이나 되어 신비에 쌓인 수수께끼라 하겠다. 그리고 산의 암반층에는 석상을 만들다만 것들도 있다.

이외에도 거석문화에는 돌 조각품이라든지 돌구유 등 다양한 요소들을 포함하고 있다.

1.3. 세계 거석문화의 분포

고인돌을 비롯한 거석문화의 분포는 북유럽, 서유럽, 지중해 연안 지역, 인도, 동남아시아, 동북아시아 지역으로 거의 세계적인 분포를 보인다. 이의 분포는 큰 바다에 인접된 곳에 밀집되어 있다. 유럽의 거석문화는 모두 대서양 동안을 따라 길게 집중 분포되어 있다. 북유럽의 고인돌은 발트해 연안인 스웨덴 남부부터 덴마크, 네덜란드 북부, 독일 등지에서 발견되고 있다. 서유럽의 고인돌과 거석문화는 프랑스가 그 중심을 이루면서, 그 남으로 포르투갈과 스페인, 서쪽으로 영국과 아일랜드에 이르고 있다. 지중해 연안의 거석문화는 가장 큰 섬인 코르시카와 사르디니아섬, 프랑스 남부인 프로방스지역, 이탈리아의 동남부 반도, 아프리카 북부인 알제리, 지중해 동안인 시리아 등 곳곳에서 거석문화들이 존재하고 있다. 그리고 흑해연안의 고인돌은 러시아 까프까즈 지역에 집중 분포되어 있다.

유럽의 거석문화는 프랑스 브리타니지역을 중심으로 신석기시대에 농경의 파급과 함께 주변 지역으로 퍼져 나간 것으로 보고 있다. 이 거석문화는 주변에서 석재를 쉽게 구할 수 있는 지역을 중심으로 발달하였으며, 거석을 이용한 기념물을 축조하고, 천문학적인 지식을 바탕으로 한다는 점에서 서로간의 공통점이 있다. 무덤에서 널길이 있는 무덤방의 구조가 대표적인 형태이다. 하지만 지역에 따라 양식의 차이가 있고, 형태의 유행도에서 차이를 보인다. 이 거석무덤들은 지상에 축조되고 있는 점과 한 무덤방 안에 여러 구의 주검이나 한 봉분 속에 여러 기의 무덤방이 있는 다장묘(多葬墓)가 하나의 특징이다. 유럽의 거석물은 대서양을 따라 약 2,500km 범위에 약 600여 개의 유적지들이 확인되고 있었다고 한다. 아일랜드에서는 약 1,571개가 발견되었고, 러시아의 까프까즈 지역에는 2,400여 개의 거석무덤들이 알려져 있다.

아시아지역에서는 인도, 인도네시아, 대만, 중국, 일본 그리고 우리나라 등 주로 인도양과 태평양 인근에 위치한 지역에서만 발견되고 있다. 인도의 거석문화는 고인돌을 비롯하여 지표상에 돌로 구조물을 하고 있는 돌널무덤, 독무덤, 움무덤 등도 거석묘에 포함하고 있다. 거석문화는 인도 전 지역에서 발견되고 있지만 데칸고원 남부에 집중되어 있다. 고인돌은 덮개돌 밑에 여러 개의 판상석으로 된 받침돌이 무덤방을 이루고 있는 구조물 형태이다. 이 고인돌은 보통 지상에 드러나 있지만 흙이나 돌무지로 반쯤 또는 전체가 덮여진 것도

〈그림 1〉 수마트라섬의 고인돌

있다. 형태상 버섯이나 우산 형태를 하고 있어 유럽과 우리나라 제주
도의 고인돌과 유사하다.

　인도네시아에서는 여러 종류의 거석문화가 존재한다. 수마트라섬
에도 고인돌이 있는데, 이 고인돌은 근래까지 만들어지고 있는 것으
로 알려져 있다. 세레베스섬에는 마을 입구에 선돌과 환상열석이 무
덤방 주위에 세워놓기도 하였다. 자바섬에는 여러 유형의 거석기념

〈그림 2〉 숨바섬의 고인돌

물이 존재하고 있다. 즉 고인돌, 돌방(石房), 돌의자(石倚), 선돌, 돌단(石壇) 등이다. 고인돌은 바둑판 모양을 한 것과 덮개돌 밑에 판상석을 돌린 것이 있다. 말레이반도의 고인돌은 탁자식과 기반식을 절충한 형태가 발견되었다. 그 외 많은 선돌이 있다. 대만지역의 고인돌은 약 80여 기가 확인되었는데, 모두 탁자형이다. 소수를 제외하고 근래에 만든 소형들이다. 이 고인돌은 사당(祠堂)으로 쓰이고 있고, 민간에서 소원을 비는 기원 장소로 여기고 있다 한다.

　동북아시아 지역에서는 한국, 일본 구주 북서부지역, 중국 절강성과 요령성지역에 분포하고 있다. 중국의 고인돌 분포 수는 절강성에 50여 기와 요령성에 300여 기이다. 중국 절강성 고인돌은 성의 남부인 서안지역에 집중되어 있는데, 대석산에 36기가 밀집 분포되어 있다. 이 고인돌은 모두 구릉 정상부나 야산 능성이에 받침돌이 있는 기반식 고인돌과 개석식 고인돌이다. 기반산 고인돌만 완전히 남아있고 나머지는 파괴된 상태이다. 발굴된 무덤방은 장대 판상석을 잇대어 세워진 형태로 지하나 낮은 봉토에 묻혀져 있다. 외형상 제주도 고인돌과 유사하다. 중국 동북지방은 우리나라 청동기시대 문화와 밀접한 관계를 가진 지역으로, 요령성과 길림성에서 고인돌이 발견되고 있다. 고인돌은 아직 요하 서쪽 지역에서는 발견된 바 없으며, 요동반도지역에 집중 분포되어 있다. 여기의 고인돌은 탁자식 고인돌이 특징적이다. 가장 큰 고인돌은 개주의 석붕산 고인돌로 길이가 8.6m, 너비가 5.7~5.1m, 두께가 0.4~0.5m의 넓고 얇은 판돌로 덮개돌을 하고 있고, 그 밑에는 길이 2.75m, 너비 2.1m, 높이 2.33m의 무덤방이 지상에 드러나 있는 탁자식 고인돌이다. 이 형태와 규모는 황해 노암리나 관산리 고인돌과 비교된다. 그리고 개석식에 속한 대석개묘는 발해만 연안지역에 집중되어 발견되고 있다.

　일본의 고인돌은 우리나라와 가까운 서북구주지역인 나가사키, 사가, 후쿠오카현에 집중되어 있는데, 약 5~600여 기로 추산하고 있다.

일본 남쪽 오키나와 섬에도 고인돌이 있다는 보고가 있지만, 선사시대 이후에 만들어진 것이라 한다. 일본의 고인돌은 우리나라와 달리 큰 것이 2~3m 정도이고, 작은 것이 1m 내외이어서 전체적으로 규모가 매우 작은 것이 특징이다. 탁자식은 존재하지 않고, 소형 덮개돌 밑에 받침돌을 고인 기반식 축소형이 많다. 무덤방은 돌널형, 돌덧널형, 돌돌림형 등이 있으나 받침돌만 있고 구덩형 무덤도 있다. 일본의 고인돌의 또 하나의 특징으로는 독무덤과의 결합되어 있는 점이다.

2. 한반도의 거석문화

고대로부터 문명의 발달은 강을 중심으로 발달하였다. 물의 이용과 관리는 인류 집단의 정착생활을 영위하고 문화를 발전시키는 데 있어서 너무나도 중요한 요소이다. 물은 그 자체가 인류생존에 필수적인 자원이고 이 물의 흐름에 따른 수로는 중요한 교통로 역할을 하였다. 다른 지역도 마찬가지이지만 강원도의 수계를 이해하는 것은 선사문화를 이해하는데 매우 중요한 요소가 된다. 이는 해발 100m가 넘는 산지가 95%나 되는 산지지형의 산악지대에서 급경사를 이루며 흘러내리는 남한강과 북한강, 그리고 동해안의 소하천들이 그 유역에 크고 작은 침식, 또는 퇴적지형을 형성하고 있기 때문이다.

2.1. 한반도 거석문화(고인돌)의 유형별 분류

고인돌의 모양은 각 지역에 따라 그 형태가 조금씩 다르다. 이는 각 지역마다의 전통과 독자적인 문화 속에서 만들어졌기 때문이다. 고인돌의 외형적인 형태는 크게 탁자식, 기반식, 개석식 등 3종류가 있으며, 위석식(제주도식)이 추가 분류되고 있다. 이 형태는 지역적인 명칭인 북방식과 남방식, 또는 오덕형과 침촌형, 묵방형으로, 형태상으로는 탁자식과 기반식, 무덤방의 위치로는 지상형과 지하형으로 달리 부르기도 한다. 기반식은 받침돌의 유무로 지석식과 무지석식, 또 덮개돌이 무덤방과 분리되어 있는 것에서 들린 형과 놓인 형 또는 이지형(離地形)과 접지형(接地形)으로 분류하는 등 학자들마다 명칭을 달리한다.

2.1.1. 탁자식 고인돌(卓子式 支石墓)

해방 전에 일본인 학자들이 한반도 북부지역을 중심으로 나타나는 분포양상을 근거로 하여 분류한 고인돌 형식으로, 기반식 고인돌(南方式支石墓)과 대조를 이룬다. 형태상으로는 지상에 4개의 판석형(板石型) 고임돌(支石)을 세워서 장방형(長方形)의 무덤칸을 구성하고, 그 위에 거대하고 편평한 덮개돌(上石)을 올려놓은 탁자식(北方式) 고인돌을 일컫는다. 이러한 형식은 최근에 중국 요동(遼東)지방에도 수십 여기 이상 분포하는 것이 확인되었다. 또한 북한지방에서는 이 형식 외에도 지하에 매장시설이 있고, 덮개돌만 지상에 노출되어 있는 개석식(無支石式)도 널리 분포하는 것이 확인되어, '북방식 고인돌'이라는 개념에 일정한 한계가 있음이 인정된다.

한반도 내에서 탁자식 고인돌은 주로 한강 이북에 분포하고 있으며, 평안남도와 황해도 지방의 대동강, 재령강, 황주천 일대에 집중되어 있다. 평안남도 용강군 석천산(石泉山) 일대에는 동~서 2km, 남~북 3km의 면적 안에 무려 120여 기가 밀집되어 있다. 강원도 산악지대에는 고성과 춘천을 연결하는 북한강 유역을 한계로 탁자식 고인돌의 분포가 끝난다.

덮개돌 크기는 대개의 경우 2~4m 정도가 보통이나, 황해 은율의

〈그림 3〉 강화도 고인돌 정면

관산리 고인돌은 표고 80m의 야산 정상부에 1기만 있고 고인돌 주위를 사방 3.5m 너비로 0.65m 정도 돋운 위에 축조하였다. 이 고인돌의 덮개돌은 길이 8.75m, 너비 4.5m, 두께 0.31m이며, 지상의 무덤방은 길이 3.3m, 너비 1.4m, 높이 2.15m이다. 이 고인돌은 3매의 판돌만으로 무덤방을 지상에 만들어 덮개돌을 받치고 있고, 한 쪽 면은 출입이 용이하게 조립한 구조이다. 지상에 노출되어 있는 무덤칸의 긴 변에 세운 2개의 고임돌은 거대한 덮개돌의 무게를 직접 받고 있으므로 두꺼운 판돌(板石)을 사용하고 있으며, 하부는 땅속에 깊이 묻혀 무덤칸 내부 바닥보다 훨씬 뿌리가 깊다. 또한 밑뿌리 형태는 되도록 지하에 깊이 박을 수 있도록 삼각형이나 반달형을 이루고 있다.

무덤칸의 짧은 변에 세우는 막음돌은 긴 변 고임돌 내부에 들어와 네모 모양으로 세워진다. 이 짧은 막음돌들은 덮개돌의 중량을 직접 받고 있지 않기 때문에 입구에 여닫기가 비교적 용이하다. 그러나 탁자식고인돌 중에는 4개의 받침돌 중 1~2개가 없어진 경우도 많다.

〈그림 4〉 강화도 고인돌 측면

무덤칸 내부 바닥에는 자갈이나 판돌을 깐 것도 있으나, 그냥 맨 땅으로 된 것이 보통이다. 고임돌 하부에는 기초를 튼튼히 하기 위해 돌덩이로 보강한 예가 많고, 무덤칸 바깥쪽에 돌을 깐 경우는 거의 없다. 무덤칸은 대개 하나로 구성되어 있으나, 황주군 송신동의 예처럼 남~북 장축의 돌방 안에 3장의 판돌을 동~서 방향으로 세워 4개의 칸을 만들고, 각 칸에 시체를 동~서 방향으로 눕혔던 흔적이 있는 형식도 있다.

최근에 요동반도에서 확인된 탁자식 고인돌에 대해서 중국학자들은 3가지 형식으로 분류하였다. 첫째는 개주시 석붕산 고인돌로 대표되는 석붕산 유형으로 덮개돌의 길이는 4~5m, 높이는 2m 정도 되는 것으로 정교하게 축조한 것이다. 덮개돌이 편평하면서 장방형을 이루며, 무덤칸 앞뒤로 길게 나온 형상을 하고 있다. 둘째 형식은 김현 소관둔 고인돌로 대표되는 소관둔 유형으로 덮개돌의 길이는 2~3m, 높이는 1.3m 내외의 것으로 앞의 형식보다 작은 것이다. 덮개돌은 거의 정방형(正方形)을 이루고 있으며, 무덤칸의 네 벽 바깥으로 거의 비슷하게 나와 있다. 다음 셋째 형식은 수암현 흥륭 고인돌로 대표되는데, 덮개돌의 길이는 2m, 높이는 1m 내외의 것으로 소형이다. 덮개돌과 고임돌 모두 자연화강암을 간단히 가공한 흔적만 있다.

탁자식 고인돌은 무덤칸이 지상에 노출되어 일찍 도굴 당했을 가능성이 커 부장품이 거의 발견되지 않고 있다. 부장품은 대개 화살촉(石鏃)과 돌검(石劍)이다. 황해도 연탄군 오덕리 두무동 4호에서는 한 곳에서만 9점의 화살촉이 나왔다. 이들은 대부분 화살촉 몸의 단면이 마름모꼴을 이룬 슴베화살촉(有莖式石鏃)이다. 그밖에 반달돌칼(半月形石刀), 대팻날도끼, 둥근도끼, 대롱옥(管玉) 및 토기조각이 출토되고 있다.

탁자식 고인돌의 편년에 대해서 일치된 의견은 아직 없으나, 거의 청동기시대에 속하는 것으로 이해되며, 하한에 대해서는 북한지구에

〈그림 5〉 강화 부근리 점골 고인돌

철기가 들어오는 늦어도 B.C. 3세기 이전에 소멸된 것으로 보고 있다. 또 그 기원에 대해서 북한학자들은 돌널무덤(石棺墓)의 뚜껑돌(蓋石)이 지상으로 노출되는 개석식의 침촌형(沈村形) 고인돌이 되다가, 지하 매장시설까지 지상으로 완전 노출되고, 대형화되면서 탁자식의 오덕리형 고인돌이 되었다고 보고 있다.

그 성격에 대해서는 거석숭배(巨石崇拜)의 표현으로서 종교적인 제사기념물로 보는 견해, 원시사회의 씨족 공공활동 장소로 보는 견해, 그리고 무덤으로 보는 견해 등이 있다. 그러나 요동지방을 포함하여 여러 고인돌에서 인골과 부장품이 발견되는 예로 미루어 볼 때 주로 무덤의 성격을 가진 것으로 이해되고, 기념물과 집회소의 성격을 겸비한 것으로 보인다. 무덤의 주인공에 대해서는 그 규모가 크고, 정교하게 축조된 고인돌의 경우, 일정한 영역을 통제할 수 있는 집안의 지배 족장 무덤으로 볼 수 있다.

탁자식 고인돌은 잘 다듬어진 판돌 3매 또는 4매로 ㄷ자나 ㅁ자로 짜 맞춘 무덤방을 지상에 축조하고 그 위에 편평하고 거대한 판석상의 덮개돌을 얹어놓은 마치 탁자나 책상모양 형태이다. 이는 요령지방과 북한지역에 많이 보이는 형태이어서 북방식(北方式)이라고도 한다. 북한에서는 발굴지역의 명을 따라 오덕형이라 하며, 중국에서는 석붕(石棚)이라 부른다. 탁자식 중 길이가 8m 이상이고 폭이 5m 이상, 높이 2m 이상인 초대형급의 고인돌은 요동반도와 한국 대동강 유역에서만 나타나고 구릉이나 산중턱에 1기씩만 있는 것이 특징이다.

남쪽 지역의 탁자식 고인돌은 두터운 덮개돌 밑에 장벽석 2개만 있는 것이 많다. 그래서 한쪽 또는 양쪽 마구리 역할을 한 판돌은 무너져 있거나 없어진 것으로 보고 있다. 이 무덤방을 이룬 판돌은 위의 덮개돌을 지탱할 수 있는 두께가 0.2m 이상으로 다듬어진 돌을 사용하고 있다. 남쪽의 탁자형 고인돌은 대개 3~4m의 크기의 덮개돌 밑의 무덤방 높이도 1m 이내로 낮아지고, 덮개돌도 1m 이상으로 두터워지며, 약간 다듬은 돌을 사용하고 있다. 즉 고인돌의 규모가 작고 무덤방 폭도 좁다.

남한지방에서는 강화 부근리 탁자식이 최대의 규모이다. 덮개돌 크기는 길이가 6.5m, 너비가 5.2m, 두께가 1.2m이며, 지상에서의 전체 높이는 2.6m이다. 받침돌은 현재 양끝의 마감돌이 없어지고 좌우만 남아 있다. 전북 고창 도산리 탁자식 고인돌은 북한지역의 것과 유사한 형태이다. 이 고인돌은 길이 3.5m, 너비 3.1m, 두께 0.38m로 두께가 매우 얇은 판상석의 덮개돌을 하고 있으며, 그 밑에 2개의 장벽석이 지상에서 1.8m 높이로 고인 형태이다.

전남 나주 회진 고인돌은 회진토성안의 조그마한 분지형 계곡 끝 사면에 위치하며, 현재 3벽석만 남아 있고, 영산강이 바라다 보이는 앞쪽 면이 개방되어 있다. 덮개돌은 길이 4.1m, 너비 2.4m, 두께 0.9m이며, 무덤방은 길이 2m, 너비 1m, 지상의 높이가 0.85m이다. 이러한 탁자식 고인돌은 남쪽으로 올수록 분포 양상이 희박해지고, 덮개돌도 기반식과 같이 두터워지며 받침돌도 1m 이내로 매우 낮아지고 있다. 지금까지 발견된 그 남한계선은 경남 거창과 전남 영암과 강진까지이다.

2.1.2. 기반식 고인돌(碁盤式 支石墓)

기반식 고인돌은 '남방식 고인돌' 혹은 '바둑판식 고인돌'이라고도 불리는 것으로 주로 전라도, 경상도 등 한강 이남 지역에 분포되어 있다. 판돌(板石), 깬돌(割石), 냇돌(川石) 등을 사용하여 지하에 무덤칸을 만들고 덮개돌(上石)과 무덤칸 사이에 3, 4매 또는 그 이상의 고임돌(支石)이 있는 형식이다. 외형상 지표면에서 들려져 있어 웅장하게 보인다. 이 기반식 고인돌은 덮개돌이 거대하고 괴석상을 한 대형들이 많은데, 호남과 영남지방에서만 보이고 뚜렷한 무덤방이 없는 것

〈그림 6〉 화순의 기반식 고인돌

이 많다. 북한에서는 아직 알려져 있지 않는 형식이다. 그래서 남방식(南方式) 고인돌이라고 한다. 규모가 큰 기반식 고인돌은 산기슭이나 구릉상, 계곡끝 평지에서 1기씩만 존재하고 있는 것이 보통이나, 고인돌이 군집을 이루고 있는 곳에서는 가운데에 있거나 얼마간 떨어져 독립적인 위치에 있다. 이런 고인돌은 대개 길이가 3~6m, 두께도 2~4m에 속한 덮개돌이 달걀처럼 둥그런 형태와 각 면들이 반듯하게 잘려진 직육면체의 외형을 보이고 있다. 큰 것은 전남 화순 대신리처럼 길이가 7m 이상에 두께와 너비가 4m 이상으로 덮개돌 위가 'ㅅ'자형을 하여 마치 지붕을 연상케 하는 형태도 있다.

지하 무덤칸의 구성은 여러 가지 방법이 사용되어 왔으나, 이들은 반드시 그 윗면을 덮는 자신의 뚜껑돌(蓋石)을 가지고 있다. 뚜껑으로는 판돌을 이용하기도 하였으나 나무로 만든 뚜껑을 덮었을 가능성도 많다. 일부에서는 개석식(無支石式) 고인돌을 기반식고인돌에 포함시키기도 한다. 지하 매장시설의 구조는 돌널형(石棺形), 혼축형(混築

〈그림 7〉 화순 고인돌군

形) 돌덧널형(石槨形), 돌돌림형(圍石形) 그리고 토광형(土壙形)으로 구분해 볼 수 있다.

돌널형 매장구조(石棺形埋葬構造)는 무덤칸의 벽석(壁石)이 10㎝ 내외의 판돌로 조립된 것이며, 각 벽석이 1매인 것과 장벽석을 2매 이상으로 조합한 것이 있다. 혼축형 매장구조(混築形埋葬構造)는 일부에 판돌을 세우고, 일부는 깬돌로 쌓아 축조한 것으로, 장벽(長壁)이 판돌인 것과 단벽(短壁)이 판돌인 것이 있다. 다음 돌덧널형 매장구조(石槨形埋葬構造)는 무덤칸을 깬돌이나 자연석으로 쌓아 축조한 것으로 깬돌이나 자연석을 세워 축조한 것, 깬돌을 세우고 일부는 쌓은 것, 깬돌이나 자연석을 2~3단 이상으로 쌓아서 축조한 것, 그리고 무덤칸 일부에만 간단한 벽석이 있는 것이 있다. 돌돌림형 매장구조(圍石形埋葬構造)는 덮개돌(上石)을 받치고 있는 고임돌(支石) 자체가 무덤칸을 이룬 것으로, 덮개돌 아래의 대형 고임돌 사이를 돌로 메워 그 자체가 무덤칸을 이룬 것, 0.2~0.3m 크기의 고임돌들이 공백 없이 돌려져 무덤칸을 이룬 것이 있다. 지하 토광형 매장구조(土壙形埋葬構造)는 덮개돌 아래에 뚜렷한 돌 시설이 없이 토광만 있는 것으로, 토광 주위에 깬돌을 간단히 놓인 것과 순수한 토광인 것이 있다.

지하 돌널형의 고인돌은 서북한지역의 개석식고인돌에서 많이 보이는데, 한강 이남 특히, 전남과 경남의 남부지역에서는 돌덧널형 무덤칸이 가장 성행한다. 특히 기반식고인돌이 밀집한 전남지방의 고인돌을 살펴 볼 때 2개의 지역군 설정이 가능하다. 즉 영산강 유역에서는 돌널형 무덤칸이, 보성강 유역에서는 돌덧널형 무덤칸이 많다. 또한 보성강 유역에서는 간돌검(磨製石劍) 등의 부장 풍습이 유행하고 있으나, 영산강 유역에서는 부장유물이 거의 발견된 바 없고 단지 무덤칸 주변에서 빈약한 유물이 출토되고 있을 뿐이다. 돌돌림형(圍石形)은 전남, 경남지방 등 한반도 남부지방에서만 보이는 것으로, 제주도에서 보이는 10매 이상의 판돌로 고임돌을 구성한 고인돌도 이에 포함된다고 볼 수 있다. 그러나 제주도 고인돌은 한반도와 달리 판돌을 세워서 축조한 점이 다르다.

부장유물로는 돌검과 돌화살촉(石鏃)이 가장 많이 동시에 출토되고 있다. 돌검은 지역에 따라 형식이 다른데, 금강·한강유역에서는 일단병식(一段柄式)과 이단병식(二段柄式)돌검이, 남부지방에서는 유경식(有莖式)과 일단병식 돌검이 출토된다. 돌검과 청동기가 공반된 예는 경남 진동리(鎭東里), 덕치리(德峙里) 등 남부지방에서만 나타난다. 청동기와 옥이 공반된 예는 전남 승주 우산리(牛山里), 여천 봉계동(鳳溪洞), 적량동(積良洞), 그리고 오림동(五林洞) 등 전남 동부지역을 중심으로 나타난다.

기반식 고인돌은 평지나 구릉 위에 분포하고 있으나, 때로는 좁은 평지가 있는 계곡 사이나 산의 경사면 또는 산 정상부에서도 발견되고 있는데, 대개 일정한 형식이 없이 거대한 덮개돌(上石)을 구하기 쉽고 운반하기 용이한 곳을 택하고 있다. 고인돌의 기능은 무덤으로서의 기능, 제단(祭壇)으로서의 기능, 묘표석(墓標石)의 기능 등 세 기능으로 구분할 수 있는데, 보편적이고 일반적인 것은 무덤의 기능이다. 제단으로서의 기능은 계곡이나 산기슭의 약간 높은 대지상(臺地上)에 1기만 독립적으로 존재하는 경우에 해당된다고 볼 수 있다. 그리고 괴석형(塊石形) 덮개돌에 대형 고임돌이 있는 전형적인 기반식, 그리고 판돌형 덮개돌에 기둥모양의 고임돌이 받치고 있는 고인돌이 주로 이에 속한다. 묘표석으로서의 기능을 하는 것은 군집 내에서 무덤칸이 없는 고인돌의 경우이다. 거의 대부분 괴석형 덮개돌에 대형 고임돌을 고이고 있는데, 집단의 묘역을 상징하는 기념물적인 기능을 하고 있다.

기반식 고인돌의 축조 연대는 요녕(遼寧)지방 청동기의 초기형식인 전형적인 비파형동검(琵琶形銅劍)이 출토되는 예로 보아, 그 상한은 B.C. 8~7세기경이고, 그 전성기는 B.C. 6~4세기경으로 이해된다. 그 하한에 속하는 기반식고인돌은 돌돌림형 고인돌로 추정되는데 기원 전후한 시기까지 내려 올 가능성이 있다. 제주도의 지상 돌돌림형 판돌식 고인돌은 원삼국시기에 속하는 곽지리식(郭支里式) 토기가 출토되므로, 한국에서 가장 늦은 형식의 고인돌이라고 볼 수 있겠다.

2.1.3. 개석식 고인돌(蓋石式 支石墓)

개석식 고인돌은 지하에 만든 무덤방 위에 바로 뚜껑으로 덮은 형식이다. 받침돌이 없이 바로 무덤방을 덮은 것에서 개석식을 무지석식(無支石式), 뚜껑식, 대석개묘 등으로도 불린다. 한국 고인돌의 3가지 형식 중 하나인 개석식(蓋石式) 고인돌은 고임돌(支石)이 없이 지하에 있는 매장시설 위를 뚜껑처럼 덮개돌(上石)이 직접 덮고 있는 형태이다. 이 형태는 무지석식, 접지형, 심촌리형, 구덩식, 대석개묘 등이라고도 하며, 변형 고인돌로 간주하여 기반식(南方式) 고인돌 안에 포함시키기도 한다. 이 '개석식고인돌'이란 용어는 1974년 김원룡에 의해 처음 제안된 이후 여러 학자들에 의해 사용되고 있다. 이 형식은 제단적(祭壇的)인 기능을 가지기도 한 탁자식(北方式)이나 기반식과는 달리 무덤의 기능이 중요하다. 그 분포를 보면 북쪽에 주로 많이 분포한 탁자식이나 남부지방에 집중되어 발견되는 기반형과는 달리 중국 요녕지방에서부터 한반도 전역에 분포하고 있으며, 양적인 면에서도 대다수를 차지하고 있어 한국 고인돌의 주류를 이루고 있다.

주로 무덤의 기능을 가진 개석식고인돌은 다른 형식과는 달리 덮개돌 아래의 하부구조가 다양하면서 지역적으로도 뚜렷한 차이를 보인다. 이는 외형적으로 웅장하고 위용적인 면을 지닌 탁자식이나 전형적인 기반식보다는 시신이 묻힌 매장주체부 시설에 상당히 정성을 들여 축조하였기 때문이다. 개석식 고인돌의 하부구조로는 적석, 묘실, 바닥시설 등이 있다. 적석(積石)은 덮개돌 아래의 일정한 범위에 판상석이나 납작한 돌을 깔거나 쌓은 시설이다. 이는 무덤칸 주위의

〈그림 8〉 개석식(무지석식) 고인돌군

보강석으로 매장 주체부인 무덤칸을 무거운 덮개돌로부터 보호하기 위한 시설인 동시에 무덤의 묘역을 표시하는 구획의 기능도 가지고 있다. 그 형태는 장방형(長方形), 원형(圓形), 타원형(楕圓形)이 있으며, 또 보통 하나의 적석에 하나의 무덤칸이 있지만 하나의 넓은 적석 내부에 여러 개의 무덤칸이 있는 것도 있다. 그리고 적석시설이 뚜렷한 것이 있는 반면에 덮개돌 무게의 하중을 분산시키는 무덤칸 보강석 정도인 간단한 것도 있다.

뚜껑돌(蓋石)은 무덤칸의 상면을 덮어 밀폐된 공간을 마련하여 시신을 보호하는 역할을 하고 있다. 모든 묘실에 뚜껑을 덮었을 것으로 추정되나 목개(木蓋) 등의 흔적이 남아 있지 않고 현재 남아 있는 것은 판돌상의 돌 밖에 없다. 이는 1매의 판돌(板石)로 무덤칸을 덮은 것, 수 매의 판돌로 무덤칸을 덮은 것, 무덤칸 상면에만 깬돌(割石) 등의 돌들이 깔려진 것, 아무런 시설이 없이 흙으로 차있는 것 등 4가지가 있다.

바닥시설은 시신을 안치한 바닥이란 점에서 시상대의 역할을 하였다고 생각된다. 나무 등으로 바닥면을 고르게 한 것도 상정되나 현재 남아 있는 바닥시설은 전면에 판돌이나 편평석, 잔자갈을 깐 것, 머리·허리·다리 쪽 세 부분만 편평석이나 판돌편으로 깐 것, 머리와 다리 쪽 두 부분에만 있는 것, 허리부근의 중앙에만 있는 것, 아무런 바닥시설이 없는 것 등 5가지 유형으로 나누어진다.

시신이 직접 안치되는 묘실은 고인돌에서 가장 주요한 매장 주체부를 이룬다. 이는 시신 안치 방법에 따라 그 크기가 다르며, 대부분 장방형의 형태를 하고 있다. 묘실의 유형은 판돌이나 판상석을 이용해 조립한 돌널형(石棺型), 할석이나 자연석의 편평한 면을 이용해 세우거나 쌓은 돌덧널형(石槨型), 판돌과 할석을 혼용해 축조한 혼축형(混築型), 자연석만 돌려 만든 돌돌림형(圍石型), 토광이나 토광과 목관 사이에 간단한 돌을 메운 토광형(土壙型), 그리고 한반도에는 없지만 옹관을 매장한 옹관형(甕棺型)이 있다. 북쪽 지역에서는 덮개돌 두께가 얇으나 남쪽에서는 얇은 판상석도 있지만 대체로 두터워지는 경향이 있다. 고인돌에서 출토되는 유물도 대부분 이 형태에서 출토된 것들이다.

개석식 고인돌에서는 무덤의 역할에 충실하여 피장자(被葬者)와 관련되는 부장유물뿐 아니라 장례와 관련되는 의례용 유물도 비교적 많이 출토되고 있다. 그 대표적인 유물이 돌검(石劍)과 돌화살촉(石鏃)이며, 드물게는 청동제품인 비파형동검(琵琶形銅劍), 동화살촉(銅鏃), 동도끼(銅斧), 동투겁창(銅矛) 등이 있고, 장신구인 천하석제 굽은옥(天河石製曲玉)과 소옥, 벽옥제의 대롱옥(管玉)도 남해안지역 고인돌에서 발견되고 있다. 또 피장자(被葬者)의 부활과 재생을 의미하는 붉은간토기(紅陶)나 가지무늬토기(彩文土器) 등도 있다. 이런 유물들은 피장자의 시신과 함께 묘실 안에서 발견되고 있다. 그리고 매장 주체부 주변의 적석이나 덮개돌 주변에는 많은 토기편이나 석기들이 발견되고 있는데, 축조와 관련되어서 제의용(祭儀用) 유물과 피장자를 애도하는 의례용(儀禮用)이 있다. 여기서 발견되는 유물은 실생활에 사용된 유물들로 돌화살촉, 돌칼(石刀), 돌도끼(石斧), 홈자귀(有溝手斧), 가락바퀴(紡錘車), 그물추(漁網錘), 갈돌(石棒), 숫돌(砥石) 등 당시의 주거유적에서 나오는 모든 유물이 발견된다.

2.1.4. 위석식 고인돌(圍石式 支石墓, 濟州道式 支石墓)

고인돌의 형식에는 무덤칸이 지상에 있는 탁자식(北方式), 지하의 무덤칸과 덮개돌 사이에 고임돌이 있는 기반식(南方式), 고임돌 없이 지하 무덤칸 위를 뚜껑처럼 덮고 있는 개석식(無支石式) 등 크게 3형식으로 분류하고 있다. 이 형식 이외에 위석식(圍石式) 고인돌이 있다.
위석식 고인돌은 지상에 드러난 고임돌이 덮개돌 아래를 돌아가면서 그 자체가 무덤칸을 이루는 형식이다. 이 형태는 지상에 고임돌이 노출되어 마치 기반형과 같은 형태를 한 것과 덮개돌 아래에 판상석(板狀石)으로 돌려서 탁자식처럼 보이는 것이 있다. 이 고임돌은 덮개돌을 받치고 있으면서 주검칸과 분리시켜 주고 있기 때문에 하부구조가 파괴되는 것을 방지해 주는 역할을 하고 있을 뿐 아니라 외형적으로 덮개돌이 웅장하고 위용을 가지도록 하는 역할도 한다. 위석식 고인돌은 덮개돌 아래에 자연석이 고임돌로 돌려져 그 자체가 주검칸을 겸한 형태이나 외형적으로는 고임돌이 덮개돌을 받치고 있는 것처럼 보인다. 고임돌은 덮개돌 아래에 6~12매가 돌려져 있는데 고임돌을 잇대어 놓은 것과 고임돌 사이를 작은 돌로 쌓는 것이 있다.

위석식 고인돌의 종류는 3가지가 있다.

첫째는 덮개돌 아래를 대형 고임돌로 고이고 그 사이를 작은 돌로 메워 그 자체가 무덤칸을 이룬 것, 둘째는 덮개돌 아래에 0.2~0.3m 크기의 소형 고임돌들이 돌려져 무덤칸을 이룬 것, 셋째는 판상석으로 덮개돌 아래를 돌려 그 자체가 무덤칸을 이룬 것 등이다.

위석식 고인돌의 무덤칸 형태는 돌널형(石棺型)이나 돌덧널형(石槨

〈그림 9〉 위석식 고인돌 1

型)에서 보이는 장방형(長方形)은 없으며, 덮개돌 형태와 관련되어 무덤칸 형태가 방형(方形)이나 장타원형(長橢圓形) 등으로 일정치 않고 바닥석이 없는 것이 특징이다.

첫째 유형은 한 고인돌 군집지역에서 1기만 있는 경우와 독립적인 것이 있다. 이 고인돌들은 무덤칸 없이 대형 고임돌 위에 거대한 괴석형(塊石型) 덮개돌이 올려진 것이고, 군집 내에서도 가장 크고 웅장하여 무덤으로 보다는 집단의 묘역을 상징하는 기념물적인 성격이 강하다고 믿어진다. 독립적인 위치에 있는 것은 집단의 집회나 제단의 장소를 표시하는 것으로 이해된다.

둘째 유형은 소형의 덮개돌 아래에 냇돌(川石) 몇 개를 간단히 돌려 놓은 형태이며, 보성강 유역에서 유행한 형식이다. 이외 충북 제원 황석리에서 1기가 발굴된 바 있고, 합천댐과 임하댐 등 낙동강 내륙의 지류에서도 군집되어 발견되기 때문에 그 범위가 남부지역 전역이라 하겠다. 이 무덤칸들은 인접되어 군집을 이룬 것과 큰 고인돌

〈그림 10〉 위석식 고인돌 2

옆에 있는 것, 안동 지례동처럼 군집의 한쪽에서 상징적인 의미를 가진 것이 있다.

셋째 유형은 큰 깬돌(割石)을 이용한 것과 판상석을 이용한 것이 있는데, 깬돌을 이용한 것은 영산강 상류인 담양 궁산리에서 발견된 바 있고, 판상석을 이용한 것은 영상강 유역에서도 발견되지만 전형적인 것은 소위 '제주도식(濟州道式)'이라 부르는 제주도에 집중되어 있다. 특히 제주 오라리 4호는 12매의 판돌이 지상에 노출되어 덮개돌 주위를 돌아가면서 타원형의 무덤칸을 만들었다. 이 형태는 전남지방에서 나타난 위석식 고인돌의 무덤칸 구조와 기본적으로 같으나 전남지방에서는 깬돌이나 자연석을, 제주도는 판돌을 세워서 축조한 것이 다르다. 기반식 중 기둥형(柱形) 고임돌이 지상에 0.5m 이상 노출되어 있어 이 고임돌들이 공백 없이 돌려지면 제주도에서 보이는 위석식 고인돌과 같은 형식이 된다. 그래서 기둥형 고임돌과 위석식이 결합되면서 제주도식의 지상 위석식 고인돌로 발전되었을 것으로 추정된다. 이 유형은 제주도에서만 보이는 형태이나 중국 절강성 지역에서도 유사한 무덤방 구조가 발견되고 있다.

이러한 위석식 고인돌에서 출토되는 유물은 안동 지례동에서 유경식 돌검(有莖式石劍)과 'T'자형 검파두식(劍把頭飾)이 출토된 예도 있지만 돌검과 같은 위엄을 상징하는 유물은 거의 발견되지 않고 있다. 주로 돌칼(石刀), 홈자귀(有溝手斧), 돌끌(石鑿) 등 생활용구들이 일부 파손된 채 발견된다.

2.1.5. 북한 고인돌의 형태와 분류

북한에서는 아직 기반식 고인돌이 보고 된 바 없지만 최근 자료에 의하면 일부 기반식 형태가 보인다. 탁자식 형태를 오덕형이라 하고, 개석식 형태를 침촌형과 묵방형으로 분류하고 있다. 묘역시설의 존재와 구조적인 특징에 따라 침촌형, 오덕형, 묵방형으로 대분류하고 있다. 이를 세부적인 차이에서 4유형, 3유형, 2유형으로 각각 다시 세분하고 있다.

침촌형은 하나의 묘역시설 안에 5~6기의 무덤방이 밀집되어 있는 소위 집합식 고인돌이다. 이 형식은 남한의 북한강 유역과 낙동강, 남해안지역의 일부 고인돌에서도 나타나는 형태이다. 무덤방의 구조가 북쪽에서는 돌널형인 데 반해 남쪽에서는 돌덧널형이 많이 나타나는 차이가 있다.

오덕형은 하나의 묘역에 1기의 무덤방이 있는 것으로, 두터운 판석 4매 세워 무덤방을 지상에 조립한 형식이다. 이 형식은 탁자식 고인돌에 해당된다.

묵방형은 하나의 묘역에 1기의 무덤방이 있는 것으로, 깬돌이나 판석편, 냇돌 등으로 무덤방을 쌓아 지하에 축조한 형식이다. 이 형식은 돌덧널형 무덤방 구조를 한 것으로 지역적으로 돌 재료의 차이는 있지만 특히 남부지방에서 유행한 형태이다.

2.2. 한반도 거석문화(고인돌)의 분포와 세계적 위상

한국의 고인돌은 3만여 기 이상이 분포되어 있다. 이 분포 양상은 주로 서해안 지역을 따라 집중적으로 밀집되어 있다. 서남부에 치우친 전북 고창을 포함한 전남지방이 최대 밀집분포권을 형성하고 있으며, 다음으로 평양을 중심으로 한 대동강유역이다. 그 외는 낙동강 유역, 경남지방, 한강유역, 충남 서해안지역 등으로 밀집 분포되어 있다. 이는 해안변과 강 유역을 따라 분포되는 특징을 보인다.

최근 고인돌 분포 통계표에 의하면 북한 3,160기, 강원 338기, 경기도 502기, 충북 189기, 충남 478기, 전북 1,597기, 전남 19,068기, 경북 2,800기, 경남 1,238기, 제주 140기 등 약 29,510기이다. 그런데 북한

측의 자료에는 대동강유역에 1만여 기 또는 1만 5천기가 분포하고 있다고 한다. 이에 의한 분포 수는 총 4만여 기에 달한다. 평양을 중심으로 한 대동강유역에 1만여 기와 전남지방에 약 2만여 기가 밀집 분포되어 있다. 유럽의 거석문화의 수를 5만 5천기라고 한다. 이는 선돌, 열석, 환상열석 등을 포함하는 수이므로 실제의 고인돌은 그리 많지 않다. 비교적 거석무덤이 많은 아일랜드가 1천 5백기, 러시아 코카서스지역이 2천 4백기 정도이다. 즉, 우리나라 주변 지역의 경우에는 고인돌 수가 수백 기에 불과하다. 이로 볼 때 단일 면적 분포에서 고인돌의 중심 분포지는 우리나라이고, 그 중 전남지방에 가장 밀집 분포되어 있다. 이런 고인돌 분포는 가히 세계적인 고인돌의 왕국이라 할 수 있을 것이다.

한국 고인돌의 특징은 다른 지역과는 달리 밀집과 군집성을 이루고 있는 점 이외에 다양한 외형적 형태의 존재, 거대한 규모를 가진 탁자식과 기반식 고인돌의 축조, 다양한 무덤방의 형태, 부장품으로 간돌검의 부장 등을 들 수 있다. 이중에서도 대규모의 기반식 고인돌과 간돌검의 부장은 다른 지역 고인돌에서 찾아볼 수 없는 가장 큰 특징이라 할 수 있다.

3장 교통로의 발달과 문화융합

1. 동북아시아 문화와 실크로드(Silk Road)

1.1. 실크로드의 개념

실크로드(Silk Road)란 인류의 역사가 시작된 이래 인류에 의해 진행된 동·서양의 육상과 해상의 교통·무역로를 총칭한다. 그러나 경우에 따라서는 다양한 동서교역로(東西交易路) 중에서 비단길만을 가리키기도 한다. 전자가 실크로드의 광의 개념이라면, 후자는 협의의 개념이라 하겠다. 그렇지만 일반적으로 실크로드라 하면 넓은 의미의 실크로드, 즉 모든 동서교역로를 총칭하는 것으로 사용된다.

실크로드란 용어는 잘 알려져 있다시피 중국의 주요 수출품인 비단에서 유래한 말이다. 실크로드의 동양 쪽 출발지가 중국이었던 만큼, 서양과의 교류에서 큰 비중을 차지했던 비단을 교역로의 이름으로 사용하게 된 것이다. 그러나 실크로드란 말을 처음 사용하기 시작한 것은 지금으로부터 약 100여 년 전에 불과하다. 1877년 독일의 지리학자 리히트호펜(Richthofen)이 실크로드란 말을 처음 사용한 이래, 독일의 역사학자 알버트 헤르만(Herrman, A.), 스웨덴의 탐험가 스벤 헤딘(Hedin, S.)에 의해 계속적으로 사용됨으로서 오늘날에는 공식적인 역사·지리용어가 되었다.

그런데 실크로드를 동양과 서양의 인적·물적 자원의 교역로라 정의한다면, 먼저 어느 지역을 동양 또는 서양으로 구분할 수 있는가 하는 동양과 서양의 개념을 살펴볼 필요가 있다. 그것은 역사학적인 관점과 지리학적인 관점에서 볼 때에 동양과 서양의 개념이 시대에 따라 다르게 적용되고 있기 때문이다. 특히 우리가 실크로드의 역사를 말할 때 서양의 범위에 포함시키는 지역이 지리적 관점에서는 그렇지 못한 경우가 많이 나타난다.

오늘날 지리학적 관점에서 동양과 서양을 구분하는 기준은 대체로 흑해(黑海)와 홍해(紅海)를 기준으로 삼고 있다. 즉, 흑해를 기준으로 아시아와 유럽을 구분하고, 홍해를 통해 아프리카와 구분하여, 아시아 지역을 동양이라고 한다. 반면 서양이라 한다면 유럽 및 미주 신대륙을 일컫는다. 그러나 이러한 지리학적 관점에 의한 동서양의 구분은 최근에 이루어진 일이다. 과거 사람들은 이와는 전혀 다른 기준을 가지고 동양과 서양을 구분하였다. 과거 중국에서는 단순히 중국의 서쪽지역에 위치한 지역을 서양으로 인식하였고, 서역(西域) 또는 서융(西戎)이라 표현하였다. 이 기준으로 동서양을 구분한다면, 지리적으로 동양권에 속하는 인도나 이슬람지역도 서양의 범주에 포함된다.

이러한 중국인의 동서양에 대한 구분은 전통적인 중화주의적(中華主義的) 세계관에서 비롯된 것이다. 즉, 중국이 세계의 중심에 위치하고 있다는 인식을 바탕으로 서양을 구분하고 있는 것이다. 하지만, 중국의 중화주의적 세계관은 주변의 여러 국가들에게 많은 영향을 주어 우리나라는 물론 일본 등도 중국과 같은 세계관을 가지고 동서양을 구분하였다.

1.2. 실크로드의 역사와 루트

동서 교역로로서의 실크로드는 오랜 역사를 가지고 있다. 인류역사가 시작된 이후 근대적인 교역체제가 형성되기 이전까지 동서 문화교류의 교역로 역할을 하였다는 점에서, 우리가 확인할 수 없는 아주 오래 전부터 존재하였다.

문헌기록에 등장하는 실크로드는 지금부터 약 2,100년 전의 기록을 통해서 확인할 수 있다. 서양에서는 역사의 아버지라 불리는 그리스의 역사가(歷史家) 헤로도투스(Herodotus)의 저서 『역사(歷史)』에서 남러시아 지역에서 생활하던 스키타이(Scykitai)족에 대해 언급하고 있는데, 스키타이족에 의한 동서 문화교류를 간접적으로 서술하고 있다. 이러한 헤로도투스의 기록은 오늘날 고고학적으로도 증명되고 있는데, 중국 변방지대에서 흑해연안까지 북방 유라시아 일대에 분포되어 있는 스키타이 문양이라 불리는 장식물이 그것이다. 동양에서는 사마천(司馬遷)의 『사기(史記)』 대완전(大宛傳)에 고비사막 북쪽의 유목민인 흉노족(匈奴族)의 동서교역을 기록하면서 실크로드를 기록하면서 실크로드에 대해 언급하고 있다.

이렇게 오랜 역사를 가지고 있는 실크로드는 다양한 교역로로 구성되어 있는데, 그 주요 교역로는 다음과 같이 세 가지로 구분된다.

먼저 실크로드 중에서 가장 먼저 이용되기 시작한 것은 초원길(스텝 루트)이다. 초원길은 동아시아의 초원지대를 가로질러 동양과 서양을 연결하는 교역로로 실크로드의 주 교역로라 할 수 있는 비단길(오아시스 루트)이 개통되기 이전까지 동서교통로의 중심적 역할을 하였다. 이 교역로는 선사시대부터 북아시아 지역에서 활동하던 유목민족들이 주로 이용했던 것으로 알려지고 있는데, 초원길이 동서문화의 교역로로서 중요한 역할을 하였음은 고대 서양의 채도(彩陶)와

옥기(玉器)가 동양에 전파된 것을 통해서도 확인할 수 있다.

채도는 그 기원지가 메소포타미아 지역으로, 기원전 50세기~20세기경에 제작되었다. 그런데 이 채도는 메소포타미아 지역에서만 나타나는 것이 아니고, 중국의 황하(黃河) 유역인 감숙성 및 만주, 그리고 우리나라의 북한지역에서도 발굴되고 있다. 본래 중국 황하 유역과 만주 일대에는 삼족토기(三足土器)라 불리는 회도(灰陶)가 제작되었는데, 이 지역에서 발견된 채도는 회도에 비해 진보된 것으로 메소포타미아의 채도와 형태·색채가 일치하는 것으로 조사되었다. 스웨덴 고고학자 앤더슨(Anderson)의 조사에 따르면 중국에서 발견된 채도의 제작 시기는 기원전 25세기~기원전 5세기경으로 추정되고 있다. 이것은 메소포타미아 지역에서 기원한 채도가 중국으로 전파되는데 약 2500년이란 긴 시간이 소요되었음을 보여주는 것이다. 최근 중국의 고고학자들은 황하유역에서 발견되는 채도가 메소포타미아 지역에서 전파되어 온 것이 아니라 중국에서 자생한 것이라는 '채도의 중국 기원론(中國起源論)'을 제기하기도 한다. 그것은 앤더슨이 채도를 근거로 중국의 농경문화도 메소포타미아 지역에서 전파된 것이라는 '중국문화 서아시아기원설(西亞細亞起源設)'을 주장하는 데 대한 반론으로 제기된 것이다. 그런데 앤더슨의 중국문화 서아시아 기원설은 많은 문제가 있다. 그것은 중국 초기 농경문화인 앙소문화(仰韶文化)와 서아시아 농경문화는 재배식물, 가축, 석기 등에서 많은 차이를 보이기 때문이다. 하지만 앙소문화와 서아시아 농경문화의 성격이 다르다고 해서 채도를 중국의 독자적인 것으로 볼 수는 없다. 그것은 채도의 제작시기가 2000년 이상 서아시아가 앞선다는 점과 서아시아 채도는 중간단계에 해당하는 것이 발굴되며 별도의 발전과정이 발견되지 않고 있기 때문이다.

초원길은 그 후 남러시아지역에서 활동하던 스키타이족을 비롯한 유목민족에 의해 이용되었다. 특히 기원전 6·7세기경부터 기원후 4

세기까지 스키타이족은 이 초원길을 통해 동양과 서양의 문화교류를 담당하는 중요한 역할을 수행하였다.

실크로드의 두 번째 교역로는 비단길(오아시스 루트)로 중국 돈황에서 사마르칸트를 지나 지중해(地中海)나 콘스탄티노플에 연결되는 루트이다. 비단길은 기원전 140년 중국 한(漢)나라 무제(武帝)가 장건(張騫)을 서역에 파견한 이후부터 본격적으로 동서 교역로로 이용되기 시작하였다. 장건의 서역 원정 이전에도 흉노족의 중계무역(中繼貿易)을 통한 동서교류가 비단길을 통해 이루어지기도 했지만, 흉노족의 방해로 동서양의 직접적인 교류가 진행되지는 못하였다. 한 문제는 즉위 직후부터 흉노족을 적극적으로 제압하기 위해 장건을 서역에 파견하는 등 비단길을 장악하기 위해 노력하였고, 그 결과 중국과 서양과의 직접적인 교류가 가능해지게 되었다. 이후 비단길은 초원길을 대신하여 실크로드의 주 교역로로 자리잡게 되었다.

비단길을 통한 동양과 서양의 문화교류 흔적은 비단길 중간에 위치하고 있는 흉노족의 유적에서 확인할 수 있다. 1924년 러시아 탐험대는 울란바토르 북쪽 110km지점에서 212개의 흉노족 고분이 모여 있는 노인울라(Noin-Ula)유적을 발견하였다. 그런데 이 고분에서는 이란 풍의 카페트와 한의 비단 및 '건평(建平) 5년(기원전 2년으로 한 애제(哀帝) 때에 해당된다)이란 명문(銘文)이 새겨진 칠기(漆器)가 함께 발굴되었다. 이는 비단길 중간지점에 위치한 흉노족의 생활문화에 동양문화와 서양문화의 요소가 함께 나타나고 있음을 보여주는 것으로 비단길을 통한 동서교역의 증거라 하겠다.

실크로드의 교역로 중에서 가장 마지막으로 개척된 것은 해상로(海上路), 일명 '고인돌 루트'이다. 이 바닷길은 중국 남부지역인 광주와 항주 등 항구도시에서 인도차이나 반도와 말레카 해협을 지나 실론(자바)과 인도 서해안을 따라 페르시아만의 호르무즈 해협으로 연결되는 루트로, 이곳에서 다시 육로로 바그다드까지 연결된다. 실크로드의 주요 교역로 중에서 바닷길이 가장 늦게 개설된 것은 원거리 항해를 위한 선박제조 기술이나 항해술의 발달이 뒷받침되어야만 했기 때문이다. 하지만 바닷길은 대규모의 물적·인적 교류를 가능케 했다는 점에서 동서문화의 교류 폭을 넓히는데 큰 역할을 하였다고 하겠다. 이 바닷길의 주도권은 로마제국의 멸망 이후 아라비아 상인들에 의해 줄곧 장악되었으며, 명대(明代)에는 이 루트를 따라 중국의 화교(華僑)가 동남아 각지로 진출하기도 하였다.

이와 같이 실크로드는 크게 세 가지 교역로로 구성되어 있다. 그러나 실크로드의 주요 교역로인 초원길과 비단길, 바닷길은 항상 고정되어 있는 것은 아니었다. 이 세 교역로는 다시 수많은 보조 교통로로 세분될 수 있는데, 그 교역로의 구체적인 경유지는 여행자의 필요에 의해, 또는 국제정세에 의해 시대에 따라 변화되었다.

1.3. 중국의 실크로드 개척

실크로드의 개척에 가장 적극적인 것은 중국이었다. 중국은 유목민족들이 동서 교역로를 차단하고 중계무역으로 막대한 경제적 이익을 추구하자, 서양과 직접 교류하기 위해 실크로드를 개척하고자 했다. 중국이 개척한 실크로드는 비단길을 의미하는 것으로, 여기에서의 실크로드 개척이란 비단길의 개척에 한정된다.

초원길을 대신해 비단길이 실크로드의 주 교역로가 될 수 있었던 것은 그 거리가 상대적으로 짧았기 때문이다. 그러나 비단길은 사막지대를 통과해야 하기 때문에 사막의 주요 오아시스를 연결하는 루트가 개척되어야 한다. 그런데 중국의 서북쪽에 위치한 흉노족은 비단길의 주요 오아시스 거점을 확보하여 중국과 서양의 교류를 차단하고 중계무역으로 경제적인 이익을 추구했을 뿐만 아니라, 경제력을 바탕으로 세력을 강화시켜 중국의 서북쪽 국경을 자주 위협하였다.

중국이 흉노족으로부터 비단길의 주도권을 확보하려는 노력은 한(漢)의 건국과 함께 시작되었다. 한의 고조(高祖)는 기원전 2세기 경 몽고고원의 대부분을 장악하고 중국을 위협하던 흉노족에 대한 정벌을 단행하였다. 그러나 한 고조의 정벌은 실패로 끝나고 한 고조는 흉노족의 포로가 되고 말았다. 한 고조의 흉노에 대한 정벌이 실패한 이후 한은 한동안 별다른 움직임을 보이지 않았으나 무제(武帝)가 즉위하면서부터 적극적으로 흉노족을 제압하고 비단길을 확보하고자 하였다.

기록상 최초의 실크로드 개척시도는 기원전 140년 한 무제가 장건을 서역에 파견하면서부터 시작되었다. 한 무제는 흉노를 제압하고 동서 교역로를 확보하기 위해서 흉노의 배후에 위치한 월지(月氏)와 동맹을 꾀하기 위해 장건을 파견한 것이다. 그러나 중도에 장건은 흉노의 포로로 잡혔고, 흉노에 위장 귀화하여 10여 년간 생활한 이후에야 최종 목적지인 월지에 도달할 수 있었다. 장건은 월지에 도착한 지 1년 후 다시 중국으로 귀국하게 되었는데, 장건의 보고를 통해 전혀 알려져 있지 않은 서역의 여러 상황들이 중국에 소개될 수 있었다. 이러한 장건의 서역 원정 이후 비단길을 통한 본격적인 동서교류가 시작되었다는 점에서, 장건의 서역원정은 중국의 실크로드 개척에 있어서 중요한 의미를 갖는다.

이후 중국과 서양은 비단길을 통한 직접적인 교류가 가능해졌는데, 후한(後漢) 환제(桓帝) 때인 166년에는 대진국(大秦國)으로 표현되는 로마의 안돈왕(安敦王: 안토니우스 황제)이 사신을 통해 상아(象牙)를 선물하기도 했다. 중국의 문헌기록에서 확인할 수 있는 직접적인 동서 교류의 사실은 한대(漢代)부터 명(明) 초기까지 10차례 서역사신이 왕래한 기록을 통해서 확인할 수 있다. 뿐만 아니라 이집트와 시리아 지역에서 유행하던 서역의 환술(幻術)과 바빌로니아와 앗시리아의 점 설술(占星術)이 한(漢)에 수용되었고, 당대(唐代)에는 실크로드의 최대 전성기를 맞이하여 물적 교류뿐만 아니라 인적 교류도 활발하게 진행되었다. 당의 수도인 장안(長安)에 수 천 명의 이란, 투르크인이 거주했으며, 불교와 불교미술, 마니교, 조로아스터교 등이 이 실크로드를 통해 중국에 전래되었다. 이러한 현상이 당나라 때 집중되는 것은 당의 추구했던 국제적 문화 성향에 기인한다. 성당문화(盛唐文化)라는 표현도 이때부터 비롯된다.

그러나 당대 이후에는 실크로드 인근 지역에 위치한 유목민족의 세력이 강대해지면서 중국은 실크로드에서의 주도권을 상실하게 되었다. 9세기 무렵부터 당의 세력이 쇠퇴하면서 북아시아에서 이주해 온 위구르족과 서쪽에서 진출해 온 이슬람 상인들이 점차 실크로드의 주도권을 장악하기 시작했다. 따라서 당대 이후에는 동서양의 직접적 교역이 두절되고 이들을 통한 간접적인 교류가 진행될 수밖에 없었다. 더욱이 송대(宋代) 이후 중국의 광주(廣州)에서 홍해를 지나 시리아로 연결되는 바닷길이 개척되면서 육로를 통한 실크로드는 점차 침체기를 맞이하게 되었다.

1.4. 고대 서양의 동양 인식

고대 서양의 동양인식도 중국의 경우와 마찬가지로 오늘날의 기준과는 거리가 멀다. 고대 그리스와 로마인들은 동양을 오리엔트(Orient), 즉 "일출(日出)하는 곳"으로 표현하고 있는데, 고대 오리엔트는 구체적으로 오늘날의 동지중해 연안인 나일강 하구에 위치했던 메소포타미아 지역을 가리키는 것이다. 오늘날에는 지리적 지식의 확대로 과거 서양인들이 동양으로 인식하였던 오리엔트 지역은 근동(近東)으로, 그리고 아라비아 지역을 중동(中東), 동남아 지역은 극동(極東)으로 표현하고 있다.

동양의 서양에 대한 인식은 시대가 지나면서 점차 서쪽으로 확대되어 갔다. 초기에 중국을 중심으로 단순히 서역 또는 서융으로 표현되던 것이 14세기 말~15세기 초에 이르러 서양(西洋)이란 표현으로 바뀌었고(서양이란 용어가 동양에서 처음 사용되기 시작한 것은 중국 명(明)대부터이다. 『명사(明史)』에 의하면 1370년인 태조(太祖) 때에 서양이란 용어가 처음 사용된 이후 1405년부터 7차에 걸쳐 단행된 정화(鄭和)의 서역 원정 이후 서양이란 용어가 일반화되었다), 1617년 장섭(張燮)이 쓴 『동서양고(東西洋考)』에서는 동양과 서양을 구분하는 기준이 구체적으로 제시되었다. 장섭은 발리(浡泥: Borneo)를 기준으로 동양과 서양으로 구분하고 있는데, 이러한 인식은 17세기 초까지 계속되었다. 그리고 17세기 중엽에 들어와서야 오늘날의 유럽을 가리키는 의미로 서양이란 용어를 사용하기 시작했다. 그러나 17세기 이후에도 서양의 범위를 그 이전의 개념과 혼용하는 경향이 많다.

그렇지만, 동양과 서양은 일찍부터 나름대로의 기준을 가지고 동서양을 구분하고 있었다고 할 수 있다. 우리가 실크로드를 언급하면서 서양 또는 서역의 문화라고 할 때에는 오늘날의 기준을 가지고 말하는 것이 아니라 과거의 기준을 가지고 동서양을 구분하는 것임을 알아야 한다. 그렇기 때문에 서역의 문화라 하면 오늘날의 유럽지역의 문화는 물론 이슬람지역이나 인도지역의 문화까지도 포함되는 것이다.

2. 동북아시아 문화 형성에 끼친 실크로드의 역할

2.1. 한반도와 서역의 접촉

동서교역로였던 실크로드는 서역과 중국의 연결에만 그치는 것이 아니다. 중국에 유입된 서역의 문화는 한반도에까지 유입되어 고대 한국문화의 발전도 많은 영향을 주었고, 그것은 다시 일본까지 이어졌다. 또 해상을 통한 한반도와 서역과의 직접적인 교류도 동·서양을 잇는 해상로의 연장선이었다. 이렇게 실크로드는 넓은 의미에서 중국의 동쪽에 위치한 한반도는 물론 일본열도까지 이어지는 장대한 동서교역의 교통로였다고 하겠다.

중국과 일본을 연결하는 실크로드의 중간에 위치한 한반도의 국가들은 일찍부터 서역의 문물을 받아들였을 것으로 추정된다. 서역과 직접적으로 접촉한 사실은 11세기 초인 고려(高麗) 중엽에 이었던 대식국(大食國)의 사절파견에 관한 기록을 통해서 확인할 수 있다. 즉 『고려사(高麗史)』 현종(顯宗) 15년(1024) 9월에 "대식국(大食國)에서 열라자(悅羅慈) 등 백 명을 보내 와서 방물을 바쳤다."는 기록이 있고, 그 이듬해인 현종 16년 9월에는 "대식만(大食蠻)의 하선(夏詵)과 라자(羅慈) 등 백 명이 와서 방물을 바쳤다"는 기록이 있다. 대식은 중국 당(唐)·송(宋) 때에 아라비아 상인을 가리키는 용어로 사용되었다는 점에서 이들은 이슬람 상인이라 여겨진다. 이 『고려사』의 기록에 따른다면, 한반도와 서역이 직접적인 접촉을 갖게 된 것은 11세기 초에 확인된다. 그러나 여러 가시 사정을 고려할 때, 서역과의 직접적인 교류는 그 이전부터 활발히 진행되었을 것으로 추정된다.

먼저 『고려사』에서는 한 번에 백여 명의 대규모 사절이 파견되고 있다고 기록하고 있다. 이렇게 대규모의 사절이 파견될 수 있었던 것은 양측이 이미 상호간의 정보탐색 단계를 지나 실제적인 교역단계에 들어섰음을 의미하는 것으로 그 이전부터 상당한 교류가 이루어지고 있었음을 짐작케 한다.

실제로 우리민족이 서역인과 접촉하기 시작한 것은 늦어도 통일신라(統一新羅) 중기부터로 추정된다. 이러한 추정은 다음과 같은 몇 가지 사정을 근거로 하는데, 먼저 당나라에서의 접촉을 상정할 수 있다. 당시 당나라는 서역과 활발한 관계를 유지하였고, 신라와도 많은 인적·물적 교류를 전개하고 있었다. 신라의 경우 703년부터 738년까지 46회 이상의 사절을 파견하였으며, 당에 이주한 신라인들이 신라방(新羅坊)이라 불리는 집단촌을 구성할 정도로 많은 사람들이 당나라에 건너가 활동하고 있었다. 이들이 당에 거주하거나 무역을 위해 파견된 서역인들과 접촉했을 가능성은 매우 크다. 일본 측 기록인 『일본서기(日本書紀)』에 따르면 753년에 장안(長安)의 궁중 조회에서 일본 사절이 신라 사절 및 이슬람 사절과 함께 참석하였다고 전한다. 또 당의 승려 의정(義淨)이 저술한 『대당서역구법고승전(大唐西域求法高僧傳)』에 따르면 혜초(慧超)를 포함한 7명의 신라 구법승의 전기가 등장하고 있다. 또한 1908년 프랑스 펠리오가 돈황 천불동 석굴에서 일부를 발견한 혜초의 『왕오천축국전(往五天竺國傳)』에는 혜초가 723년 중국 광주를 출발해 중국의 남해안을 따라 인도의 서부에 도착한 후 중앙아시아 및 페르시아의 대식, 동로마제국까지 여행하였음이 기록되어 있다. 따라서 한반도와 서역인 내지 서역문물과의 직접적인 접촉은 『고려사』의 기록보다 훨씬 이전부터 활발하게 이루어지고 있었음이 확실하다고 하겠다.

2.2. 이슬람인(서역인)의 한반도 인식

11세기 초 『고려사』에서 확인되는 서역과의 접촉 기록과 달리 이슬람 측 문헌기록에 의하면 한반도보다 훨씬 빠른 시기인 9세기 중엽부터 한반도에 대해서 인식하고 있었음이 발견된다. 이슬람 측 문헌기록은 9세기 중엽부터 15세기에 걸쳐 모두 17명의 학자가 집필한 20여 권의 지리·역사·견문기로, 여기에는 한반도의 지리적 위치·자연환경·정치형태·토산물에 관한 내용이 간략하게 서술되어 있다.

가장 오래된 문헌기록은 9세기 중엽에 이분후르다드비가 쓴 『제도로 및 제왕국총람』으로, 여기에서는 "중국의 맨 끝 깐수의 맞은편에 신라국이 있다. 신라국은 산이 많고 많은 통치자들에 의해 지배되고 있으며 금이 풍부하다. 그곳에 간 무슬림들은 좋은 환경에 매료되어 영구히 정착해 버리곤 한다."고 기록하고 있다.

이 밖에도 9세기 중엽에 쓰인 슐레이만 알 타지르의 『중국과 인도 안내서』, 13세기 말~14세기 초 사이에 저술된 아불피다의 『인류정보의 요약서』, 14세기 말~15세기 초 사이 알 마끄리지의 『정착지와 유적에 대한 해설과 참고서』 등에서 이미 신라에 관한 기록들이 나타난다. 그런데 이들 이슬람 측 기록은 한반도에 대한 지리적 기술이 주로 이루고 있으며, 몇몇 기록에서는 신라를 도서국가(島嶼國家)로 기록하는 오류를 범하고 있기도 하다. 또한 15세기까지 우리 민족의 왕조(王朝) 변화과정을 인식하지 못한 듯 계속해서 신라라는 표현이 등장한다(13세기 말에서 14세기 초 사이에 쓰인 라쉬드 알딘의 『종합사』에서는 신라라는 표현 대신에 카울리(KAO-LI)라는 표현이 등장하고 있어, 처음으로 고려라는 호칭을 사용하였던 것으로 보인다).

이와 같이 이슬람 측 기록에서 한반도에 대한 잘못된 인식이 없었던 것은 아니지만, 이슬람 세계에서는 늦어도 9세기 중엽에 이미 한반도의 신라라는 나라를 인식하고 있었음을 알 수 있다. 더욱이 이슬람인 중에서 신라에 정착하는 경우도 있다는 지적은 이미 신라시대부터 상호간에 상당한 인적·물적 교류가 진행되고 있었음을 보여주는 것이다.

그러나 이러한 사실은 신라인과 서역인의 직접적인 접촉 내지 교류에 대한 것으로, 간접적인 문물교류는 더 오래 전부터 있었을 것으로 추정된다. 실제로 한반도와 서역과의 문물교류는 상호간의 직접적인 접촉보다는 중국을 매개로 한 간접적인 교류가 대부분을 차지하고 있다. 때문에 한반도의 문화 속에 서역문화가 유입되기 시작한 시기는 더욱 오래되었을 것으로 볼 수 있다.

2.3. 서역에서 유입된 문물

서역문화가 한반도에 유입되었다는 사실은 여러 분야에서 확인할 수 있다. 서역과의 접촉에 대한 문헌기록 이전부터 서역문화는 직접 또는 간접적으로 한반도의 문화에 많은 영향을 미쳤고, 수용된 서역문화는 실정에 맞게 적절히 변용되기도 하였다.

먼저 통일신라 이전에 서역으로부터 들어온 문화의 대표적인 것으로 불교가 있다. 인도에서 발생한 불교는 중국을 거쳐 삼국시대의 한반도에 수용되었는데, 당시 인도는 서역의 범위에 속한다. 또 불교와 함께 수용된 불상 등 불교미술에 나타나는 헬레니즘 요소 또한 서역문화의 영향이다. 우리나라에서 제작된 불상도 초기에는 곱슬머리와 쌍꺼풀 등 얼굴의 전반적 형태가 서구형에 가깝다. 한국적인 불상이 출현하는 것은 삼국시대 후기부터이며, 고려시대에 들어서야 비로소 일반전인 형태로 구성된다.

또 가야문화(伽倻文化) 속에서도 서역문화의 흔적을 찾아볼 수 있다. 가야의 허왕후(許王后) 설화는 허왕후가 인도 아유타국에서 바닷길을 통해 가야에 들어왔다고 전하며, 수로왕릉(首露王陵)의 쌍어문(雙魚文)은 인도 및 동남아 지역에서 사용되는 장식물에서만 나타나는 독특한 문양이다. 이런 남방문화적(南方文化的) 요소가 가야에 나타나고 있다는 사실은 해상로를 통한 서역과의 교류가 이루어지고 있었음을 보여주는 증거라 하겠다.

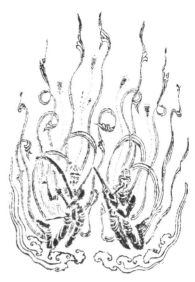

〈그림 1〉 상원사 동종 주악비천상과 전래 악기(국보 제36호)

　이 밖에도 경주 괘릉의 석조 무인상(武人像)은 아리안계의 용모와 복장을 하고 있으며, 천마총과 금관총 등 신라의 고분에서 발견되는 유리 용기는 지중해 연안에서 제작된 것이 흑해와 남러시아, 북중국을 거쳐 신라로 전래된 것으로 보인다. 또『삼국사기(三國史記)』권3 잡지(雜志), 기용조(器用條)에서는 "6두품과 5두품에게 '구수'와 '답등'의 사용을 금지한다"는 기록이 있는데, 구수와 답등은 이란풍의 모직 카페트로 중국을 통해 수입된 것이다. 이러한 카페트의 문양 등은 범종(梵鐘)에 조각된 천인상에 많이 보이며, 고려시대 승려의 부도에서도 종종 발견된다.

　한편, 음악에서는 서역문화의 영향을 많이 받았던 것으로 보이는데,『삼국사기』악지(樂志)에는 비파와 횡적이라는 서역악기의 이름이 등장한다. 특히 횡적의 경우는 고구려를 거쳐 신라로 전해져 전통악기인 3죽(竹)—저·생·필률—으로 발전하였다.

〈그림 2〉 월정사 적멸보궁 악기 부조 목조동자상

　고려시대에는 국제적인 개방정책(開放政策)으로 외국과의 문화교류가 보다 활발하게 진행되었다. 특히 벽란도(碧瀾渡)가 동아시아 국제 무역항으로 중요한 기능을 하였기 때문에 이곳을 통해서 많은 서역문화가 유입되었을 것이다. 고려시대에 들어온 서역문화는 신라시대와 마찬가지로 사치성 소비재가 중심이 되었을 것으로 짐작된다. 고려 후기에는 몽고의 침략으로 원(元)의 간섭이 높아지면서, 고려인과 서역인의 직접적인 교류가 활발하게 진행되었다. 원을 건국한 몽고족은 중국 전통의 한족(漢族)을 억제하기 위해 서역지방의 이슬람인을 데려와 행정을 담당케 하였는데, 원 간섭기에는 원나라 조정과 관련된 이슬람인들이 많이 이주(移住)해 오거나 관리로 파견되었다. 예를 들어 충렬왕(忠烈王)의 아내인 제국공주(齊國公主)가 자신의 시종으로 데려온 이슬람인 삼가(三哥)는 충렬왕의 즉위에 공을 세우고 고려에 귀화(歸化)하여 덕수장씨(德水張氏)의 시조가 되었다. 이 밖에도 이슬람인이 개경(開京) 인근에 집단촌을 건설하였다는 『고려사』의 기

〈그림 3〉 상원사 동종 하대 악기상 부조

록과 "쌍화점(雙花店)"이란 고려가요의 쌍화는 이슬람인을 의미한다
는 사실 등은 서역인과의 인적(人的)교류가 활발하였음을 보여준다.

　조선시대에는 특히 과학기술 측면에서 서역의 영향을 많이 받았
다. 세종(世宗)때에 크게 발달한 조선의 천문관측기구(天文觀測機具)와
역법(曆法)은 대부분 이슬람의 영향을 받아 만들어진 것이다. 세종 때
에 장영실(蔣英實) 등에 의해 만들어진 것으로 알려지고 있는 혼천의
(渾天儀)·앙부일귀(仰釜日晷)·자격루(自擊漏) 등은 당시 중국에 유입된
이슬람 천문기구의 영향을 받아서 제작되었다. 또한 조선의 대표적
인 역서(曆書)인 칠정산 내편(七政算 內篇) 외편(外篇) 중에서 칠정산 외
현은 이른바 회회역법(回回曆法)이라 불리는 이슬람의 역법을 참고하
여 편찬되었다.

　또 조선시대에 제작되었던 청화백자(靑華白磁)는 회회청(回回靑)이
라는 이슬람 도자기 안료(顔料)가 중국을 거쳐 조선에 유입됨으로써
제작될 수 있었다. 물론 조선에서도 청화백자를 만드는데 사용되는

안료를 자체 개발하는데 성공하였지만, 이는 조선후기인 정조(正祖) 때에 가서야 이루어졌기 때문에 그 이전에 제작된 청화백자의 안료는 이슬람 안료를 수입하여 제작된 것이라 하겠다.

이 밖에도 서역으로부터 전래된 문물로는 격구(擊毬)·윷놀이·장기 등의 놀이문화와 마늘·후추 등의 농산물, 만두와 같은 음식문화 등 다양한 부분에 걸쳐 폭넓게 전래되었다.

2.4. 실크로드의 역사적 의미

실크로드는 동서양 문물교류를 통하여 새로운 문화의 수용과 발전에 큰 역할을 하였다. 그러나 실크로드는 단순히 동서교역의 교통로였다는 사실 외에도 다음과 같은 중요한 역사적 의의를 지니고 있다.

첫째, 세계사 발전의 중요한 요인들이 실크로드의 교역로상에서 발생하고 있다는 점이다. 예컨대 중앙아시아 유목민의 자극에 의해 야기된 게르만족의 대이동은 유럽에 봉건사회(封建社會)를 형성시키는 계기가 되었고, 8세기에 시작된 투르크(Turk)족의 이동은 셀쥬크투르크(Seljuk Truk)와 오스만투르크(Osman Truk)의 출현과, 이에 따른 십자군의 원정, 그리고 르네상스운동을 발생시키는 중요한 요인이 되어 궁극적으로는 유럽에 근대사회가 형성되는 계기가 되었다.

둘째, 실크로드는 세계문화의 발상지이자 문화의 성장지였다는 점이다. 실크로드 교역로 부근에서 유럽의 고대문명인 오리엔트문명과 인도문명이 발생하였고, 동서 교역로의 중간지대에서 발생한 이란문화와 스키타이문화는 동서문화에 큰 영향을 미쳤다. 뿐만 아니라 오늘날까지도 큰 영향을 미치고 있는 세계적인 종교의 발상지 역시 실크로드 주변에 위치하고 있다. 그리고 이러한 문화나 종교는 실크로드를 따라 동양과 서양으로 전파되어 갔다. 또한 문화의 전파는 단순히 한 쪽에서 다른 쪽으로 전해지는 것에 그치지 않고, 전파과정에서 주변 환경에 따른 적절한 변용이 이루어졌다. 따라서 실크로드는 문화의 발상지이며, 문화변용의 장이었다는 중요한 역사적 의미를 갖는다.

마지막으로 실크로드는 동서 문물교류를 가능케 한 교통과 교역의 주된 통로였다는 사실에서 역사적으로 매우 중요한 의의를 갖는다. 그러나 실크로드의 역할은 단순히 문물교류의 통로에 그치는 것이 아니다. 실크로드는 세계사 발전의 중요한 계기가 되는 사건들을 만들어 낸 곳이고, 새로운 문명과 종교의 발상지였으며, 특히 동서양의 문화를 전달하는 데 그치지 않고 문화변용이 이루어진 장소였다는 점에서 더 큰 역사적 의미를 갖는다고 하겠다.

4장 동아시아 문화와 바닷길(Sea Road)

1. 한반도의 신화에 보이는 문화접점과 문화상

1.1. 한반도 고대 국가의 신화

청동기문화를 바탕으로 국가의 형태가 갖추어지기 시작하면서 대부분의 부족국가(部族國家)들은 국가의 성립과정을 상징적으로 표현하는 건국신화를 갖게 되었다. 또 국가의 성립 이전부터 자기 부족의 시조(始祖)를 신성시하려는 시조의 탄생신화가 나타나기도 하였다. 경우에 따라서는 한 부족의 탄생신화가 곧바로 건국신화와 연결되기도 한다.

우리의 초기 역사에도 많은 부족국가가 등장하고 있으며, 이 부족국가들은 각기 건국신화나 시조의 탄생신화를 갖고 있었을 것으로 짐작된다. 그리고 이러한 고대신화의 일부는 오늘날까지 우리에게 전해져 내려오고 있다.

현존하는 한반도의 고대신화 중 대표적인 것들을 몇 가지 살펴보고 신화의 유형과 특징을 검토하도록 하겠다.

1.1.1. 주몽설화

『국사(國史)』고려본기(高麗本紀)에 이르기를, "시조 동명성제(東明聖帝)의 성은 고씨(高氏)요, 이름은 주몽(朱蒙)이다. 이보다 앞서 북부여(北扶餘)의 왕 해부루(解夫婁)가 이미 동부여(東夫餘)로 피해 가고, 해부루가 죽자 금와(金蛙)가 왕위를 이었다. 이때 금와는 태백산 남쪽 우발수(優渤水)에서 여자 하나를 만나서 물으니 그 여자는 '나는 하백(河伯)의 딸로서 이름을 유화(柳花)라 하는데, 여러 동생과 함께 물밖에 나와 노는데, 남자 하나가 오더닌 자기는 천제(天帝)의 아들 해모수(解慕漱)라고 하면서 나를 웅신산(雄神山) 밑 압록강가의 집으로 유인하여 남몰래 정을 통하고 가더니 돌아오지 않았습니다. 부모는 내가 중매도 없이 혼인한 것을 꾸짖어서 이곳으로 귀양보냈습니다' 하였다. 금와는 이상하게 여겨 그녀를 방 속에 가두어 두었더니 햇빛이 방 속으로 비춰 왔다. 그녀가 몸을 피하자 햇빛은 다시 쫓아와서 비췄다. 이로 해서 태기가 있어 알 하나를 낳으니, 크기가 닷 되들이만 했다. 왕은 그것을 버려서 개와 돼지에게 주었더니 모두 먹지 않았다. 다시 길에 내다 버리니 소와 말이 그 알을 피해서 가고, 들에 내다 버리니 새와 짐승들이 알을 덮어 주었다. 왕이 이것을 쪼개 보려 했으나 아무리 해도 쪼개지지 않아 그 어미에게 돌려주었다. 어머니는 이 알을 천으로 싸서 따뜻한 곳에 놓아두니 한 아이가 껍질을 깨고 나왔는데, 골격과 외모가 영특하고 기이했다. 나이 겨우 일곱 살에 기골이 뛰어나서 범인(凡人)과 달랐다. 스스로 활과 화살을 만들어 쏘는데 백 번 쏘면 백 번 다 맞추었다. 나라 풍속에 활 잘 쏘는 사람을 주몽(朱蒙)이라고 하므로 그 아이를 주몽이라 이름했다.

금와에게는 아들 일곱이 있었는데 항상 주몽과 함께 놀았으나 재주가 주몽을 따르지 못했다. 장자 대소(帶素)가 왕에게 말하기를 '주몽은 사람이 낳은 자식이 아니니 만일 일찍 없애지 않는다면 후환이 있을까 두렵습니다' 하였다. 왕은 이 말을 듣지 않고 주몽을 시켜 말을 기르게 하니 주몽은 좋은 말을 알아보고는 적게 먹여서 야위게 하고 둔한 말은 잘 먹여서 살찌게 했다. 이에 왕은 살찐 말은 자기가 타고 야윈 말은 주몽에게 주었다. 왕의 여러 아들과 신하들이 주몽을 장차 죽일 계획을 하니 주몽의 어머니가 이 기미를 알고 말했다. '지금 나라 안 사람들이 너를 해치려고 하니, 네 재주와 지략을 가지고 어디를 가면 못 살겠느냐. 빨리 이곳을 떠나도록 해라.' 이에 주몽은 오이(烏伊) 등 세 사람을 벗으로 삼아 엄수(淹水)에 이르러 물을 향해 말했다. '나는 천제의 아들이요 하백의 손자이다. 오늘 도망해 가는데 뒤쫓는 자들이 거의 따라오게 되었으니 어찌하면 좋겠느냐'고 말을 마치니 물고기와 자라가 다리를 만들어 주어 건너게 하고, 모두 건너자 이내 다리를 풀어 뒤쫓아오던 기병은 건너지 못했다. 주몽은 졸본주(卒本州)에 이르러 도읍을 정했다. 그러나 미처 궁실을 세울 겨를이 없어서 비류수(沸流水) 위에 집을 짓고 살면서 국호를 고구려(高句麗)라 하고 고(高)로 성씨를 삼았다. 이때의 나이 12세로서 한(漢)나라 효원제(孝元帝) 건소(建昭) 2년 갑신(甲申)에 즉위하여 왕이라 일컬었다. 고구려가 제일 융성하던 때는 21만 5백 8호나 되었다."

1.1.2. 수로왕설화

천지가 개벽한 이후 이곳에는 아직 나라 이름이 없었다. 그리고 또 군신(君臣)의 칭호도 없었다. 이럴 때에 아도간(我刀干)·여도간(汝刀干)·피도간(彼刀干)·오도간(五刀干)·유수간(留水干)·유천간(留天干)·신천간(神天干)·오천간(五天干)·신귀간(神鬼干) 등 아홉 간(干)이 있었다. 이들 촌장들이 백성을 통솔했으니 모두 1백호로서 7만 5천명이었다.

이 사람들은 거의 산과 들에 모여서 살았으며 우물을 파서 마시고 밭을 갈아먹었다.

후한(後漢)의 세조(世祖) 광무제(光武帝) 건무(建武) 18년 임인(壬寅) 3월 계욕일(禊浴日)에 그들이 살고 있는 북쪽 구지(龜旨)에서 무엇을 부르는 이상한 소리가 났다. 중서(衆庶) 2, 3백 명이 이곳에 모였는데 사람의 소리는 같지만 그 모양을 숨기고 소리만 내서 말하기를, "여기에 사람이 있느냐" 하였다. 구간(九干) 등이 "우리들이 있습니다" 하자, "내가 있는 곳이 어디냐"고 물었다. 구간이 구지라 대답하자, "하늘이 나에게 명하기를 이곳에 나라를 새로 세우고 임금이 되라고 하였으므로 여기에 내려온 것이니, 너희들은 산꼭대기의 흙을 파면서 노래를 부르되, '거북아 거북아 머리를 내밀어라. 만일 내밀지 않으면 구워서 먹겠다'고 하면서 춤을 추어라. 그러면 곧 대왕을 맞이하고 기뻐 뛰놀게 될 것이다" 하였다. 구간들은 이 말을 쫓아 모두 기뻐하면서 노래하며 춤추다가 우러러 쳐다보니 자줏빛 줄이 하늘에서 드리워져 땅에 닿아 있었다. 줄 끝에 붉은 보자기에 금합(金閤)이 쌓여 있으므로 열어 보니 해처럼 둥근 황금알 여섯 개가 있었다. 여러 사람들이 모두 놀라고 기뻐하여 함께 백 배(百拜)하였다. 얼마 있다가 다시 싸안고 아도간의 집에 돌아와 탑(榻) 위에 올려 두고 사람들은 각기 흩어졌다. 이런지 12시간이 지나 그 이튿날 아침에 여러 사람들이 다시 모여서 그 합을 여니 여섯 알은 화(化)해서 어린아이가 되어 있는데 용모가 매우 헌칠하였다. 이들을 평상 위에 앉혀 여러 사람들이 절하고 하례(賀禮)하면서 극진히 공경했다. 이들은 나날이 자라서 10여 일을 지나니 키는 9척으로 은(銀)나라 천을(天乙)과 같고 얼굴이 용(龍)과 같은 것이 한나라 고조(高祖)와 같다. 눈썹이 팔자로 채색이 나는 것은 당(唐)나라 고조와 같고 눈동자가 겹으로 된 것은 우(虞)나라 순(舜)과 같았다. 그가 그 달 보름에 왕위에 오르니 세상에서 처음 났다고 해서 이름을 수로(首露), 혹은 수릉(首陵)이라 했다.

나라를 대가락(大駕洛) 또는 가야국(伽倻國)이라고 하니 곧 여섯 가야의 하나이다. 나머지 다섯 사람도 각각 다섯 가야의 임금이 되니 동쪽은 황산강(黃山江), 서남쪽은 창해(滄海), 서북쪽은 지리산(地理山), 동북쪽은 가야산(伽倻山)이며 남쪽은 나라의 끝이었다.

1.1.3. 김알지설화

영평(永平) 3년 경신(庚申) 8월 4일에 호공(瓠公)이 밤에 월성(月城) 서리(西里)를 걸어가는데, 크고 밝은 빛이 시림(始林) 속에서 비치는 것이 보였다. 자줏빛 구름이 하늘로부터 땅에 뻗쳤는데 그 구름 속에서 황금의 궤가 나뭇가지에 걸려 있었고 그 빛은 궤 속에서 나오고 있었다. 또 흰 닭이 나무 밑에서 울고 있었다. 이 모양을 호공이 왕에게 아뢰자, 왕이 그 숲에 가서 궤를 열어보니 어린아이가 있는데 누웠다가 곧 일어났다. 이것은 마치 혁거세(赫居世)의 고사(故事)와도 같으므로 그 말에 따라 알지(閼智)라 이름 지었다. 알지란 곧 우리말로 어린아이를 일컫는 말이다. 그 아이를 안고 대궐로 돌아오니 새와 짐승들이 서로 따르면서 기뻐하여 뛰놀고 춤을 춘다. 왕은 길일을 가려 그를 태자로 책봉했다. 그는 뒤에 태자의 자리를 파사왕(婆娑王)에게 물려주고 왕위에 오르지 않았다. 금궤(金櫃)에서 나왔다 하여 성을 김씨라 했다.

1.2. 신화의 유형과 특징

우리는 단군신화를 비롯하여 많은 신화를 가지고 있으며, 오늘날까지 그 일부가 전해 내려오고 있다. 이렇게 다양한 신화는 그 신화의 기본 골격에 따라 몇 가지 유형으로 분류할 수 있는데, 우리나라의 경우 신화의 주인공이 어떤 과정을 거쳐 인간과 접촉하게 되느냐에 따라 크게 5가지 유형으로 분류할 수 있다.

첫째는 천손(天孫)계통의 신화로, 신화에 등장하는 주인공이 하늘과 관련되어 있다. 단군신화나 해부루신화 등이 천손계통신화의 대표적인 예이다.

둘째는 난생(卵生)계통의 신화로 주몽신화, 박혁거세신화, 김알지신화, 김수로왕신화 등 우리나라의 많은 신화가 이에 속한다. 특히 난생신화는 주몽신화를 제외할 경우 대부분 한반도 남부지역에 집중적으로 나타나고 있다는 특징을 가지고 있다.

그밖에 제주도 삼성혈신화와 같은 지신(地神)계통의 신화와 주인공이 미지의 세계에서 이주해 오는 외래족설(外來族說), 그리고 두 개 이상의 유형이 결합되어 나타나는 혼합형 신화가 존재한다.

또 여러 개의 신화가 상호 인과관계를 가지고 전개되는 아류형 신화도 나타나는데, 고구려의 건국신화인 주몽신화의 경우 해부루신화와 금와왕신화·해모수신화·유리왕신화·온조신화 등이 서로 그 내용이 연결되고 있는 특징을 가지고 있다.

이와 같이 우리 민족의 신화는 다양한 형태를 띠고 있으나, 대부분의 신화는 천손계통과 난생계통으로 구분된다. 그리고 천손계통의 신화가 한반도 전역에 걸쳐 나타나고 있는 데 반해, 난생계통의 신화는 주로 한반도 남부 지방을 중심으로 나타나고 있다. 그렇다면 서로 다른 유형의 신화를 가지고 있다는 사실이 무엇을 의미하는 것일까?

천손계통의 신화는 한반도 전역에 걸쳐 나타나고 있지만, 이와 같은 유형의 신화가 주로 북방 유목민족에서 많이 나타나고 있기 때문에 북방유목민족계(北方遊牧民族系)의 신화로 규정 지을 수 있다. 우리가 흔히 말하는 알타이(Altai)어계 문화권에서 공통적으로 나타나는 신화적 특징이 바로 천손계 신화이다. 예컨대 몽고(蒙古)의 '아타이 우란 신화'나 중국 북방 지역의 '천제인 전욱신화' 등이 천손계통의 신화이다.

반면, 한반도 남부의 해안지역에서 많이 나타나고 있는 난생계통의 신화는 고구려·신라·가야 등지의 시조신화로 전하고 있으나, 중국 내륙이나 몽고 등지에서는 전혀 나타나지 않고 있다. 난생신화가 주로 나타나는 지역은 동남아시아와 인도의 근동(近東)지방, 즉 대만의 타이완족, 미얀마의 마오왕국, 태국, 필리핀, 보르네오, 자바, 셀레베스와 인도 아쌈의 문디트족과 티벳족 등에서 나타난다. 따라서 난생신화는 남방 문화적인 요소로 간주할 수 있다. 이처럼 지역적으로 신화의 차이가 보이고 거의 동시다발적인 분포양상을 보인다는 것은 이들 문화 요소가 해류를 타고 이동하였음을 의미하며, 동남아지역 바다를 따라 빠르게 이동하는 쿠로시오난류는 문화의 이동통로였음이 확인된다.

이렇게 우리나라의 건국신화 내지 시조신화는 북방문화적 요소인 천손계통의 신화와 남방문화적 요소인 난생계통의 신화가 서로 공존하고 있다. 이러한 특징은 한반도에서 북방문화와 남방문화가 서로 교차하고 있음을 보여주는 것이다. 문화상으로는 고인돌문화가 융합된 형태로 나타나고 그를 통해 읽을 수 있는 문화접점은 문화다양성에 근거한 문화적 융합이라고 할 수 있다.

2. 한반도 문화의 일본전파

2.1. 한국 고대문화와 일본

한반도 문화의 형성·발전에는 많은 외래문화의 유입과 자극이 발전의 계기가 되었던 것과 마찬가지로, 한반도의 문화도 다른 민족에게 전파되어 그들의 문화를 발전적인 방향으로 이끄는 데 공헌하였다. 한반도 문화의 해외 전파는 주로 일본으로 향하였는데, 그것은 일본이 중국의 선진문화를 받아들이는 주요 루트의 중간에 한반도가 위치하고 있었기 때문이다. 그러나 한반도를 거쳐 일본에 전래된 중국의 선진문화는 중국의 문화가 그대로 전달된 것을 의미하는 것은 아니다. 어떤 문화든 전파되는 과정에서 전달자들의 환경과 조건에 맞게 변용되는 것이 일반적이다. 따라서 일본에 전해진 문화가 중국으로부터 수용된 것이라 할지라도, 일단 한반도를 거치면서 어느 정도 변용된 것이라 볼 수 있다. 따라서 한반도의 문화는 일본문화의 발전, 특히 일본문화의 형성기라 할 수 있는 고대문화의 발전에 직·간접적으로 많은 영향을 미칠 수밖에 없었다(그러나 일본은 한국문화의 일본전파에 대해 부정적인 견해를 갖고 있는 경우가 많다. 그것은 일본문화의 독자적 발전을 강조하는 입장에서 일본문화의 형성기에 한국의 고대문화가 큰 영향을 주었다는 사실을 인정하고 싶지 않기 때문일 것이다. 또한 그것은 한때 우리의 영토를 식민지(植民地)로 지배했던 일본의 자존심에 큰 상처를 받는 것이기 때문이기도 하다).

2.2. 가야문화의 일본전파

일본에서는 4세기 중엽부터 6세기 중엽까지 한반도 남부지방의 가야지역에 임나일본부라는 통치기구를 설치하고 자신들의 식민지를 만들었다고 주장하며, 가야문화(伽倻文化)의 일본전파를 부정하고 있다.

가야는 서기(西紀)를 전후한 무렵부터 경상 남·북도 서부지역에 존재했던 국가의 총칭(總稱)으로 신라에 의해 병합되는 562년까지 존속하였다. 그러나 가야가 정치적 통치력을 발휘하며 국가의 모습을 띠기 시작한 것은 2세기 무렵으로 추정된다. 가야는 2·3세기경에 그 세력이 크게 확대되었으나, 고구려의 남하정책(南下政策)으로 4세기 말부터 5세기 초에 일시적으로 크게 쇠퇴하였다. 그 후 중심세력이 김해 등 해안지대에서 고령·함양 등 내륙지방으로 옮겨진 후 다시 5세기부터 발전기를 맞이하였으나, 가야에 앞서 고대국가로 발전했던 신라와 백제에 의해 병합되어 6세기 중반에 역사의 무대에서 완전히 사라졌다.

이러한 역사적 사실에 대하여 일본의 주장대로 4세기 중엽에서 6세기까지 임나일본부가 설치되었다면, 후기 가야는 일본의 식민지였다는 말이 된다. 그러나 일본의 주장에는 많은 문제점이 있다. 일본이 임나일본부설의 근거로 제시하고 있는 『일본서기(日本書紀)』는 8세기 초 일본의 왕가(王家)를 미화하기 위해 편찬된 것으로 5세기 이전의 기록에 대해서는 그 신빙성에 대해 의심받고 있다. 또 일본이 200년 동안 가야지역을 지배했다면 일본문화의 영향을 받은 문화요소나 유물이 많이 나타나야 하는데, 가야지역에서는 자체적인 문화가 연속적으로 계승되고 있는 형태의 유물들이 발견되고 있을 뿐이다.

반면, 일본에서는 이 시기에 해당되는 유적지에서 가야문화의 영향을 받은 유물들이 많이 발견되고 있다. 특히 일본의 고분시대(古墳時代) 중기에 해당하는 고분에서는 가야문화와 직접적으로 연결되는 토기와 갑옷 등이 출토되었다.

일본에서는 전방후원형(前方後圓形)의 고분이 등장하는 3세기 말 또는 4세기 초부터 7세기까지를 고분시대로 설정하고 있다. 이 고분시대는 고분의 형태와 출토되는 유물의 성격에 따라 다시 전기와 중기, 후기의 세 시기에 구분되는데, 고분시대 전기는 4세기 후반까지, 중기는 5세기 후반까지, 그리고 7세기까지가 후기에 해당된다. 따라서 고분시대 중기는 일본이 가야를 지배했다는 시기와 거의 비슷하다.

일본의 고분시대 전기에 출토되는 부장품들은 하지끼[土師器]라 불리는 토기와 청동거울, 옥제품, 철제무기, 농기구 등으로 일본 최초의 문화라 할 수 있는 야요이문화[彌生文化]를 계승한 것이다. 그런데 고분시대 중기에는 전기와는 전혀 다른 성격의 토기가 출토되고 있다. 스에끼[須惠器]라 불리는 고분시대 중기의 토기는 바닥이 경사진 굴식 가마에서 고온으로 구워진 회청색 토기로 노천상태의 저온에서 구워진 적갈색 하지끼와는 그 계통이나 제작방법이 전혀 다르다. 이 스에끼는 그 성격상 한반도 남부지방의 회청색 경질토기와 같은 계통의 것으로 여겨진다. 현재까지 밝혀진 바로는 신라가 아닌 낙동강 서부지역의 토기가 그 원형으로 주목되고 있다. 한반도에서는 이미 1세기경에 회청색 경질토기가 유입된 것으로 추정되고 있어 일본의 스에끼는 대체로 가야 토기의 영향을 받아 제작된 것이라 할 수 있다.

또한 이 시기에 출토되고 있는 갑옷도 성격상 가야의 것을 기원으로 하고 있다. 고분시대 일본의 갑옷은 판갑(板甲)이라 불리는 보병용 갑옷이 주종을 이루고 있는데, 이 판갑은 병사들의 상반신을 보호하기 위한 것으로 고분시대 전기에 약간 출토되지만 주로 4세기 후반 이후 정형화(定型化)되어 5세기 고분에서 대량으로 출토된다. 그런데 한반도에서는 판갑이 출토되는 예가 극히 적으며, 특히 한반도 남부에서만 판갑 출토가 집중되어 있다. 그리고 그 양식은 일본과 다른 경우도 있지만, 동일한 형태의 것이 많아 그 기원지(起源地)가 가야인가 일본인가를 두고 논란이 많다.

한반도에서 판갑이 적게 출토되는 것은 당시의 군사제도와 밀접한 관련이 있다. 그것은 한반도에서는 병사들의 하반신까지 보호할 수 있는 기병용 갑옷인 찰갑(札甲)이 보편적으로 이용되었기 때문이다. 그런데 가야의 경우 신라나 백제와는 달리 보병위주의 군사조직을 가지고 있어 이 시기에 판갑이 많이 출토되고 있다. 또 출토된 수량은 일본에 비해 적지만, 가야의 판갑은 시대에 따라 연속성을 가지고 변화·발전되는 형태를 보이나 일본의 경우는 4세기 후반에 정형화된 판갑이 계속 출토되고 있어 궁극적으로 가야의 판갑이 일본으로 건너가 일본 판갑의 정형으로 굳어진 것으로 볼 수 있다.

이 밖에도 가야문화가 일본으로 전파되었다는 사실은 일본의 나라시대(奈羅時代)에 건축된 법륭사(法隆寺)와 법흥사(法興寺) 같은 초기 사찰에 사용된 와당(瓦當)을 통해서도 알 수 있다. 이 와당은 가야에서 제작 사용된 와당과 매우 유사한데, 가야의 와당은 백제의 영향을 많이 받은 것이다. 따라서 법륭사나 법흥사에서 제작된 와당은 백제에서 가야로, 가야에서 일본으로 연결되는 문화전파가 이루어졌음을 의미하는 것으로 여겨진다.

2.3. 삼국문화의 일본전파

일본 문화 형성에 영향을 끼쳤던 고대 한반도의 국가들은 가야와 고구려·백제·신라 등이다. 가야를 통한 문화전파는 토기(土器)와 판갑(板甲)의 제작과 같은 기술적 측면이 주류를 형성하고 있었던 것과는 달리 삼국의 문화전파는 기술적 측면과 함께 학문이나 종교와 같은 고등문화가 주류를 이루고 있다.

삼국 중에서 가장 먼저 일본과 활발한 접촉을 가졌던 나라는 백제이다. 백제는 외교적으로 일본과 가깝게 지냈기 때문에 많은 백제문화가 일본에 전해졌다. 백제가 일본에 전파한 것으로 알려지고 있는 것은 한학(漢學)과 천문(天文), 역법(曆法), 불교(佛敎), 회화(繪畵) 등 다양하다.

한학은 4세기 중엽부터 근초고왕(近肖古王) 때의 아직기(阿直岐)와 근구수왕(近仇首王) 때의 왕인(王仁)에 의해 일본에 전해졌는데, 아직기와 왕인은 직접 일본에 건너가 일본인에게 한문을 가르쳤다. 그 후에도 무녕왕(武寧王) 때에 고안무(高安茂), 성왕(聖王) 때에 유귀(柳貴) 등도 일본에 한학을 전하는데 큰 역할을 하였다. 한학의 일본전파는 일본인들에게 문학의 필요성을 인식시켜 주었으며, 한학과 함께 유교(儒敎)의 충효사상(忠孝思想)도 일본에 전해졌다.

552년(성왕 30)에는 노리사치계(怒唎斯致契)가 처음으로 일본에 불교를 전하였다. 백제불교의 일본전파는 일본사회에 큰 영향을 주었다. 이후, 일본에 많은 승려들이 건너가 활약하였다. 혜총(惠聰)은 쇼오토쿠태자(聖德太子)의 스승이 되었고, 무왕(武王)때에는 관륵(觀勒)이 일본에 건너가 천문과 역법, 지리 등 여러 학문을 전하였다. 특히 불교와 함께 불교미술이 일본에 전해져, 일본에서 백제가람의 건축양식인 5층탑이 만들어지기도 하였다. 이 밖에도 백제의 아좌태자(阿佐太子)가 쇼오토쿠태자의 초상화를 그려주는 등 많은 경사(經師)와 율사(律師), 화공(畵工), 와공(瓦工) 등이 일본에 건너갔다.

이러한 백제문화는 일본 고대문화인 아스카문화[飛鳥文化]가 이룩되는데 많은 영향을 주었다. 이것은 당시 백제와 밀접한 관계를 가지고 있던 일본의 야마토정권(大和政權)이 일본 통일이후 급속한 문화의 필요성에 따른 것으로 쇼오토쿠태자의 정치와 646년의 다이카개신[大化改新]에 따른 율령정치(律令政治)에 큰 계기가 되었다.

한편, 고구려의 문화도 일본문화의 발전에 많은 영향을 끼쳤다. 영양왕(嬰陽王) 때의 혜자(惠慈)는 쇼오토쿠태자의 스승이 되었고, 보장왕(寶藏王) 때의 혜관(慧灌)은 수(隋)나라에서 배운 삼론종(三論宗)을 일본에 전하였다. 또 도현(道顯)은 『일본세기(日本世紀)』를 저술하였으며, 담징(曇徵)은 일본에 유교의 오경(五經)과 함께 그림을 가르쳤고 종이와 묵(墨)·필(筆)의 제작방법도 전해주었다. 특히 일본의 자랑거리인 호류사(法隆寺)의 금당벽화(金堂壁畵)는 담징의 그림으로 전해진다.

이 밖에도 1972년 일본의 아스카[明日香] 지방에서 발굴된 다카마쓰 고분의 벽화는 고구려 벽화의 영향을 받은 것으로 주목된다. 이 고분에서 발견된 여인도(女人圖)는 한국적인 고풍을 그대로 간직하고 있으며, 성좌도(星座圖)와 사신도(四神圖)는 위지(魏志) 동이전(東夷傳)의 영성사직(靈星社稷)과 동일하여 고구려 문화의 영향을 받았음을 보여주고 있다.

신라의 경우는 백제와 고구려와 같이 직접적으로 일본에 문화를 전하는데 적극적이지는 않았다. 그러나 조선술(造船術)과 축제술(築堤術) 등을 일본이 배워 갔으며, 이러한 축제술의 전파로 일본에 '한인의 연못'이라는 이름까지 생기게 되었다. 신라의 문화가 보다 적극적으로 일본에 전해지기 시작한 것은 삼국통일을 전후한 시기이다. 특히 일본은 신라의 발달된 문화를 적극적으로 수용하기 위해 '견신라사(遣新羅使)'라는 사절을 자주 파견하였다. 통일신라시대에 일본에 전해진 문화는 불교와 유교문화가 그 주류를 이루고 있는데, 특히 일본에 전해진 신라의 정치제도는 다이카개신 이후의 강력한 전제왕권의 확립에 크게 기여하였다. 또한 원효(元曉), 강수(强首), 설총(薛聰) 등의 불교와 유교문화는 아스카문화의 다음 단계인 일본의 하쿠호문화[白鳳文化]의 성립에 크게 이바지하였다.

5장 한반도의 다문화 현상과 문화적 전승

1. 통일신라시대의 다문화 현상과 문화적 전승

1.1. 신라사회의 발전과 생활상의 변화

신라사회의 발전 단계에 대한 학계의 견해[1]는 대체로 5단계로 구분되고 있다. 1단계는 경주 분지의 내부와 그 주변 정도를 통합한 소국의 단계에서 주변의 소국을 복속시켜 나가는 기간까지로 그 시기는 B.C. 1세기에서 A.D. 4세기 전반경이 된다. 이 기간 중에 경주 분지와 그 주변지역에는 지배자 집단의 널무덤[木棺墓]군이 형성되며, 점차 분묘의 규모가 커진 덧널무덤[木槨墓]이 등장하면서 경주일원에는 대형덧널무덤이 집중되고 그 주변보다 유물 副葬이 대량화된

---

1) 이 부분에 대한 개괄적인 내용 전개는 다음의 논저를 참고하였다.
    金元龍, 『新羅土器』, 悅話堂, 1981; 崔秉鉉, 『新羅古墳硏究』, 一志社, 1992; 金元龍·安輝濬, 『韓國美術史』, 一志社, 1993; 李盛周, 「新羅式 木槨墓의 展開와 意義」, 『新羅考古學의 諸問題』, 韓國考古學會, 1996; 李熙濬, 「4~5世紀 新羅의 考古學的 硏究」, 서울대 박사논문, 1998.

분묘가 축조된다.

　다음의 2단계는 낙동강 동쪽의 여러 지역을 통합하여 초보적이지만 지방 지배를 시도하는 소국연맹 혹은 연맹왕국의 시기로, 4세기 후반부터 6세기 초에 이르는 '麻立干時代'라고도 불리는데, 삼국의 고분문화가 가장 발달하였던 시기이기도 하다.[2] 皇南大塚, 天馬塚 등과 같은 대형의 돌무지덧널무덤[積石木槨墳]이 축조된다. 이 단계의 돌무지덧널무덤 문화는 상당히 이질적이라고 알려져 있다. 로만글라스(Roman glass)를 비롯한 다량의 서방 기원의 문물, 북방유목민의 습속으로 주장되기도 하는 돌무지덧널무덤의 구조와 樹枝型冠帽 등이 그것이다.[3]

　제3단계는 중앙집권적인 귀족국가로서 통치체제를 정비하고 律令을 반포하여 사회적 또는 이념적인 혁신과 발전을 거듭해 나가던 시기였다. 이 단계는 법흥왕대의 개혁과 제도의 정비로부터 시작하여 7세기 중엽 삼국통일의 시기로, 『三國遺事』의 시기구분을 따르면 中古期에 해당한다. 법흥·진흥왕대의 영토 확장과 더불어 이 시기 초기까지 화려하게 발전하던 신라의 고분문화가 새로이 복속된 가야지역과 한강유역 및 함경도지역까지 확산되었는데, 독특한 짧은 굽다리접시[短脚高杯], 이중입술목긴항아리[盤口長頸壺], 그리고 方形에 가까운 평면을 가진 굴계돌방무덤[橫穴系石室墳]의 존재를 통해 뚜렷이 확

---

2) 국립문화재연구소,『韓國考古學事典』, 2001, 63쪽. 묘제양식의 개념에서 볼 때 고분은 특정 시기의 무덤양식을 지칭한다. 넓은 의미에서 고분이란 과거 사회에서 죽은 이를 위해 수행된 매장의례의 행위가 물질적인 증거로 남은 것이라고 할 수 있다. 때문에 삼국시대의 묘제양식에 대한 이해는 당시 사회상을 이해하는 기본적 토대가 된다.

3) 국립문화재연구소, 위의 책, 771~773쪽. 한편 고고학계에서는 이러한 점을 들어 당시의 신라문화가 대단히 보수적이고 전통적이며 토속적이라는 사실을 말한다고 하였다. 즉 실제적인 북방계문화, 혹은 샤머니즘적 세계관은 이때에 갑자기 기마민족의 이동과 함께 나타났다고 보기 어려우며, 청동기시대 이후 문화의 장기지속적인 현상에 불과한 것이라고 보고 있다.

인된다.

6세기 중엽 경까지도 신라영역 내의 도처에서 고분의 축조가 성행하지만, 6세기 후반 경에 접어들면서 경주와 그 주변지역을 제외하고서는 점차 고분문화가 쇠퇴하게 된다. 이것은 한편으로 각 지역의 지배 권력이 완전히 해체됨을 의미하고, 다른 한편으로는 신라의 지방지배가 간접지배에서 직접지배로 전환해 감을 나타내는 것으로 이해할 수 있다.

제4단계는 통일을 완수한 신라의 제도와 문물이 가장 번영했던 시기이다. 정치적으로는 귀족연합적인 권력구조가 쇠퇴하고 태종무열왕계의 혈통이 왕위를 독점하고 유교적 정치이념을 도입하여 전제왕권을 확립해 나간 시기였다. 문화적으로는 법흥왕대에 공인된 불교가 이 시기에 들어 가장 융성하여 불교미술이 발전하였고, 신라가 삼국의 문화를 흡수하고 唐의 문화를 받아들여 국제적인 감각을 발휘하게 되는 시기이다. 묘제에 있어서는 이미 6세기 중엽에 보편화된 굴식돌방무덤이 발전하여 왕족과 귀족의 무덤형식으로 발전하고, 둘레돌[護石]을 두른 봉분의 앞에 석물이 구비된 왕릉의 형식이 정비되는 기간이다.4) 또한 화려한 무늬로 장식된 기와, 벽돌과 조형미와 장식적인 기법에서 뛰어난 감각을 살린 印花文土器와 綠釉陶器 등은 磁器化의 전 단계를 이미 밟고 있음이 확인된다.

제5단계는 내물왕계임을 표방하는 원성왕(元聖王, 785~798)의 즉위 이후 중앙 귀족들의 암투와 지방 호족들이 반란으로 국가적인 혼란이 점철되는 시기로, 8세기 후반부터 고려에게 국권을 넘겨주는 10세기 전반까지에 해당된다. 이 시기는 정치적·경제적 혼란과 함께

---

4) 秦弘燮, 『慶州의 古墳』, 열화당, 1975, 62~65쪽. 신라 왕릉제도 구분법에 따르면 신라 통일 전 양식으로 五陵 형식과 무열왕릉 형식, 통일 후 양식으로 신문왕릉 형식·경덕왕릉 형식·문성왕릉 형식·성덕왕릉 형식 등 모두 6종의 왕릉 형식이 있는데, 이중 성덕왕릉 형식이 가장 발달된 형식이다.

문화적으로는 중앙문화가 쇠퇴하고 각 지역의 호족세력들을 중심으로 하는 지방문화의 생성이 가속화되는 현상이 나타난다.

현재 확인되는 대부분의 신라 문화는 국가 형성 단계에서부터 영향을 받았다고 여겨지는 가야, 고구려 및 백제와 중국의 문화적 영향력에 기인한다고 해석되고 있다. 더욱이 통일을 완성한 이후의 신라 문화는 주변 국가의 문화를 흡수·통합하는 과정에서 재창조된 산물이라고 이해되기도 한다. 이러한 인식의 저변에는 신라가 주체적으로 문화를 선도하고 창조하였다는 시각이 내재되어 있기 때문이며,5) 그 변화의 양상은 주로 국가 간 교역과 인적·물적 교류의 확대와 현실적 적용이라는 고대 국가의 형성과 발전에 근거를 두는 연구에 기인하기도 한다.6) 한편, 본격적으로 제도와 문물이 정비되는 법흥왕대 이전에 이미 신라는 인접한 고대 중국왕조는 물론 서역의 여러

---

5) 李鍾旭, 『新羅國家形成史』, 一潮閣, 1982; 李基白·李基東, 『韓國史講座: 古代編』, 一潮閣, 1982; 김상현, 『신라의 사상과 문화』, 일지사, 1999; 백산학회, 『新羅의 建國과 社會史 硏究』, 백산자료원, 2000.

6) 李龍範, 「處容說話의 一考察: 唐代 이슬람商人과 신라」, 『震檀學報』 32, 1969; 金定慰, 「中世 中東文獻에 비친 韓國像」, 『韓國史硏究』 16, 1977; 전상운, 「한국에 있어서의 이슬람문화」, 『한국과학사학회지』 14-1, 1992; 무함마드 깐수, 『新羅·西域交流史』, 단국대학교 출판부, 1992; 長澤和俊·이재성, 『실크로드의 역사와 문화』, 민족사, 1994; 高柄翊, 『東아시아文化史論考』, 서울대학교 출판부, 1997; 정예경, 『중국 북제·북주 불상연구』, 혜안, 1998; 존 카터 코벨·김유경, 『한국문화의 뿌리를 찾아』, 학고재, 1999; 李成市·김창석, 『동아시아의 왕권과 교역』, 청년사, 1999; 정수일, 『씰크로드학』, 창작과비평사, 2001; 정수일, 『문명의 루트 실크로드』, 효형출판, 2002; 김대식, 『처용이 있는 풍경』, 대원사, 2002; 주보돈, 『금석문과 신라사』, 지식산업사, 2002; 朴慶植, 「新羅 始原期 石塔에 대한 考察」, 『문화사학』 9, 한국문화사학회, 2003; 정수일, 「혜초의 서역기행과『왕오천축국전』」, 『한국문학연구』 27, 동국대학교, 2004; 정수일, 『문명교류사연구』, 사계절, 2004; 李漢祥, 「三國時代 環頭大刀의 製作과 所有方式」, 『한국고대연구』 36, 2004; 전덕재, 앞의 논문, 2006; 李漢祥, 「新羅古墳 속 西域系文物의 現況과 解析」, 『한국고대연구』 45 한국고대사학회, 2007; 신대현, 『옥기공예: 옥과 옥리를 통해 본 동양의 정신문화』, 혜안, 2007; 엔닌·신복룡, 『입당구법순례행기』, 선인, 2007; 丁載勳, 「북아시아 遊牧民族의 移動과 定着」, 『동양사학연구』 103, 동양사학회, 2008; Virginia Anami, 「엔닌의 일기에 나타난 재당신라인 사회와 조우」, 『新羅史學報』 13, 신라사학회, 2008.

국가들과 다양한 교류를 진행하였다는 점에 유의한다면, 고대국가 형성 단계에서부터 다양한 유형의 문화를 수용하고 이들을 생활사에 직접 적용하고 있다는 점을 인식할 필요가 있다.

신라사회의 생활상에 반영된 서역 문물은 주로 威勢品인 장식 보검이나 각종 유리그릇 및 보석류, 악기, 면직물 등이 대종을 이루었다.7) 아울러 이른 시기에 축조되었던 돌무지덧널무덤[積石木槨墳]의 부장품이나 왕릉을 호위하는 서역풍 무인상의 등장, 알타이 지역에서 유행했던 현악기를 연주하는 土偶, 불교의 수용에 따른 불교음악 및 塔과 浮屠 등의 석조물에 반영된 異國의 악기 부조 등에서도 신라에 전래된 문화의 일단면임을 확인할 수 있다.8) 이러한 문물들의 적극적인 수용은 한정된 지역의 문화만을 전승하는 것에서 벗어나 문화적 다양성을 사회적으로 적극 활용하였다고 할 수 있다. 그렇다고 이러한 현상이 비단 신라사회에만 한정되었던 것은 아니었으며, 고구려·백제·가야 문화권 내에서도 유사한 문화현상이 나타나고 있음이 확인된다.9)

이렇게 볼 때 한국의 고대사회는 형성 단계에서부터 인접한 국가들과의 교역을 통해 다양한 문화를 수용하고 적극적으로 활용하였다는 이해가 가능하고, 사회 전반에 다문화적(多文化的)인 양상의 문화현상이 유포되었음을 이해할 수 있다. 이러한 이해의 저변에는 고대

---

7) 『三國史記』 卷33 雜誌 第2 服色 車騎 器用 屋舍條. 興德王 9年 下敎.

8) 김성혜, 「신라토우의 음악사학적 조명(1)·(2)·(3)」, 『韓國學報』 91·92, 95, 101, 일지사, 1998·1999·2000; 「신라의 외래음악 수용양상」, 『韓國音樂史學報』 35, 2005; 「신라의 불교음악 수용에 관한 고찰」, 『韓國音樂研究』 40, 韓國國樂學會, 2006; 「봉암사 지증대사 적조탑의 음악사적 조명」, 『韓國音樂史學報』 39, 2007 등의 연구와 李美香, 「불교도상에 나타난 악기 연구」, 『蓮史洪潤植敎授停年退任紀念 韓國文化의 傳統과 佛敎』, 2000; 朴範薰, 「佛典에 記錄된 音樂用語에 관한 研究」, 『蓮史洪潤植敎授停年退任紀念 韓國文化의 傳統과 佛敎』, 2000 등에 자세하다.

9) 전덕재, 「한국 고대 서역문화의 수용에 대한 고찰」, 『역사와 경계』 58, 부산경남사학회, 2006; 김성혜, 「한국고대음악연구의 검토(I)」, 『韓國音樂史學報』 11, 1993, 411~423쪽.

사회 단계에서부터 육상과 해상 교역로를 중심으로 한 고대문화의
전파와 수용이라는 해석이 가능해질 수 있다.

1.2. 신라의 해상활동과 대외교류의 확대

앞에서 언급한 바와 같이 신라는 지속적인 변화의 단계를 거쳐 정
치적인 성장을 거듭한다. 그러나 신라의 발전은 문화교류 측면에서도
다양한 양상으로 전개되었는데, 이는 신라사회를 형성해 가는 중요한
변화의 하나로 이해된다. 특히 주변 국가들과의 관계 속에서 유입된
다양한 문화 현상들은 고대국가의 후발주자로 출발하였던 신라의 성
장과정에 투영되어, 비약적인 발전을 이루는 초석이 되기에 충분하였
다. 고구려나 백제에 비해 신라는 지리적 위치 때문에 대중국 교섭이
삼국 중 가장 늦었고, 고구려의 안내로 교섭이 이루어질 수밖에 없었
다. 신라가 처음으로 전진(前秦)과 교섭하는 시기인 내물왕(356~402)
때는 고구려의 광개토왕(391~413) 때여서 그 정치적 간섭을 받고 있어,
고구려의 사신을 따라 당시 서역문물의 집합소인 장안에 갈 수 있었
다.[10] 신라는 전진과의 교섭 이후 법흥왕 8년(521)의 양나라와의 교섭
까지 140여 년간 중국과 교섭이 없었으며, 그 후 진흥왕 25년(564)
이후 진나라와의 계속된 교섭까지 중국과의 관계가 없었다.[11] 때문에
신라는 특히 대립관계에 있던 고구려나 백제 등의 간섭을 피해 당(唐)
과의 직접적인 교섭을 꾀하게 되었고, 이 과정을 통해 다양한 선진
문화를 수용하고자 했던 지배층의 노력은 제해권(制海權)의 장악과
깊은 관련이 있다. 특히 동해에 대한 해상제해권의 장악은 신라의
영토 확장과 직접적인 관련이 있으며, 서해의 제해권 장악 또한 진흥

---

10) 申瀅植, 「新羅와 西域」, 『新羅文化』 8, 1991, 121쪽.
11) 윤재운, 『한국 고대무역사 연구』, 경인문화사, 2006, 66쪽.

왕 22년(561)의 대가야 함락을 계기로 확대된 결과이다. 이것은 가야가 차지하고 있던 무역 통로의 흡수를 의미하는데, 가야의 지정학적 위치에서 볼 때 무역로는 한반도-일본으로 이어지는 해상로와 요동지방-한강유역-낙동강지역-일본으로 이어지는 동북아시아 무역로의 중심지 가운데 하나라는 점과 낙랑군과 변진·진한지역 및 왜국과의 사이에 형성된 원거리 무역로의 중심에 가야가 있었다는 가설이다.[12] 이 가설을 놓고 볼 때 가야의 입지는 낙동강 하류에서 바다를 사이에 두고 왜에 접하는 Work-point에 위치하여 왜에 대한 물자유통의 집산지로서, 왜에게는 선진문물을 얻기 위한 가장 중요한 창구로서 기대되는 곳이었고, 나아가 동북아시아 무역로의 중요 거점 가운데 하나였다.[13] 때문에 신라의 가야 점령은 향후 무역로를 확장하는 데 충분한 근거를 제공하면서도, 동해 해상권 장악과 서남해 지역에 대한 해상 활동 확대의 배경이 되기에 충분하였다.

한편, 동아시아의 국제관계는 朝貢과 冊封관계를 기본으로 하여 맺어졌다. 이는 지역 내의 교역·移民·金銀의 이동 네트워크를 형성시켰고, 상품의 흡수와 배출의 중심으로서 중국(華中·華南의 경계지대)이 기능하고 주변 제국과의 사이에 華夷觀을 공유하면서 조공관계의 실체를 형성하였다.[14]

동아시아의 공간적 범위는 중국과의 가깝고 먼 것에 따라 나라별로 구분되었다. 조공관계가 중국을 중심으로 방사형으로 드러나는 관계로 형성되었기 때문에 琉球나 對馬島 등의 중계적·매개적 기능은 중시되지 않았다. 때문에 중국을 중심으로 하는 중화질서에 기초한 통치형태의 특징은 그 안에 간접통치·조공통치가 있고, 동시에

---

12) 崔永俊, 『영남대로: 한국고도로의 역사적 지리적 연구』, 고려대학교 민족문화연구소, 1990.
13) 윤재운, 앞의 책, 78쪽.
14) 위의 책, 102쪽.

대등한 관계도 존재하는 등 여러 통치원리가 있다는 점이다. 이러한 질서 전체를 통괄하는 이념이 中華였다. 즉 중화이념은 여러 통치이념을 포섭하기 위해 보다 추상화하고 확장된 中心—周緣관계를 둘러싼 통괄적 이념이고, 구심점이기보다는 오히려 포괄적이고 중개적이다.[15] 결국 朝貢은 아시아 지역 내에서 동아시아 무역망을 형성시킨 전제이고, 조공무역에 수반한 사무역의 확대를 촉진함과 동시에 아시아 지역 내 교역의 주요한 통로를 형성하였다고 할 수 있다.[16]

公貿易의 한 형태이기도 하였던 조공무역은 官貿易의 성격이 강하였으며, 중국과 신라는 이러한 무역 형태를 통해 필요한 물품을 교환하는 경우가 많았다. 『三國史記』 등에 보이는 중국의 하사품(下賜品)과 관련된 기록으로 볼 때,[17] 당시 신라에 수입된 중국의 물품은 비단 등의 고급견직물류가 주종을 이루었고, 금합(金盒)이나 은(銀) 대접 등이었다. 중국의 고급견직물들은 문헌상 진평왕(眞平王) 43년(621)에 처음으로 전해진 것으로 보이는데, 이후 660년경에 가면 왕실에서 '唐絹'을 부의(賻儀)로 건넬 정도로 그 거래량은 늘어났던 것으로 보고 있다.[18]

이러한 현상은 당(唐)이 취한 개방정책에 따른 결과였다. 당시 당에 모여든 주변국 사람들로는 외교사절, 상인, 유학생, 망명객 등 다종다양하였다. 그 가운데 가장 대표적인 집단이 각국에서 여러 가지 명목으로 당 왕조에 보낸 사절단 곧 견당사(遣唐使)였다. 당 왕조시기(618~907) 동안 백 수십 개 나라들이 당에 사절단을 파견하였다. 그중 단일 왕조로서 가장 빈번하고 지속적으로 사절단을 파견했던 나라는 신라였다.[19] 신라는 진평왕(眞平王) 43년(621)에 처음 견당사를 보낸

15) 위의 책, 100~101쪽.
16) 위의 책, 101쪽.
17) 『三國史記』 卷8 聖德王 23년조, 32년조; 卷10, 元聖王 2년조.
18) 李晶淑, 「新羅 眞平王代의 對中交涉」, 『釜山女大史學』 10·11合輯, 1993, 97쪽.

이후 마지막으로 견당사를 보냈음이 확인되는 효공왕대 초까지 약 280여 년 동안 꾸준히 사절단을 파견하였는데, 현존하는 문헌의 기록으로 확인되는 횟수만도 총 178회에 이른다.[20]

당에 파견되는 견당사는 직능별로 官人階層, 선박의 운항을 전담하는 기술직 계층, 사절단의 안전을 담당하던 弓士集團, 부정기적으로 참여하던 구법승과 유학생이라는 4그룹으로 나누어지며, 이들은 정치·경제적으로 나당교섭을 주도하였다. 특히 경제적인 면에서 견당사의 역할은 私貿易이 비교적 발달하지 못했던 나당교섭기에, 나당 간의 교역은 주로 조공과 희사에 의한 이른바 朝貢貿易과 官市 및 互市를 통하여 이루어졌다. 그런데 이러한 공무역은 견당사를 매개로 하여 비로소 가능하였으므로, 견당사는 신라 對唐貿易의 공식적인 창구와 같은 존재였다고 하겠다.[21]

이와 함께 동아시아의 특수한 역학관계 속에 드러난 신라의 해양력 확장과 한반도 해상권 장악은 선진문화의 유입에 직접적 배경이 되었으며, 이는 동북아시아의 제해권을 통제하에 두는 것과 직접적인 연관성을 지닌다는 점이 함께 고려되어야 할 것이다. 동아지중해의 해역과 관련한 張保皐의 해상활동은 동북아시아의 해역 전체를 무대로 하여 제조업, 상업, 운송업, 삼각 중계무역, 보세가공업, 문화교류, 이데올로기 전파 등 서로 다른 분야들을 해양이라는 하나의 시스템 안에서 유기적으로 운영됐다.[22]

이 시기 신라 상인의 활약은 재당신라인 사회와 재일신라인 사회를 기반으로 하였다. 당과 일본에는 7세기 이래 신라 유이민이 이주

19) 權悳永,「羅唐交涉史의 明暗」,『韓國史의 國際環境과 民族文化』, 경인문화사, 2003, 4쪽.
20) 위의 책, 4쪽.
21) 위의 책, 5쪽.
22) 윤명철, 2001,『바닷길은 문화의 고속도로였다』, 사계절, 264쪽.

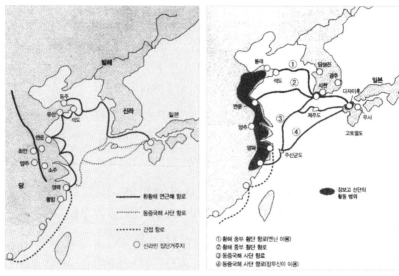

〈그림 1〉 8~9세기 범신라인들의 해상활동로   〈그림 2〉 장보고 당시의 동아지중해 항로

하여 집단 거주지를 형성하고 있었다.[23] 당에서의 신라인 촌락은 초
주·해주를 비롯한 회화유역과 산동반도 일대에 많았다. 당시의 재당
신라인 사회를 '新羅坊'이라 하였는데, 인구가 많은 외국인 거주구역
인 '番坊'의 하나로 재당신라인들은 거주지역 근처의 연안무역에 종
사하고 있었다. 이들을 대표하였던 장보고는 해상무역에 필요한 船
團을 조직하고 청해진을 중심으로 대운하 주변에 포진한 신라방들과
연계하면서(그림 1 참조[24]), 산동반도의 여러 지역을 비롯해 청도만
입구의 연운, 절강성 영파와 주산군도 등 황해안의 서안, 한반도의
서해안, 남해안, 제주도, 그리고 일본 규슈의 하카다, 규슈 북서부의
우사[宇佐]지역 등을 거점으로 황해 북부와 동해 북부를 제외한 동아
지중해의 해상권을 장악해 갔다(그림 2 참조[25]).

---

23) 이 시기의 유이민 발생은 자연재해에 의한 것과 통치기강의 문란과 토지의 집중화
   에 따른 부산물로 이해하기도 한다(윤재운, 앞의 책, 101쪽).

24) 윤명철, 앞의 책, 249쪽.

장보고는 이러한 해상활동을 통해 唐의 물품이나 서역의 사치품 등을 수입하였으며, 이는 당과 밀접한 관계를 유지하면서 조공사절이나 求法僧, 유학생들을 계속 파견하던 신라의 요구에 부응한 결과였다. 신라는 이들과의 접촉을 통하여 서역의 문물, 특히 지배층들의 기호품이나 사치품들을 반입하거나 수용하였다. 때문에 이미 경주는 장안에서 크게 유행하던 西域風의 정취를 많이 닮아가고 있었고, 지배층들은 사치성 소비재들을 제공해주던 이슬람상인들의 왕래를 마다할 이유가 없었다. 이때 유입된 서역의 물품들은 각종 향료를 비롯하여 에메랄드, 玉器, 양모, 공작꼬리, 서역마, 유리공예품, 대모장식 등이었으며, 당나라 때 유행하였던 페르시아 계통의 물품이 주종을 이루었다.26) 이와 함께 8세기 후반의 기록을 통해 소그드인의 신라 내왕에 관한 단서를 확인한 연구27)에 의하면 원성왕대에 唐使를 따라 왔던 하서국인을 통해 신라에는 이미 소그드인의 내왕이 있었음을 시사하고 있다.

1.3. 서역 문물의 신라사회 유입과 적용

漢代에 서역통로가 개척된 이후 西域은 역사적·지리적 및 문화적 범주를 한정지어 주는 하나의 고유 명칭으로서 중국을 비롯한 한문화권 내에서 근세에 이르기까지 줄곧 사용되어 왔다. 중국 前漢 武帝(B.C. 140~87) 때에 있었던 張騫의 西域使行 후에 생겨난 것으로 후한대에도 지역적 명칭으로 서역이란 용어를 그대로 답습하면서 그 지역적 윤곽도 대체로 확정되었다.28) 한대에 있어서 서역은 대체로 오늘날의 중

---

25) 위의 책, 264~265쪽.

26) 윤재운, 앞의 책, 108~118쪽.

27) 金昌錫, 「8~10세기 이슬람 제종족의 신라 來往과 그 배경」, 『한국고대사연구』 44, 한국고대사학회, 2006, 93~123쪽 참조.

국 新疆省 타림분지(동투르키스탄)에 해당하는 지역으로 당시의 西域都護府나 西域長史의 관할이었으며, 『漢書』「西域傳」에 기재된 서역 36국이나 50여 국은 모두 이 지역의 범위에 속하였다. 한대 이후 중국의 대외교섭과 교류가 점차 확대됨에 따라 서역이 포괄하는 지역적 구획도 더 넓어지게 되었다. 그 결과 서역 명칭에 대한 二元的 이해가 이루어져 좁은 의미의 서역은 한대에 있어서의 경계를 말하고, 넓은 의미의 서역은 그 후 확장된 경계를 뜻하게 되었다.29)

서역과의 교통로가 형성된 이후 서역인들의 중국 진출은 唐代에 특히 활발하였다. 北周 이후 돌궐을 평정한 이후 장안에는 돌궐인을 비롯한 만여 호에 이르는 서역인들이 상주하고 있었을 정도로 당시의 장안은 아시아에서 가장 번영하고 화려한 국제도시였다. 아랍·이슬람 제국을 비롯한 아시아 각국의 朝貢使들의 발길이 끊이지 않았고, 고구려·신라·백제·일본·吐蕃·高昌 등 인근 각국에서 온 구법승과 유학생만도 8천여 명을 헤아렸다.30)

이처럼 唐이 지닌 국제문화적 성격은 인근 각국에도 영향을 끼쳐 당시 신라에는 장안에서 들여 온 서역의 문물이 유통되고 있었다. 물론 이와는 달리 신라의 물품도 당에 소개되어 이를 일본이 수입하는 중계무역도 이루어졌다.31) 또한 신라와 아랍·이슬람제국 간의 직접 무역의 사례도 보이는데, 아라비아[大食] 상인들이 고려에 집단적으로 내왕한 사실을 본다면32) 당시 중동문헌에 황금의 나라로 소개된 신라에 대한 상업활동의 전개는 이른 시기에 있었을 것으로 생각된다. 신라가 중동과의 상업활동을 기록한 직접적인 문헌 근거는 찾아지지

28) 무함마드 깐수, 앞의 책, 8~14쪽.

29) 위의 책, 15쪽.

30) 위의 책, 236~238쪽.

31) 李成市·김창석, 앞의 책, 65~87쪽.

32) 『高麗史』 권5 顯宗 15년 5월조; 『高麗史』 권6 靖宗 6년 11월조.

〈그림 3〉 경주 괘릉 무인석 1쌍(左·右)

않지만, 이미 신라에는 많은 양의 서역 물품과 문물 등이 유포되어
있은 상황이라는 점으로 미루어 볼 때 이러한 추론이 가능해진다.[33]
신라사회에 반영되었을 당시의 문물로는 경주 괘릉의 外護石物인 무인
상과 흥덕왕릉 外護石像을 우선 들 수 있겠다(그림 3, 4 참조).

〈그림 3〉과 〈그림 4〉는 경주 괘릉[34)]에 있는 1쌍의 무인석상이다.
봉분 바로 앞에는 사각형의 석상인 혼유석을 설치하였고, 봉분의 중
심에서 남쪽으로 약 80m 떨어진 지점부터 동서로 약 25m의 간격을
두고 봉분쪽에서부터 돌사자 2쌍, 冠劍石人 1쌍, 西域人 모습의 석인

---

33) 정수일, 『문명교류사연구』, 사계절, 2004.

34) 掛陵은 '능을 걸다'라는 뜻으로, 조선시대 경주부에서 간행한 『東京雜記』에 의하면
"이곳에 왕릉을 조성하기 이전에 작은 연못이 있어서 그곳을 메우고 능을 마련했는
데, 능의 내부 현실에 물이 고이기 때문에 바닥에 관을 놓지 못하고 허공에 걸어
놓았다"는 데서 붙여진 이름이라 한다. 괘릉은 가장 완비된 통일신라의 능묘제도를
보여주는 것으로, 당나라와의 문물교류를 통해 당의 능묘제도를 본받아 이루어진
것이나 십이지신상과 돌사자를 배치한 것은 신라인의 창작으로 알려져 있다. 능에
배치된 십이지신상은 따로 조각하여 배치한 傳성덕왕릉의 형식에서 발전하여 탱석
에 직접 조각한 것으로 9세기대의 작품으로 인정되고 있으나, 능은 원성왕(元聖王,
재위 785~798)의 능으로 전해지고 있다(국립문화재연구소, 앞의 책).

〈그림 4〉 흥덕왕릉 무인석상

1쌍, 華表石 1쌍을 차례로 하여 동—서로 마주보게 배치하였다. 이 석조물들의 조각수법 역시 신라 조각품 가운데 가장 우수한 것으로 손꼽히며 외형상 당당하고 치밀함이 돋보인다. 그리고 서역인 모습의 석상은 매부리코에 주걱턱의 턱수염을 가진 형상의 소그드인으로 추정되고 있으며, 소그드인이 왕래하던 당시 상황을 고려하면 역시 그들을 모델로 하고, 당나라에서 활약하던 소그드 무인에 대한 견문까지 더해서 형상화한 것이 이들 무인상이라는 견해가 주목된다.35) 이와 같은 서역인의 모습은 흥덕왕릉36) 외호 석물에서도 확인되는데, 괘릉에 비해 조각 수법은 떨어지나 괘릉의 서역인상과 매우 흡사한 모습을 보인다.

흥덕왕릉은 봉분의 크기가 직경 22.2m, 높이 6.4m의 원형봉토분으로, 봉분의 하단에는 1.3m 높이로 둘레돌[護石]을 돌리고, 둘레돌의 面石 사이 탱석에는 십이지신상을 양각하였다. 둘레돌에서 1m 거리를 두고 능 둘레에는 1.9m 높이의 돌난간을 돌렸는데, 石柱는 2개를

---

35) 김창석, 앞의 글, 111~112쪽.

36) 경상북도 경주시 안강읍 육통리 산42번지에 위치하며 사적 제30호로 지정된 신라 제42대 興德王(재위 826~836)의 능이다. 흥덕왕은 이름이 景徽이고 憲德王의 친동생인데 張保皐를 청해진 대사로 삼아 해적의 침입을 막았다. 흥덕왕릉은 안강읍 북쪽에 있는 어래산의 남동쪽으로 뻗어 내린 구릉의 말단 완만한 경사면에 자리잡고 있는데, 육통리 마을에 바로 접해 있는 뒷산에 있다. 전형적인 풍수지리의 입지 조건을 갖추고 있는 능은 지금까지 신라의 왕릉으로 알려진 것들이 대부분 경주분지와 접한 남쪽의 산간에 위치하는 것에 비하여 북쪽으로 멀리 안강에 위치하여 다른 것들과 비교된다(姜仁求 外, 「新羅五陵測量調査報告書」, 韓國精神文化研究院, 1990).

제외하고는 거의 유실 내지 훼손된 것을 복원하였다. 능의 바로 앞에는 床石과 후대에 설치한 香爐臺가 있고, 능을 둘러싼 네 모서리에는 돌사자가 배치되어 있다. 그리고 전방으로 얼마간 떨어져서 동·서 좌우에 文人石과 武人石이 각 1쌍씩 배치되어 있는데, 무인석은 서역인 모습을 하고 있다. 흥덕왕릉은 전체모습이 掛陵과 비교되는 것으로 신라왕릉 최전성기의 완성된 양식을 보여준다.

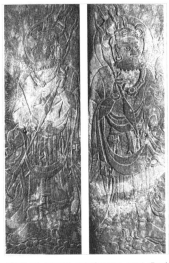

〈그림 5〉 神將像 石扉(서악동 고분 출토)

이와 함께 돌문에 선각으로 표현된 신장상에서도 두 왕릉에 세워진 무인석상과 상체의 표현이 유사한 모습을 확인할 수 있는데, 경주시 서악동 고분에서 출토된 돌문에 낮게 돋을 새김된 높이 150.5㎝의 신장상이다. 돌문의 중앙에는 손잡이를 달았던 작은 구멍이 뚫려 있다. 돌문의 앞·뒷면에는 신장상이 새겨져 있는데, 두 상은 세부표현이 조금 다를 뿐 전체적으로 유사하다. 머리 뒤로는 2줄의 두광이 있고, 상체는 벗었으며 하체에는 군의를 입었다. 보관 위로는 꽃모양의 머리띠 장식 끈이 위로 날리고 있으며, 팔에는 천의를 걸치고 있다. 다리는 자우 대칭으로 벌려 연꽃 대좌 위에 서 있는데, 발목과 손목에는 각각 발찌와 팔찌 장식이 있다. 손에는 金剛杵를 들고 있다. 부리부리한 눈에 매부리코, 긴 턱수염 등은 신장으로서의 용모를 드러내고 있다(그림 5).[37]

외형상의 특징에서 볼 때에도 이 석비의 신장상은 앞의 왕릉 무인석상의 용모와 흡사하다. 着衣 형식에서 약간 다르지만 이러한 착의

---

37) 국립경주박물관, 『명품100선』, 삼화인쇄, 2007, 도판 46, 102~103쪽.

〈그림 6〉 모서리기둥 神將像(경주 구정동 방형분 출토)

법은 경주 구정동 방형분38)에서 출토된 돌방무덤의 모서리 기둥에
서도(그림 6 참조) 그 예를 확인할 수 있다는 점에서 왕릉의 서역풍
무인석상과 같은 상징적 의미를 부여하였던 것으로 생각된다.

그림에서와 같이 방형분의 네 귀퉁이에 세워져 있던 기둥에 양각
으로 부조되어 있는 이 신장상의 모습은 앞의 〈그림 3〉 좌측의 무인
석상과 많이 닮아 있다. 특히 두상 부분의 표현 방식은 서역풍의 양
식적 특징을 고스란히 갖추고 있다. 기둥의 양면에는 괘릉과 흥덕왕
릉 등에서 볼 수 있는 서역풍의 무인상이, 그 옆면에는 사자상이 각
각 돋을새김 되어 있다. 눈이 깊고 코가 높은[深目高鼻] 무인상은 십이
지상과 더불어 돌방무덤을 지키는 수호신으로 묘사되어 있는데, 통
일신라시대에 실크로드를 동한 서역과의 교류를 엿볼 수 있는 귀중
한 자료이다. 사자상은 뒷발을 서로 교차한 채 서 있으며, 입에서 뿜

---

38) 경주 구정동 방형분은 신라지역에서는 그 유래를 찾을 수 없는 네모난 형태의 돌방
무덤으로, 둘레돌에는 십이지상이 돋을새김 되어 있다(국립경주박물관, 위의 책,
도판 62, 142~143쪽).

어 나오는 瑞氣가 위로 뭉게뭉게 나오고 있다. 잘록한 허리에 풍성한 머리 갈기, 섬세한 근육 및 발가락의 세부 표현 등이 사자의 특징을 잘 살리고 있으며, 다리를 교차한 채 서 있는 자세와 사실적인 묘사에서 무인상과 마찬가지로 서역의 영향을 많이 받았음을 알 수 있다.[39] 명칭은 신장상이지만 기능적인 부분에서 본다면, 앞의 〈그림 3〉과 같이 외호석물로서의 의미를 부여했던 것으로 보인다.

이들 사례와 함께 추가적으로 검토할 내용은 사천왕상의 형식 유형에 대한 것이다. 사천왕상은 원래 인도 재래의 方位神이었는데, 불교가 성립되면서 불교 세계의 중심에 있는 須彌山 중턱의 동서남북 사방에 머무르며 佛法을 지키고 중생을 안정시키는 수호신이 되었다. 인도에서는 주로 귀족이나 보살의 모습으로 표현되었지만, 중앙아시아를 거쳐 중국에 전래되면서 분노한 얼굴에 육중한 갑옷을 입고 손에 무기를 쥔 武將形으로 변모하게 된다.

우리나라에서는 신라의 삼국통일을 계기로 사천왕신앙이 유행하면서 호법신·호국신으로서 크게 유행한다. 경주 狼山 중턱에 절터로 남아 있는 사천왕사지는 이러한 사천왕신앙을 배경으로 통일 직후인 679년(문무왕 19)에 세운 신라의 호국 사찰이었다.[40]

국립경주박물관에 소장하고 있는 綠釉四天王像塼(그림 7, 8참조)은 균형 잡힌 몸매에 적당한 신체 비례, 치밀하게 묘사된 갑옷, 사천왕이 밟고 있는 악귀의 고통스런 얼굴 표정과 뼈대가 튀어나오게 보이는 다리 근육의 강렬한 조각, 탄력성 있는 신체 변화 등에서 통일신라 초기 사실주의 조각 양식의 정수를 보여주고 있다.[41] 벽전의 장식

---

39) 위의 책, 142~143쪽.

40) 김상현, 앞의 책, 213~235쪽에 자세하며, 崔장미·車順喆, 「2006년도 사천왕사지 발굴조사의 성과와 의의」, 『신라사학보』 8, 신라사학회, 2006, 279~296쪽에서는 녹유 사천왕상전의 총 매수를 최소 16매에서 최대 24매로 추정하고 있다.

41) 국립경주박물관, 앞의 책, 도판 53, 122~123쪽 및 실사 촬영(복원품).

〈그림 7〉綠釉四天王像塼-1(경주 사천왕사지 출토) 원본 및 복원품

〈그림 8〉綠釉四天王像塼-1(경주 사천왕사지 출토) 원본 및 복원품

적인 경향이 강하게 풍기지만 이러한 현상은 불교가 전래된 이후 사천왕상에 대한 의미를 종교적으로 가미하면서부터 변화되는 양상으로 이해한다면, 앞의 사례와 같이 능원이나 사찰의 외호석물로서의 기능을 담당하였던 본래 의미에서는 크게 벗어나지 않는 것으로 생각된다. 이외에도 신라에 전하는 서역풍의 인물상으로는 경주 용강동 고분에서 출토된 陶俑에서도 확인된다(그림 9 참조).

〈그림 9〉文官陶俑(경주 용강동)

1986년에 조사된 경주 용강동 돌방무덤의 출토품인 도용으로 남자 도용 15점과 여자 도용 13점 및 청동제 십이지신상 7점이 함께 출토되었다. 이중 문관상이라 명명된 문관도용은 머리에 襆頭를 쓰고 두 손으로 笏을 공손히 잡고 있는 손가락의 표현이 매우 사실적이며 뚜렷하다. 옷소매가 넓은 옷주름 표현이 뚜렷하고 長衣의 앞자락에 표현된 선도 역시 덧옷을 입은 모습을 보이도록 했다. 특히 귀 위부터 표현된 무성한 턱수염이 앞으로 뻗고 코와 입이 유난히 크게 표현되고 눈은 지그시 감은 모습을 보이고 있어 근엄하다. 바탕에 白土를 발랐으나 朱漆은 거의 보이지 않고 얼굴과 발에만 약간 흔적이 남아 있다. 이 男人像은 전체적으로 얼굴 모습이 西域人의 老人을 연상케 하고 있다.

　　고구려벽화에 등장하는 운동하는 인물들의 큰 코와 인상 등에서 서역인으로 보이는 인물이 나타나고 있는데, 이 도용에서도 얼굴 윤곽선이라든가 服飾의 형태가 胡服的인 요소를 지니고 있다. 唐 초기

〈그림 10〉 수염 있는 人物: 唐初. 彩繪陶俑
〈그림 11〉 수염 있는 人物: 唐初. 彩繪陶俑
〈그림 12〉 수염 있는 人物: 盛唐. 西域胡人俑(鮮干庭誨墓 723)

와 중기까지 실시되었던 七珪事제도와 礪石佩飾은 唐風이 아닌 다른 주변의 서역인들에게 잔존하고 있는 그들의 遺風이었다는 점, 당시 唐의 수도 장안은 주변 국가들의 집합지로 모든 문화의 중심지였다는 점으로 볼 때에도 이 도용은 단순히 신라인만이 아니라 唐人 또는 外來人이었을 가능성을 배제하지 못한다(그림 10~12 참조).42)

한편, 신라에서는 천마총 및 황남대총에서는 유리그릇과 봉수병이 출토되었는데, 주로 로만글라스(Roman glass)가 대부분이다. 로만글라스는 로마제국 시기 로마(Rome)와 屬州에서 유리그릇 및 장식품들의 제작이 성행하였는데, 이들 중 일부가 멀리 극동지역에까지 교역되어 한국·중국·일본 등지의 고분에서 출토되거나 귀중품 혹은 사치품의 성격이 농후한 威勢品으로 보관되는 유리제품이 있다. 이러한 유리제품은 중국의 경우 남북조시대 北朝의 영역에 분포하는 고분에서 출토 예가 많고 일본에서도 몇 점 발견된 예가 있다. 그런데 한국에서 이 로만글라스가 출토되는 예를 보면 오직 경주지역의 돌무지덧널무덤, 즉 신라고분에서만 발견되고 있어서 다른 서역으로부터 유입된 유물이나 문화요소와 함께 신라문화의 북방기원설을 주장하는 계기가 된 바 있으며, 주로 지중해 동부 연안이나 흑해 연안에서 많이 발견되었다.43)

한국에서 발견된 고대 유리용기는 80여 점에 이르지만 그 중 수입된 로만글라스는 제한적이며 한국에서 자체 제작된 것도 있고, 기원이나 수입경로가 다른 서방 유리제품이나 중국식 납유리 등도 있다. 현재 고분에서 발굴되어 출토지가 확실한 로만글라스는 20여 점이 있다. 이 출토지를 알 수 있는 로만글라스들은 거의 대부분 고신라고분에서 출토된 것들이다. 황남대총의 남분과 북분에서 각각 5점씩

---

42) 국립경주문화재연구소, 「慶州龍江洞古墳發掘調査報告書」, 1990, 134쪽.

43) 국립중앙박물관, 「실크로드, 이동과 교류의 장」, 『황금의 제국 페르시아』, 국립중앙박물관 문화재단, 2008, 198~204쪽.

10점이 출토된 것을 비롯하여, 금관
총에서 2점, 금령총에서 2점, 천마총
에서 2점, 서봉총에서 3점, 月城路(가
-13호분)에서 1점, 안계리 4호분에서
1점 등 경주지역의 고신라 왕릉급이
나 최고지배자의 무덤급에 준하는
고분에서만 출토되었다(그림 13 참조).
예외적으로 경주지역 밖에서 출토된

〈그림 13〉 경주 천마총 출토(보물 620호)

예가 있는데 1991년에 발굴조사된 합
천 옥전 고분군(M1호분)에서 출토된 斑點文琉璃杯 1점이 그것이다. 대
체로 이들 로만글라스들이 한국 고분에서 출토되는 예들은 현재까지
의 자료로 보는 한 5세기 중엽에서 6세기 전반대에 집중되고 있다.[44]

경주 계림로 14호 무덤에서는 특이한 형태의 장식 보검이 출토되
었는데, 칼집과 자루에는 얇은 금판을 전면에 입히고 다시 작은 금판
을 세워 붙여 다양한 기하학 무늬를 만들었다. 물결·나뭇잎·원·타
원·태극무늬 등을 만들어 조합하였고, 여기에 직선과 곡선을 결합하
여 무늬띠를 만들기도 하였다. 이러한 무늬에는 붉은 마노와 재질을
알 수 없는 보석이 박혀 있다(그림 14 참조).

전체적으로 기하학적인 무늬의 아름다움과 함께 보석의 붉은 빛
및 잿빛과 금판의 금빛이 어우러져 화려하면서도 고급스러운 느낌을
준다. 게다가 보석 주변의 무늬띠에는 별도의 작은 금 알갱이를 촘촘
하게 이어 붙여서 장식성을 한층 높였다.[45]

이러한 형태의 장식보검은 멀리 중앙아시아 지역에서 제작되어 전
해진 것으로 추정된다. 5~6세기의 이란과 카자흐스탄에서는 금속공

44) 李仁淑, 『한국의 고대유리』, 도서출판 창문, 1993.
45) 국립경주박물관, 앞의 책, 도판 19, 48~49쪽.

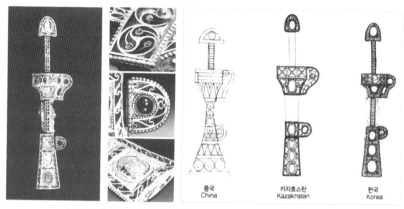

〈그림 14〉 장식보검(경주 계림로 14호 무덤 출토) 및 세부모사도

예품에 보석을 박아 넣는 기법이 널리 유행하였는데, 계림로 14호 무덤의 출토품과 같은 모양과 기법의 장식보검이 카자흐스탄 보로워의 옛무덤에서도 출토되었다. 또한 중국 신장 위구르 자치구의 키질 석굴 69동 벽화의 供養人도 장식보검을 휴대하고 있다.46) 이 단검의 외형은 다채장식이며, 신라에서는 전례가 없는 출토품이다.47)

1.4. 타문화에 대한 신라의 문화적 유연성

진한의 소국에서부터 출발한 신라의 성장에서 심도 깊게 사고하여야 할 부분은 고대국가 단계로의 정치·사회적 이행과 주변 국가가 포함하고 있는 다원적 사회에 기인하는 신라 문화의 다양성에 대한 이해라고 생각한다. 꾸준히 발전하는 왕권의 비약적인 성장의 이면에는 120년간 단절되었던 중국과의 대외관계를 회복하고 율령의 반포, 중요 관부의 설치 및 진골귀족회의를 제도화하는 등 신라의 전반

---

46) 위의 책, 241쪽.

47) 成舜燮, 「新羅 麻立干時期에 移入된 中央아시아 및 西아시아의 文物」, 『新羅, 서아시아를 만나다』, 국립경주박물관, 2008, 130~141쪽.

적인 국가체제를 법제화·조직화한 정치 사회적인 변화의 이해가 수반된다. 이와 함께 시기별로 출토되는 다양한 유물들은 신라의 성장과 軌를 같이한다고 할 수 있을 것이다.

한국 고대사의 발전과정에서 볼 때, 각각의 사회가 처한 문화기반은 시기적으로 다른 양상을 보이고 있으며, 이는 국가의 발전 단계에 따른 결과이기도 했다. 특히 동북아시아를 포함한 서아시아 계통 및 중앙아시아의 제국가에서 형성, 심화된 독특한 고유문화가 교역이나 교류를 통해 전파되고 수용되는 현상은 고대 국가 단계의 자연스러운 흐름으로 이해되기 때문이다. 선진문화에 대한 적극적인 수용은 결국 사회를 형성하는데 중요한 토대로 작용하며, 이는 한 사회의 문화 발전 과정을 이해하는 수단이 된다.

고구려는 중국문화와 접촉하기 쉬운 만주지역에서 성장하여 가장 먼저 고대국가를 성립시켰고, 오랫동안 한나라의 침략 세력과 대결하는 과정에서 자주적으로 외국 문화를 수입하고 적용시켰다. 고구려는 중국문화뿐 아니라 인도문화·서역문화 및 북방문화와 먼저 접촉하면서 이를 정리, 소화하여 고대사회를 운영할 수 있는 다양한 능력을 갖추게 되었고, 이를 백제·신라에 전하는 구실을 하였다.[48]

이와 함께 신라의 성장은 한국 고대사의 전개에서 주목할 만한 것이었다. 특히 문화적 다양성을 전제로 하여 서역을 비롯한 중국과의 소통에서 신라문화의 독자성과 문화적 우위를 지켜가고자 하였다. 앞에서 서술한 바와 같이 왕릉에 세워진 서역풍의 무인상처럼 다른 문화에 대한 이해를 통해 신라만의 독특한 문화를 꽃피워 나갔다. 신라 사회에 서역인이 거주했다는 문헌적 근거는 보이지 않으나, 서역풍의 인물상이 정교하게 조각되고 왕릉에 입석되거나 부장되었던 사실은 신라인이 서역인에 대한 충분한 인식이 전제되지 않고는 불

---

48) 이기백·이기동, 앞의 책 참조.

가능하기 때문이며, 이를 근거로 한다면 서역인의 신라 상주 가능성이나 중국에서 서역인을 경험했을 가능성은 충분하다고 생각된다. 이러한 추론은 여러 연구에서도 확인되며, 특히 장보고 상단이나 이슬람 商團의 직접적 교역이 가져온 결과에 기인한다고 할 수 있다. 즉, 신라 진골귀족의 여인들을 위시한 평민 부녀자들의 서역 물품에 대한 사치 풍조를 금지하는 興德王의 하교나, 장식보검이나 귀족들의 사치품 등의 유물은 당시의 주변 국가 간에 활발했던 무역 거래의 결과임은 분명하다.

아울러 신라의 교역품이 일본에 전래되거나 唐을 거쳐 서역에 전래되면서 서역의 기록에 신라와 관련한 내용이 전한다는 사실은 재고할 필요가 있다. 당시 신라에 전래되었던 포도나 호두 및 연화문[49] 등의 문양의 유포와 현실적 적용은 고대 사회의 문화단계가 폐쇄적이지 않고, 다양한 형태로 전개되었음을 의미하는 것이라 볼 수 있다. 서역문화에 대한 포용적 자세를 견지하여 異種 異形임에도 생활사에 녹여낸 것은 신라문화가 국제문화로 성장할 수 있는 밑거름이 되기에 충분했던 것으로 생각된다. 장보고의 신라방 건설에서와 같이 국제적 문화와 물류의 중심지에서 다양한 문화를 포용하고 국내에서 적용할 수 있었던 배경에는, 당시의 국제문화를 폭넓게 이해하고 이를 토대로 他文化에 대한 탄력적인 수용을 통해 문화적 밀도를 높게 가져갔던 신라의 문화적 유연성에 기인한다고 생각된다.

---

49) 朴待男, 「부여 규암면 외리 출토 백제문양전 고찰」, 『新羅史學報』 14, 신라사학회, 2008, 222~225쪽.

2. 고려시대 팔관회의 설행과 문화 접점

2.1. 기록으로 본 팔관회의 설행

팔관회(八關會)는 고려의 전 시기를 거쳐 중요한 국가행사로 설행(設行)되었다. 일정 시기의 변화는 있었으나 몽골의 침입기에도 임시 수도인 강도(江都)에서 매년 행해질 정도의 중요한 의식으로 국중대회(國中大會)의 성격을 지녔다. 송악을 중심으로 한 팔관회가 고구려 계승의식을 기반으로 하는 토착적 문화행사로서 고구려의 제천행사인 동맹제의 전통을 잇고 있다는 인식은 위령제나 액막이의 성격을 지녔던 팔관회에 추수감사제라는 농경의례적 성격을 더하여 형성되었다. 이는 제천의례가 본래의 종교적인 성격에서 그 의미나 기능이 사회문화적으로 확대되어 계절축제의 양상으로 변모했음을 말한다. 이 과정에서 고려는 국가의 대외적 위상을 공고히 하는 기능도 부가하였다.

팔관회에 대한 연구들은 이미 오래 전부터 축적되어 왔다. 특히 국가 불교의례의 내용과 기능을 중심으로 고려 문화의 방향성을 다룬 연구[50]는 물론 고려 정부가 선택한 불교의례가 어떠한 기능을 하였는지를 집중적으로 다룬 연구가 있다.[51] 또한 신라와 고려와의 관계를 규정함에 있어 불교의 사상적 부분을 중심으로 하는 연구가 있고,[52] 현대의 축제문화를 기반으로 축제의 원형을 찾은 연구도 있다.[53] 이외에도 팔관회와 관련한 연구들은 많이 있으나 대부분 관련

---

50) 安啓賢, 「八關會攷」, 『東國史學』 4, 1956;『韓國佛敎思想史硏究』, 동국대학교 출판부 재수록, 1983; 김혜숙, 「고려 팔관회의 내용과 기능」, 『역사민속학』 9, 1999; 안지원, 『고려의 국가 불교의례와 문화』, 서울대학교 출판부, 2005.

51) 金炯佑, 「高麗時代 國家的 佛敎行事에 대한 硏究」, 동국대 박사논문, 1992.

52) 김복순, 「신라와 고려의 사상적 연속성과 독자성」, 『한국고대사연구』 54, 2009.

53) 장은영, 「고려 팔관회의 관광축제 특성」, 『관광학연구』 28권 2호(통권 47호), 한국

주제의 한 분야에서 다루어지거나 소략하게 정리된 연구도 있다.

고려시대 팔관회의 설행에 대한 최초의 기록은 건국이 이루어진 918년(태조 1) 11월부터 시작되었다. 궁예가 매년 겨울 팔관회를 설치하여 복을 빌었던 것을 전승하였다. 이에 관한 기사는 『고려사(高麗史)』 세가(世家)와 예지(禮志) 및 『고려사절요(高麗史節要)』에 전하고 있는데 이를 살펴보면 다음과 같다.

A 11월에 왕이 처음으로 팔관회를 열고 의봉루(儀鳳樓)에 나가서 이를 관람하였다. 이때부터 해마다 상례적으로 이 행사를 실시하였다.[54]

B-① 11월에 유사가 아뢰기를 "전 임금은 매년 동중(冬仲)에 팔관회를 크게 열어 복을 빌었습니다. 그 제도를 따르기 바랍니다"라고 하니 왕이 그 말을 따랐다.

-② 그리하여 구정에 수레바퀴 모양의 등불대좌를 설치하고 사방으로 등불을 쭉 매달았으며, 두 개의 채붕을 5장 이상의 높이로 설치하고 그 앞에서 백희와 가무를 공연하였는데, 사선악부(四仙樂部)와 龍鳳象馬車船은 모두 옛 신라 때의 행사 모습과 같았다.

-③ 백관들은 도포를 입고 홀을 들고 예식을 거행하였는데 구경꾼들이 도성으로 몰려들었다.

-④ 왕은 위봉루(威鳳樓)로 행차하여 이를 관람하였으며 이는 매년 상례가 되었다.[55]

관광학회, 2004.

54) 『고려사』 권1 世家1 태조 원년 "十一月 始設八關會 御儀鳳樓觀之 歲以爲常."

55) 『고려사』 권69 志23 禮11 嘉禮雜儀 仲冬八關會儀 "太祖元年十一月有司言: '前主每歲

C-① 11월에 팔관회를 베풀었다. 유사가 아뢰기를, "전대의 임금이 해마다 중동(仲冬)에 팔관재(八關齋)를 크게 베풀어서 복을 빌었으니 그 제도를 따르소서." 하니,

-② 왕이 이르기를, "짐이 덕이 없는 사람으로 왕업을 지키게 되었으니 어찌 불교에 의지하여 국가를 편안하게 하지 않으리오." 하고,

-③ 드디어 구정(毬庭)의 한 곳에 윤등(輪燈)을 설치하고 향등(香燈)을 곁에 벌여 놓고 밤이 새도록 땅에 가득히 불빛을 비추어 놓았다. 또 가설무대를 두 곳에 설치하였는데 각각 높이가 5장 남짓하고 모양은 연대(蓮臺)와 같아서 바라보면 아른아른하였다. 갖가지 유희(遊戲)와 노래·춤을 그 앞에서 벌였는데 사선악부(四仙樂部)의 용(龍)·봉(鳳)·상(象)·마(馬)·차(車)·선(船)은 모두 신라의 고사였다.

-④ 백관이 도포를 입고 홀(笏)을 들고 예를 행하였으며, 구경하는 사람이 서울을 뒤덮어 밤낮으로 즐겼다.

-⑤ 왕이 위봉루(威鳳樓)에 나가서 이를 관람하고 그 명칭을 '부처를 공양하고 귀신을 즐겁게 하는 모임[供佛樂神之會]'이라 하였는데, 이 뒤로부터 해마다 상례로 삼았다.[56)]

仲冬大設八關會以祈福. 乞遵其制.' 王從之. 遂於毬庭置輪燈一座列香燈於四旁又結二綵棚各高五丈餘呈百戲歌舞於前其四仙樂部龍鳳象馬車船皆新羅故事. 百官袍笏行禮觀者傾都. 王御威鳳樓觀之歲以爲常."

56) 『고려사절요』 권1 太祖 원년 11월 "十一月 設八關會 有司言 前王每歲仲冬 大設八關齋 以祈福 乞遵其制 王曰 朕以不德 獲守大業 盍依佛教 安輯邦家 遂於毬庭 置輪燈一所 香燈旁列 滿地光明徹夜 又結綵棚兩所 各高五丈餘 狀若蓮臺 望之縹緲 呈百戲歌舞於前 其四仙樂部 龍鳳象馬車船 皆新羅故事 百官 袍笏行禮 觀者傾都 晝夜樂焉 王 御威鳳樓 觀之 名爲供佛樂神之會 自後 歲以爲常".

이들 각각의 기록들은 팔관회 설행과 관련한 기사들이지만, 세가의 기록은 팔관회 설행을 간단히 적고 있다. 반면, 예지와 『고려사절요』의 기록은 팔관회 설행의 구체적인 내용을 전하고 있다. 특히 C의 기록에는 고려의 팔관회는 전 임금이었던 태봉의 궁예(弓裔)가 효공왕 3년(899) 12월에 개최하였다[57]고 하며, 설행 시기는 해마다 겨울이었음을 밝히고 있어 고려의 팔관회도 이를 계승하였다고 할 수 있다. 또한 팔관회의 교리적 근거도 불교에 기인한다고 명확히 밝히면서, 『훈요십조(訓要十條)』의 제6조에서 천명한 연등회와 팔관회 설행의 목적[58]을 태조의 신앙대상인 불교를 중심으로 토속신들을 계서적(階序的)으로 배열하여 분명히 하고 있다. 따라서 C-⑤의 기사는 팔관회를 '부처를 공양하고 귀신을 즐겁게 하는 모임'이라 정의하여 국가행사로 상례화하였다.[59]

고려의 팔관회가 국초부터 설행되었던 배경에는 후삼국의 분열을 종식시키고 통일을 이룩한 고려 태조의 정치적 과제가 있었다. 후삼

---

57) 『삼국사기』 권50 列傳10 弓裔.

58) 『고려사』 권2 世家2 太祖 26년 4월 "여섯째로, 나의 지극한 관심은 연등(燃燈)과 팔관(八關)에 있다. 연등은 부처를 섬기는 것이요 팔관은 하늘의 신령과 5악, 명산, 대천, 용신을 섬기는 것이다. 함부로 증감하려는 후세 간신들의 건의를 절대로 금지할 것이다. 나도 당초에 이 모임을 국가 기일(忌日 – 제사날)과 상치되지 않게 하고 임금과 신하가 함께 즐기기로 굳게 맹세하여 왔으니 마땅히 조심하여 이대로 시행할 것이다(其六曰: 朕所至願在於燃燈八關燃燈所以事佛八關所以事天靈及五嶽名山大川龍神也. 後世姦臣建白加減者切宜禁止. 吾亦當初誓心會日不犯國忌君臣同樂宜當敬依行之)."

59) 팔관회의 교리적 근거로 삼은 불교의 팔관재계는 팔재계(八齋戒)·팔계(八戒)·팔계재(八戒齋)·팔지재법(八支齋法)이라고도 하며, 재가(在家)의 신도가 하룻밤, 하루 낮 동안 받아 지니는 계율이다. 팔관의 '관'은 금(禁)한다는 뜻으로 살생(殺生)·도둑질·음행(邊行) 등의 여덟 가지 죄를 금하고 막아서 범하지 않음이고, '재'는 하루 오전 중에 한 끼 먹고 오후에는 먹고 마시지 않으며 마음의 부정(不淨)을 맑히는 의식이며, '계'는 몸으로 짓는 허물과 그릇됨을 금하여 방지하는 것이다. 이 팔관재계는 육재일(六齋日)이나 삼장재월(三長齋月)인 1월과 5월, 9월에 행한다. 육재일은 매달 6일·14일·15일·23일·29일·30일로서, 재가의 신도들이 선(善)을 기르고 악(惡)을 막아 스스로 근신하는 포살(布薩)의 날이다.

국 사람들이 가지고 있던 분열적인 정서를 '고려인'이라는 일체감으로 통합하는 정책이 필요했고,[60] 이에 효과적인 사회문화적 통합매체인 불교와 토속신앙을 이용하여 상원연등회와 팔관회를 통해 일체화된 정서를 이끌어 내고자 하였다. 때문에 태조는 신라와 궁예가 시행했던 팔관회를 계승하면서 문화적 연속성을 지속시켰다.

신라의 팔관회와 관련하여 확인할 수 있는 사료의 기록은 모두 네 차례이다. 처음의 기록으로는 551년(진흥왕 12) 거칠부(居柒夫)가 혜량법사(慧亮法師)를 고구려로부터 모시고 왔을 때, 왕이 혜량을 승통(僧統)으로 삼고 처음으로 백좌강회(百座講會)와 팔관지법(八關之法)을 설치하였다.[61] 두 번째의 기록은 572년(진흥왕 33) 10월 20일 전사한 장병을 위하여 팔관회를 외사(外寺)에서 7일 동안 베풀었다.[62] 이때의 팔관지법은 불교의 팔계(八戒)와는 거리가 멀었고, 영토를 확장하면서 중앙집권체제를 강화하는 과정에서 호국신앙적 측면에서 수용하였던 행사로, 전몰장병 위령제의 성격을 띠고 있었다.[63] 이것은 중국의 팔관재가 위령제로 기능하고 있었던 사실과도 상통한다.[64]

다음으로는 자장법사(慈藏法師)가 중국 태화지(太和池) 옆을 지날 때 신인(神人)이 나타나서 "황룡사 구층탑을 세우면 나라가 이로우리니 탑을 세운 뒤에 팔관회를 베풀고 죄인을 구하면 외적이 해치지 못한다."고 하였는데, 귀국 후 탑을 세운 다음 팔관회를 개최했을 것이다.[65] 이로 볼 때 팔관회는 7세기까지 계속 시행된 것으로 이해할 수 있다.[66] 마지막으로는 앞에서 언급했던 궁예의 팔관회 개최이다.[67]

---

60) 안지원, 앞의 책, 142쪽.
61) 『삼국사기』 권44 列傳4 居柒夫.
62) 『삼국사기』 권4 新羅本紀4 진흥왕 33년 10월.
63) 김복순, 앞의 글, 377~378쪽.
64) 안지원, 앞의 책, 143쪽.
65) 『삼국유사』 권3 黃龍寺九層塔條.
66) 김복순, 앞의 글, 378쪽.

사료에서는 신라 팔관회 의식이 행해진 절차나 방법에 대한 언급이 없지만 신라를 전승한 고려의 팔관 의식으로 볼 때 순수한 불교의 팔관재계를 따른 것은 아니었다. 신라의 팔관회는 10월과 11월에 개최되었다.『삼국사기』와『삼국유사』에 수록되어 있는 네 번의 신라 팔관회는 모두 호국적 성격을 지니며, 불교와 밀접한 관계에 있었다. 법흥왕이 불교를 국교로 하여 행정적으로 강력한 중앙집권을 추진하였으나, 진흥왕은 부족 고유의 토속신앙을 통합하기 위하여 사찰 재래의 산천용신제(山川龍神祭)와 시월제천(十月祭天) 등을 불교의식과 융합하여 신라 특유의 팔관회를 개최하였다.

반면에 고려의 팔관회는 태조의 규정에 의한 '불공악신지회(佛供樂神之會)'의 성격에 신라의 화랑적 요소와 미륵하생의 용화세계를 형상화한 요소 및 고구려의 동맹제 의식이 첨가된 복합적 축제였다. 삼국통일 후 고구려의 유민들은 통일전쟁에서 죽은 가족이나 동료들을 위한 위령제로서 팔관회를 개최하였을 것이다. 또한 송악을 중심으로 한 팔관회가 고구려 계승의식을 기반으로 하는 토착적 문화행사로서 고구려의 제천행사인 동맹제의 전통을 잇고 있다는 인식은 위령제나 액막이의 성격을 지녔던 팔관회에 추수감사제라는 농경의례적 성격을 더하여 주었다. 이는 제천의례가 본래의 종교적인 성격에서 그 의미나 기능이 사회문화적으로 확대되어 계절축제의 양상으로 변모하였다.[68] 이에 더하여 고려의 팔관회는 불교행사이면서도 유교 오례 가운데 가례(嘉禮)의 연회적 성격도 포함된 것으로 보고 있다.[69] 그리고 고려에서는 매년 월별로 정기적인 행사가 열렸는데, 연등회가 1~2월에, 장경도량이 3~4월에, 우란분재가 7월에, 인왕백고좌도량이 9~10월에, 팔관회가 10~11월에 설행되었다.[70]

---

67)『삼국사기』권50 列傳10 弓裔.

68) 안지원, 앞의 책, 145~152쪽.

69) 김복순, 앞의 글, 378쪽.

팔관회의 개최일은 수도인 개경에서는 11월 15일, 서경에서는 10
월에 휴가로 전후 3일을 주었다.[71] 10월에 열린 서경의 팔관회는 서
경의 지덕(地德)과 함께 중요시되었다. 서경의 팔관회는 조상제의 성
격을 띤 예조제(藝祖祭)로서, 초기에는 조정에서 반드시 재상(宰相)을
파견하여 재제(齋祭)를 행하게 하였는데, 한때는 삼품관(三品官)을 보
냈으나 1181년(명종 11)부터 다시 재상을 파견하였다. 간혹 개최일에
변동이 있어, 1083년(선종 즉위년)에는 문종의 국상(國喪) 때문에 12월
에 설하였고,[72] 1200년(신종 3)과 1357년(공민왕 6)에는 불길한 날로
보는 묘일(卯日)을 피하여 11월 14일에 열기도 하였다.[73] 개경 팔관회
의 의례에는 소회일(小會日)과 대회일(大會日)이 있어 대회 전날인 소
회에는 왕이 법왕사(法王寺)로 행차하는 것이 통례였고,[74] 궁중 등에
서 하례(賀禮)를 받고 이어 헌수(獻壽), 지방 관리의 축하선물 봉정(奉
呈) 및 가무백희(歌舞百戲) 등의 순서로 행하여졌다. 대회 때도 역시
축하와 헌수를 받고 외국 사신의 조하(朝賀)를 받았다.[75]

외국 사신의 조하의식은 팔관회가 대외적으로 중요한 의의를 지니
고 있었음을 반증한다. 고려는 이 의식을 통하여 국제관계에 대한
고려 나름대로의 입장을 대외적으로 천명하고 있었다.[76] 팔관회에

---

70) 김형우, 「고려시대 연등회 연구: 설행실태를 중심으로」, 『국사관논총』 55, 국사편찬
   위원회, 1994, 113쪽.
71) 『고려사』 권84 志38 형법1 公式 官吏給暇 "…八關 十一月 十五日 前後幷三日".
72) 『고려사』 권10 世家10 宣宗 즉위년 12월 정축 "設八關會 御神鳳樓 前帳殿受百官賀遂
   幸法王寺. 以前月値國恤至是行之."
73) 『고려사』 권21 世家21 神宗 3년 11월 병인 "設八關會. 今用十四日者 避卯日也.";『고
   려사』 권43 世家43 恭愍王 6년 11월 임술 "設八關小會 幸康安殿."
74) 법왕사는 919년(태조 2) 국가의 융성을 불법(佛法)에 의지하고자 개경 내에 10찰
   (刹)을 세울 때 수위에 둔 사찰로서, 비로자나삼존불(毘盧遮那三尊佛)을 주존으로
   봉안한 절이며, 신라의 황룡사에 해당하는 호국사찰이다. 왕이 가장 먼저 법왕사에
   행차한 것은 불법에 의한 호국을 염원하는 한 표현이었다.
75) 『고려사』 권69 志23 禮11 嘉禮雜儀 仲冬八關會儀.
76) 안지원, 앞의 책, 213쪽.

서 외국인 조하의식이 상례가 된 것은 정종 즉위년(1034) 11월 팔관회
부터이다. 이때 송의 상객(商客)과 동서번(東西蕃), 탐라(耽羅)에서 방물
을 헌납하였고, 정종이 그들에게 특별히 음악을 관람할 수 있는 좌석
을 배정하였는데 그 후부터 이것이 전례가 되었다.[77]

동서번은 여진(女眞)으로 탐라와 함께 태조 대부터 고려에 조공을
바치고 있었다.[78] 고려는 현종 때에 거란의 침입을 성공적으로 막아
낸 후 외교적으로 국제관계에 있어 자신감을 드러냈다. 거란과 송에
대하여 조공관계를 유지하기는 하였으나 형식적이었고, 도리어 동·
서 여진과 탐라, 철리국(鐵利國),[79] 불나국(弗奈國)[80] 등으로부터 조공
을 받고 있었으며, 송과 아라비아의 대식국(大食國)[81] 상인들도 토산
물을 바치고 있었다. 이처럼 고려 국왕과 외국인 조하객 사이에는
고려의 중앙관리들이나 지방관의 봉표원들과 마찬가지로 일정한 정
치적 관계가 형성되었을 것이다. 즉, 팔관회에 조회하는 외국인은,
비록 그들이 귀속된 민족이나 국가가 고려의 신하로서 복종하는 것
은 아니지만 고려에 찾아오면서 고려의 덕화(德化)를 받는 조공국의
사자로서 예우되고 있었다.[82] 고려의 팔관회가 고대의 습속을 정형

---

77) 『고려사』 권6 世家6 靖宗 즉위년 11월 경자; 『고려사』 권69 志23 禮11 嘉禮雜儀 仲冬
八關會儀.

78) 『고려사』 권4 世家4 顯宗 11년 2월.

79) 철리국은 발해의 지배를 받던 말갈의 한 부족이다. 현종 5년(1014)부터 고려에 조공
하였고, 현종 12년(1021)에는 귀부를 청하는 표문을 바치기도 하였다(崔圭成, 「대외
관계」, 『한국사』 15, 국사편찬위원회, 1995, 266~267쪽).

80) 『고려사』 권4 世家4 顯宗 9년 6월 乙亥.

81) 대식국 상인들에 대한 최초의 기록은 현종 15년(1024)으로 상인 悅羅慈 등 100명이
와서 토산물을 바친 일이다(『고려사』 권5 世家5 顯宗 15년 9월). 大食은 북아라비아
부족인 Tayyi를 페르시아가 Taji·Tajik로 부른 것을 중국인이 음역한 데서 유래하였
다(金定慰, 「中世 中東文獻에 비친 韓國像」, 『한국사연구』 16, 한국사연구회, 1977,
47쪽). 한편 고려 시기의 대식은 압바시아朝(750~1258)를 지칭한다. 압바시아조는
바그다드를 수도로 하였는데, 그 영역은 현재의 이란, 이라크, 아라비아 반도, 아프
리카 북부에 걸쳐 있었다(金澈雄, 「고려와 大食의 교역과 교류」, 『문화사학』 25,
2006, 130쪽).

화하고 상례화하였다고는 하지만, 이를 기반으로 외국과의 빈번한 접촉이 이루어지고 문화교류의 영역을 확대해 갔다는 점에서 고려의 국제문화 지향에 대한 의지를 읽을 수 있다. 이에 대해서는 장을 달리하여 검토하겠다.

한편, 팔관회의 설행으로 인한 폐단이 없었던 것은 아니었다. 982년(성종 1) 3월에는 최승로(崔承老)가 소(疏)를 지어, 팔관회에 대한 시정을 요구하였다.

D 열셋째로, 우리나라에서는 봄에 연등(燃燈)을 거행하고 겨울에는 팔관 (八關)을 개최하느라고 사람들을 징발하여 부역이 심히 번다하니 바라 건대 부담을 경감하여 백성의 힘이 펴도록 하셔야 하겠습니다. 또한 각종 우상(偶人)을 받드는데 노력과 비용이 아주 많이 들며 한 번 쓴 다음에는 곧 파괴하여 버리니 아주 쓸데없는 일입니다. 황차 우상이란 장례가 아니면 쓰지 않는 것이므로 일찍이 서조(西朝)의 사신이 와서 보고 상서롭지 않은 것이라고 하여 낯을 가리고 지나간 일도 있으니 바라건대 이제부터는 이것을 쓰는 것을 허가하지 마십시오.[83]

최승로의 건의로 그 해 10월 성종은 팔관회가 잡되고 도리에 맞지 않으며 번거롭다 하여 모두 폐하게 하였고,[84] 987년에는 서경의 팔관회도 폐지하였다. 이로 인해 태조 대부터 지속되어 오던 불교행사가 일시적으로 중단되었는데, 이는 최승로의 유교적 예제 확립이라는 건의에 의한 것이었다. 성종은 국가의 통치체제와 이념의 정비를 통하여 이전의 사회와는 근본적으로 다른 합리적이고 조화로운 그러면서도 상하의 위계질서가 엄격한 사회구조를 형성하고 민(民)의 생

---

82) 안지원, 앞의 책, 213~214쪽.
83) 『고려사』 권93 列傳6 崔承老; 『고려사절요』 권2 성종 1년 6월 時務策 제13조.
84) 『고려사』 권3 世家3 成宗 6년 10월 "冬十月 命停兩京八關會."

계를 안정시키며 국가체제를 재정비하고자 하였다. 그러나 팔관회에서 제사하는 신들은 토착신들로써 태조는 「훈요10조」에서 증감을 금지한 바가 있다. 그런데 이러한 팔관회를 폐지한 것은 국가제사 체계에 중대한 변화가 있었음을 의미하는 것이다. 이것은 유교정치이념을 도입하여 종교와 정치권력을 분리하고, 합리적인 절차와 제도를 통하여 통치권을 행사하려 했던 성종의 의도였다.[85]

한편, 팔관회는 1010년(현종 1)에 최항(崔沆)의 청으로 다시 부활되었지만,[86] 그 폐해는 여러 곳에서 나타났다. 1115년(예종 10)에는 배우들에게 명하여 왕의 의장(儀仗) 안에서 노래하고 춤추기를 삼경(三更)까지 하였다.[87] 이는 1146년(의종 즉위년)에는 전상(殿上)에서의 여악(女樂)의 금지와 1179년(명종 9) 11월의 재상 최충렬(崔忠烈)이 팔관 경비의 폐해와 팔관회 때 백관의 과일상이나 복식의 절제 없음을 들어 일체 금지하기를 건의하여 왕이 이를 따르기도 하였다.[88] 특히 1188년 이순우(李純祐)는 팔관회 때의 전약(煎藥)으로 쓰려고 송도·서경·남경·동경의 젖소를 모아 연유를 만들기 때문에 암소와 송아지가 상하게 되고, 경작에 필요한 소가 손상됨을 들어 폐지하기를 청하자 왕이 받아들여 백성들이 감격하였다는 기록[89] 등이 전한다.

2.2. 고려 팔관회의 사회적 성격

고려는 팔관회의 설행을 위해 많은 경비와 대규모의 인원을 동원

---

85) 최인표, 「고려 성종의 유교정치이념 채택과 역사적 의의」, 『국학연구』 5, 한국국학진흥원, 2004, 174~183쪽.
86) 『고려사』 권4 世家4 顯宗 원년 庚寅 "復八關會 王御威鳳樓 觀樂."
87) 『고려사』 권14 世家14 睿宗 15년 11월 "辛巳 設八關會 王觀雜戱."
88) 『고려사』 권100 列傳13 崔忠烈. 이후 최충렬은 팔관회를 통하여 개인의 사욕을 채우기도 하였을 정도로 팔관회 설행의 폐해가 많이 발생하였다.
89) 『고려사』 권99 列傳12 李純祐.

하였는데 이것은 팔관회가 지닌 사회적 목적을 달성하기 위함이었다. 대내적으로 팔관회는 연등회와 더불어 고려의 가장 큰 명절이자 축제로 승화시키면서도, 추수감사제의 형식을 빌어 지역적인 색채를 강하게 드러내는 각 지방의 토착신앙을 수도인 개경에서 일원적 구조로 통합하는 기능을 하였다.[90] 또한 팔관회의 개방적 질서는 문화와 문물의 교류를 통한 지역 간 소통의 장으로 축제를 여는 국가의 간여와 집중화라는 상징적 의미를 부여함으로써 국가 통합과 소통을 위한 기능을 추가하였다.[91]

팔관회의 개방적 질서는 현종 이후 가시화되고 정립되었는데, 고려 왕실은 고려 사람들에게 가장 영향력 있는 불교와 불교 속에 포섭된 토속신앙을 군신관계를 상징하는 조하의식과 연결시켜 팔관회 참여자들에게 동질감을 부여하였다. 따라서 행사가 화려할수록 문화적 자부심은 커졌을 것이고, 격식이 엄격할수록 왕권의 신성성은 높아졌을 것이다. 이를 위해 국가는 팔관회를 왕실행사로 한정하지 않고 다양하고 종합적인 축제로 확대하여 보다 많은 대중들이 참여하도록 유도하였다.[92]

팔관회에 보이는 대외 인식은 고려인들의 천하관과도 밀접한 관련이 있다. 각종 문헌을 통해서 유추해볼 수 있는 고려인들의 천하관은 크게 세 가지로 나누어 볼 수 있는데, 화이론적 천하관(華夷論的 天下觀)·국수주의적 천하관(國粹主義的 天下觀)·다원적 천하관(多元的 天下觀)이 그것이다. 이 가운데 다원적 천하관은 화이론적 천하관에 입각한 중국 중심의 천하와는 달리 고려도 또한 천하의 중심일 수 있다는 자주적이고 개방적인 천하관이다. 이러한 천하관은 고려·송·요·금으로 이어진 북방왕조가 삼각구도로 공존하며 대립한 고려의 전기와

---

90) 안지원, 앞의 책, 205쪽.
91) 장은영, 앞의 글, 237쪽.
92) 안지원, 앞의 책, 208~209쪽.

중기에 대체로 주류를 이룬 천하관이었다.[93]

고려의 다원적 천하관은 팔관회의 조하의식에도 적극 반영되었다. 앞 장에서와 언급한 바와 같이 고려는 주변국과의 국제관계를 적극 활용하여 고려의 국제적 위상을 제고하고자 하였으며, 대외정책의 기본 입장으로 유지하고 있었다. 이는 고려를 둘러싼 주변국의 정세가 급변하고 내부적으로도 정치적 변동을 겪어 왔음에도 팔관회의 대외적 기능은 다소 축소된 규모로 여전히 그 기능을 다하고 있었다.

2.3. 고려의 국제교류 내용과 문화적 의미

팔관회가 대내외적으로 기능하고 사회적으로 역할을 다하였던 배경에는 고려의 적극적인 개방정책에서도 확인된다. 특히 문물교류와 관련한 고려의 진취적 의지는 결국 벽란도(碧瀾渡)[94]를 중심으로 하는 교역을 활성화하였다. 벽란도는 예성강 하류에 있었던 하항(河港)으로 비교적 물이 깊어 선박이 자유로이 통행할 수 있었으며, 고려시대의 국도(國都)였던 개성과 가까이에 있어 실질적인 유일의 국제 항구로 발전하였다. 중국의 송나라 상인뿐만 아니라 일본을 비롯하여 멀리 남양지방(南洋地方)과 서역지방(西域地方)의 해상(海商)들까지 자주 드나들며 교역하였던 곳이다.[95] 따라서 국제적인 교역뿐만 아니라 외국으로 나가거나 국내로 들어오기 위해서는 반드시 거쳐야 하는 고려의 관문이었다.[96]

---

93) 盧明鎬, 「동명왕편과 이규보의 나원적 천하관」, 『진단학보』 83, 1997.

94) 벽란도의 처음 명칭은 예성항이었으나, 부근 언덕에 중국 송나라의 사신 일행이 도착하였을 때와 떠나기 전에 묵었던 碧瀾亭이라는 館舍가 있어서 벽란도로 바꾼 것이다.

95) 『新增東國輿地勝覽』 권4 開城府 上 禮成江, 碧瀾渡.

96) 육로로 개성을 가기 위해 국내는 물론 중국에서 오는 도로상에 위치하고 있어 통행 인도 많았던 교통의 요지였다.

벽란도가 고려에 와서 제 기능을 다하기는 하였지만 이미 신라와 백제 때의 주요 항구들은 주변국은 물론 서역과의 교류로 활성화되어 있었다. 당나라와의 직접적인 교역을 위한 해로 운송 능력에 대해서는 선학의 연구에서 확인되지만, 당이나 서역의 상인들도 신라를 교역의 대상으로 파악하고 있었다. 이 교역의 결과는 괘릉의 무인석상[97]이나 처용의 설화, 양모로 짠 페르시아 카펫이나 깔개 종류[98] 등의 사용을 금지한 『삼국사기』 기록 외에도 동남아 등지의 산물인 공작의 꼬리털, 비취모, 거북 껍질의 일종인 대모(玳瑁) 등이 사회 전반에 유통되고 있었다.[99]

고려에 들어서는 이미 정립된 다원적 천하관을 기반으로 하는 교역의 확대가 이루어졌고, 고려 문화의 저변에는 다양한 문화현상이 존재하였다. 고려 사회에는 문물교류의 결과로 보이는 문화현상이 두드러지고 있었다. 대표적으로 법천사의 지광국사현묘탑(智光國師玄妙塔)에는 당시 고려 사회에 유행하였을 것으로 생각되는 페르시아 계통의 문화가 조식(彫飾)될 정도였다. 이 부도는 1085년(선종 2)에 탑비와 함께 세워졌으며, 통일신라 이후의 부도가 8각을 기본형으로 만들어진 것에 비해 전체적으로 4각의 평면을 기본으로 하는 새로운 양식을 보여준다.[100] 또 부도의 조식에 있어서도 전체에 표현된 장막 표현 기법이 통상적인 고려의 양식이라기보다는 서역 계통의 장식 기법으로 볼 수 있다(그림 15 참조).

이처럼 고려 사회에는 이국문화와의 융합현상이 광범위하게 유포

---

97) 전영준, 「신라사회에 유입된 서역 문물과 多文化的 요소의 검토」, 『新羅史學報』 15, 2009, 161~187쪽.

98) 최선일, 「통일신라시대 梵鐘에 표현된 天人像 연구」, 『新羅史學報』 15, 2009, 41~71쪽.

99) 이용범, 「三國史記에 보이는 이슬람 商人의 무역품」, 『李弘稙博士回甲紀念論叢』, 1969.

100) 고려시대의 승려 지광국사 해린(海麟, 984~1070)을 기리기 위한 것으로, 원래 법천사 터에 있던 것인데 일제강점기에 일본의 오사카로 몰래 빼돌려졌다가 반환되어 현재는 경복궁 내에 있다(문화재청 http://www.cha.go.kr).

〈그림 15〉 법천사지 지광국사 현묘탑과 탑신 세부(국보 제101호, 경복궁 소재)

되고 있었고, 이는 국초부터 있었던 송과의 무역을 통한 타(他)문화의
적극적 수용에서 비롯된다. 특히 송은 건국 초부터 대식(大食)과 접촉
하고 있었다. 중앙아시아의 정치 변동에 따라 육로의 이용이 어려워
지자 1023년 이후로는 육로를 대신하여 해로를 이용하게 되었고, 무
역로의 확장으로 송과 아랍과의 교류는 더욱 활기를 띠어 갔다. 해상
교역의 연장선상에서 이루어졌을 것으로 보이는 1024년(현종 15) 대
식인들의 고려 입국 기사도 해로를 통한 것으로 이해된다.101) 물론
이때의 대식인들의 고려 입국은 송상(宋商)의 안내에 의한 것이겠지
만, 이후의 입국 기사에서는 대식인들이 고려를 무역의 대상으로 인
식하였을 것이라 생각된다. 다음의 기사를 보겠다.

___

101) 김철웅, 앞의 글, 134~135쪽.

E-① 이 달에 대식국(大食國)의 열라자(悅羅慈) 등 100명이 와서 특산물을 바쳤다. [대식국(大食國)은 서역(西域)에 있음.]102)

-② 신사일에 대식만(大食蠻)의 하선(夏詵), 라자(羅慈) 등 백 인이 와서 방물을 바쳤다.103)

-③ 병인(丙寅)에 대식국(大食國) 객상(客商) 보나합(保那盍) 등이 와서 수은(水銀)·용치(龍齒)·점성향(占城香)·몰약(沒藥)·대소목(大蘇木) 등의 물품을 바치므로 유사(有司)에게 명하여 객관(客館)에서 후하게 대우하고 돌아갈 때에 금과 비단을 후하게 내려주었다.104)

위의 자료 E-①~③에 보이는 인명들은 모두 아랍인으로 열라자는 Al-Raza, 하선은 Hassan, 라자는 Raza, 보나합은 Barakah으로 아랍어의 음역이었을 것이다. Raza, Razi, Hassan, Barakah 등은 이슬람권에서 아주 대중적인 무슬림 이름들이다.105) 자료에서처럼 대식국인들이 고려를 방문하는 시기는 대체로 9월 이후였으며, 이는 고려의 중요한 축제와 관계도 있겠지만, 송에 머무르던 이들이 고국으로 돌아가기 위해 계절풍을 기다리던 시기와도 일치한다. 고려와 대식국간의 직접적인 교역 관련 기록은 이것으로 그치지만, 고려에 지속적으로 유입되는 서역의 물품은 송의 중개무역에 의한 것이었다.106)

---

102) 『고려사』 권5 世家5 顯宗 15년 9월 "是月 大食國 悅羅慈等 一百人來獻方物[大食國在西域]."

103) 『고려사』 권5 世家5 顯宗 16년 9월 "辛巳 大食蠻 夏詵羅慈等 百人來獻方物."

104) 『고려사』 권6 世家6 靖宗 6년 11월 "丙寅 大食國 客商保那盍等 來獻水銀 龍齒 占城香 沒藥 大蘇木等物. 命有司 館待優厚 及 還厚賜金帛."

105) 이희수, 『한·이슬람교류사』, 문덕사, 1991, 80~81쪽.

106) 고려와 송 및 서역 간의 교역에 관한 주목할 만한 연구 성과로는 김철웅, 앞의 논문, 2006과 李鎭漢, 「高麗時代 宋商 貿易의 再照明」, 『역사교육』 104, 역사교육연구회, 2007이 참조된다.

한편, 팔관회의 조하의식을 포함하여 수시로 고려에 방물이나 특산물을 바쳤던 대상은 주로 여진과 탐라였으며 수백 회를 상회한다. 송상의 방문은 대부분 무역과 관련되어 있는 경우가 많았으며, 또 이와 다르게 고려 또한 송에 조공하거나 자주 방문하여 필요한 물자를 수입하였던 내용은 『송사(宋史)』 외국열전(外國列傳)에 자세한데, 이를 살펴보면 다음과 같다.

F-① [건륭 4년~광종 14년(963)] 9월에 사신 시찬 등을 보내와 조공하였다. 바다를 건너다가 큰 풍랑을 만나 배가 파괴되어 익사한 사람이 70여 명이나 되었는데, (시)찬은 가까스로 모면하였다. 조서를 내려 그를 위로하였다.

-② [순화 4년~성종 12년(993)] 2월에 (진)정 등은 동모에서 팔각해 포구로 가 백사유가 탄 선박 및 고려의 뱃사공들을 만나 그 배를 타고서 지강도를 출발, 순풍에 큰 바다를 항해하여 이틀 후에 옹진 포구에 닿아 육지로 올라갔다. 160리를 가 고려의 지경인 해주에 도달하였고 다시 100리를 가 염주에, 다시 40리를 가 백주에, 다시 40리를 가 고려의 (도읍지에) 도착하였다.

앞서 (송 사신) 유식 등이 복명하기를 治(성종)가 원증연으로 하여금 이들을 호송하도록 하였는데, 증연이 안향포 포구에 이르러 풍랑을 만나 배가 파손되는 바람에 가지고 온 물품들이 침몰하여 버렸다고 하였다. (송 태종은) 등주에 조칙을 내려 증연에게 문거를 발급하여 환국시키도록 하고, 治에게 옷감 200필, 은기 2백량, 양 50마리를 하사하였다.

-③ [대중상부 8년~현종 6년(1015)]에 등주에 조서를 내려 해구에다 객관을 설치하여 사신들을 대접하도록 하였다.

-④ [천희 3년~현종 10년(1019)] 9월에 등주에서 "고려의 진봉사인 예빈경 최원신이 진왕수 어구에서 풍랑을 만나 배가 뒤집히는 바람에 표류하여 공물을 잃어버렸습니다."라고 아뢰니, (진종은) 조칙을 내려 내신을 파견하여 그를 위로하게 하였다.

　명주·등주에서 "고려의 해선이 풍랑에 표류하여 국경 연안에 다다른 선박이 있습니다." 하고 자주 아뢰었는데, 그때마다 조칙을 내려 위문하는 동시에 바다를 건너갈 식량을 주어 귀국시키도록 하고 이에 대한 준례를 만들었다.

-⑤ [희녕 7년~문종 28년(1074)] 과거에 고려 사신들이 오갈 적에는 모두 등주를 경유하였는데, 희녕 7년에 그의 신하 김양감을 보내어 아뢰기를 "거란을 멀리하고 싶으니 길을 바꾸어 명주를 경유하여 대궐에 이르겠습니다." 하니 그렇게 하도록 하였다.

　徽(고려 문종)가 또 표를 올려 의약 및 고려 사람을 가르칠 화공(畵工)·소공(塑工) 등을 보내 달라고 요구하니 羅拯에게 조칙을 내려, 가기를 희망하는 사람들을 모집하도록 하였다.

-⑥ [원풍 원년~문종 32년(1078)] 처음으로 가좌간의대부 안도·가기거사인 진목 등을 (고려에) 파견하여 빙문하였다. 명주에서 배 두 척을 제조하였는데, 하나는 능허치원안제요 다른 하나는 영비순제로서 모두 신주(神舟)라고 불렀다. 정해에서 바다를 횡단하여 동쪽으로 가 도착하니, 고려 사람들이 환호하면서 나와 맞이하였다.

-⑦ [원풍 2년~문종 33년(1079)] 왕순봉을 파견하여 의원을 데리고 가서 진찰하고 치료해주도록 하였다. 徽(고려 문종)가 또 유홍을 사신으로 보내와 사은하도록 하였는데, 그는 해중에서 풍랑을 만나 조공할 물품을 잃어버렸다. 유홍이 글을 올려 자신을 탄핵하니 칙서를 내려 위로하

였다.

-⑧ [원풍 8년~선종 2년(1085)] (運이) 그 아우인 승려 統을 보내와 조근 하고서 불법을 묻고 아울러 경상(經像)도 바쳤다.

-⑨ [원우 4년~선종 6년(1089)]에 그 왕자 의천이 승려 수개로 하여금 항주에 와서 망승에게 제를 올리도록 하였는데, (수개가) "국모가 두 금탑을 가지고 가서 양궁의 장수를 위하여 바치도록 하였습니다."라고 하자 지주 소식이 이를 거절하자고 상주하였는데, 그 말이 「소식전(蘇軾傳)」에 실려 있다.

-⑩ [원우 7년~선종 9년(1092)] 황종각을 보내와 『황제감경』을 바치면 서 구입해 가겠다는 서책이 매우 많았다. 예부상서 소식이 "고려가 들 어와 조공하는 것이 터럭만큼도 이익은 없고 다섯 가지 손해만 있습니 다. 지금 요청한 서책과 수매해 가는 금박 등은 모두 허락하지 말아야 합니다." 하고 아뢰니, 조칙을 내려 금박만을 수매해 가게 하였다. 그러 나 끝내 『책부원귀(冊府元龜)』도 구입하여 귀국했다.

-⑪ [정강 원년~인종 4년(1126)] 흠종이 즉위하자 축하 사신이 명주에 도착하였다. 어사 호순척이 "고려가 50년 동안이나 국가를 피폐하게 하였으니 정화 이후로는 사신이 해마다 와 회주·절강 등지에서는 이를 괴롭게 여기고 있습니다. 고려가 과거에 거란을 섬겼으므로 지금에는 반드시 金나라를 섬길 티인데, 그들이 우리의 허실을 정탐하여 (金에) 보고하지 않는다는 것을 어떻게 알겠습니까? (고려의 사행을) 중지시 켜 오지 말도록 하는 것이 마땅합니다." 하고 아뢰었다. 이에 조서를 내려 명주 객관에 머물면서 그 예물을 바치도록 하였다.

-⑫ [소흥 6년~인종 14년(1136)] 고려의 지첩관 김치규가 명주에 이르자 銀·帛을 하사하여 돌려보냈다. 이는 그가 金의 간첩일까 염려스러웠기 때문이다.

-⑬ [소흥 32년~의종 16년(1162)] 3월에 고려의 강수 서덕영이 명주에 이르러 "본국에서 축하하는 사신을 파견하고자 합니다."하고 말하니 수신 한중통이 이 사실을 (조정에) 알렸다. 전중시어사 오불이 "고려가 金과 국경이 인접하기 때문에 과거에 (고려의) 김치규가 왔을 때 조정에서 그가 간첩일까 염려하여 속히 귀국시켰습니다. 지금 우리와 金이 전쟁하고 있는데, 서덕영의 청이 어찌 의심스러운 점이 없다고 하겠습니까? 그를 진실로 오게 한다면 예측하지 못한 변이 생길까 염려스럽고, 만에 하나라도 오지 않는다면 원방의 웃음거리가 될 것입니다."라고 아뢰니 조서를 내려 중지시켰다.

-⑭ [융흥 2년~의종 17년(1163)] 4월에 명주에서 고려의 (사신이) 들어와 조공할 것이라고 아뢰었는데, 사관이 (고려 사신을) 인견한 날짜를 기록하지 않은 것은 아마도 (과거에) 홍이서가 (조공이 온다고 말해놓고 오지 않았던 것처럼) 속인 것이 아닌가 한다. 그 후로 (고려) 사신의 발길이 마침내 끊어졌다.

-⑮ 경원(慶元) 연간[명종 25~신종 3(1195~1200)] 조칙을 내려 상인들이 동전을 가지고 고려로 들어가는 것을 금지시켰다. 이는 대체로 고려와의 관계를 단절한 것이다. 일찍이 고려 사신이 들어옴에 있어 명주·월주는 그들의 대접으로 시달리고, 조정에서는 관우·연뢰·석여 등의 비용이 수 만 냥을 헤아렸는데, 이것도 고려왕에게 하사한 예물은 포함되지 않은 것이다.

   우리 사신이 (고려에) 갈 적에는 언제나 두 척의 神舟를 탔는데, 그

비용 역시 막대하여 三節에 관리들이 자기 직위에 따라 녹봉에서 덜어
내놓은 돈을 모두 현관에게 의뢰하였다. 예전에 蘇軾이 선조에 아뢰면
서 "고려에서 들어와 조공하는 것은 5가지 손해만 있습니다."라고 한
것이 이 때문이다.

생각하니 吳會로 천도한 후부터는 형편이 東都 때와 달라졌다. 과거
에 고려가 사신을 들여보낼 적에는 등주·래주 등지를 경유하여 길이
매우 멀었지만, 지금은 바로 四明으로 오니 사명에서 行都까지의 거리
는 浙水 하나만이 경계가 될 뿐이다. 바닷길로 사행이 고려에 가자면
바다가 망망하고 섬들이 험하여 폭풍을 만나면 배가 암초에 부딪쳐 파
손되었다. 급수문을 빠져나가 군산도에 닿아야만 비로소 무사히 도달
하였다고 하는데, 수 십일이 걸리지 않으면 도달하지 못한다. (그러나)
배가 남쪽이나 북쪽으로 운행하여 순풍을 만나면 험한 곳을 평지처럼
통과하여 며칠 안 걸려서 도달할 수 있다.

(고려) 왕성에는 중국 사람이 수백 명 있었는데, 장사 때문에 배타고
간 閩지방 사람들이 많았다. (고려에서는) 비밀리에 그들의 재능을 시
험해 보고 벼슬을 주어 유혹하거나 강제로 체류시켜 일생을 마치도록
하기도 하였다. 조정에서 사신이 갔을 적에 (그들 중에) 첩을 올려 하소
연하는 사람이 있으면 데리고 귀국하였다.

명주 정해에서 순풍을 만나면 3일 만에 바다 가운데로 들어갈 수
있고, 또 5일이면 묵산에 도달하여 고려 국경에 들어갈 수 있었다. 묵산
에서 섬들을 통과하여 礁石 사이를 이리저리 헤치고 나아가면 배의 운
행은 매우 빨라 7일만이면 예성강에 다다랐다. 예성강은 양쪽 산 사이
에 있는 石峽으로 묶인 까닭에 강물이 소용돌이치면서 흐르는데, 이것
이 이른바 急水門으로서 제일 험악한 곳이다. 또 3일이면 沿革에 닿는
데, (거기에는) 벽란정이라는 객관이 있다. 사인은 여기에서 육지에 올
라 험한 산길을 40여 리쯤 가면 고려의 국도라고 한다.

F의 사료가 송의 입장에서 작성되었다는 것을 염두에 두더라도 고려와 송의 관계는 공무역의 형태를 취하고 있다. 이것은 고려가 주변의 여진이나 탐라 및 일본과의 역학관계를 맺는 것과 같겠지만, 송나라가 시박사를 두어 해상무역을 장악하였던 정책에 기인한다고 볼 수 있다. 위의 사료들 중 ⑥, ⑧, ⑨를 제외하고는 모두 고려가 송에 입국하였던 경위를 밝히는 것이며, 대부분 조공무역을 설명하는 내용이다. 이 중 주목되는 기사로는 ⑤와 ⑮의 내용으로 고려가 송에 기술적 지원을 요청하는 대목이다. 화공(畵工)과 소공(塑工)의 요청은 고려가 불사(佛事)를 수행하기 위한 기술자의 요청과 연관성이 높은 것으로 보이며, 이러한 사례는 공민왕 대에도 빈번하였다. ⑤의 기사처럼 고려의 요청으로 들어왔던 중국의 장인들이 정착하는 경우가 많았음은 ⑮에서처럼 무역 거래를 위해 왔다가 정착한 경우도 허다하였음을 반증하는 사례이다.

한편, 고려는 송과의 조공무역이나 송 주도하의 중개무역을 통해 서역은 물론 동남아시아 각국의 물산을 알고 있었던 것으로 파악된다. 앞에서 언급한 것처럼 이슬람 상인의 고려 방문 결과가 단속적(斷續的)이었다는 사실은 중개무역을 통한 송의 경제적 이득에 의한 것이기도 하겠지만, 고려를 향하는 이슬람 상인의 경제적 이익이 그리 크지 않았을 것이라는 추측도 가능할 것으로 생각된다. 그 배경에는 송상들이 거의 정기적으로 고려에 와서 1년 가까이 머물렀으며, 상단의 규모도 꽤 컸기 때문에 고려 사람들은 개경과 예성강에서 만큼은 언제나 그들과 상거래를 할 수 있었던 것 같다.[107] 아울러 이들은 고려에서 제공하는 객관에서 해를 넘겨 머물렀고, 그로 인해 처(妻)를 두는 도강(都綱)들도 있었다.[108]

---

107) 이진한, 앞의 글, 50쪽.

108) 위의 글, 62쪽.

송상이 고려에 온 뒤 방물과 진귀한 물품을 고려 조정에 진헌(進獻)하던 것이 팔관회의 의례로 발전하였다. 1034년(정종 즉위년) 11월에 팔관회를 열어 신봉루에서 백관에게 연회를 베풀고 다음날 대회 때에 서경·동경과 동북양로병마사·4도호·8목은 각각 표를 올려 하례하였으며, 송의 상인과 동서번·탐라국이 방물을 바치자 자리를 주어 음악을 함께 보게 하였고 이후에는 상례로 하였다.109)

중국 이외에 고려의 정치적 영향권 안에 있는 주변의 나라와 민족을 변방으로, 고려를 중심으로 인식하는 '다원적 천하관'에 입각하여 만들어진 의례가 팔관회였다.110) 고려 정부는 이 의례를 통해 백성들이 지켜보는 가운데 외관(外官)들과 더불어 고려 영역 밖에 있는 송상, 여진, 탐라 등에서 방물을 바치는 의식을 행하게 하여 정치적 효과를 극대화하고자 하였다.111) 이 과정에서 송상이 헌납한 물품은 중국의 특산물이나 아라비아 상인의 교역품 등 고려와의 무역 물품 중에서도 진귀한 것이었고, 국왕은 신하보다 이를 먼저 취하고 하사함으로써 국왕의 권위를 과시하기 위한 수단으로도 작용하였다.112)

송과 원(元)이 정권 교체 후, 고려와 외국과의 교류는 일정 부분 지속된 것으로 생각된다. 『고려사』의 '회회(回回)' 또는 '회회가(回回家)'에 관한 기록들은 이들이 고려에 영향을 주었거나, 고려에서도 이들을 인식하였다는 의미로 파악된다. 특히 충렬왕 때 지어졌다고 하는 고려 가요인 '쌍화점(雙花店)' 또한 고려사회에 머물던 이슬람인들에 대한 정보를 제공한다고 하겠다.

한편, 원 간섭기의 고려의 정세는 관제의 격하와 함께 정치적으로

---

109) 『고려사』 권69 禮志11 嘉禮雜儀 仲冬八關會儀.
110) 盧明鎬, 「高麗의 多元的 天下觀과 海東天子」, 『한국사연구』 105, 한국사연구회, 1999.
111) 추명엽, 「고려전기 '번(蕃)' 인식과 동·서번의 형성」, 『역사와 현실』 43, 2002, 23~35쪽.
112) 전영준, 앞의 글, 173쪽; 이진한, 앞의 글, 66쪽.

원 황실의 끊임없는 요구에 응할 수밖에 없었던 상황인데다가, 공물 특히 공마(貢馬)는 물론 공녀(貢女)의 요구도 받아들여야 했다. 이러한 역학 관계는 고려와 원의 관계가 100여 년 동안 지속된 결과이기도 하지만, 양국 간에는 끊임없는 문물교류가 있었음이 확인하게 한다. 그러나 이들 교류는 고려에도 어느 정도 이득을 주었겠지만 대체적으로 원의 일방적인 강요에 의해 고려가 폐해를 입는 경우가 대부분이어서 고려의 고통은 극심했다.[113) 이 문물교류는 회회인[서역인]이 동반되는 경우가 많았는데, 다음의 기록은 원과의 교류들 중 회회인[서역인]과의 교류로 생각되는 기록들을 정리한 것이다.

G-① 閏月 丁酉에 元이 임유간(林惟幹)과 회회인(回回人) 阿室迷里(Asig Melig)를 보내와 탐라에서 진주를 채취하였다.[114)

-② 10월 庚子에 여러 회회(回回)가 왕을 위해 신전에서 향연을 개최하였다.[115)

-③ 3월에 인후와 고천백(高天伯)이 탑납(塔納, Tana)과 함께 원 나라에서 돌아오다가 절령참(岊嶺站, 평남 자비령)에 이르니, 옹진(甕津) 등의 지방 사람들이 점심 식사를 차려 놓고 탑납에게 고하기를, "우리 고을 백성들이 모두 응방(鷹坊)에 예속되었으니, 몇 명 남지 않은 가난한 백성들이 무엇을 가지고 공급해 내겠습니까. 죽기만 기다릴 뿐입니다."하였다. 탑납이 와서 재상을 책망하기를, "동방 백성은 홀로 천자의 적자(赤子)가 아닌가. 이렇게 고생을 시키면서도 이들을 구제하지

---

113) 朴龍雲, 『高麗時代史』下, 일지사, 1987, 605쪽.
114) 『고려사』 권28 世家28 忠烈王 2년 윤3월 "閏月 丁酉 元遣 林惟幹及回回阿室迷里來採珠于耽羅."
115) 『고려사』 권29 世家29 忠烈王 5년 10월 "庚子 諸回回宴王于新殿."

않으니, 조정에서 한 사신을 보내어 문책한다면 무슨 말로 대답하겠소."하니, 재상들이 그 사실을 왕께 아뢰고, 응방의 폐해를 제거하기를 청하였다. 왕이 노하여, 회회인(回回人)으로서 황제에게 신임받는 사람을 청해 와서 응방을 관리하여 재상들이 감히 다시 말을 못하게 하려 하였는데, 조인규(趙仁規)가 강력히 간하고 공주도 안된다고 말하여 그만 중지하였다.116)

-④ 무오에 元이 蠻子海牙(Mantsi Qaya)를 보내와 郡國에서 도망한 군사들과 회회(回回)가 가축을 도살하는 것[屠宰]을 금하였다.117)

-⑤ 무진에 민보(閔甫)를 평양부윤 겸 존무사로 삼았는데 보(甫)는 회회인(回回人)이었다.118)

-⑥ (충혜왕 복위 5년) 병자에 악양현에서 훙(薨)하니 혹자는 말하기를 독살되었다고 하고 혹자는 귤을 먹고 죽었다고 하였다. (…중략…) 왕의 성품이 유협하여 주색을 좋아하고 놀이와 사냥을 즐기며 황망하기가 이를 데가 없어서 사람의 처첩이 미모가 뛰어나다고 들으면 멀고 가까움, 귀천을 가리지 않고 모두 끌어들여 후궁이 100여 명이나 되었다. … 포(布)를 회회가(回回家)에게 주어 그 이익을 취하여 소를 잡아

---

116)『고려사』권29 世家29 忠烈王 6년 3월;『高麗史』권105 列傳18 趙仁規;『고려사절요』권20, 충렬왕 6년 庚辰 "三月 印侯高天伯與塔納 還自元至岊嶺站 瓮津等縣人 設畫食 告塔納曰 吾邑民 盡隷鷹坊 子遺貧民 何以供億 待死而已 塔納 來責宰相曰 東民 獨非天子之赤子乎. 困苦至此 而不之恤 朝廷 馳一使以問 何辭以對 宰相 白王 請去鷹坊之弊 王 怒 欲請回回之見信於帝者 來管鷹坊 令宰相不敢復言 趙仁規 力諫之 公主 亦言不可 乃止."

117)『고려사』권29 世家29 忠烈王 6년 3월 "戊午 元遣蠻子海牙來 帝勑 禁郡國舍匿亡軍 回回恣行屠宰."

118)『고려사』권33 世家33 忠宣王 2년 10월 "戊辰 以閔甫 爲平壤府尹兼存撫使 甫回回人也."

고기를 날마다 15근을 바치게 하였다.(생략)[119]

-⑦ 이듬해 왕의 행차가 서경에 머물자 윤택은 검열로서 권서경참군(權西京參軍)이 되어 법도에 맞게 제때 물자를 공급했으므로 왕이 늘 "어질도다. 회(回)여!"라고 감탄했다. 그의 모습이 회회족(回回族)과 많이 닮았기에 그렇게 농담한 것이다.[120]

-⑧ 쌍화점(雙花店)에 쌍화(雙花)사라 가고신딘
　회회(回回)아비 내손모글 주여이다
　이 말슴이 이 店밧긔 나명들명
　다로러 거디러
　죠고맛간 삿기광대 네 마리라 호리라
　더러둥셩 다리러디러 다로러 거디러 다로러
　긔 자리예 나도 자라가리라
　위위 다로러 거디러 다로러
　긔잔디 ㄱ티 덦거츠니 업다[121]

위의 기록들 중 G-⑥, ⑦을 제외하고 나머지는 충렬왕 때의 기사이다. ①의 기사는 상인으로 보이는 회회인이 고려의 탐라에서 진주

---

119) 『고려사』권36 世家36 忠惠王 復5년 정월 "丙子 薨于岳陽縣 或云遇鴆或云食橘而殂 (中略) 王性游俠 好酒色 耽于遊畋 荒淫無度 聞人妻妾之美 無親疎貴賤 皆納之後宮 幾百餘 … 給布回回家 取其利 令椎牛 進肉 日十五斤."

120) 『고려사』권106 列傳19 尹諧 附 尹澤 "明年 駐駕西京 澤以檢閱 權西京系軍 供頓有制 王每 歎曰 "賢哉回也" 以貌類回回故云."

121) 『樂章歌詞』「雙花店」. 인용문은 첫 연의 시작이지만, 2연 이하 4연까지 공간이 바뀌고 인물들이 교체되어 등장할 뿐 내용의 줄기는 첫 연과 다름이 없다. 이「쌍화점」의 둘째 연이 『고려사』樂志 俗樂條와 列傳 吳潛條에 漢譯되어 전하는데, 전자에는 '三藏'이라는 제목이 있고, 후자에는 제목 없이 한역 가사만 인용되어 있다(朴魯埻, 『高麗歌謠의 硏究』, 새문사, 1990, 155쪽).

를 채취했다는 기록이고, ②는 역시 상인들로 보이는 서역인들이 이전 시기와 마찬가지로 고려 국왕에게 진헌하는 의식을 포함하는 연회의 증거로 보인다. 때문에 이 두 기사는 송나라 때와 같이 고려의 산물에 대한 이득을 전제로 하는 서역 상인의 내방 기사로 보인다. 고려 국왕이 이들의 입국을 거절하지 못한 것은 나름의 정치적 이해가 전제되지만, 이미 고려에서는 이들 상인들의 진헌품에 대한 가치를 부여하였던 것으로 보이기 때문에 ⑥에서처럼 충혜왕이 국고에 보관되어 있던 포(布)를 이들에게 넘겨 이득을 취하였던 것으로 파악된다. 기사 ③에서 회회인은 '회흘(回紇)'이라 하여 위구르인일 가능성이 크다. 하지만 이들 역시 원의 조정에 포함된 이들로써 고려에게는 이역인(異域人)으로 보였을 것이다. 아울러 ④와 ⑤ 및 ⑧은 직접적으로 이슬람인을 지칭하는 기사로 보인다. 특히 ⑧의 '회회아비'는 당시 고려 사회에 머물렀던 이슬람 계통의 상인들로 보이며, 이들의 고려 내왕이 고려 전기부터 있어 왔던 사실에 근거한다면 그리 놀라운 일이 아니다. 송의 간섭으로 정지되었던 국제교류가 재개되었을 가능성도 있지만, 이슬람인이나 이역인들이 원의 사신이나 상단(商團)으로 고려에 내왕하였던 사실로 이해하기에는 무리가 없을 것으로 생각된다.

원과의 정치적 역학 관계가 고려 후기 사회 전반에 작용하고, 무역이나 문물교류도 제한적으로 이루어졌음은 살펴본 바와 같다. 그렇지만 고려 전기 사회에서 정립된 '팔관회적 질서'는 고려의 다원적 천하관을 국내외에 알리는 계기를 제공하였고, 아울러 국제문화교류에도 일정한 영향을 끼쳐 왔다. 부분적이긴 하지만 서역인의 내방 기사나 고려 가요의 탄생, '회회가(回回家)'의 역사적 의미는 고려가 국제문화교류에 개방적이었다는 사실과 함께 교류를 통해 이루어진 문화융합 현상으로 이해하는 데 무리가 없다.

2.4. 국제문화의 융합과 문화적 전승

고려 태조 때부터 설행되었던 팔관회는 고대 사회의 전통적인 습속을 전승하여 국중대회로 활성화한 대표적인 국가행사였다. 이후 유교정치이념의 확대 과정에서 일시적인 중단이 있었지만, 다시 부활하여 고려가 멸망할 때까지 지속되었다. 이처럼 고려는 팔관회를 정례화하고 의례를 확정해 가는 과정에서 중국을 제외한 정치적 영향권 내의 주변 국가에 대한 조하의식을 진행함으로써 고려의 대외적 위상을 제고(提高)하고자 하였다. 이를 위해 주변국과의 문화적 교류는 당시 동북아시아의 정세와 긴밀하게 연관되어 송을 중심으로 하는 국제 교역의 장에 적극적으로 참여하게 되었다.

한편, 고려보다 앞서 송은 이슬람 국가들과 교역을 진행하였고, 이전 시대부터 실크로드와 해상로를 통한 교역의 확대를 이루어가고 있었다. 중앙아시아의 정치적 변동으로 활성화된 해로무역의 확대와 그 연장선상에서 고려와 교역을 이루었던 이슬람 상인들의 고려 내방은 그들이 가져 온 진귀한 물품과 고려의 문화적 교류를 가능하게 하였다. 그 결과 고려 사회에는 이슬람 계통의 문화가 자연스럽게 파급되었고, 승려의 부도를 위시한 각종의 문화현상에 이를 적용시키는 계기가 되었다. 특히 고려가 송에 대해 요청한 장인 초청 등의 사례는 고려의 문화를 한 단계 제고하려는 의지와 국왕의 정치적 목적과도 일부 닿아 있었다.

고려는 팔관회의 설행을 위해 많은 경비와 대규모의 인원을 동원하였다. 고려는 이를 통해 대내적으로는 연등회와 더불어 고려의 가장 큰 명절이자 축제의 장으로 승화시키면서도, 추수감사제의 형식을 빌어 지역적인 색채를 강하게 드러내는 각 지방의 토착신앙을 수도인 개경에서 일원적 구조로 통합하는 기능도 겸하게 하였다. 또한 팔관회의 개방적 질서는 문화와 문물의 교류를 통한 지역 간 소통과 국가 통합의 기능을 추가하였다. 팔관회의 폐해가 없었던 것은 아니었지만, 고려는 팔관회가 지닌 개방적 질서를 확대하고, 이를 기반으로 하는 다원적 천하관의 정립과 국제문화교류에도 적극적으로 응하였다. 고려 후기 사회의 급변하는 정세 속에서도 고려의 서역 인식이나 문물에 대한 욕구는 지속적으로 이루어졌고, 이는 결국 문화적으로 융합되어 정착되는 문화현상을 고려 사회 전반에 확대시키는 계기를 이루었다.

3. 고려의 국제교역과 동아시아 문물교류

3.1. 바닷길을 통한 송과의 교류

고려가 건국할 즈음, 중국에서는 강성했던 당 제국이 무너지고, 원이 재통일할 때까지 남쪽의 중화 선진문화 대표로 표방되는 중원정권과 북쪽의 후진적이나 우세한 군사력을 보유한 북방정권(거란과 금)으로 양분되어 대치하고 있었다. 이와 같은 정국의 변화는 고려와 중원정권과의 전통적인 교류에도 큰 영향을 미쳤다. 먼저 종래 단순했던 두 나라관계가 강력한 북방정권의 개입으로 보다 복잡한 삼각관계로 변하였다. 다음으로 북방정권이 고려에서 송으로 가는 통로인 요하유역을 차지하고 있어 고려와 송의 교류는 해상 통로를 이용할 수밖에 없었다.

고대 한·중간을 연결하는 해상통로는 해안선을 따라 항해하는 연안항로, 한반도 중부에서 직접 횡단하여 중국 산동반도로 넘어가는 북부 횡단항로 그리고 한반도 서남해 대소흑해를 거쳐 중국 강남지역으로 넘어가는 남부사단(斜斷)항로 세 갈래로 나눌 수 있다. 북송시기 수도가 산동반도에 가까운 변량에 위치했기에 고려 사신들은 주로 북부 횡단항로를 이용했고(문종이래 사신왕래의 주목적을 송의 선진 문물수입에 역점을 두면서 사신들도 남부사단항로를 사용함) 민간인들의 무역활동은 고려 초기부터 경제, 문화가 발달한 강남지역으로 향하는 남부 사단항로를 사용하였다.

고려와 송 간의 교류는 정부차원과 민간차원의 교류가 모두 활발하게 진행되었다. 그런데 송의 경우, 고려와의 통교목적이 고려의 전략적 위치를 이용하여 북방정권을 견제하려는 정치, 군사적인 면에 치중되어 있어 물질적인 교류에는 그다지 적극적이지 못했다. 반면 고려는 사회발전을 추진하기 위해 송의 선진문물을 수입하는 것이 주목적이었기에 교류에 보다 적극적이었다.

당시 정부 간 교류는 주로 사신의 왕래를 통해 진행되었다. 고려는 송에 총 57회 사신을 파견하였는데 이는 양국 간 국교관계가 지속된 기간 중 약 2년에 한차례 파견한 정도이다. 그리고 고려 사신단의 규모는 상당히 컸다. 대표적인 예로 1090년(선종 7년)에 파견한 사절

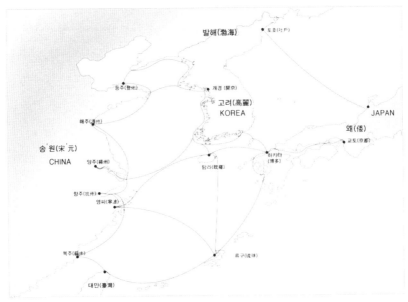

〈그림 16〉 10~13세기 동북아시아의 해양 교류도

단은 이자겸 등 269명이었고 1126년(인종 4년) 11월에 송 황제의 등극을 축하하는 사절단은 무려 292명이나 되었다. 당시 송에서 규정한 외교사절단 규모는 나라의 크기와 송과의 관계 등을 고려하여 적게는 10명, 많게는 20명으로 규정한 점으로 미루어 볼 때 사절단의 절대 다수 인원들이 정치외교임무와는 관련이 없는 기타 목적의 수행 인원임을 알 수 있다. 즉 이들은 당시 조정의 수요에 근거하여 송의 문물구입, 경험학습 등 목적을 수행한 것으로 보인다. 이는 오늘 날 나라 정상들이 외국으로 방문 갈 때 소수의 외교사절 외 다수의 기업인들과 상인들을 대동하는 상황을 연상케 하는 대목이라 하겠다.

고려 사신들은 송 황제에 조공을 받치고 보다 받은 회사품을 받는 조공-회사무역; 필요한 물품들을 송에 직접 요청하는 청구무역; 송에서 사신들의 물품구매에 편리를 주기 위해 사신이 머무는 관사에서 열리는 관사무역; 심지어 송 관부의 금지도 불구하고 몰래 매입하는 밀매매 등을 통해 확보하였다.

고려는 조공품으로 상징적인 무기류 외 상당 수량의 금, 은, 동 제품, 고급 비단, 모시 등 방직품과 약재 등 토산물들을 보냈고 송으로부터 왕의 옷, 허리띠, 장화 등 왕실 용품과 고급 비단류와 금은 수공업품 나아가 용봉단차, 동남아의 향료 등을 회사 받았다. 회사품은 왕실 용품 위주의 사치품으로 공적 물질교류는 주로 왕실과 귀족들의 사치생활의 수요를 충족을 목적으로 하였음을 알 수 있다.

그리고 청구무역 형식을 통해 다량의 서적들을 구입하였다. 구입한 서적들을 살펴보면 『대장경』, 『화엄경』 등 불교서적을 비롯하여 형법에 관한 서적, 『태평어람(太平御覽)』, 『개보통례(開寶通禮)』, 『문원영화(文苑英華)』, 『책부원귀(冊府元龜)』 등 정치제도, 경제, 문화, 종교, 의학, 법률, 역사 등 방면의 서적이 망라되어 있었다. 이런 책자 수입은 고려로 하여금 송 신종 대 이후 송의 선진 정치문화를 체험할 수 있었고, 나아가 고려 사회 변혁에 이론적인 자료로 이용되었던 것이다. 1076년(문종 30년), 전시과제도를 고치고 관제 재정비, 숙종 대의 화폐 사용, 별무반의 편성 등 혁신 정책과 예종의 경연 설치, 관학 육성책, 과거제의 변혁, 학술기구의 설치 등 유학진흥책은 모두 조공무역을 통해 송의 개혁적 정치사상을 비롯한 당시 문물제도를 적극 수용한 결과라고 하겠다. 한편 송도 필요한 서적들을 고려에서 구해 가기도 했다. 고려 초 오원국왕의 요청으로 보낸 천태교적은 중국 천태종의 중흥에 매우 중요한 기여를 하였다.

고려와 송의 문물교류는 외교적 형식을 띤 공적인 무역보다도 사적인 민간무역에 힘입은 크다. 고려 상인들은 건국 초기부터 활발한 대 중 해상무역을 진행했다. 나주지역 상인들이 오늘날 절강성 일대인 오월지역으로 드나들었고 이들 중에는 상당한 재력과 규모를 갖춘 상인들도 있었다. 당시 왕대세라는 고려 선박주가 있었는데 대중무역을 통해 번 돈으로 남양지역에서 나는 진귀한 향단목 1000근을 구입하여 진귀한 공예품을 만들었는데 당시 오월국의 국왕 전숙(948~978)

〈그림 17〉 중국 보타도 불긍거관음원 전경

이 황금 500냥으로 그 것을 사고자 했으나 팔지 않았다는 역사기록으로 보아 그의 무역규모를 어느 정도 가늠할 수 있을 것이다. 사실상 왕건가문, 제1황후의 후원인 유천궁, 제2왕후의 후원인 오다련 등 해상세력은 모두 활발한 대송 해상무역을 진행하였을 것이다. 이로 인해 송의 사치품들이 많이 수입되어 고려 초 성종 즉위할 무렵까지도 고려 민간에서는 돈만 있으면 누구나 마음대로 수입 비단 등 사치품들을 사서 착용해 사회위계질서마저 문란하게 만들 정도였다.

그런데 성종이 최승로의 건의를 받아들여 해상세력의 대 송 무역 권한을 박탈하고 정부가 독점하는 정책의 실시로 고려 해상들의 활동은 급격히 쇄락하였다가 약 150여 년이 지난 인종대에 이르러서야 정부의 암묵아래 다시 재개하였다. 그리하여 12세기 1960년대에 이르러 고려 상인들은 해마다 여름이 되면 명주지역으로 무역하러 찾아갔으며 1170년(의종 24년)에는 동시에 고려 상선이 무려 수백 척이 몰려 들어왔다는 기록이 남은 것으로 보아 당시 고려 상인들의 활약이 엄청났음을 추측할 수 있다.

그리고 고려 상인들은 활동범위를 남쪽 복건 일대까지 넓혔다. 이는 당시 고려의 항해술이나 조선술이 이미 상당한 수준에 이르렀을 것으로 추정되는 대목이며 특히 종래 천주 상인을 위주로 하는 송나라 상인들에 의해 중계되던 동남아시아 또는 아라비아 지역에서 출산되는 물품을 직접 다루려는 행동으로 풀이할 수 있다. 또 이들의 활발한 내항무역과 납세는 당시 날로 궁핍해지는 남송 재정수입을 증가시키는 작용을 하였기에 명주시박사로부터 납세금을 할인받은 혜택도 받았고 이는 또 고려 상인들의 해상활동을 더욱 활성화하게 하였다.

통계에 의하면 송나라에 수입된 외국제품이 약 400여 종으로 집계되는데 그 중 고려에서 수출된 상품이 약 10분에 1을 차지하였다. 『보경사명지』 기록에는 13세기 초 명주지역으로 수출되어 유통되던 고려 상품들로는 세색(細色진귀품)으로 세분되는 은, 인삼, 사향, 홍화, 부령과 랍이 있었고 조색(粗色일반제품)으로 분류된 상품으로는 대포, 소포, 모사포, 유, 송, 송화, 밤, 대추, 잣, 은행, 세자, 산주유, 백부자, 무의, 감초, 방풍, 우슬, 백술, 원지 부령, 강황, 향유, 김, 나두, 나세, 피각, 영모, 호피, 칠, 청동, 동기 쌍감도, 돗자리 등이 있었다고 했다.

대체로 세색으로 분류된 고가상품들은 모두 약재였고 조색으로 분류된 상품들 속에도 대부분이 약재였음은 당시 수출품은 자연산이 주류를 이루고 있었음을 알 수 있다. 그러나 기타 기록들을 종합해 보면 이 시기 수출품은 점차 자연산 단계를 넘어 보다 높은 부가가치가 부여되는 방직제품과 수공예품도 점차 주요 수출품목으로 자리잡아 갔던 것으로 보인다. 비단의 경우 원래 자고로 중국의 주요한 대외수출 품목이었고 고려에서 비단 생산 원료인 누에가 생산되지 않아 원단은 중국 산동, 복건, 절강 일대에서 수입하였다. 그러나 신라시기부터 다양한 무늬의 비단을 방직하는 기술을 장악하고 있었으며 특히 거란 기술공의 도입으로 더욱 정교해졌고 염색도 훨씬 발전하였기에 중국에서 누에실 등은 수입하고 가공한 후 다시 중국으로 수출할 수 있었던 것이다. 이 외 고려 부채, 고려지, 고려 먹, 구리제품 등 공예품도 송에서 매우 환영을 받았다는 점도 이를 뒷받침해주는 것이다.

3.2. 일본, 아라비아와의 문물교류

신라 중기 해적문제와 외교문서 격식문제로 신라와 일본과의 국교관계가 중단되었다. 그 후 고려시기에 들어서 양국은 국교관계를 회복할 기회가 몇 차례 있었으나 서로가 외교관계 회복에 강한 의욕이 없었던 것으로 보인다. 특히 1079년(문종 33년) 고려 예빈성에서는 일본에 중풍치료에 능한 의사파견을 요청하는 외교문서를 띄웠다. 이는 당시 고려로 무역 온 상인 왕측정에 의해 전달되었다. 그러나 일본조정은 토론 끝에 파견한 의사가 예상의 치료효과를 거두지 못하면 국가체면에 손상이 된다는 보고 외교문서의 격식을 문제 삼아 의사파견을 거부하면서 양국관계가 복원될 수 있는 절호의 기회를 놓친 후 약국관계는 줄곧 원활하지 못했다. 정부차원의 접촉은 대체로 표류민이나 포로 반송 등 사건 처리를 위해 간헐적으로 이루어졌다. 1019년(현종 10년) 고려해군은 나포한 동여진 해적선에서 259명이나 되는 일본사람들을 구출하여 사절과 함께 일본으로 돌려보냈고 일본도 1036년(정종 2년)에 표류해 간 11명을 송환해주었다.

양국 간 교류는 주로 민간형식을 통해 진행되었다. 특히 문종이래 고려는 여러 국가와 활발한 통교를 진행하여 문물이 빛나자 일본 상인들이 고려로 많이 모여들었다. 1056년(문종 10년) 후지하라 등 30명은 일본국사 이름으로 금주에 왔고 1073년(문종 27년)에는 왕측정 등 42명이 대재부의 파견으로 금주에 왔다. 또 문종말년에는 대마도와 사즈마에서도 감귤 등 지방특산물을 보내왔다. 그들 중 상당부분은

〈그림 18〉 일본 구법승을 태운 신라 상선

일본국사, 대마도사, 사즈마주사 등의 이름을 건 것으로 보아 일본 지방정부가 직접 파견했거나 또는 지방정부의 엄격한 통제를 받는 무역인들로 생각된다.

이들은 고려에 와서 주로 사헌형식을 통해 교역을 진행하였다. 이들이 오면 고려는 숙식을 제공하고 갖고 온 상품을 고려에 헌납하면 헌납품의 가격을 책정한 후 보다 많은 가치의 회사품을 내려주었다. 당시 일본에서 갖고 온 상품으로는 주로 나세말안장, 칼, 활, 거울함, 버루함, 빗, 책상, 그림병풍, 수은, 나, 갑 등이었다.

늘 회사품이 보다 후하게 내려지기에 그 이익을 노리고 보다 많은 일본 상인들이 고려로 모여들었다. 특히 대부분지역이 산지이고 경작지가 부족했던 대마도는 경제이익을 노리고 적극으로 대 고려 진봉(進奉) 무역을 실시하였다. 이에 부담을 느낀 고려는 진봉선의 내항 규모를 제한하기까지 하였다. 『고려사』 기록에 의하면 고려는 대마도 진봉선 내항은 1년 1회이며 규모는 배 두 척을 초과할 수 없으며 반드시 지방정부의 허가증과 조공품 명세를 제출하도록 규정하였다. 이런 진봉무역은 몽골의 일본 정벌을 계기로 중단되었다.

송상, 일본상인들의 내항과 더불어 고려의 대외교류에 이채를 던진 것은 아라비아상인들의 도래였다. 아라비아상인들은 일찍 해상활동을 진행하였는데 당 제국시기에는 주로 중국의 남부 광주를 중심으로 양자강이남 연해지역을 중심으로 무역활동을 진행했었다. 그런데 북송시기에 이르러 복건인, 절강인을 위주로 하는 송상들의 활발한 대고려무역에 자극되어 고려로 진출하였던 것으로 보인다. 『고려사』 기록에 의하면 1024년(현종 15년)에 아라비아 상인 열라자 등 100여 명이 건너와 토산물을 받쳤고 그 이듬해에도 하세라자 등 100여 명이 건너와 토산물을 받쳤다. 1040년(정종 6년)에 건너 온 보나잔 등은 수은, 용치, 전성향, 몰약, 대소목 등 남양특산물을 바치자 왕은 그들을 후하게 대접하고 돌아갈 때 금과 비단도 많이 주도록 명하였다.

보다시피 매번 내항한 아라비아 상인들이 100명 이상으로 당시 아라비아 상인들의 무역규모가 상당히 컸음을 알 수 있다. 그런데 아쉬운 것은 얼마 지속되지 못하였다. 이는 아마도 당시 송상들이 고려로의 남양 상품에 대한 중계무역을 주도하였기에 이로 말미암아 계속되지 못한 것이 아닌가 한다.

3.3. 육로를 통한 거란, 금과의 문물교류

거란은 유하 상류지역에서 부족생활을 하던 유목민족이다. 9세기말 10세기 초 야율아보기에 의해 통일되면서 신속하게 북방 초원지역을 통일하였다. 유목생활을 하는 이들은 대양한 생필품들을 중국 중원지역이나 고려 같은 농경사회에서 지속적으로 수입해야 했다. 때문에 거란은 일찍 922년(태조 5년)에 고려에 사신을 파견하였고 고려도 후백제를 의식하여 거란과 우호적인 관계를 유지할 필요성이 있었기에 사신을 파견함으로서 교류를 시작하였다.

그러나 거란이 발해를 멸망시키고(926년, 태조 9년) 나아가 정안국도 멸망시키는(985년) 남진정책의 추진은 태조의 북진정책과 상충되면서 양국관계는 신속히 악화되었다. 태조는 거란을 신용없는 무도한 나라로 규정하고 보내 온 사신을 해도로 유배 보내고(942년) 교빙을 중단하였다. 동시에 거란과 대치 상태에 있는 중원의 정권−후진, 후한, 후주 및 송과 교빙하면서 공동으로 거란을 견제하려 하였다.

11세기 초, 고려는 거란의 수차에 걸친 침략은 막아냈지만 국가의 장구적인 안정을 위해 송과의 조공관계를 끊고 거란을 중심으로 하는 정치체계를 접수하게 되었다. 이때로부터 양국 간에는 사신왕래를 통한 조공−회사무역이 정기적으로 진행되었다. 그러나 경제, 문화적으로 우위였던 고려는 거란에 대한 교류에 상대적으로 소극적이었다. 이는 거란이 고려에 파견한 사신회수가 212회인 반면, 고려가 거란으로 파견한 사신회수가 173회에 그친 점에서도 알 수 있다.

거란은 사신왕래를 통한 조공-회사무역을 통해 고려의 물자와 문화를 적극 수입하였다. 당시 고려의 수출품으로는 금은세작품, 동기, 등기, 목기 등 수공품류에서 면, 유 방직품류, 인삼 등 약재; 종이, 먹 등 문방구, 서, 화 등 예술품에서 쌀, 주, 초, 차 등 식품류 그리고 말, 해동청 같은 동물에 이르기까지 다양한 생활, 문화용품을 제공하였다. 이에 거란은 고려 왕실의 복장, 말과 양 같은 동물에 마구, 양궁과 화살 같은 무기류를 회사하였다.

이런 와중에 양국은 문화적인 교류도 이루어졌는데 특히 불교문화 교류가 주목된다. 사신들의 왕래를 통해 원효의 『대승기신론소』가 거란에 전해져 반포되었는가하면 거란의 대장경이 고려로 전해져 대각국사 의천이 편집한 『속장』을 보완해주는 작용을 하였다. 또 불교 자전이면서 일반인의 일용사전으로도 가치가 높은 거란의 『용감수경』이 고려로 전해져 증보되고 널리 유포되었다.

이와 동시에 거란은 변방지역에 각장을 개설하여 민간무역도 추진할 것을 적극 요청하였다. 그러나 고려는 이를 군사적 위협요소로 간주하고 매우 소극적으로 대응하여 시종 활기를 띠지 못했다. 예들어 1005년(목종 8년)에 보주에 각장을 설치하여 금은 공예품을 수출하고 단사, 양등을 수입하는 교역을 진행했었으나 거란 침략으로 폐쇄하였다. 이후 거란은 1062년에는 매매원을, 1086년에는 각장 개설을 했었으나 고려의 반대로 문을 닫았다.

여진족도 일찍부터 오늘날 함경도 및 그 이북 광활한 지역에 널려서 유목생활을 하였다. 당시 후진적이었던 여진은 고려를 상국으로 모셨고 고려의 지원과 협조에 크게 힘입었다. 이들은 주로 부족을 단위로 고려에 말, 수달피거죽, 황모 등 동물가죽 그리고 갑옷, 활, 화살 등 무기류를 받치고 필요한 생필품들을 교환해 갔다. 그리고 고려는 이들에게 작위나 고려식 명칭을 하사하는 등 기미정책을 실시하면서 변방의 안전을 도모하였다.

그러나 12세기 초, 여진은 아골타의 지휘아래 급성장하여 거란을 멸망시키고 북송 수도를 점령하는 등 동북아의 주자로 등장하였다. 이에 고려는 이 같은 기정사실을 평화적으로 받아들이고 거란을 대하던 예로 금을 대하기로 하였다.

이로부터 고려와 금 간의 사신왕래가 빈빈해지기 했는데 고려는 금에 사신을 총 339회, 금은 고려에 137회만 파견하였던 점에서 당시 고려는 거란과의 왕래와는 달리 금과의 교류에서 금보다 더 적극적이었음을 알 수 있다. 이는 조공하는 입장인 점도 있지만 아마 금이 북송의 거액 배상과 중화문명 발상지를 포함한 회하이북 광활한 중원 영토와 인구를 차지함으로써 발달된 송의 문명도 대부분 차지하고 있었기에 금과의 왕래를 통해서도 송의 발달된 문화와 문물도 수입할 수 있었던 것이 아닌가 한다.

당시 사신들의 조공-회사무역과 사헌무역 그리고 부대적으로 진행했던 무역활동은 상당한 이익을 낳았던 것으로 보인다. 그리하여 고려인들은 서로 사절단에 참여하려 하였고 심지어 사행단에 참가하기 위해 뇌물을 받치는 현상까지 일어났다. 날로 커지는 사절단 규모에 부담을 느낀 금은 고려사절단의 인원규모를 규정하기도 하였다.

고려에서 금으로 보낸 조공품은 금, 은, 동, 모시, 베, 견, 뇌원차, 인삼, 용단묵, 아청지(鵝靑紙) 등 문방구 등으로 거란이나 송으로 보내는 조공품과 별로 큰 차이가 없었으며 고려의 상품들이 금에서 매우 환영을 받았던 것으로 보인다. 예들어 아청지의 경우, 그림을 즐겨 그렸다는 금의 장종이 늘 애용했다고 한다.

그리고 이렇다 할 외교 갈등이 없었던 금과 고려는 변경지대에 각장을 세워 정식으로 민간무역을 허용하였다. 압록강유역의 의주와 정주(静州), 요동지역의 청주, 정주(定州)에 설치된 각장을 통해 고려는 쌀과 주포 등이, 금에서는 견사, 비단, 은 등이 교환되었다.

3.4. 국제 문물교류의 의미

고려시대의 대외적인 교류는 상당히 활발하고 다양하게 진행되었다. 육로로는 북방지역의 거란(요), 여진(금) 등과 통교하고 해로로는 송을 중심으로 중국 중원의 여러 정권과 일본과 교류하였을 뿐만 아니라 아라비아 상인들과도 접촉하였다.

고려는 송과 금을 중심으로 주변의 여러 나라들과 바다와 육지를 통해 교류하였다. 그리고 이를 통해 상대국의 선진문물을 수입, 흡수하여 자국의 사회제도 개혁, 경제, 문화발전에 기여하였을 뿐만 아니라 이를 승화시켜 역수출하여 그 나라의 문화, 기술발전도 촉진시켰다. 그 전형적인 사례로 고려청자의 제작기술이라 하겠다. 원래 청자 제작기술은 중국 강남 월주요에서 전래되었으나 고려에서 보다 완벽하게 발전시킨 후 다시 송으로 역수출되어 송의 청자 제작사업의 발

〈그림 19〉 고려 대각국사 전법기념비와 좌상(중국 항주 국청사)

전을 추진시켰다.

　교류형식으로는 국가 간에 공식적으로 진행되는 공무역과 민간인들의 왕래로 인한 사무역이 있었으며 심지어 밀무역도 상당히 성행하였다. 무역품으로는 왕실에서 소비되는 사치품에서 평민들까지도 광범위하게 사용할 수 있는 생활용품 그리고 서적에 이르기까지 다종다양하였다. 이러한 인적 왕래와 물적 교류는 교류쌍방 사회의 변화와 발전을 촉진하였다.

6장 한국 근세의 문화적 다양성

1. 다문화적 관점에서 본 한글과 동아시아 문자와의 관련성

1.1. 문제 제기

일제 강점기인 1940년 경상북도 안동 지방에서 세계를 놀라게 한 책이 한 권 발견되었다. 이 책이 바로 세종대왕이 창제한 『訓民正音』(이하 『훈민정음』)의 제자원리를 밝히고 있는 『訓民正音 解例本』(이하 『해례본』)이다. 『훈민정음』은 1443년 조선 제4대 임금 세종이 창제하여 1446년에 반포하였으며 '백성을 가르치는 바른 소리'라는 의미를 가지고 있다. 오늘날 『훈민정음』은 '한글(Hangeul)'이라는 용어로 불리고 있으며, 이는 1910년을 전후해 국어학자 주시경이 사용하기 시작한 것으로 "백성을 가르치는 바른 소리", "하나 밖에 없는 위대하고 정확한 글자"라는 뜻을 담고 있다. 『해례본』은 그 역사적 가치를 인정받아 1962년 12월 국보 70호로 지정되었으며, 1997년 10월에는 유네스코 세계기록유산에 등재되었다.[1]

아울러 세계적인 과학 잡지 『Discover』는 지난 1994년 7월호 특집으로 많은 지면을 할애하면서 한글에 대한 전문가들의 분석 기사를 게재하기도 하였다.[2] 전문가들은 한결같이 한글의 독창성과 우수성을 극찬하고 있는데, 예를 들면, "세계에서 가장 합리적인 글", "세계 문자역사상 가장 진보된 글자", "그 무엇과도 비교할 수 없는 문자학적 사치" 등의 찬사가 그것이다. 뿐만 아니라 유네스코는 한글의 우수성을 인정하여 한글날인 10월 9일을 세계 '문맹퇴치의 날'로 지정하였을 뿐만 아니라 부족의 언어는 있지만 문자가 없었던 인도네시아 부톤섬의 찌아찌아족은 한글을 부족의 공식문자로 삼아 사용하고 있다.[3]

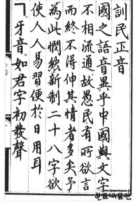

〈그림 1〉 훈민정음 언해본 　　　 〈그림 2〉 훈민정음 해례본

주지하다시피, 세종대왕이 한글을 창제했다는 사실은 초등학생도 알고 있는 상식이지만 그 정확한 기원에 대해서는 사실 의문이 존재

1) 「유네스코 세계기록유산 등재됐다」, 『동아일보』, 2013년 6월 18일자.
2) Jared Diamond, "Writing Right", *Discover*, 1994.06.
3) 「찌아찌아족 9일 '2010한글사랑 축제' 공연」, 『더 데일리』, 2010년 10월 6일자.

한다. 외국학자들은 한글이 한 개인이 발명한 문자 체계라는 사실에 놀라움을 표시하는데, 이들의 찬탄은 거꾸로 의문으로 제기될 수 있다. 그 의문은 결국 어떻게 한 개인이 그토록 과학적이고 합리적인 문자 체계를 어느 날 갑자기 만들어낼 수 있는가 하는 점이다. 이는 세계 문자 역사상 단 한 건도 없었던 사건이기 때문이다. 이를 두고 한국의 일부 재야 사학계, 주류 역사학계와 언어학계에서는 많은 논의가 진행되기도 하였다. 논의는 두 가지로 나누어 볼 수 있는데, 첫째, 한글 창제는 순수하게 세종대왕 개인의 업적이라는 주장[4], 둘째 고대로부터 우리 민족에 전해 내려오는 문자를 본떠서 만들었다는 주장[5], 그리고 마지막으로 문자의 형태적 유사성에 비추어 중국, 몽고, 일본, 인도 등으로부터 영향을 받아 만들어졌다는 주장이다.[6]

그러나 그 어떤 주장도 명확하게 '이것이다'라고 말할 수 있는 결정적 증빙 자료가 부족한 상태이다. 특히 『桓檀古記』(이하 『환단고기』)에 실린 가림토(加臨土) 문자의 생김새는 한글, 특히 훈민정음 창제 때의 한글과 유사하다고 하여 가림토를 지지하는 사람들은 훈민정음이 '고전을 모방하였다(字倣古篆)'고 기술되어 있는 세종실록의 기록을 들어 훈민정음은 가림토를 본 따서 만든 것이라는 주장이 있다.[7] 또한 일본의 神代文字가 가림토에서 비롯되었다거나, 한글의 모태가 일본의 신대문자라는 주장도 있다.[8] 흥미로운 점은 가림토나 일본의

---

4) 권재선, 「가림토에 대한 고찰」, 『한글』 제244호, 1994, 177쪽; 조인성, 「환단고기의 단군세기와 단기고사·규원사화」, 『단군학연구』 제2호, 2000, 33쪽; 송찬식, 「僞書辨」, 『월간중앙』 9월호, 1997.9; 이도학, 「재야사서 해제 환단고기」, 『민족지성』, 1986. 11; 박광용, 「대종교 관련 문헌에 위작이 많다: 『환단고기』의 성격에 대한 재검토」, 『역사비평』 10, 1990년 가을호.

5) 안창범, 「桓檀古記는 眞書 중 眞書이다」, 『「신종교연구」 제15권, 2006, 241~279쪽.

6) 임헌혁·이충훈, 「훈민정음과 동아시아 고대문자의 타이포그래피 유사성 연구」, The Korean Society of Illustration Vol. 9, 2004, pp. 169~184.

7) KBS 역사스페셜, 「추적 환단고기 열풍, 1999년 10월 2일 방영.

8) MBC 한글날 특집 다큐멘터리, 「미스테리 한글 해례 6211의 비밀」, 2007년 10월

신대문자조차 형태적으로 보면 모두 한글을 닮았다는 것이다. 때문에 각각의 의견을 두고 서로 의견이 분분하고 서로 자기들의 주장이 옳다고 주장하고 있다.

언어와 문자는 민족의 유구한 역사와 함께 면면히 이어지면서 민족혼을 지닌 사상과 감정의 전달체계로 작용한다. 그럼에도 불구하고 독창적이고 과학적이라는 한글이 창제 이후 570년이 지난 오늘날에도 그 기원에 대한 논란이 계속되고 있다. 이 글에서는 기존의 연구성과 및 한글 창제와 관련된 역사 기록, 그리고 고고학적 발굴 성과를 기반으로『훈민정음』창제에 대한 논란의 핵심은 무엇인가, 일본의 신대문자와 한글은 어떠한 관련성을 가지는가, 그리고『환단고기』에 실려 있는 가림토문자와 한글은 어떤 관련성이 있는가를 다문화적 관점에서 살펴보고자 한다.

1.2. 훈민정음 창제에 대한 논란

한글은 오늘날 우리가 사용하는 말과 글을 통칭하며, 단순한 언어로서만이 아니라 한민족의 정서를 담고 있는 한국문화의 총체다. 아울러 우리 민족의 정신적 구심체이자 정체성의 본질이며, 다른 어떠한 무엇보다 우리 민족임을 구별 짓고 나타내는 상징이기도 하다. 한글이 구체적으로 모습을 드러내고 또 그 전모를 드러낸 것은『훈민정음』에 의해서였다.『훈민정음』이 창제된 것은 1443년(세종 5년)이며, 1446년 음력 9월 상순에 반포되었다.[9] 그러나 한글의 창제는 여전히 논란의 대상이 되고 있는데, 이유는 한글의 창제 과정을 상세히 기록한 기록물이 없기 때문이다.『朝鮮王朝實錄』에 나온 한글 창

7일 방영.

9) "是月 上親制諺文二十八字 … 是謂訓民正音"(『세종실록』권102 세종25년 12월).

제 기사의 내용만으로는 창제 과정을 분명히 알 수 없다. 그러나 "이 달에 임금이 친히 언문 28자를 지었는데, 그 글자가 옛 전자를 모방하고"라는 1443년(세종 25년) 12월조 『조선왕조실록』의 기사는 창제 자가 세종대왕이라는 점을 분명하게 밝히고 있다.[10] 세종 28년 기록을 보면 당시 세종대왕이 『훈민정음』을 반포한 사실이 다음과 같음을 알 수 있다.

> 이달에 임금이 친히 언문 28자를 지었는데, 그 글자가 옛 전자를 모방하고, 초성·중성·종성으로 나누어 합한 연후에야 글자를 이루었다. 무릇 문자에 관한 것과 이어에 관한 것을 모두 쓸 수 있고, 글자는 비록 간단하고 요약하지마는 전환하는 것이 무궁하니, 이것을 훈민정음이라고 일렀다.[11]

위의 기록에서 논란이 되는 것은 "이달에 임금이 친히 언문 28자를 지었는데, 그 글자가 옛 전자를 모방하고(字倣古篆)"라는 기록이다. 김 영욱은 '字倣古篆'의 상징적 의미를 고대 동아시아의 전통적인 문자 관과의 조화를 통해서 알 수 있다고 주장한다. 古篆이란 고서체의 일종인데, 서체는 전서, 예서, 행서, 초서 등으로 분류하며, 篆은 황제의 문자이고, 隸는 신하의 글자를 가리킨다는 것이다. 古篆은 황제의 권위, 황실의 전통을 반영하는 문자이며, 한글이 여기에서 비롯되었다는 왕조실록의 기록은 그래서 의미가 심장하다는 것이다. 그는 새로운 문자를 창제하는 사업은 황제에 준하는 대왕만이 할 수 있다는

---

10) 실록 기사는 한글과 관련한 핵심적인 사항을 담고 있기에 창제 과정 등을 자세히 할 수가 없다. 따라서 창제 과정을 자세히 알기 위해서는 주변 자료를 바탕으로 당시 정황을 추론할 수밖에 없다. 한글 창제 사업을 추진하면서 세종과 집현전 학사들이 의견을 나누었다는 공식적인 기록은 없지만, 집현전 학사들이 한글 창제 사업에 참여하였을 것이라는 것이 기존의 인식이다. 그러나 이러한 인식과는 다른 사례로는 KBS 역사스페셜, 「한글은 집현전에서 만들지 않았다」(1999년 10월 9일) 참조.
11) 『세종실록』 28년(1443) 12월 30일.

함의가 여기에 깃들어 있는 것이라고 해석하고 있다.12) 그러나 "篆"
이 황제의 문자라는 점만 가지고는 한글과의 직접적인 연관성에 대
한 충분한 설명이 될 수 없다. "篆"이라 불리는 어떤 구체적 형태의
문자가 존재하고, 이를 본떠서 만들었다는 의미로 접근 필요가 있는
것이다. 그렇다면 논의의 핵심은 과연 옛 "篆"자가 무엇을 의미하는
가 하는 점이다.

이를 규명하기 위해서는 첫째, 일반적으로 중국 한자의 서체 중에
서 전서체의 유래와 사용에 대한 검토가 필요하다. 한국학중앙연구
원에서 제공하고 있는 『한국민족문화대백과』를 보면, 篆書는 넓은
뜻으로는 隸書 이전에 있는 서체로 甲骨文·金文·石鼓文·六國古文·小
篆·繆篆·疊篆 등이 모두 이에 속한다고 하며, 좁은 뜻으로는 大篆과
小篆을 이르는 말이다. 周宣王 太史 籀가 『史籀篇』을 저술하였는데
이것을 '大篆'이라고 하였다. 그 뒤 여러 나라로 나누어져 문자는 형
태를 달리하게 되었고, 秦나라의 정승 李斯가 하나로 통일한 것을 '小
篆'이라고 한대에 일컫게 되었다는 설명이다. 또한 『說文』에 의하면
篆은 引書로, 인서란 붓을 당겨서 竹帛(책, 특히 史書)에 나타내는 것이
라 하여 이사가 통일한 서체를 篆書라고 칭한다는 것이다. 전서를
크게 나누면, 胛骨文, 周文, 大篆, 金文, 草篆, 古篆,13) 古文, 小篆, 漢篆,
東方篆 등으로 구분할 수 있다. 중국의 篆書와 한글과는 형태적으로
나 의미론적으로나 유사한 점을 찾아보기 어렵지만, 여기에서 주목
할 만한 것은 옛 고조선 시대의 비석에 기록된 東方篆이라는 서체이
다. 『한국민족문화대백과』에는 동방 곧 고조선으로부터 신라·고려·

---

12) 김영욱, 『세종이 발명한 최고의 알파벳 한글』, 루덴스, 2007, 46쪽.

13) 고전에는 두 가지 뜻이 있으니 하나는 고대전서로 청나라의 桂馥은 『續三十五擧』에
   서 "宋人間用古篆作印, 元人尤多變態"라 하여 변태적인 전서를 말하였고, 또 하나는
   古文字를 가리켰으니 명나라의 趙宦光은 『寒山帚談』에서 九體書를 논하되 "二曰古
   篆, 三代之書, 見於金石款識"라 하였다(『한국민족문화대백과』 재인용).

조선에 걸쳐 그 유적을 살펴보면, 황해도 九月山에 단군시대의 古碑로 전하는 古篆碑가 중국에서 창힐의 필적으로 전하는 것과 같아서 연구의 대상이 되고 있으며, 그 필적과 동류의 것으로는 南海에 있는 刻石文字와도 일맥상통하고 있어 주목된다고 서술하고 있다.[14] 이와 관련하여 최근의 언론보도에 의하면 『환단고기』에 기록된 가림토문자로 추청되는 비석 및 탁본이 있다는 보고가 소개되고 있다.[15] 그러나 아직 그에 대한 후속 연구가 미흡한 실정이고 반론 또한 만만치 않기 때문에 『훈민정음』에 기록된 '古篆'의 증거라고 하기에는 보다 심도 있는 연구가 요구된다.

둘째, '古篆'의 의미를 파악하기 위해서는 중국의 전서와 달리 篆字로 불리는 글자와 한글과의 형태적 유사성을 밝히고 있는 문헌적 검토가 필요하다. 그러한 문헌 중에서 한글과 유사한 형태의 문자에 대한 기록이 보이는 것은 한국 역사학계에서는 객관적인 史料로 인정하고 있지 않은 『환단고기』라는 책이다.[16] 『환단고기』는 1911년 계연수 선생이 묘향산 단굴암에서 기존의 『三聖紀』, 『檀君世紀』, 『北夫餘紀』, 『太白逸史』 등 네 종류의 책을 하나로 묶어 편찬한 것이다.

『삼성기』는 安舍老가 지은 것과 元董仲이 지은 것 등 두 종류가 있다. 이 중 계연수 집안에 소장되어 있던 안함로 저작의 『삼성기』를 상편으로, 태천의 진사 白寬默으로부터 얻은 원동중의 『삼성기』를 하편으로 하여 『삼성기전』을 구성하였다고 한다. 삼성은 桓因·桓雄·檀君을 가리킨다. 1457년(세조 3년) 세조가 팔도관찰사에 수서령을 내렸던 책들 가운데 그 이름이 등장한 바 있는 『삼성기』는 한국민족의

---

14) 『한국민족문화대백과』 재인용.

15) 「훈민정음 이전 한글, 가림토 발견, 경북 경산시 와촌면 명마산서 'ㅅ, ㅈ, ㅠ' 자모 뚜렷 학계 관심」, 『부산일보』, 2003.3.13; 「일본 최고 역사서, 한글로 작성됐다」, 『머니투데이』, 2009.10.9; 「일본 最古 역사책, 19세기 한글본 발견」, 『국민일보』, 2009. 10.8; 「잃어버린 고대문자」, 『문화일보』 1994.12.28.

16) 임승국, 『환단고기』, 정신세계사, 1986, 67쪽, 246쪽.

기원부터 시작하여 단군조선의 건국과 그 역사를 서술하고 있다.[17] 『단군세기』는 고려 말 守門下侍中을 지낸 행촌 李嵒이 1363년 관직에서 은퇴하여 저술했다고 알려져 있다. 이 책도 계연수가 백관묵으로부터 얻었다고 하는데, 47대 1,096년에 걸친 단군조선의 역사가 편년체로 기록되어 있으며, 역대 왕명과 재위기간, 치적 등도 서술되어 있다. 『북부여기』는 休崖居士 范樟이 저술한 것으로 본디 『단군세기 합편』으로 전해지고 있었는데 삭주의 이형식의 집에서 얻었다고 한다. 『단군세기 합편』 가운데 『단군세기』는 백관묵의 소장본과 글자한 자의 차이도 없이 일치했다고 한다. 아울러 『북부여기』는 『단군세기』를 저술한 이암의 현손인 李陌이 편찬하였다고 하는데, 계연수의 스승인 이기가 소장했다고 한다. 이 책은 우주의 생성을 주로 다룬 「三神五帝本紀」, 환인이 다스렸다는 환국의 역사를 적은 「桓國本紀」, 환웅의 치세를 서술한 「神市本紀」 및 「三韓管境本紀」, 『天符經』, 『三一神敎』 등 단군신화와 관련된 경전교리에 관한 「蘇塗經典本訓」, 고구려·발해·고려의 역사 가운데 민족의 자존을 드날린 대외관계사를 중심으로 서술한 「고구려본기」·「대진국본기」·「고려국본기」 등으로 구성되어 있다. 『태백일사』는 『환단고기』를 구성하는 4권의 책 가운데 가장 분량이 많은 것으로, 조선 초기의 문신인 李陌이 쓴 책이다. 이맥은 행촌 이암의 현손으로 44세(1498년) 때 식년시 급제로 관직에 진출하였으나 장녹수를 탄핵하였다가 충청도 괴산에서 2년 동안 유배생활을 하기도 하였다. 그 후 66세(1520년)의 나이에 실록을 기록하는 찬수관이 되었고, 세조, 예종, 성종 때 전국에서 수거하여 궁궐 깊이 감춰 주었던 상고 역사서를 접하게 되었다. 이맥은 그 금서들을 통해서 알게 된 사실과 귀양 시절 정리해 둔 글들을 합하여 한 권의 책으로 묶어 『태백일사』라는 이름을 붙였다. 그러나 중국을 사대하

---

17) 안함로·원동중 저, 안경전 역, 『삼성기』, 상생출판, 2009.

는 당시 세태와 성리학에 위배되는 학설을 용납하지 않았던 분위기 속에서 책을 세상에 내지 못하고 74세를 일기로 세상을 떠날 때까지 집안에 비장하였다고 전해진다.18)

『환단고기』가 세간의 관심을 끌게 된 것은 삼국유사에 기록된 단군 관련 기사가 신화가 아니라 역사적 사실이라는 점, 그리고 기원전 2181년에 이미 고대 우리 민족의 문자인 가림토가 만들어졌다는 기록 때문이다. 『환단고기』에는 단군조선시대 제3대 가륵단군이 경자 2년(기원전 2181)에 단군조선의 문자인 가림토문자를 만들었다는 기록이 있는데 그 내용은 아래와 같다.

경자 2년(B.C 2181년), 아직 풍속이 하나같지 않았다. 지방마다 말이 서로 틀리고 형상으로 뜻을 나타내는 참글이 있다 해도 열 집이 사는 마을에도 말이 통하지 않는 경우가 많고, 백 리 되는 땅의 나라에서도 글을 서로 이해하기 어려웠다. 이에 三郞 乙普勒에게 명하여 正音 38자를 만들어 이를 加臨土라 하였다.19)

단군 가륵 2년, 삼랑 을보록이 정음 38자를 만드니 이를 加臨多라 한다.20)

---

18) 『한국민족문화대백과』 재인용.

19) "庚子二年 時俗尙不一 方言相殊 雖有象形表意之眞書 十家之邑語多不通 百里之國字難相解 於時命三郞乙普勒 譔正音三十八字 是謂加臨多." 『환단고기』 「단군세기」 3대 가륵 단군 편; 한글 번역본은 임승국, 앞의 책, 67쪽 참조.

20) "檀君嘉勒二年 三郞乙普勒 譔正音三十八字 是謂加臨多." 『환단고기』 태백일사 편; 이 밖에도 가림토문자에 대해서는 719년(무왕 1) 3월 3일 발해의 시조 大祚榮의 아우 大野勃이 탈고한 것으로 전해지는 단군조선·기자조선의 연대기 『檀奇古史』에도 실려 있다. 『단기고사』에는 가림다가 高契가 편찬한 역사책 『刪修加臨多』로 나타난다. 이에 따르면 3세 단군 가륵 재위 3년에 단군이 고설에게 명하여 국사를 편찬하게 하고, 『산수가림다』라 이름지었다고 한다. 또한 바로 전 해(단군 가륵 2년)에는 乙普勒에게 명하여 國文正音을 정선하도록 하였다고 기록되어 있다. 이에 따르면 가림다는 역사책이고, 『환단고기』의 가림토에 해당하는 국문정음은 별도로 제작된 것

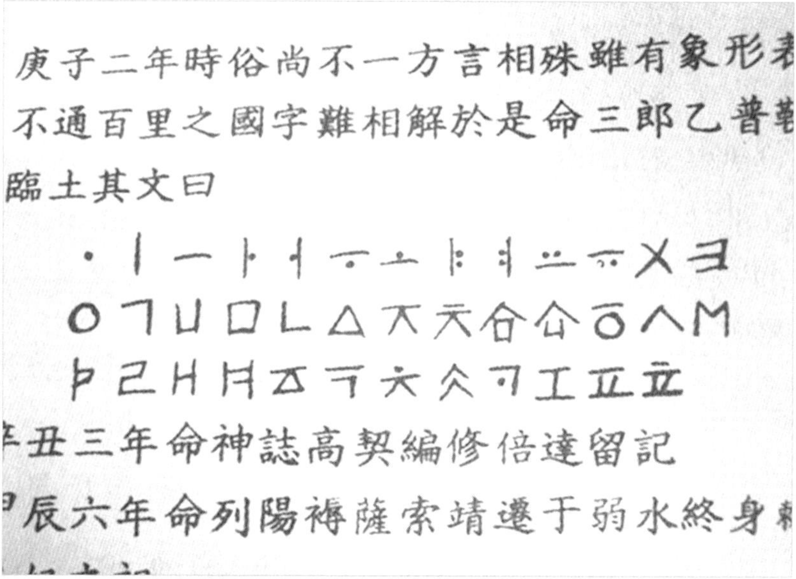

庚子二年時俗尚不一方言相殊雖有象形表
不通百里之國字難相解於是命三郎乙普勒
臨土其文曰

丑三年命神誌高契編修倍達留記
辰六年命列陽褙薩索靖邊于弱水終身

〈그림 3〉『환단고기』「단군세기」 3대 가륵 단군 편에 기록된 가림토문자

〈그림 3〉에서 보이는 바와 같이 훈민정음 28자의 정제를 검토해보면 가림토문 38자 중에서 24자가 같다. 이와 관련하여 김세화는 같지 않은 4자(ㅇ, ㄷ, ㅌ, ㆆ)도 모양은 다르지만 가림다문 38자 중에는 있었을 것인데 선택하지 않은 것은 훈민정음 정제에 있어 닿소리의 제자 원칙에 맞지 않기 때문이었을 것이라고 보고 있다. 'ㅇ, ㄷ, ㅌ, ㆆ'은 가획 공식에 맞추기 위해 새로 만들었을 것이라는 점이다. 그리고 홀소리는 가림다문 홀소리 중에서 11자(ㆍ, ㅣ, ㅡ, ㅗ, ㅏ, ㅜ, ㅓ, ㅛ, ㅑ, ㅠ, ㅕ)를 선택했다. 위의 닿소리 4자 외에는 전부 가림다 문자에서 선택한 것 같고, 이 4자 역시 제자 공식에 맞지 않아 선택하지 않고, 별도로 제자 공식에 맞추었다면 語韻상으로는 가림다 문자에서 거의 전부 선택했다고 하여도 무방하다 할 수 있다. 그러나 훈민정음을 정제함에 있어 그 내용을 보면 천지인 사상과 방위, 오행설에 바탕을

이 된다. 대야발 저, 고동영 역, 『단기고사』, 한뿌리, 1986.

두었고, 논리적인 점에서 보더라도 닿소리의 분류가 소리나는 부위와 그 부위의 모양을 따서 자형을 만든 것과 가획을 하여 공통된 자형을 만들어 계열화한 것은 그 당시로서는 대단히 체계적인 발상이라 그 진가를 높이 평가하여야 한다는 것이다.[21]

아울러 『환단고기』에는 가림토 이전에 이미 신시에는 녹서가 있었고, 단군조에는 神篆이라는 문자가 있었다는 기록이 있다.[22] 이들 글자들은 널리 백산, 흑수, 청구 등 구려에 쓰였으며, 부여사람 왕문은 처음 篆文을 번거롭다 여기고, 그 획을 약간 없애고 새로 隷를 만들어 사용했다는 것이다. 진나라 때 정막은 왕문의 隷를 고쳐 八分을 만들었고, 왕문의 후손인 왕차중이 다시 楷書를 만들었는데, 지금 그 글자의 근원을 탐구해 보면 모두 神市에서 정해진 법이며, 지금의 한자도 역시 그 지류를 계승한 것이라는 견해도 있다.[23] 그러나 가림토문자의 신빙성에 대해서는 논란의 여지가 남아 있다. 한국 역사학계에서는 『환단고기』를 객관적 역사자료로 인정하고 있지 않다. 설령 『환단고기』를 정사로 인정한다고 하더라도 이러한 고대 문자가 있었다면 왜 우리의 고대 자료에 한 번도 등장하지 않았는가 하는 점이 의문이 아닐 수 없다. 만약 가림토문자가 고대 한국에 있었다면 왜 우리 선조들은 굳이 한자를 빌려 향찰과 이두와 같은 문자 체계를 가져야 했을까 하는 의문이 생기기 때문이다. 결국 가림토문자의 신빙성은 『환단고기』가 위서인가, 진서인가에 따라 달라지는 것이다.

---

21) 김세화, 『기하학적으로 분석한 훈민정음』, 학문사, 2001, 23~24쪽.

22) 『환단고기』 「태백일사」 소도경전 본훈 제5편을 보면, 환웅천황(B.C. 3898년)께서 "神誌 赫德에게 명하여 鹿圖의 글로써 天符經을 기록케 하였다"는 내용이 기록되어 있다.

23) 임승국, 앞의 책, 246쪽.

1.3. 한글과 일본 神代文字와의 관련성

일본에도 한글과 유사한 문자가 고대로부터 전해져 왔다는 주장이 있는데 이를 神代文字(じんだいもじ)라 한다. 신대문자는 보통 아히루 쿠사(アビルクサ) 문자, 아히루(阿比留) 문자, 이즈모(出雲) 문자, 호츠마 (ホツマ) 문자 등 발견된 곳의 이름을 따서 부르는 명칭이 다양한데, 특히 아히루 문자가 한글과 그 자형이 매우 유사하다. 대마도의 아히루 가문에서 전해져 왔다 해서 아히루 문자라고 하며, 신들이 쓰던 문자라 해서 신대문자라고도 한다. 신대문자와 관련된 유물은 일본 대마도 이즈하라 대마역사 민속자료관과 일본의 이세신궁 등에 보관되어 있다고 하는데, 그 실체에 대해서는 여전히 학계에서 의견이 분분하다.

신대문자를 인정하는 사람들은 이 문자가 세종대왕의 『훈민정음』 창제 이전부터 존재해 왔기 때문에 한글 창제에 영향을 주었을 것이라고 주장한다.[24] 이와는 반대로 신대문자는 한글에서 영향을 받아 에도시대에 만들어진 문자라는 주장도 있다. 일본에서 발견된 신대문자는 주로 축문, 깃발, 돌비석 등에 기록되어 있으며, 최근에는 일본 국립 교토대학 도서관 고서적실에서 신대문자로 기록된 『고사기』가 발견되기도 하였다.[25] 고사기는 일본인 오노 야스마로가 겐메이천황의 명으로 712년에 저술한 일본 最古의 역사서다.

일본의 일부 역사학자들은 신대문자를 고대로부터 전해내려 온 '신성한 문자', '신이 내린 문자'이며, 이와 관련된 유물도 일본에 많

---

24) 한글이 일본 신대문자의 영향을 받아 만들어진 문자라는 주장은 하라다 아쓰타네 [平田篤胤]의 『神字日文伝』에 나타나고 있으며, 이와 관련하여 平田篤胤全集刊行会 編, 『新修平田篤胤全集』 第15卷, 名著出版, 1978 참조.

25) 「일본 최고 역사서, 한글로 작성됐다」, 『머니투데이』, 2009년 10월 9일자; 「일본 최고 역사책, 한글본 발견」, 『국민일보』, 2009년 10월 8일자.

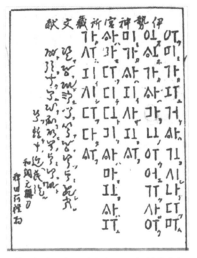

〈그림 4〉 일본 이세신궁 소장 신대문자   〈그림 5〉 일본 히후미 문자

이 존재한다고 주장하고 있지만 일본 언어학계의 시각은 회의적이
다. 신대문자의 형태는 기본적으로 한글의 자모와 모양이 같다. 단지
모음 '어'가 일본어의 '에' 단의 음을 나타내는 데 사용되고 있으며,
라 행을 나타내는 자음이 'ㄷ'을 좌우 반전시킨 모양이며, '나'행을
나타내는 자음이 'ㄴ'에 가로선을 하나 그은 모양으로 사용되고 있다.
또한 '야' 행을 나타내는 자음이 새로 생겼다. 또한, 일본어의 음운체
계에 맞춰서 'ㄷ'이 '이' 앞에서는 'ぢ', '우' 앞에서는 'づ'의 자음을
나타내도록 되어 있다. 이것은 당시의 일본어에서 'dz'와 'dzh'가 'd'
의 변이음이었기 때문이다. 또한 아히루 문자는, 모음의 종류에 따라
자음의 오른쪽 혹은 아래에 모음을 모아 쓰는 한글과는 달리 모든
모음을 자음 오른쪽에 배열한다. 경우에 따라서는 모든 모음을 자음
아래로만 배열하기도 한다. 아히루 문자의 경우, 한글을 기본으로 일
본어의 음운 체계에 맞춰 개량한 것이며 다른 신대문자가 그렇듯이
후세에 만들어진 것이라는 점이다. 에도 시대의 국학자들은 한자 전
래 이전에 일본에 이미 존재하고 있던 문자를 찾는 일에 혈안이 되어

있었기 때문에 이런 문자 체계를 창조하여 고대의 문자라고 속여서 발표하는 일이 잦았다는 것이다. 특히, 아히루 문자의 분포를 보면 매우 흥미로운 점이 발견된다. 조선 통신사의 행로였던 쓰시마, 교토를 비롯한 긴키 지방, 그리고 에도를 비롯한 간토지방에 집중되어 있는 점이다. 이는 아히루 문자가 어떻게 유래되었는지를 잘 알 수 있게 해 주는 단서라 하겠다.

아울러 신대문자가 일본에서 전혀 알려져 있지 않다가 18세기 이후 일본 국학자들에 의해 유포된 점도 한글이 신대문자의 영향을 받아 창제되었다는 주장에 의구심을 가지게 하는 대목이다. 18~19세기를 대표하는 일본의 국학자를 뽑자면, 모토오리 노리나가, 히라가 겐나이, 그리고 일본의 신도 사상을 체계화한 히라다 아쓰타네(平田篤胤) 등이 있다. 이 중 모토오리 노리나가의 학맥인 히라다 아쓰타네는 신대문자의 존재를 세간에 알린 사람으로 유명한데, 그는 일본 여러 곳에 퍼져 있는 괴문자들을 수집·정리하여 이를 먼 옛날 신들의 시대에 사용되었던 문자라고 주장하기 시작했다는 점이다. 막부정치에 불만을 품고 있었으며 언젠가는 천황제로 복귀되기를 소망하던 히라다는 천황계보의 정점에 있는 일본의 신들을 미화하고 천황의 격을 높일 필요가 있었고, 그러한 연유로 신대문자를 유포한 것이며 이러한 과정에서 위조는 필연적이었다고 추정할 수 있다. 그러한 이유에서 신대문자가 한글의 기원이라기보다는 그 반대의 가설이 더 설득력이 있는 것이다. 또한 야마다 요시오(山田孝雄)는 『所謂神代文字の論』에서 19세기 일본 국학자 히라타 아쓰네가 메이지유신을 앞두고 한글을 신대문자라고 이름 붙여 사용했을 가능성을 제기한다. 당시 불교와 유교를 배척해야 할 일본에 神道를 옹립할 수 있는 새로운 문자가 필요했다는 것이다. 조선통신사의 잦은 왕래로 일본에 들어와 있던 한글을 신의 문자라고 포장해 세상에 내 놓았다는 설명이다. 그리고 그 진위를 떠나서 언어학적으로 보면 신대문자 주장에는 몇 가지 중요한 문제점이 발견된다. 첫째, 신대문자가 고대 일본에 있었다면 오늘날처럼 굳이 한자를 빌려 표기하는 문자 체계를 갖게 되었을까 하는 점이다. 일본 언어학자들은 언어는 상형문자에서 표의문자로, 이어서 표음문자의 순으로 시대에 따라 발달하는 법인데, 뛰어난 과학성을 지닌 이러한 신대문자가 수천 년 전부터 존재했다면 왜 지금 일본이니 한자에서 빌려 쓰는 "가나문자"가 탄생되었냐며 의문을 제기한다.[26] 둘째, 신대문자는 한글과 같이 자음과 모음으로 구분된 음소문자인데 오늘날 가나문자는 글자 하나가 한 음절을 나타내는 음절문자라는 점이다. 만약 신대문자가 존재했고 거기서 오늘날 가나문자가 계승된 것이라면 음소문자에서 음절문자로 발전했다는 것인데 이것은 음절문자에서 음소문자로의 일반적인 발전과정과 정면으로 어긋난다.[27]

1.4. 한글과 加臨土文字와의 관련성

한국에서 가림토문자설이 제기된 것은 1983년 10월에 열린 제2회 한국사 학술회의에서였다. 이 회의에 참석한 안호상 박사는 '단군시대에 한글이 창제되었다는 기사가 『환단고기』에 있다'고 언급한 것이다. 그 후 송호수 박사가 『광장』지 1984년 1월호에 '한글은 세종 이전에도 있었다'라는 글을 발표해 본격적인 가림토문자 기원설을 제기했다.[28] 이에 대해 이근수 교수가 『광장』 2월호에 '한글은 세종 때 창제되었다'라는 제목의 글로 송박사의 주장을 반박하자,[29] 송박

---

26) 김윤경, 『朝鮮文字及語學史』, 조선기념도서출판관, 1938, 137~151쪽.
27) 권재선은 자신의 논문에서 한글과 甲本眞字體의 신대문자는 같은 것으로, 일본어를 표기하는 데 필요한 몇 가지 글자가 추가되어 있다고 분석하였다. 이러한 점에서 신대문자는 한글의 외국음 표시체계의 한 가지라는 사실을 규명하고 있다. 권재선, 앞의 논문, 177쪽.
28) 송호수, 「한글은 세종 이전에도 있었다」, 『광장』 제125호, 1984.

사가 『광장』 3월호에 재반론을 펴면서 열띤 논쟁을 벌이기도 했다. 이 글의 제2장에서 한글 창제와 관련된 논란에 대하여 크게 두 가지로 구분하여 언급하였다. 즉, 한글은 세종대왕이 창제하였다는 설과 한글의 모태는 가림토문자라는 설이다. 『환단고기』에 기록된 가림토문자가 과연 신빙성이 있는가를 알아내기 위해서는 기 문자가 기록된 『환단고기』라는 책이 僞書인지 眞書인지를 밝혀내야 한다. 본 장에서는 이와 관련된 두 가지 주장을 구체적으로 제시하고 상호 비교함으로써 진실에 접근하고자 한다.

먼저 『환단고기』를 위서로 보는 논자들의 주장을 살펴보자,

첫째, 가림토문자의 존재가 사실이라면 이는 서기 4200년 전의 일인데 이 시기에 과연 위에서와 같은 갖추어진 자형의 한글이 존재할 수 있었을까 하는 의문이다. 문자의 역사는 오륙천년 정도 되며 그것도 한글을 비롯한 두세 개의 예를 제외하고는 오랜 시간에 걸친 진화의 산물이다. 세계 문자사상 4, 5천 년 전에 회화문자나 상형문자가 아닌 음소문자, 그것도 고도로 발달된 자음과 모음으로 이루어진 문자가 존재한다는 것은 납득하기 어려운 일이다.[30] 가까운 예로 영어의 알파벳도 페니키아의 음절 문자를 희랍인들이 빌려와서 쓰다가 로마제국에 넘겨줘 로마문자로 되고, 이후 유럽 전역에 퍼져 오늘날의 알파벳이 되었다. 한자도 처음에 상형문자에서 시작되었음이 잘 알려져 있고, 일본으로 건너가 가다가나 문자로 정착한 것이다. 이와 관련하여 권재선은 문자발달사로 보아 5000년 전에 38자로 제한된 음소문자가 이루어질 수 없음을 지적하고, 한글을 가림토에서 취했다는 설을 부정하도 잇다. 그는 가림토가 한글과 매우 유사하다는 사실은 한글이 중국의 한음 전사 기호 체계로서 글자 체계가 변화되

---

29) 이근수, 「한글은 세종 때 창제되었다」, 『광장』 제126호, 1984.

30) 리득춘, 「훈민정음 창제설과 비창제설」, 『중국조선어문』 제99권 제2호, 1999; 리홍매, 「훈민정음 친제설과 비친제설」, 『중국조선어문』 제97권 제6호, 1997.

어 간 사실을 지적하고 그것들과 글자모양을 비교하였다. 이를 통하여 가림토의 글자의 변형은『音經』의 글자꼴과 유사하고,[31] 그 변형 방법이의 의거하여 글자의 음가를 추정하고 한음 성모체계에 견주어 보았다. 그는 이러한 방법으로 가림토의 글자체계는 현대 중국음의 표기체계임을 밝히고 있는데, 결국 가림토는 5000년 전에 이루어진 것이 아니라 대한제국 말기 중국음을 전사하는 한글체계로 이루어졌다고 언급하고 있다.[32]

둘째, 1911년 계연수에 의해『환단고기』가 편찬된 후 세상에 공개되기까지 약 70년 가까운 시간이 소요되었다는 것은 일반의 상식을 뛰어넘는 이례적인 일이라는 점이다. 뿐만 아니라 계연수나 이유립이 이 책의 공개를 늦추었던 동기가 충분히 납득되지 않기 때문에 그 편찬시기에 대한 의혹이 제기되는 것이다.

셋째,『환단고기』는 내용상 관직명·인명·지명·용어 등에 있어 시간적 비약이 지나치게 심하다는 점이다. 가령, 고구려의 교육기관인 '扃堂'이나 그 관직인 '褥薩' 등이 단군조선 때에도 그대로 등장하고 있거니와 '문화', '원시국가' 등을 비롯한 근대적 용어도 사용되고 있다. 또한 '상하무등', '남녀평권', '정사는 월권이 없다'는 등 근대적 표현들도 의문점이다.

넷째, 이 책을 위서로 간주하는 논자들은『환단고기』의 초고는 빨라야 1949년 이후에 성립되었을 것이며, 그 뒤 그 소장자인 이유립이 이를 수정·보충하여 1979년 세상에 내놓은 것으로 추정하고 있다. 『환단고기』의 실제 저자라는 의혹이 있는 전수자 이유립은『환단고기』를 공개하기 3년 전인 1976년, 월간『자유』5월 호에 발표한 글에서 가림토에 대해서 다음과 같이 서술하였다. "『太白遺史』에는 '흉노

---

31) 권정선, 『音經』, 청구대학 국어국문학회, 1906.
32) 권재선, 앞의 논문, 171~191쪽.

의 조상에 모수람이라는 자가 있어 천신을 섬겼으며 (···중략···) 그 풍속이 사납고 맹렬하여 수렵을 좋아하고 흙을 굽고 밧줄을 꿰어 신표로 삼으니 이를 가림토라 하였다'."33) 이에 따르면 가림토는 흙을 굽고 밧줄을 꿰어[燻土貫索] 신표로 쓰는 문자, 즉 結繩文字 수준의 글자이며, 흉노족이 사용하던 문자이다. 『환단고기』의 전수자라 자칭하는 이유립이 직접 쓴 글에서 이러한 모순이 등장하기 때문에, 일부에서는 이유립이 『환단고기』를 조작하면서 가림토라는 가공의 문자를 창작해 낸 것으로 보기도 한다.34)

그럼 다음으로 『환단고기』를 진서로 보는 논자들의 주장은 어떠한지 살펴보자.

첫째, 가림토는 대한제국 말기 중국음을 전사하는 한글체계로 이루어졌다고 보는 권재선의 입장과는 달리, 임헌혁·이충훈의 연구는 『환단고기』의 사료적 가치를 인정하면서 가림토문자, 훈민정음, 신대문자, 구자라트문자, 갑골문자, 파스파문자 등 동아시아 문자의 형태적 유사성에 착안하여, 동아시아의 문자들은 하나의 문자에서 갈라져 나와 발전되고 변형된 것임을 추론하고 있다. 아울러 위 6개의 문자의 연대를 비교해 보면 가림토문자가 가장 앞선 문자이므로 가림토가 나머지 5개 문자의 원류임을 주장한다. 따라서 우리역사에서 단군조선은 가장 오래된 문자 체계를 갖추고 최소한 중국·일본·몽고·인도를 포함하는 매우 공대한 지역에 영향력을 미치고 있었고, 문자와 문명의 종주국임을 역설하고 있다35).

둘째, 『환단고기』의 편찬시기에 대한 의혹에 대해서 안창범은 1911년 편찬된 『환단고기』는 계연수 선생이 범례에서 밝힌 바와 같이 묘향한 단군굴 암자에서 원본을 선사[繕寫: 筆寫]하고, 나무판자에

---

33) 이유립, 「동양문명서원론을 비판한다」, 『자유』, 1976년 5월호.

34) 문영, 『만들어진 한국사』, 파란미디어, 2010.

35) 임헌혁·이충훈, 앞의 논문, 169~184쪽.

굽은 칼과 굽은 끌로 글자 하나하나를 새겨 찍은 木版本이라는 주장이다. 당시 계연수는 『환단고기』를 선사하여 목판본으로 30부를 출간하여 국립중앙도서관과 연세대도서관에 보관했었으나 분실되었으며, 현재 일부가 숙명여대 도서관에 소장되고 있다고 밝히고 있다(등록번호 322555, 청구기호 951계연수 환: 대출불가). 또한 『환단고기』의 발문을 보면, 1949년 오형기가 이유립으로부터 위촉을 받고 『환단고기』를 정서함으로서 세상에 알려지게 된 것이라는 주장이다.[36]

셋째, 『환단고기』에 시대착오적 용어들이 있다는 의문에 대한 반론으로, 김상일의 『인류문명의 기원과 한』을 보면, 환국 12연방의 하나인 수밀이국(Sumer)에 기원전 3000년 경 이미 의회제도와 법원이 있었고, 이는 아시아에서 왔다는 사실이 고고학적으로 밝혀지고 잇다는 것이다. 아울러 『환단고기』 단군세기 제13세 흘달 16년(기원전 1767)에 주와 현을 나누어 정하고, 직책의 한계를 정하였으며, 관리는 권력을 겸하는 일이 없고 정치는 법을 넘는 일이 없도록 하였다고 한 것은 모두 우리 민족의 삼신일체 사상의 정치적 표현이다. 따라서 『환단고기』에 민주적인 표현들이 있다고 해서 이를 위서라 불신하는 것은 자기 민족의 사상을 미처 헤아리지 못한 때문이라는 것이다.[37]

넷째, 천문학자인 박창범·나대일의 『환단고기』에 기록된 천문현상(지진, 홍수, 가뭄, 태풍, 오성취루 등) 연구 결과(「단군조선 천문현상의 과학적 검증」)가 이 책의 사료적 가치를 증명하고 있다는 주장이다. 연구자들은 「단군세기」와 『단기고사』에 기록된 단군조선시대에 일어난 천체의 움직임을 B.C. 2333년까지 역추적하여, 실제 일어난 자연현상과 두 사서에 나타난 기록들을 과학적으로 비교하고자 하였다. 그리하여 이 사서들의 기록이 진실된 것인지, 또는 후대에 임의

---

36) 안창범, 앞의 논문, 269쪽.
37) 위의 논문, 273쪽.

로 조작된 것인지를 과학적 확률계산을 통하여 알아본 것이다. 이 연구는 12회의 천문현상 기록을 정리하고, 각 천문현상을 유형별로 기록과 계산을 비교한 것이다. 이상의 연구에서 「단군세기」와 『단기고사』에 수록된 12개의 단군시대 천문현상 기록 중에 가장 주목할 만한 것은 흘달단군 제50년(B.C. 1733)의 5행성이 모인 현상 기록이다. 비록 문헌에 "聚婁"라고 했고, 기원전 1734년의 결집이 婁星에서 이루어지지는 않지만 그 시기 전후 수백 년간에 다섯 행성이 가장 강하게 모인 때가 바로 1년 전임을 우연으로 보기는 힘들다. 두 사서의 내용 중의 일부는 후대가 추가되고 윤색되었음이 분명한 것도 있으나, 자연 현상 기록들은 변조될 여지가 별로 없으므로 단군시대 연구에 자연현상 기록들은 신빙성이 있다는 것이다.[38]

1.5. 사료 검증의 필요성

1940년 慶尙北道 安東 지방에서 세계를 놀라게 한 책 한권(『訓民正音 解例本』)이 발견되었다. 이 책은 1962년 12월 國寶 70호로 지정되었고, 1997년 10월 유네스코 世界記錄遺産에 등재되었다. 『訓民正音』은 1443년 조선 제4대 임금 世宗이 창제하여 1446년에 반포하였으며 '백성을 가르치는 바른 소리'라는 의미를 가지고 있다. 오늘날 『訓民正音』에 실린 문자의 명칭을 '한글(hangeul)'이라 하는데 이는 1910년을 전후해 國語學者 周時經이 사용하기 시작한 것으로 '한'이 '하나', '큰', '바른'이라는 뜻이므로 한글은 '하나밖에 없는 위대하고 정확한 글자'라는 뜻을 담고 있다.

아울러 세계적인 과학잡지 『Discover』는 지난 1994년 7월호 특집

---

38) 박창범·나대일, 「단군조선 천문현상의 과학적 검증」, 『한국상고사학보』 제14호, 1993.9.

으로, 많은 지면을 할애하여 한글에 대한 전문가의 분석 기사를 실었다. 그들은 한결같이 한글의 우수성을 극찬하고 있다. "세계에서 가장 합리적인 글", "그 무엇과도 비교할 수 없는 문자학적 사치!" 한마디로 말해서, 한글은 "세계 문자역사상 가장 진보된 글자"라는 것이다. 1999년 UNESCO는 말은 있으되 문자가 없어서 언어마저 소멸될 위기에 있는 전 세계 3,000여 소수민족에게 한글을 보급할 것이라고 밝힌 바 있으며, '한글날'인 10월 9일을 문명퇴치의 날로 삼기도 했다. 인도네시아 부톤섬의 짜아찌아족은 자신의 나랏말을 대신해 한글을 부족의 공식문자로 삼은 것도 한글의 우수성을 인정한 것이라고 말할 수 있다.

그러나 다른 한편 언어학자들은 이런 의문을 제기한다. '이런 한글이 어떻게 한 개인의 연구에 의해 단기간에 창제될 수 있단 말인가?' 세계 문자 역사상 그런 경우는 단 한건도 없기 때문이다. 최근 한국의 일부 재야 사학계나 주류 역사학계와 언어학계에서 한글 창제의 근본을 두고 많은 학설이 오가고 있다. 그것은 세종대왕의 한글창제가 순수하게 세종대왕이 직접 창제 하였다는 설과 함께 고대로부터 우리나라에 전해 내려오는 '加臨土文字'에서 본떠 만들었다는 설이다. 가림토문자는 『桓檀古記』에 등장하는 고대 한국의 문자다. 이 책은 독립운동가 桂延壽가 1911년 기존의 『三聖記』, 『檀君世紀』, 『北夫餘紀』, 『太白逸史』 등 네 종류의 책을 하나로 묶어 편찬한 것이다. 이 책이 세간의 관심을 끈 것은 기원전 2181년에 이미 고대 한국의 문자가 만들어졌다는 기록 때문이다. 특히 가림토를 지지하는 사람들은 『桓檀古記』에 실린 가림토의 생김새가 『訓民正音』 창제 때의 한글과 비슷하다는 점과 훈민정음이 '고전을 모방하였다'고 기술되어 있는 『世宗實錄』의 기록을 들어 훈민정음은 가림토문자를 본 따서 만들어진 것이라고 주장하고 있다. 그러나 한국 역사학계에서는 계연수의 『桓檀古記』를 僞書로 보는 견해가 지배적이다.

아울러 일본에도 한글을 닮은 문자가 있는데, 대마도의 아히루 가문에서 전해져 왔다 해서 아히루 문자라고도 하며, 신들이 쓰던 문자라 해서 '神代文字'라고도 한다. 신대문자와 관련된 자료가 일본 대마도 이즈하라 대마역사 민속자료관과 일본의 이세신궁 등에 보관되어 있다고 하는데 그 실체에 대해서는 여전히 학계에서 의견이 분분하다. 신대문자를 인정하는 사람들은 이 문자가 한글 창제 이전부터 존재하기 때문에 신대문자가 한글에 영향을 주었다고 주장한다. 신대문자는 보통 발견된 곳의 이름을 따서 부르는데, 아히루쿠사 문자, 아히루 문자, 이즈모 문자, 호츠마 문자 등이 있다. 특히 아히루 문자는 한글과 그 자형이 비슷하여 『桓檀古記』 신봉자들은 이 문자가 가림토문자에서 왔다고 주장하고, 일부의 일본 학자들은 이 문자가 한글의 기원이라고 주장한다. 그러나 신대문자가 새겨져 있는 비석마다 문자의 모습이 달라 일관성이 없고 언어학자들이 추정하는 고대 일본어의 음운 구조와도 맞지 않으며, 에도 시대에 만들어진 위작이라는 주장도 있다.

결국 『桓檀古記』가 사학계와 언어학계에서 역사적 사료라고 검증이 되어야만 이러한 한글과 신대문자에 대한 가림토문자 기원설이 가능할 것이다. 한글과 가림토문자, 그리고 신대문자의 관련성을 파악하기 위해서는 다문화적 관점에서 한국과 일본뿐만 아니라 중국을 포함한 동아시아 고대사와 고대 언어에 대한 총체적이고 정밀한 비교연구가 전제되어야 한다. 그래야만 위의 학설들이 주장하는 역사적·고고학적 근거의 정당성을 파악할 수 있고, 고대 동아시아 언어와 문화가 어떻게 상호작용 하며 발전해 왔는가에 대한 실체에 보다 가깝게 접근할 수 있을 것이다.

2. 귀화인 金忠善(沙也可)의 생애와 역사·문화콘텐츠로의 재현

2.1. 한·일 양국의 역사와 문화를 이어주는 새로운 아이콘

지난 2007년 국내 거주 외국인의 숫자가 100만 명을 돌파하면서 정부와 학계, 언론에서는 다문화가 하나의 시대적 아젠다로 자리매김하고 있다. 학계의 연구방향 역시 외국인 노동자, 국제결혼 여성, 다문화 가정 및 자녀, 새터민에 대한 실태 파악과 앞으로 본격화될 한국의 다문화사회에 대비한 바람직한 정책적 대안을 진지하게 탐색 중에 있으며, 관련 연구논문들도 해마다 지속적으로 증가하고 있는 실정이다.[39] 아울러 연구주제 역시 오늘날 외부로부터 한국사회에 유입된 다양한 인종적·민족적·종교적·언어적 요소에 초점이 맞추어져 있지 장구한 역사의 흐름 속에서 우리 안에 내재되어 있는 다문화적 요소, 즉 귀화인에 대한 연구는 미진한 실정이다.

한국 귀화인과 관련하여 빼놓을 수 없는 사실은 한국인의 성씨 중에는 외국계 귀화인이 상당히 만다는 점이다. 귀화인을 민족적으로 구분하면 중국계, 몽골계, 여진계, 위구르계, 일본계, 아랍계, 베트남계 등으로 구분할 수 있으며, 시대별로 살펴보면 삼국시대에는 중국계, 고려시대에는 중국계 외에 여진, 베트남, 몽골, 위구르 아랍인, 조선시대에는 중국계과 일본계 귀화인이 주류를 이루고 있다.[40] 그리고 이들이 한국에 귀화하게 된 동기를 보면 대체로 정치적 망명,

---

39) 국내에서 가장 많은 학술정보 데이터베이스(3,670종)를 구축하고 있는 한국학술정보(KISS) 사이트에서 '다문화'를 검색하면 2,650건의 학술논문에 대한 정보를 파악할 수 있다.
http://libproxy.dongguk.edu/7eea7d4/_Lib_Proxy_Url/search.koreanstudies.net/search/result_kiss.asp(검색일: 2015.05.30)

40) 이찬욱, 「한국의 귀화성씨와 다문화」, 『다문화콘텐츠연구』 제17집, 2014, 255~256쪽.

표착, 투항, 상사, 전란피란, 범법도피, 정략결혼, 왕실 시종관계 등 다양하다. 이렇게 한반도에는 역사의 흐름 속에서 많은 외국인들이 귀화하여 정착했음을 알 수 있다. 우리 선조들은 귀화인들로 인해서 다양한 문화적 체험을 할 수 있었으며, 이를 창의적으로 수용하여 우리의 것으로 내재화할 수 있었다. 그러나 일제강점기, 해방과 분단, 6.25전쟁 등 한국사의 특수성으로 인하여 민족의식과 순혈주의를 고취하고 한민족이 단일민족임을 강조하는 역사교육이 강조되었기에 한국사 속에 면면히 흐르고 있는 다문화적 요소에 대해서는 소홀히 취급되어 왔던 것이 사실이다.

특히, 21세기 아시아태평양 시대의 우호협력과 공동번영을 위해 정치·경제·사회·문화 등 다방면에서 한일 양국의 긴밀한 협력이 요청되는 상황에서 일제강점기의 역사적 경험, 일본의 역사교과서 왜곡, 위안부 문제, 독도를 둘러싼 일본 정부의 영유권 주장 등으로 오늘날 한일관계는 국교정상화 이래 상호 대립과 긴장이 계속되고 있다. 이러한 상황에서 임진왜란기 가토 기요마사(加藤淸正)의 선봉부대를 지휘했던 항왜(降倭) 金忠善(沙也可, 1571~1642)은 한일 양국의 역사와 문화를 이어주는 새로운 아이콘으로 떠오르고 있다.41) 金忠善에 대한 연구는 그의 특이했던 이력으로 인해 미진한 상황에 놓여 있었지만42) 1990년대 이후 한일 양국에서 그에 대한 연구결과들이 지속

---

41) 이 글에서는 金忠善이 조선에 투한한 시점을 기준으로 그 이전을 일본명 沙也可로, 그 이후를 조선명 金忠善으로 명명하고자 한다.

42) 金忠善(沙也可)에 대한 일본 측 연구로는, 森鴎外, 「佐橋甚五郎」, 『中央公論』, 1913. 04; 靑柳綱太郞編, 『慕夏堂集』, 조선연구회, 1915; 山田風太郞, 「朝鮮役悲歌(改題「降倭変」)」, 『講談俱楽部』, 1954년 4월호; 中村栄孝, 『日鮮関係史の研究』上·中·下, 吉川弘文館, 1965~1969; 貫井正之, 『秀吉と戦った朝鮮武将』, 六興出版, 1992; 長谷川つとむ, 『帰化した侵略兵』, 新人物往来社, 1996; 麻倉一矢, 『小西幸長』, 光文社時代小説文庫, 1997; 文慶哲, 『朝鮮を三度も救った日本(人「沙也可」』, 総合政策論集, 2003; 江宮隆之, 『沙也可: 義に生きた降倭の将』, 結書房, 2005; 中村栄孝, 『朝鮮役の投降倭将金忠善: その文集と伝記の成立』, 名古屋大学文学部研究論集(通号38), 1965; 李寶燮, 『帰化武将沙也可(金忠善)に関する評価の変遷』, 広島修大論集 人文編 48(1), 2007; 小山帥

적으로 이어져 오고 있으며,43) 한일 양국에 김충선 연구회가 결성되어 꾸준히 학술심포지엄을 개최하고 있다.44) 뿐만 아니라 김충선과 관련된 역사·문화콘텐츠 역시 계속 증가하고 있으며 이를 통한 한일 양국의 선린우호 및 다문화 시대 양국의 상호 이해에 가교 역할을 하고 있다. 이 글에서는 김충선의 생애를 그가 남긴『慕夏堂文集』과『宣祖實錄』,『承政院日記』등을 통해 살펴보고, 그와 관련된『慕夏堂文集』, 녹동서원, 신도비, 충절관, 달성 한일우호관, 기행문, 소설, 만화 등 역사문화콘텐츠의 내용과 그 역사적 가치에 대하여 파악해 보고자 한다.

人,『不正義の戰爭から脫走し、日本軍と戰う: 戰國武將、沙也可が問いかけるもの』, 部落解放(491), 2001, 88~95쪽 참조.

43) 김충선에 대한 국내연구는 1990년대 이후 본격화되었으며 관련 연구물로는 이병도, 「임란시의 항왜 김충선」,『이충무공 350주기 기념논총』, 동화사, 1950; 김재덕『조국을 바꾼 사람들: 사야가 일대기』, 도서출판 대일, 1994; 김재덕『해방을 전후로 해서 일본인이 쓴 모하당 사론』, 도서출판 대일, 1995; 김재덕,『김충선 사야가·우록동』, 녹동서원, 2000; 김충선(사야가)연구회,『한일수교 40주년 기념 김충선(사야가) 한일관계 SYMPOSIUM 자료집』, 영남일보, 2005.11.06; 김충선(사야가)연구회,『조선통신사 400주년 기념 김충선(사야가) 한일관계 SYMPOSIUM 자료집』, 영남일보, 2007.11.10; 유광남,『사야가 김충선 1·2·3: 조선을 사랑한 사무라이』, 스타북스, 2012; 권영철,「慕夏堂詩歌硏究」,『대구효성가톨릭대학교 연구논문집』2, 1967; 김선기,「한일 문헌 속에 나타난 沙也可(김충선) 고찰」,『韓國日本語文學會 第7回 學術大會 및 國際 Symposium 자료집』, 2009; 김선기,「항왜 김충선(사야가)의 모하사상 연구」, 부산외국어대학교 박사논문, 2011; 김선기,「항왜 사야가(沙也可·金忠善)의 실존인물로서의 의미와 평가」,『한일어문논집』13, 2009; 김재덕,「慕夏堂 金忠善(沙也可)の生涯」,『일본학』17, 동국대학교 일본학연구회, 1998; 류마리,「김충선의 다문화적 가치의 확립과 실천: 和의 정신을 중심으로」, 계명대학교 석사논문, 2011; 류지명,「귀화인 김충선의 문학세계」,『어문교육논문집』10, 1988; 서신혜,「고전서사 속 降倭의 형상화 양상에 대한 연구」,『동양고전연구』37, 2009; 심봉섭,「慕夏堂 金忠善(사야가) 陰宅의 風水地理 硏究」, 영남내학교 석사논문, 2006; 尹榮玉,「慕夏堂의 文學」,『민족문화논총』23, 2001; 이동영,「慕夏堂硏究」,『청구문학』6, 1966; 진병용·최용진·이정희·박려옥·이제상,『한일 평화의 가교 김충선(沙也可)과 우록리에 관한 연구』, 대구경북연구원(2012-43), 2012.

44) 김충선(사야가)연구회,『한일수교 40주년 기념 김충선(사야가) 한일관계 SYMPOSIUM 자료집』, 영남일보, 2005.11.06.; 김충선(사야가)연구회,『조선통신사 400주년 기념 김충선(사야가) 한일관계 SYMPOSIUM 자료집』, 영남일보, 2007.11.10.

2.2. 귀화인 金忠善(沙也可)의 생애

『賜姓金海金氏世譜』에 의하면
沙也可 선조 4년(1571년) 정월 3일
일본에서 태어났다. 父그는 益, 조
부는 沃國, 증조부는 鎣이다.45) 또
란 그가 남긴 〈술회가〉에 의하면
귀화하기 전 일본에는 2명의 부인
과 일곱 형제가 있었음을 알 수 있
다. 그에 대해서『宣祖實錄』, 『承政
院日記』 등의 사료에도 단편적인
기록이 남아 있기는 하지만,46) 沙

〈그림 7〉 김충선 영정

也可의 생애를 살펴 볼 수 있는 주된 자료는 그의 6대손 金漢祚가
간행한『慕夏堂文集』이라 할 수 있다. 그런데『慕夏堂文集』에는 沙也
可가 조선에 귀화하기 전 일본에서 어떤 인물이었는지에 대한 기록
이 전혀 나와 있지 않다. 따라서 沙也可의 실체에 대해서는 그동안
여러 이설들이 존재해 왔다. 왜냐하면 임진왜란과 관련된 일본 측
기록에는 沙也可라는 장수의 이름이 존재하지 않을 뿐만 아니라 '사
(沙)'라는 성(姓)도 찾아 볼 수 없다.

그 가운데 일본의 沙也可 연구가들은 그가 조성에 귀화한 후 조총

---

45)『賜姓金海金氏世譜』卷之一 賜姓.

46) 한국 측 기록을 보면 沙也可는『宣祖實錄』1597년 11월 정진(鼎津) 전투에 처음 나타
나고 있으며,『承政院日記』에는 인조 5년(1627) 3월 1일(戊辰)과 인조 6년 2월 2일
기사에서도 찾아 볼 수 있다. 그러나 그러한 기록만으로는 김충선이 사야가라는
사실을 확인할 수 없었다. 그 후 김충선이 사야가라는 사실은『承政院日記』영조
37년(1761)의 기록, 즉 김충선은 향화한 사야가이며 그의 후손들이 대구에 거주하
고 있으며, 沙也可는 겸교 절충장군, 金忠善은 자헌대부, 정헌대부의 직첩을 받았음
을 확인 할 수 있다. 金忠善이 항왜 沙也可라는 사실은『慕夏堂年譜』, 『樊巖集』, 『耳
溪集』등의 개인문집과『日省錄』에서도 찾아 볼 수 있다.

과 화약 제조기술을 수했다는 사실을 근거로 일본 와카야마현의 '사이카(雜賀)'라 불린 철포부대의 스즈키 마고이치(鈴木孫一)를 沙也可로 보고 있다.[47] 사야가를 주인공으로 한 역사 소설 『海の伽倻琴』의 저자 고사카 지로(神坂次郎)는 자신의 소설을 통해, 사야가가 조총기술과 화약 제조술을 조선에 전수할 수 있었던 이유를 말하고 있다. 당시, 일본에는 조총을 직접 제조하고, 잘 쏘는 여러 개의 철포부대가 있었는데 그 중, 최강의 철포부대는 바로 와카야마현의 '사이카'라 불리는 철포부대였다. 그들은, 자신들이 살고 있던 마을 이름을 따, 잡하(雜賀), 일본 발음으로 '사이카'라 불렸는데 사야가(沙也可)와 발음이 흡사하다. 『石山軍旗』라는 책에는 사이카 부대의 대장 스즈키 마고이치로(鈴木孫一)의 모습이 그려져 있다. 고사카 지로는 바로 이 스즈키 마고이치로가 사야가라 주장한다. 그러나 철포부대인 사이카 집단은 전쟁 발발 7년 전, 사이카가 히데요시의 지배를 거부하던 영주와 친밀한 관계였다는 이유로 히데요시군에 의해 초토화됐다. 사이카 집단은 부락을 떠나 전국에 흩어졌다. 그런데, 사야가가 사이카 부대의 대장 스즈키 마고이치로라면, 사야가가 가토 기요마사의 선봉장이었다는 모하당문집의 기록과는 괴리가 있다.

한편 큐슈 세이난대(九州 西南大) 마루야마 야스나리(丸山雍成) 교수는 스즈키 마고이치가 반(反)요시 세력에 속해 있었기 때문에 가토 기요마사의 선봉장이 될 수 없다는 점에 근거하여 당시 가코 기요마사의 휘하 장수 하라다 노부타네(原田信種)가 沙也可라는 학설을 제기하였다.[48] 그는 가토 기요마사가 조선 출병 1년 전에 작성한 것으로 조선침략시 출병할 장수들의 명단을 기록해 놓은 진립서(陣立書)를 조사하면서, 임진왜란에서 마지막까지 살아남은 사람은 사야가가 될

---

47) 神坂次郎, 『海の伽倻琴』(上·下), 德間書店, 1993.
48) 日本 九州 讀賣新聞(http//Kyushu.yomiuri.co.jp/magazine: こだわりの歷史考).

수 없으며, 전사했거나 행방불명 된 사람 중에서 沙也可로 추정할 수 있는 사람이 있는지 조사했다. 그러나 무장들의 명단에서 沙也可의 이름은 찾아 볼 수 없었고, 하라다 노부카네 역시 보이지 않았다. 그런데 가토 휘하에는 다른 곳에 있는 부대로서 유력한 장군에게 협력해주는 부대인 여력부대의 명단이 기록되어 있는데, 그 명단의 맨 위에 하라다 노부타네의 이름이 보인다. 마루야마 교수는 하라다 가문의 족보에서도 하라다 노부타네가 조선에 출병한 기록을 확인하였으며, 1953년 봄 이후의 기록은 보이지 않는다. 이는 결국 조선에서 전사했거나 행방불명, 혹은 투항했을 가능성을 시사한다. 일본 전국시대 하라다 가문은 대영지를 가지고 있으나 히데요시군에 의해 정벌 당하고 가토 기요마사 휘하로 예속됐다. 히데요시가 큐슈 지방을 차지하는 과정에서, 하라다 가문이 희생된 것이다. 히데요시는 전국 통일과정에서 하라다 뿐만 아니라, 많은 반 히데요시 세력을 만들었다. 따라서 마류야마 교수는 반히데요시 세력인 하라다가 조선에 투항할 가능성은 충분한 것이라고 밝히고 있다. 그러나 이를 인정한다 해도 沙也可가 1592년 4월 임진왜란 직후 조선에 투항했다는 『慕夏堂文集』의 기록과는 시기적으로 차이가 있다.

아울러 기타지마 만지(北島万次) 교수는 우메키다의 반란(梅北一揆)에 처형된 아소 코레미츠(阿蘇惟光)의 일족으로 임진왜란에 참전했다가 울상성 전투 때 김경서의 휘하에서 일본 측과의 교섭에 참여했던 항왜 오카모토 에치고노카미(岡本越後守)라고 추정한다.[49] 이는 오카모토가 가토 기요마사의 재정담당으로 알려졌기 때문에 나온 주장이지만 경상우도병마절도사 김경서(金景瑞)의 휘하에서 활약했다는 점을 제외하고는 연관성은 높지 않다. 그 외에도 沙也可에 대해서는 대마도인설(司馬遼太郎), 송포당설(白石一郎), 키이(紀伊)의 사리카슈(雜賀

---

49) 北島万次, 『豊臣秀吉の朝鮮侵略』, 吉川弘文館, 1995.

衆)설 등이 있다.

위와 같이, 沙也可의 실체에 대해서는 여러 가지 논란이 계속되고 있지만, '사이카(雜賀)'라 불리던 철포부대와는 매우 밀접한 관련이 있으며, 조선에 투항하는 과정에서 자신을 '사이카(雜賀)'라고 소개한 것이 아닐까? 실제 한국 측 사료에 보이는 김충선의 한자표기는 '沙也可'50), '沙也加'51) 또는 '沙阿可'52)로 기록되어 있어 통일되어 있지 않으며, 이는 일본식 발음 '사이카(雜賀)'를 가차음으로 표기하는 데서 발생한 차이로 추정된다.

1592년 임진년 초 도요토미 히데요시(豊臣秀吉)는 조선침략을 위해 나고야성에 30만 대군을 집결시켰다. 그러나 조선침략을 반대했던 영주들과 무사들도 많았다. 영주들은 전쟁에 참가해야 할 사무라이들을 모으기가 쉽지 않았고, 군인들을 출전시키지 않고 있다가 히데요시로부터 처벌받은 영주들도 있었다. 사츠마(薩摩)와 시마즈(島津)의 유력한 가신이 실제 반란을 일으키기도 했다. 반란을 두려워 한 히데요시는 나고야성에 전국 영주의 아내들을 인질로 데려다 놓았으며 나고야 성 안에는 반란자들의 아내를 처형하는 처형장 자리가 지금도 남아 있다. 반히데요시 세력들도 억지로 조선에 출병해야 했지만 그들에겐 싸울 명분이 없었다.

드디어 1592년 4월 13일 약 700여 척의 일본 함선이 부산 앞바다를

---

50) 『慕夏堂文集』에서는 김충선이 "사야가(沙也可)"로 표기되어 있다.

51) 『宣祖實錄』 선조 30년(1597) 11월 22일(기유), "(…전략…) 명나라 병은 두 급을 베고 검첨지(儉僉知) 사고여무(沙古汝武)는 두 급을 베고 훈련부정(訓鍊副正) 이운(李雲)·항왜 동지요질기(同知要叱其)·항왜첨지(僉知) 사야가(沙也加)·항왜 염지(念之)는 각기 한 급씩을 베었습니다. 그리고 왜기(倭旗) 홍백·흑백의 크고 작은 것 3면(面)과 창 1병(柄) 칼 15병, 조총(鳥銃) 2병, 소 4마리, 말 1필과 포로였던 우리나라 사람 1백여 명을 빼앗아 오기도 하였다. (…후략…)"

52) 『承政院日記』 영조 37년(1761) 11넝 12일(병오). 이후 논문에서는 김충선의 일본명을 『慕夏堂文集』에 기록된 "사야가(沙也可)"로 호칭함.

향해 진격하면서 임진왜란이 시작되었다. 沙也可는 가토 기요마사(加藤淸正) 휘하의 좌선봉장으로 3,000명의 병사를 거느린 22세의 젊은 장수였다. 그는 전란의 와중에서도 아들은 늙은 어머니를 업고, 며느리는 어린 아이의 손을 잡고 종종걸음으로 도망치는 조선 백성들의 모습을 보고 감동을 받았고, 이렇게 착한 백성을 죽일 수는 없다고 생각한 沙也可는 자신의 휘하 군사를 데리고 투항을 결심한다. 그는 약탈을 금하는 군령을 내리고 며칠 뒤 자신은 조선 침략의 뜻이 없음을 알리는 〈曉諭書〉를 써서 조선 백성들에게 알렸는데 그 내용은 아래와 같다.

이 나라 모든 백성들은 나의 이 글을 보고 안심하고 생업을 지킬 것이며 절대로 동요하거나 떨어져 흩어지지 말라. 지금 나는 비록 다른 나라 사람이고 선봉장이지만, 일본을 떠나기 전부터 이미 마음에 맹세한 바 있었으니, 그것은 나는 너희 나라를 치지 않을 것과 너희들을 괴롭히지 않겠다는 것이다. 그 까닭은 내 일찍이 조선이 예의의 나라라는 것을 듣고 오랫동안 조선의 문물을 사모하면서 한번 와서 보기가 소원이었고, 이 나라의 교화에 젖고 싶은 한결같은 나의 사모와 동경의 정은 잠시도 떠나 본 적이 없었기 때문이다.[53]

金忠善의 장자인 金敬元이 쓴 行錄에도 沙也可는 어린 시절부터 이미 모하(慕夏)의 마음이 있었음을 밝히고 있다. 沙也可는 임진년 4월 13일 가토 기요마사의 선봉장으로서 군병 3천 명을 이끌고 종군했지만 싸울 의지는 원래부터 없었다. 어린 시절부터 중하의 문명을 동경하고 가토 기요마사가 사야가를 선봉장으로 뽑자 내심 기뻐하며 조선으로 건너왔다고 한다. 건너와 보니 일본과는 다르고 전란이 일어

---

53) 『慕夏堂文集』 卷1 〈曉諭書〉 참조.

낮음에도 불구하고 조선은 예법의 질서를 갖추고 있었다. 그런 이유로 沙也可는 일전도 싸우지 않고 본도(本道) 경상도 병마절도사 박진에게 〈講和書〉를 보내게 되는데 그 내용은 다음과 같다.

지금 제가 귀화하려 함은 지혜가 모자라서도 아니요, 힘이 모자라서도 아니며 용기가 없어서도 아니고 무기가 날카롭지 않아서도 아닙니다. 저의 병사와 무기의 튼튼함은 백만의 군사를 당할 수 있고 계획의 치밀함은 천 길의 성곽을 무너뜨릴 만합니다. 아직 한 번의 싸움도 없었고 승부가 없었으니 어찌 강약에 못 이겨서 화(和)를 청하는 것이겠습니까. 다만 저의 소원은 예의의 나라에서 성인의 백성이 되고자 할 뿐입니다.[54]

조선에 투항한 이후 沙也可는 여러 전투에 참전하여 많은 공을 세웠다. 그는 곧바로 경상도 의병들과 함께 동래, 양산, 기장 등지에서 일본군과 전투를 벌여 한 달 동안 8차례의 승리를 거두기도 하였으며, 한때 곽재우의 의병과도 연합하여 경상도 일대의 일본군을 격퇴하여 가선대부(嘉善大夫)의 품계와 관복 및 청포(靑布) 3천 필을 하사받았다.[55] 그는 1593년 4월 경주부에 위치한 이견대(利見臺) 전투에서 일본군 300여 급을 참살하였는데, 그 공을 인정받아 도원수 권율, 어사 한준겸의 주청으로 선조로부터 "바다를 건너온 모래(沙)를 걸러

---

54) 『慕夏堂文集』卷1〈講和書〉참조.

55) 임진왜란 시기 전쟁에서 공을 세운 降倭들에게는 포상과 벼슬이 내려졌다. 적병을 죽이거나 전세를 역전시킨 자들을 당상으로 승진시키고 은으로 포상하였으며, 그들에게 더 이상일본인이 아닌 조선인이라는 확실한 징표로서 조선의 성과 이름을 하사하기도 하였음을 다음과 같은 기록에서 찾아 볼 수 있다. "전일 투항한 왜병에 대해서 의심하지 않는 이가 없었고 불평하는 말도 많았는데 나만이 그렇지 않다고 밝히면서 많은 인원을 끌어내려 하였으나 (…중략…) 그런데 지금 降倭들이 먼저 성 위로 올라가 역전하여 적병을 많이 죽이고 심지어는 자기 몸이 부상당해도 돌아보지 않고 있으니 (…중략…) 적병을 죽였거나 역전한 降倭는 모두 당상으로 승직시키고 그다음은 은으로 시상할 일을 시급히 마련하여 시행하라." 『宣祖實錄』선조 39년 8월 17일 기사.

금(金)을 얻었다"는 치하와 함께 사성 김해 김씨(賜姓 金海 金氏), '충성스럽고 착하다'는 뜻의 忠善이라는 이름과 자헌대부(資憲大夫)의 지위를 하사받기에 이른다.56) 사야가가 조선인 '김충선'으로 거듭 태어나는 역사적인 날이었다. 『慕夏堂述懷歌』에는 성은이 망극하여 자신의 몸이 가루가 되더라도 은혜를 갚겠다는 그의 의지가 엿보인다.57) 그는 1597년 11월 경상우병사 김응서(金應瑞) 장군의 휘하로 전라도에서 경상도로 넘어오는 일본군을 의령, 정진에서 공격하여 일본군을 참살하였다. 또한 1597년 12월 22일부터 이듬해 1월 4일가지조명연합군이 울산성을 공격할 때 성안에 주둔해 있던 일본군 수십여 급을 참살하였다.

임진왜란 당시 조선 조정에서는 귀화한 항왜를 통해서 조총의 제조와 사용법, 염초의 채취 및 화약 제조법 등을 전수받을 수 있었다.58) 투항한 일본군 중에서 조총과 화약 제조법을 알고 있는 자들에게 관직을 주어 한양에 머물게 하면서 그 기술을 조선군에 전수하도록 하였고 1593년 3월 조선군은 마침내 조총 제작기술을 확보하게 된다. 金忠善이 조선군에 전수한 화약과 조총 제조기술로 인하여 임진왜란이 발발한 이듬해인 1593년에는 조선군도 일본군에 못지않은

---

56) 『慕夏堂文集』 卷3 〈行錄〉 참조.

57) "자헌계(姿憲階) 사성명(賜姓名)이 일시에 특강(特降)ᄒ니 어와 성은(聖恩)이샤 갑기도 망극ᄒ다 이 ᄂᆡ 몸 가리된들 이 은혜 갑플소냐", 『慕夏堂述懷歌』.

58) 조선왕조는 건국초기부터 왜적의 침입을 저지하고 변경을 안정시키고자 向化策을 실시하였다. 귀화한 여진인과 왜구들에게 식량과 토지, 가옥 등을 주어 조선에 정착하여 살도록 하여 조선 초기에 많은 日本人과 女眞人이 조선에 귀화하였다. 조선에서는 귀화한 일본인을 歸化倭人 또는 向化倭人이라 칭하였으며, 임진왜란 7년 동안 장수와 병졸을 합하여 약 1만여 명의 일본군이 조선에 투항하였음을 알 수 있다. 투항자 속출과 군사기밀들이 새어나가자 히데요시는 1595년 일본 무장들에게 철책을 만들어 병사들의 탈영을 막으라고 지시할 정도였다. "일본에서 꺼리는 점은 항복한 왜인이다. 그 숫자가 이미 1만여 명에 이르고 있는데 이 왜인들은 반드시 우리 일본의 용병술(用兵術)을 모두 털어 놓았을 것이다. 조선에서 산성을 쌓고 있는 것도 역시 이 왜인들의 지휘일 것이다." 『宣祖實錄』 선조 30년 5월 18일 기사.

성능의 조총을 만들어 전쟁에 활용하게 된 것이다.[59] 선조 27년, 한양에 훈련도감이 설치되고 포수를 훈련시킴으로써 새로운 조총부대가 만들어졌으며, 조선군의 전술이 종래의 활 위주에서 총과 검 위주로 바뀌게 된다. 신무기로 무장한 조선군은 이후 전투에서 일본군과 대등한 전투를 치를 수 있었다. 조선군의 재빠른 조총생산은 임진왜란의 승리에 커다란 힘이 되었으며 그리고 그 뒤에는 降倭 金忠善이 있었다. 그는 조총기술 전수에만 그치지 않고 1598년 정유재란 때는 울산성을 거점으로 자신이 직접 철포부대를 조직하기도 하였다.

전란이 가라앉은 후 金忠善은 진주목사 장춘점(張春點)의 딸과 혼인하고 오늘날 대구광역시 달성군 가창면 야트막한 산줄기에 둘러싸인 우록동이라는 마을에 터를 잡아 띠 풀로 집을 지으니 그의 나이 30살이었다. 그러나 당시 시대적 상황은 그를 편히 쉬도록 놔두지 않았다. 김충선은 임진왜란 이후에도 조선에 충성하는 한결같은 모습을 보였다. 북쪽 변방에서 오랑캐의 침입이 계속되자 1603년 자청하여 10년동안 변방을 방어하는 임무를 수행한 후 1613년 다시 우록동으로 돌아왔다. 金忠善은 그 공으로 광해군으로부터 정2품 정헌대부(正憲大夫)의 교지와 "자원하여 계속 지켰으니 그 마음 가상하여라(自願仍防 基心可嘉)"라는 여덟 글자의 어필(御筆)을 하사받았다.[60] 임진왜란이 끝나고 나서 조선 조정에서는 경상도 일대에 나누어 배치하였던 降倭를 兩界 지방으로 보내 북방 수비의 임무를 부여하였는데, 1624년 이괄이 반란을 일으켰을 때 兩界 방어 중인 降倭 130여 명이 적극 가담하였다. 金忠善은 이때 이괄의 副將으로 가담했던 降倭 徐牙之를 밀양에서 참살한 공으로 조정으로부터 적몰한 田庄과 賜牌를 상으로 받았으나 이를 반납하여 수어청의 屯田으로 삼도록 했다.[61] 『宣祖實

---

59) 『慕夏堂文集』 卷3 〈行錄〉 참조.

60) 『慕夏堂文集』 卷1 仍防疏, 謝正憲疏.

61) 『慕夏堂文集』 卷1 還賜牌疏.

錄』은 〈이괄의 난〉 당시 활약한 金忠善의 공적을 다음과 같이 기록하고 있다.

어영청에서 말씀 올리기를, 산행포수(山行砲手) 17명과 항왜 군인(降倭 軍人) 25명을 지방 진으로부터 데려와 본청에 두기로 한 일은 이미 재가를 받았습니다. 인솔한 대장은 항왜 영장(降倭領將) 김충선인데 그 사람됨으로 말하면 담력과 용력이 뛰어났으나 성질은 매우 공손하고 근신합니다. 지난번 이괄의 반란 때 목숨을 보존하기 위해 달아난 괄의 부장 徐牙之를 뒤쫓아가 잡는 일을 경상감사가 김충선에게 맡겼더니 아무런 수고로움 없이 능히 이를 처치했습니다. 진실로 가상한 일입니다.[62]

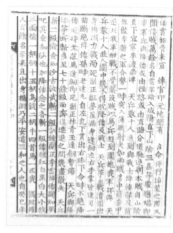

〈그림 8〉 선조실록 김충선 관련 기록

임진왜란 이후 그의 국가에 대한 충성은 〈이괄의 난〉의 진압에서 끝난 것이 아니었다. 金忠善은 인조 5년(1627) 정묘호란 당시 그는 토병 한응변(韓應卞) 등과 자원하여 전투에 임하였으며 이로 인하여 상당직(相當職)에 제수되었다.[63] 인조 14년(1636) 병자호란이 발발하자 왕의 명령을 기다리지 않고 66세의 노구를 이끌고 전장에 나와 급히 한양성으로 향하였다. 그러던 중 왕이 남한산성으로 파천한다는 소식을 듣고 광주(廣州) 쌍령(雙嶺)에서 선봉에 서서 청나라 병사를 무찔렀다. 이후 金忠善은 왕을 扈從하기 위해 남한산성으로 들어가려 하

---

62) 『承政院日記』 인조 6년(1628) 4월 23일 기사.
63) 『承政院日記』 인조 5년(1627) 3월 1일 기사.

였으나 청나라와의 화의가 맺어졌다는 소식을 듣고 대성통곡하며 우록동으로 돌아갔다. 차후 이러한 金忠善의 공적이 인정되어 훈련도감에서 '그의 자손을 대대로 錄用하고 조세나 부역을 면제하도록 해달라'는 계를 올려 왕에게 윤허를 받았다.[64] 병자호란 이후에도 外怪權管으로 국경수비를 맡고 있던 중1643년 청나라 척사의 항의로 해직되어 友鹿洞으로 돌아갔다. 결국 金忠善은 22세의 젊은 나이에 일본군 선봉장으로 조선에 귀화해 온 이후부터 66세에 이르기까지 줄기차게 자신의 목숨을 걸고 전쟁터에서 싸웠던 것이다.

이후 金忠善은 友鹿洞에 정착한 후 가정에 대한 훈계로써 남긴 〈家訓〉과 자손들과 같은 동네사람들이 서로 협조하며 살아가기 위한 규약인 〈鄕約〉을 통하여 자신의 후손들에게 降倭의 자손으로서 살아갈 규범을 제시하여 향리교화에 힘썼다.[65] 그런데 金忠善이 조선에 정착하는 길이 쉽지만은 않았다. 임진왜란이 끝났지만 흉흉한 민심은 비록 전란에서 많은 공을 세웠지만 일본인 장군이었던 그에게 곱지만은 않았기 때문이다. 그래서 金忠善은 평소 5남 1녀의 자식들에게 "남의 허물을 보려하지 말고 좋은 점을 찾아 칭찬하라, 거센 바람

---

64) 『慕夏堂文集』 卷3 〈行錄〉 年譜 참조.
65) 金忠善이 만든 鄕約 15조의 원문 내용은 아래와 같다.
   1. 惟我托跡殊方孤寄萬里有子有孫成行眼前咨爾内外男女孫體W我遠來投托之義以敦睦爲戒以忠孝爲主無負余平生之志事, 2. 惟我子孫與他姓共井之人誼同至親情猶骨肉勿以細事微故互相鬪鬩勿以女子之言童稚之傳遂成釁隙事, 3. 孝於父母然後百行從之毋論大小男女以孝親爲本事, 4. 有此共井之人毋以少凌長以賤凌貴毋以强凌弱以富凌貧毋肆虐毋放逸毋使酒毋博奕毋相爭事, 5. 根於農桑毋墜業葉職毋至貧窮事, 6. 凡於官納及還上應稅等節毋以初定日畢納無貽官家之憂事, 7. 同井之人若有疾病憂患而到於失農之弊則勿論上下一齊合力付種及除草秋穫等節俾無失時事, 8. 里中之人或有失物火則各出蓋草椽木以爲搆舍助幼事, 9. 洞里之人或有失物逢賊之事則勿論上下家家人人各持麻繩一二把三稜杖齋糧追尋跟捕五日還貴事, 10. 洞里之人生子而觀氣骨才稟文武間各其勸獎其於成就事, 11. 洞里之人或無器械不能W如意作農則有牛器械者先爲借給俾無失時慾期事, 12. 凡我子孫及洞里之人冠婚喪祭之時無財不能W辦備則洞里之人各出財力以爲賻助事, 13. 洞里之人若有與他里人相爭則勿爲偏黨)以爲和解事, 14. 每年春秋講會之時有司持此約條讀聽上下人而其女子童稺則以釋讀聽事, 15. 春講會則以花辰爲之秋講會則以楓節爲之而講會時各持酒果以爲終日燕樂事. (『慕夏堂文集』 卷2 鄕約)

보다 따뜻한 햇볕이 사람의 마음을 바꾼다, 나를 해치려하는 이를 미워하지 말고 나를 되돌아보라, 그들이 맞으면 내가 고치면 되고 그들이 틀리다면 언젠가 그들이 부끄러워 하리라, 나에게 욕을 하는 사람이 있다면 끝까지 참아라, 순간의 분노가 더 큰 화를 부른다"고 가르쳤고 이를 〈家訓〉으로 남겼다.[66]

즉, 자손에 훈계하기를 영달(榮達)을 탐하지 말고 효제(孝悌)·충신(忠信)·예의·염치를 가풍으로 삼아 자자손손에게 계속 전할 것을 당부하였던 것이다. 이는 임진왜란 직후 조선으로 귀화한 金忠善의 가르침은 자신과 그의 가족들에게는 이방인으로서 새로운 세상에 정착하기 위한 삶의 지침이었다.[67]

중국의 문명을 그리워한다는 의미를 가진 慕夏堂이라는 호를 지을 정도로 金忠善은 유교적 문물과 예의를 존숭했던 인물이었다. 그는 1642년 72세의 나이로 자신의 두 번째 고향인 오록동에서 눈을 감았다. 그가 죽은 후 조선 조정에서는 대신급에 해당하는 정2품 정헌대부(正憲大夫)의 벼슬을 내렸다. 김충선의 묘는 대구 가창면 우록동 녹동서원 뒤편 삼정산에 있다.

2.3. 金忠善(沙也可): 역사·문화콘텐츠로의 재현

金忠善에 대한 연구는 일찍이 일제강점기 일본인 학자들에 의해서 시작되었지만, 그의 삶과 업적이 역사·문화콘텐츠로 재현된 것은 최

---

66) 『慕夏堂文集』 卷2 家訓.

67) 명분을 쫓아 조선에 귀화한 그였지만 떠나온 고향 땅에 대한 향수는 어쩔 수 없었다. 그가 남긴 시문에는 그 애틋한 향수를 곳곳에서 찾아 볼 수 있다. "의중에 결단하고 선산에 하직하고 친척과 이별하며 일곱 형제와 두 아내 일시에 다 떠나니 슬픈 마음 설운 뜻이 없다 하면 빈말이라." 述懷歌 "남풍이 건듯 불어 행여 고향소식 가져 가 급히 일어나니 그 어인 광풍인가 홀연히 바람 소리만 날 뿐 볼 수가 없네. 허탈히 탄식하고 앉았으니 이내 생전에 골육지친(骨肉至親) 소식 알 길이 없어 글로 서러워 하노라". 『慕夏堂文集』 卷3 〈行錄〉, 南風有感.

근의 일이다. 역사·문화콘텐츠란 역사, 문화, 예술, 학술적 내용의 창작 또는 제작물뿐만 아니라 창작물을 이용하여 재생산된 모든 가공물, 그리고 창착물의 수집, 가공을 통해서 상품화된 결과물들을 모두 포함하는 포괄적인 개념이다. 최근에는 온라인 매체에 한정하는 것이 아니라 오프라인 영역에서 사람들이 지적·정서적으로 향유하는 모든 종류의 유·무형자산을 통칭하는 개념으로 확장하기도 한다. 본 장에서는 녹동서원, 신도비, 충절관, 한일우호관, 기행문, 소설, 교과서, 방송자료, 만화 등 역사·문화적으로 재현된 金忠善 관련 콘텐츠에 대하여 논하고자 한다.

2.3.1. 鹿洞書院·鹿洞祠·神道碑

한국에는 전국 각지에 많은 서원이 남아 있는데 그 중 특별한 서원 하나가 대구광역시 달성군 가창면 우록리에 있다. 鹿洞書院은 임진왜란기 조선으로 귀화한 일본 장수 金忠善의 위패를 봉안하고 있는데, 유교적 문물과 예의를 중시하였던 金忠善의 뜻을 기려 정조 13년(1789년)지역 유림에서 건립하였다. 書院이란 조선 중기 이후 연구와 선현제향을 위하여 사림에 의해 설립된 사설교육 기관인 동시에 향촌 자치 운영 기구를 말하는데, 고종 5년(1868년) 흥선 대원군의 서원 철폐령에 따라 녹동서원도 그 대상이 되어 철폐되었다가 1885년 다시 지었고, 1972년 현재보다 100m 정도 떨어진 장소에 있었는데 규모가 너무 협소하여 이것을 현재의 위치로 이건하여 지금의 모습으로 보존되어 있다. 경내에는 金忠善의 位牌가 모셔진 정면 3칸, 측면 1칸, 맞배지붕의 鹿洞祠와 녹동사와 정면 3칸, 측면 1칸의 向陽門은 金忠善이 일본에 두고 온 처자식과 형제들을 그리는 의미에서 남쪽을 향해 세워졌다. 또한 경내에는 金忠善의 공적을 기리는 神道碑가 있으며 해마다 3월에 제사를 지낸다. 神道碑는 왕이나 고관의 무덤

〈그림 9〉鹿洞書院·鹿洞祠·神道碑·忠節館 전경

앞 또는 무덤으로 가는 길목에 세워 죽은 이의 사적(事蹟)을 기리는 비석이며 대개 무덤 남동쪽에 남쪽을 향하여 세운다. 조선시대에는 2품 이상에 한하여 세우는 것으로 제도화하였다. 金忠善 神道碑는 지난 1992년 임진왜란 400주년을 기념하여 세워졌으며, 비문에는 "그는 文과 禮를 공경했고 그것과 여생을 같이 하고 싶어했다. 하지만 그는 불의 앞에서는 그토록 경멸하던 칼을 들고 맞서 싸웠다. 이괄의 난에 나가 공을 세우고 병자호란 때문 늙은 몸을 이끌고 나가 적과 맞섰다"는 내용이 적혀 있다.

2.3.2. 忠節館

녹동서원 좌측에는 1998년 6월 19일 한·일 간의 교류협력의 장으로 활용하고자 개관한 유물전시관 충절관이 있다. 충절관은 金忠善

의 후손들과 그를 추모하는 일본인, 그리고 대구시의 후원금으로 건립되어 임진왜란 때 사용되었던 조총을 비롯하여 모하당의 유품과 한일 양국의 역사, 문화, 임진왜란 관계 전문서적 등을 전시하고 있다. 1백 66평 규모의 한식으로 지은 사료전시실은 임진왜란 관련 자료와 金忠善의 교화어록, 병풍 등 유물과 유품 2백여 점을 전시하고 있다. 특히, 눈길을 끄는 것은 임진왜란 당시 사용되던 칼과 조총치 전시되어 있다는 점이다. 전시되어 있는 조총은 1970년대 새마을운동 당시 마을에 길을 넓히는 공사를 하다가 우연히 토담 속에서 발견된 것으로 일본에서도 찾기 힘든 상당히 독특한 형태의 조총이다.

2.3.3. 韓日友好館

鹿洞書院 우측에는 2012년 5월에 개관한 한일우호관이 자리하고 있다. 4,198㎡ 땅에 지상 2층 규모로 50억 원을 들였다. 정부에서 25억 원을, 나머지는 대구시와 달성군이 절반씩 부담했다. 1층에는 조선시대 金忠善 장군의 밀랍 인형과 그의 삶을 보여 주는 전시실, 홍보영상관, 전통 예절실, 교류역사 체험관이 있으며, 또 일본 와카야마 현에서 기증한 조총, 일본에서 金忠善을 소재로 한 문학작품, 만화 등 일본과 한국의 교류사 등 한일 관계를 조명하는 자료들도 전시돼 있다. 2층에는 기획전시실과 야외 전통놀이 체험시설이 마련되어 있다. 기획전시실에는 일본의 문화를 보여 주는 각종 생활용품이 전시되고 있으며, 휴게 공간 등 관람객이 불편함이 없도록 편의시설도 다양하게 갖추고 있다. 이 외에도 모하낭 김충선 장군의 발자취를 담은 3D 입체영상과 통신사절 등 한일 교류역사를 볼 수 있고 기획전시실에는 일본이 기증하거나 임대해준 각종 유물이 전시돼 있다. 건물 뒤 정원은 일본식으로 꾸며져 있다. 한일우호관은 일본인 관광객과 수학여행단을 위한 양국 화합의 공간으로 청소년들을 위한 살

〈그림 10〉韓日友好館 전경

아 있는 역사공부와 체험학습장의 역할을 하고 있다. 이곳을 찾는
관람객은 연간 2만여 명으로 그 중 절반을 일본인 관광객이 차지하
고 있다.

2.3.4. 紀行文

金忠善과 관련된 기행문으로는 일본의 문호로 알려져 있는 시바
료타로의 『가도를 가다·한국으로의 여행(街道を行く2·韓のくに紀行)』
과 李正伯의 기행 연재물인 『아득한 항왜 사야가를 추적하라(遥かなる
降倭-沙也可を追跡せよ)』가 대표작이다.
먼저 시바 료타로의 기행문은 1971년 7월호부터 1972년 1월까지 총
28회에 걸쳐 週刊朝日에 연재한 것인데 이후 2권의 단행본으로 출간
되었다. 그의 기행문은 부산에서 출발하여 倭館을 둘러본 후 김해를
경유하는 가야여행(加羅の旅), 신라여행(新羅の旅)」, 백제여행(百済の旅)」
의 순서로 전개되고 있는데, 金忠善에 대한 내용은 신라여행 속에서

찾아볼 수 있다. 그는 처음에 慕夏堂이 마을 이름이라고 생각하였지만 나중에 알고 보니 그것은 金忠善의 문집이었으며, 金忠善이 뿌리를 내리고 살아 간 友鹿洞을 소개하고 있다. 아울러 金忠善의 位牌가 안치된 鹿洞書院의 전경, 전국각지에 흩어져 살고 있는 金忠善의 후손들이 그의 사당에 제사지내기 위해 고향으로 모여든다고 서술하고 있다. 시바 료타로는 金忠善이 조선에 투항한 후 일본군을 상대로 전공을 세워 조선 조정으로부터 관직과 성명을 하사받은 사실은 틀림없을 것이라고 주장하고 있지만, 『慕夏堂文集』에 대해서는 그 문체가 일본식이 아니라 한국식이라는 점을 들어 조금 의문을 품기도 하지만, 후세의 위작으로 보기보다는 선조들로부터 전해 내려오는 사실을 기술하고 있다는 점에서 金忠善이 실존 인물이었음을 확신하고 있다.68)

〈그림 11〉 司馬遼太郎
『街道を行く2·韓のくに紀行』

아울러 李正伯의 기행 연재물인 『아득한 항왜 사야가를 추적하라(遥かなる降倭-沙也可を追跡せよ)』는 2003년 1월부터 2004년 4월까지 총 14회에 걸쳐 일본에서 발행되는 한국 연구 잡지인 아프로1(アプロ21)에 쓴 기행연재물이다.69) 14회에 걸쳐 연재된 기행문의 내용은 임진왜란에서 시작하여 시바 료타로의 글을 통해 알게 된 沙也可에 대한 이야기, 일제강점기 조선연구회가 『慕夏堂文集』의 원문에 일본어 번

68) 司馬遼太郎, 『韓のくに紀行·街道を行く2』, 朝日新聞社(초판본 1978년), 2005, 127~191쪽.

69) 李正伯, 『遥かなる降倭: 沙也可を追跡せよ』, アプロ21, 2003.01~2004.04.

역을 덧붙인『慕夏堂集』70)의 소개와 沙也可의 실체에 대한 부정 논란,『朝鮮王朝實錄』과『承政院日記』에 나타난 沙也可에 대한 기록과 그 실체성, 일본에서의 沙氏 姓의 존재 여부, 서울에 유학중인 딸과 우동록을 방문한 이야기, 沙也可의 후손과 족보 등이다.

시바 료타로와 이정백의 기행문은 시기적으로는 약 40년의 차이가 있지만, 문헌자료에 근거한 접근과 직접 우록동 현지를 찾아 조사하고 후손들을 만나 인터뷰를 하는 등 기획력과작가적 상상력이 돋보이는 작품임을 알 수 있다. 일제강점기 이후 일본에서는 沙也可의 실체를 부정하거나 그에 대한 언급을 회피하는 경향이 계속되었는데, 시바 료타로의 기행문은 일본인들에게 沙也可의 실체를 소개하는 동시에 그에 대한 호기심을 불러일으켜 400여년 만에 沙也可를 역사 속의 인물로 환생시키는 계기를 제공했다는 점에서 의미를 찾을 수 있을 것이다. 李正伯의 기행문 역시 한국의 역사서들과『慕夏堂文集』에 기록된 沙也可의 행적을 통해 그의 실재성을 확인하면서, 임진왜란 당시 降倭의 후손들과, 일본 내 沙氏 姓을 가진 사람들을 찾아내 소개하고 있다.71)

2.3.5. 小說

소설은 비록 작가의 상상력이 빚어낸 허구적 이야기이지만, 역사적 배경과 실존 인물을 바탕으로 한 역사소설은 사건과 인물의 개연성을 살려볼 수 있다는 점에서 의미를 가진다. 1990년대 들어서 金忠善이 다시금 주목받게 되면서 김충선이 등장하는 소설이 눈에 띄게 많아진 것으로도 확인할 수 있다. 일본에서 출판된 소설 중에 그를

---

70) 조선연구회,『慕夏堂集』, 青柳綱太郎編, 1915.

71) 김선기, 「항왜 김충선(사야가)의 모하사상 연구」, 부산외국어대학교 박사논문, 2011, 65~82쪽 재인용.

소재로 했거나 조금이라도 언급하고 있는 소설은 파악한 작품만 8권이나 된다.72) 일본의 소설 속에 등장하고 있는 沙也可는 과연 어떤 인물로 묘사되어 있을까? 먼저 일본 소설 속에 등장하는 降倭는 승산 없는 전쟁에서 일본을 포기한 자이거나 난폭한 집단으로 묘사되기도 하며, 이순신 장군과 의병장 곽재우가 주인공으로 등장하는 작품도 눈에 띈다. 그 중 貫井正之가 쓴『秀吉と戰った朝鮮武將』에서는 제8장에서 沙也可가 등장하고 있는데 작가는 沙也可가 지휘한 병사의 숫자, 사성과 관직을 하사받은 연도 등에 의문을 표시하고 있다. 그 중에는 한국어로 번역되어 국내 출판된 작품도 눈에 띈다.73) 神坂次郎의 소설『海の伽倻琴』은 스즈키 마고이치로(鈴木孫一郎)을 주인공으로 그가 히데요시의 조총부대 지휘관으로 조선전쟁에 참전했다는 점에서, 그리고 沙也可는 사이카(雜賀)의 한국식 발음과 유사한 점을 들어 동일인으로 추측하고 있다. 長谷川つとむ의 소설『帰化した侵略兵』은 沙也可를 주인공으로 하고 있는데 소설 속에서는 그가 30명의 조총부대원을 이끌고 참전하여 조선에 투항한다는 이야기다. 江宮隆之의 소설『沙也可 義に生きた降倭の將』에서도 沙也可를 주인공으로 등장시키고 있는데, 임진왜란 당시 그의 본명이나 출신지, 연령 등이 명확하지 않다는 점이 이야기 속에 나타나고 있다.74)

한편 2012년 한국에서도 金忠善을 소재로 한 역사소설이 출간되었다.75) 소설가 유광남이 뉴시스와 대구 영남일보에 연재했던 소설

---

72) 金竜煥,『亀甲船海戰記』, 成甲書房, 1979; 秦恒平,『北の時代』, 筑摩書房, 1984; 宮本德藏,『虎砲記』, 新潮社, 1991; 貫井正之,『秀吉と戰った朝鮮武將』, 六興出版, 1992; 神坂次郎,『海の伽倻琴』, 德間書店, 1993; 長谷川つとむ,『帰化した侵略兵』, 新人物往来社, 1996; 麻倉一矢,『小西幸長』, 光文社時代小説文庫, 1997; 江宮隆之,『沙也可 義に生きた降倭の將』, 株式会社 結書房, 2005.

73) 神坂次郎 저, 양억관 역,『바다의 가야금』, 인북스, 2001.

74) 김선기, 앞의 논문, 90~97쪽.

75) 유광남,『사야가 김충선 1·2·3: 조선을 사랑한 사무라이』, 스타북스, 2012.

〈그림 12〉神坂次郎, 『海の伽倻琴』(일본어/한국어 판)

〈降倭 金忠善〉을 엮고, 보충 작업을 거친『사야가 김충선 1·2·3: 조선을 사랑한 사무라이』는 조선으로 귀화한 일본인 장수 金忠善의 파란만장한 일대기를 그린 팩션이다. 이 소설은 조선을 사랑했던 그의 인생을 추적하며 역사적 자료를 바탕으로 沙也可라는 일본인 장수가 어떻게 金忠善이라는 조선인으로 살아가게 되는지를 임진왜란을 중심으로 그려내고 있다.

2.3.6. 教科書

金忠善(沙也可)의 존재는 한국과 일본 양국의 교과서에서도 찾아 볼 수 있다. 일본의 경우 고교 일본사 교과서에 그에 대한 내용이 수록되어 있는 데 반하여, 한국의 경우는 중학교 도덕 교과서에 수록된 점이 특이하다. 이는 지금까지 학계의 연구 및 언론과 방송 보도를 통하여 金忠善(沙也可)의 실재성이 사실로 받아 들여졌다는 것을 반증하고 있다. 양국 교과서에 실린 내용을 소개하면 아래와 같다.

임진왜란 때, 일본에 '사야가'라는 무사가 있었다. 그는 어려서부터 무사수업과 더불어 글도 열심히 읽어 문무를 겸비한 무사였다. 임진왜란이 일어나자, 사야가는 가토 기요마사의 좌선봉장이 되어 우리나라에 상륙했다. 그런데 진격하는 도중 신기한 것을 목격하였다. 그것은 어떤 농부의 일가족이 피란을 가는 광경이었다. 수천 명의 왜군이 조총을 쏘며 달려들고 있는데도, 농부는 늙은 어머니를 업고, 농부의 아내는 보따리를 이고 아이의 손목을 잡은 채 조금도 흐트러짐 없이 산길을 올라가고 있었다. 그 광경은 사야가에게 깊은 감명을 주었다. 저렇게 어질고 착한 백성들을 해치는 것은 성현의 가르침에 어긋난다는 생각이 들었다. 며칠 밤을 고민하던 끝에, 사야가는 자신을 따르는 군사 500여 명을 이끌고 우리나라에 귀순해 왔다.[76]

가토 기요마사의 선봉에 산 사야가(일본 이름 불명)는 1592년(분로쿠원년) 4월, 조선침입 직후에 일본군을 배반하고 조선군에 가담하였다. 기록에 따르면 '사야카'는 조선의 예의와 중화문물이 발달한 모습을 흠모하여 부하를 이끌고 조선 측에 투항했다고 한다. 그는 히데요시의 행동에 비판적이었다. 그 뒤 '사야가'는 조선군에 합류, 일본군과 싸우며 공적을 올리고 김충선이란 이름으로 조선에 뼈를 묻었다. 항왜는 '사야가'뿐만

〈그림 13〉『高敎 日本史 A』

아니라 상당한 수에 이르는데 이것은 조선 출병이 오랫동안 지속되었기

76) 서울대학교 사범대학 1종도서연구개발위원회, 『중학교 도덕 3』, 교육부, 1997.

때문이다. 1597년 말의 울산농성에서는 군량미와 물 부족, 추위로 인해 조선 측에 투항하는 자가 늘어 가토 기요마사는 투항하는 것을 엄하게 통제했다. 한편 조선 측은 항왜를 죽이지 않고 항왜에게서 철포(조총), 탄약제조 기술과 철포 사격 방법을 배웠다. 이 때문에 협력적인 항왜에게 는 조선의 관직을 주어 우대했다.[77]

아울러 金忠善(沙也可)에 대한 내용은 지난 2006년 한일 양국의 역 사교사들이 협력하여 한국과 일본에서 동시에 출간된 『朝鮮通信使 (도요토미 히데요시의 조선 침략과 우호의 조선통신사)』에서도 찾아 볼 수 있다.[78] 『朝鮮通信使』는 한국의 전국역사교사연구모임 대구지부와 일본 히로시마현 교직원조합의 역사교사들이 약 3년여 동안의 협의 를 거쳐 완성한 역사부교재이다. 이 책은 모두 8부로 이루어져 있는 데, 히데요시의 조선침략부터 19세기 중반 통신사 단절에 이르기까 지 발생한 여러 사건들이 연대기적으로 다루고 있다. 특히, 주목을 끄는 부분은 제3부 '조선으로 귀순한 사람들'에 나오는 사무라이 沙 也可와 관련된 내용이다. 임진왜란당시 조선군이 된 일본군, 즉 항왜 에 대한 이야기, 沙也可가 조선에 귀순한 이유와 역사적 의미 등을 다루고 있다.[79]

---

77) 文部省檢定済教科書, 『高教 日本史 A』, 実教出版株式社, 1999.
78) 한일공통역사교재 제작팀, 『조선통신사(도요토미 히데요시의 조선 침략과 우호의 조선통신사)』, 한길사, 2006.
79) "항왜는 조선군에게 화승총과 화약제조기술, 검술과 포술 등을 가르치고, 일본군에 관한 정보를 제공하였습니다. 그리고 직접 전투에 참가하여 큰 공훈을 세우기도 하고 목숨을 잃기도 하였습니다. (…중략…) 선조는 눈부신 활약을 한 항왜에게 벼 슬을 주고 은으로 포상하였습니다. 그들에게 일본인이 아니라 조선인이라는 징표 로 조선의 성과 이름을 주었습니다."(위의 책, 64~66쪽)

2.3.7. 放送 資料

金忠善(沙也可)은 한일 양국의 방송 프로그램에서도 다루어져 일반 시청자들에게 그의 존재를 알리는 데 일조하였다. TV 매체는 그 시대 사람들의 의식구조를 변화시킬 수 있을 정도로 엄청난 파급효과를 가지고 있는 만큼 시청자들에게 미치는 영향력은 간과할 수 없는 것이다.

먼저, 일본 공영 TV 방송인 NHK는 지난 1992년 10월 30일 〈역사발견〉 프로그램에서 〈조선출병 400년, 히데요시에게 반역한 일본무장(歷史発見 朝鮮出兵400年 秀吉に反逆した日本武将)〉라는 제목의 다큐멘터리를 방영하였다.[80] NHK 홈페이지의 프로그램 관련 설명을 보면, 첫째, 지금까지 일본에서는 조선출병의 실패가 명나라로부터 많은 원군이 보내졌기 때문이라고 알고 있었지만 전쟁기간 동안 약 1만 명의 조선에 투항한 일본군의 역할도 무시할 수 없다는 점, 둘째, 그 중에서 沙也可라는 무장은 조선에 화약 및 조총 제조법을 전수하고 조선군의 장수로 일본군과 맞서 싸웠다는 점, 셋째, 沙也可는 히데요시가 멸망시킨 일본 최대의 조총부대였던 사이카(잡하)의 일족이 아 일까 하는 점, 그리고 투항한 일본군은 전세를 조선에 유리하게 역전시키는 데 있어서 일정한 역할을 했다는 점 등을 언급하고 있다.[81]

그리고 한국의 공영방송 KBS와 EBS 역시 金忠善(沙也可)과 관련된 다큐멘터리 프로그램을 방영하였다. KBS 〈역사스페셜〉 제작진은 2002년 11월 16일 〈임진왜란 비사, 왜군과 싸운 왜군들〉[82]이라는 프로그램에서 일본에서의 沙也可 신드롬과 그의 후손들이 살고 있는

---

80) NHK 역사발견 〈조선출병 400년, 히데요시에게 반역한 일본무장(歷史発見 朝鮮出兵 400年 秀吉に反逆した日本武将)〉, 1992.10.30.

81) http://archives.nhk.or.jp/chronicle/B10001200999210300130111/.

82) KBS 역사스페셜, 〈임진왜란 비사, 왜군과 싸운 왜군들〉, 2002.11.16.

〈그림 14〉 일본 NHK, 歷史発見 / 한국 KBS 〈역사저널 그날〉; 김충선 관련 방송 프로그램

우록동을 찾는 일본인 관광, 沙也可의 투항 이유와 조종 제조법의 전수, 그 밖에 수많은 항왜들의 존재 등을 역사문헌을 통해 고증하면서 당시 항왜는 조선이 임진왜란에서 승리하는데 숨은 주역이었다는 점을 규명하고 있다. 또한 약 8년 뒤인 2010년 7월 17일에는 〈역사의 수레바퀴를 움직여 온 귀화 성씨〉라는 제목의 다큐멘터리를 방영하였다.[83] 이 프로그램은 한국사의 전개과정에서 시대적으로 한국에 귀화한 외국인—허황옥, 이용상, 이지란, 김충선 등—들을 집중 조명하면서 오늘날 다문화사회로 이행하고 있는 한국의 상황에서 귀화인들의 존재가 어떠한 역사적 의미를 가지고 있는가를 조망하고 있다.[84]

또한, 2015년 5월 31일 KBS 〈역사저널 그날〉 프로그램에서도 〈풍전등화의 조선, '그들'이 있었다〉라는 특집 1편으로 〈항왜 왜장 사야카, 조선에 투항한 날〉을 방영하였다.[85] 이 프로그램은 사회자, 역사학자, 역사교사, 시인, 방송인 등 다양한 패널이 참여하여 영상 및 문헌자료, 전문가 자문, 토론과 답변 형식으로 진행되는데 그러한 진

83) KBS 역사스페셜, 〈역사의 수레바퀴를 움직여 온 귀화 성씨〉, 2010.07.17.

84) http://www.kbs.co.kr/1tv/sisa/historyspecial/view/vod/index,1,list,10.html

85) KBS 역사저널 그날, 〈풍전등화의 조선, '그들'이 있었다〉 1편(항왜 왜장 사야카, 조선에 투항한 날), 2015.05.31.

행방식을 통하여 沙也可라는 인물이 조선에 귀순하여 오히려 조선인보다 출중한 활약을 했고 높은 벼슬에 이르렀고, 그 후손들이 우록동에 정착하고 한일우호관 건립을 통해 일본과의 문화교류에 기여하고 있는 사실 등을 다루고 있다.

그 밖에도, 2012년 6월 22일, 한국 교육방송 EBS 〈역사채널e〉에서도 金忠善과 관련된 〈영웅과 역적 사이〉라는 제하의 역사다큐멘터리 프로그램을 방영하였다.86) 이 프로그램은 임진왜란 당시 투항한 일본 장수 沙也可의 투항요인과 조선인 金忠善으로서의 삶을 조망하면서 오늘날 한일 양국의 우호협력에 시사하는 바가 무엇인가를 묻고 있다. 지금까지 일본에서는 조국을 버린 배신자요 천하의 매국노였으며, 조선에서는 투항한 적국의 장수로서 전쟁을 승리로 이끄는 데 혁혁한 공을 세운 충신이었다는 점에 주목하여 金忠善(沙也可)이 언급되었지만, 그에 대한 역사적 평가는 오늘날 양국의 친선관계를 새롭게 설정하는 이정표로 작용하고 있음을 규명하고 있다.87)

2.3.8. 其他(만화, 기념비)

기행문, 소설, 교과서, 방송 프로그램 외에도 金忠善(沙也可)은 일본에서 만화로 제작되기도 했다. 司敬의 글에 한국인 만화가 河承男88)이 그린 『沙也可』는 전 3권으로 2005년 일본에서 출간되었다.89) 이 작품에서 沙也可는 히데요시에 대항한 일본군 장수로 400여 년 전 히데요시가 동아시아의 패권을 장악하기 위해 일으킨 임진왜란 때

---

86) EBS 역사채널e 〈영웅과 역적 사이〉(36화), 2012.06.22.

87) http://www.ebs.co.kr/tv/show?prodId=10000&lectId=3111965

88) 하승남은 1980년 만화가로 데뷔하여 『골통독불장군』, 『대정협』, 『무사의 아들』, 『대마』 등 무협만화를 주로 그렸으며, 2000년대 초 일본에서의 활동기간 중에 일본어판 만화 『沙也可』(전3권)를 출간하였다(http://www.haseungnam.com 참조).

89) 司敬 作, 河承男 畵, 『沙也可(1-3)』, 尙禾, 2005.

〈그림 15〉 하승남의 만화 『沙也可』

조선에 출병하여, 처참한 전란의 와중에서도 사랑과 정의감을 동시에 가지고 있던 주인공으로 묘사되고 있다.

그리고 그동안 沙也可의 일본 내 출신지를 두고는 와카야마현을 비롯해 여러 설이 있는 것으로 알려졌는데, 지난 2011년 11월 13일 일본 와카야마현 주민들은 이 지역의 유명한 관광지인 기슈도쇼구(紀州東照宮) 경내에 沙也可 장군의 기념비를 건립했다.[90] 제막식은 '와카야마의 관광을 생각하는 100인 위원회'라는 지역 단체가 주최했으며, 沙也可의 14대 후손인 김재석 씨 등 약 30명과 일본 측

〈그림 16〉 일본 와카야마현 사야가 기념비 제막식

---

90) YTN 뉴스, 〈일본, 조선 위해 싸운 일본 장수 기념비 건립〉, 2010.12.09. 20:56.

니카이 의원, 작가 고사카 지로, 지역 주민을 포함해 한일 양국 70여 명이 참석했다. 기념비는 니카이 의원이 평소 친분이 있던 박삼구 금호그룹 회장에게 비석 구입비 1000만원을 요청했고, 박 회장이 그룹의 사회공헌활동 차원에서 받아들여 마련됐다.[91] 1.5m 높이의 기념비는 아시아나항공이 기증한 한국산 陰城石으로 만들었고, 옆면과 뒷면에 한국어와 일본어로 김 장군을 소개하는 고사카 지로의 문장과 한일 우호를 바라는 글을 새겨놓았다.[92]

2.4. 한·일 문화교류의 상징

앞에서 살펴본 바와 같이 金忠善(沙也可)은 1592년(선조 25년) 임진왜란 때 가토 기요마사(加藤淸正)의 선봉장으로 참전하였으나 곧 투항하여 일본군을 상대로 여러 차례 큰 공을 세워 선조로부터 김해 김씨 성과 충선이라는 이름을 하사받고 자헌대부(資憲大夫)에 올랐다. 임진왜란이 끝난 후에는 자청하여 10년 간 북방의 방어임무를 마치고 돌아와 그 공을 인정받아 정헌대부(正憲大夫)가 되었다. 1624년(인조 2년) 이괄(李适)의 난, 1636년 병자호란 때에도 공을 세워 三亂功臣으로 불리기도 한다. 그는 진주목사 張春點의 딸과 혼인하여 우록동에 정착하여 살면서 가훈·향약 등을 마련하여 향리교화에 힘썼으며, 『慕夏堂文集』을 남겼다.

조선에 투항한 金忠善(沙也可), 그는 조선의 입장에서는 충신이자 영웅이었지만 일본의 입장에서는 배신자, 매국노가 될 수밖에 없었다. 일제강점기 『慕夏堂文集』(1915)이 조선연구회에서 간행되었을 당시에도 일본학자들은 이와 같은 매국노가 동포 중에 있다는 사실만

---

91) 서울신문, 〈日 와카야마현에 김충선 장군 기념비… 증오의 역사를 우호관계로〉(6면), 2010.12.10.

92) 연합뉴스, 〈日, 조선위해 자국에 총구 돌린 장수 기념비 건립〉, 2010.12.09. 20:51.

으로 유감의 극이라고 할 만큼 증오의 대상이 되기도 하였고, 金忠善(沙也可)의 일본에서의 기록이 불명확한 점을 들어 한국에서 조작해 낸 가공의 인물이라는 주장도 있었다.[93] 그러나 1970년대 일본의 문호로 추앙받는 소설가 시바 료타로(司馬 遼太郎)의 기행문이 출간되면서 분위기가 달라지기 시작했다. 그 후 일본과 한국에서 金忠善을 주제로 한 역사소설들이 출간되기 시작했고, 일본과 한국의 방송에서도 金忠善 관련 다큐멘터리를 방영하면서 이는 재조명하는 계기가 되었다. 한일 양국의 교과서에도 金忠善이 소개되었으며, 심지어 만화로 출간되기도 했다. 이 후 일본인 관광객들이 녹동서원과 한일우호관을 찾기 시작하면서 이곳은 새로운 한일관계를 정립하는 특별한 장소가 되었다. 지금도 녹동서원 뒷편에는 김충선의 묘가 있는데 일본인들은 산길을 제법 올라가야 도달할 수 있는 묘소까지 참배하는 이들이 많다고 한다.

沙也可는 일본인으로 태어나 22년을 살았으며, 金忠善이 되어 제2의 조국인 조선을 위하여 50년을 살다가 1642년 72세의 나이로 삶을 마감했다. 그리고 해마다 수만 명의 한국인과 일본인들이 대구광역시 달성군 가창면 우록동을 찾고 있으며, 한국과 일본에는 사야카 연구단체가 설립되었다. 그는 임진왜란 이후 400여 년 만에 평화주의자로 부활하고 있다. 결국 金忠善(沙也可)이 목숨을 걸고 싸운 것은 조선도 일본도 아니었다. 그것은 문명의 가치를 파괴하는 침략자들이었다. 그는 오늘날 시공을 초월해 한국과 일본이 지난 갈등과 증오의 역사를 씻고 지향해야 할 바람직한 관계상을 보여주는 하나의 상징으로 자리매김하고 있는 것이다.

---

93) 靑柳綱太郎 編, 『慕夏堂集』, 朝鮮硏究會, 1915, 5쪽.

2부 근현대

1장 서세동점기 독일인 오페르트의 조선이미지

1. 폐쇄된 나라 코리아

1840년의 아편전쟁, 1860년 영·불연합군에 의한 북경함락, 일본의 개항(1854)과 명치유신(1868) 등 동북아 3국과 서구 열강들 사이에 있었던 중대한 사건들로 인하여 사대(事大)와 교린(交隣)이라는 전통적인 동아시아의 국제질서는 크게 흔들리기 시작했다. 당시 조선에서는 오랜 세도정치가 종말을 고하고, 1860년 수운 최제우에 의해서 동학(東學)이 창시되면서 조선의 민중이 나라의 주인이 되는 아래로부터의 사회개혁이 시작되는 단계였다. 아울러 대내외적으로 고종의 즉위로 시작된 대원군[1]의 섭정(1863), 1866년에 있었던 천주교 박해

---

1) 흥선 대원군에 대한 역사적 평가는 논자에 따라 다양하다. 대원군이 당시 급변하는 국제정세를 외면한 채, 전제왕권을 공고히 함으로써 국가체제의 위기를 극복하려고 한 것은 시대착오적이지만, 대외적으로는 구미 열강의 침략에 맞서 민중들로부터 광범위한 지지를 얻었던 점을 높이 평가하는 견해, 그리고 천주교인의 처형과 쇄국정책은 부정적으로 보고, 서원 철폐와 호포법 실시 등 개혁에 대해서는 긍정적으로 평가하는 견해를 들 수 있다. 대원군의 쇄국정책에 대한 평가도 상반되는 경향

와 병인양요, 제너럴셔먼호 사건, 1871년의 신미양요 등 국가의 개혁과 문호개방을 요구하는 외세와의 군사적 충돌에 대하여 조선이 어떻게 대응하는가에 따라 국가의 미래가 결정될 수 있는 매우 중요한 사건들이 연이어 발생하였다.

이러한 시기에 조선의 문호개방과 통상을 요구했던 독일인 오페르트(Ernst J. Oppert)는 남연군 묘의 도굴이라는 반인륜적이고 파렴치한 행동으로 조선의 쇄국정책을 더욱 강화하는 결과를 초래하였지만, 독일에 돌아간 뒤 조선에 대한 지식과 경험을 기초로 『폐쇄된 나라: 코리아로의 여행(Ein verschlossenes Land: Reisen nach Corea)』을 출판하였다.[2] 부분적으로 부정확한 내용을 담고는 있지만, 그의 저작은 당시 조선의 시대적 상황과 한국개화사를 연구하는 데 있어서 귀중한 사료로 평가받고 있다.

지금까지 서세동점기 조선의 쇄국정책과 오페르트에 대한 연구는 크게 세 부분으로 나누어 볼 수 있다. 첫째, 오페르트의 저작 원문을 한국어로 번역 소개한 몇 권의 단행본,[3] 둘째, 한국 근·현대사와 관련된 논문이나 저서에 등장하는 오페르트에 대한 내용과 평가,[4] 셋째, 오페르트의 남연군 묘 도굴사건과 관계된 국내 학술지에 발표된

을 보인다. 국제정세에 어두워 시대에 역행하는 정책이었다는 견해와, 외세로부터의 침략이라는 민족의 위기에 과감하게 대응했다는 평가이다. 金炳佑, 「大院君의 政治的 地位와 國政運營」, 『대구사학』 70집, 2003, 33~70쪽; 김영수, 「갑오농민군과 흥선대원군의 정치적 관계에 대한 연구」, 『한국사회과학』 17집 3호, 1997, 144~184쪽; 李玟洙, 「興宣大院君 內治의 再照明」, 『社會文化硏究』 2집, 1983, 117~132쪽.

2) Ernst J. Oppert, *Ein verschlossenes Land: Reisen nach Corea*, Leipzig, 1880.

3) 오페르트 저, 문교부 편역, 『(금단의 나라)조선기행』, 1959; 에른스트 오페르트 저, 한우근 역, 『조선기행』, 일조각, 1974, 1980; E. J. 오페르트 저, 신복룡·장우영 역주, 『금단의 나라 조선』, 집문당, 2000.

4) 金在萬, 「傳統的 韓國 女人像의 硏究」, 『女性問題硏究』 5·6집, 1976; 崔鍾庫, 「法學을 통한 韓獨關係史」, 『韓獨法學』 2호, 1980; 尹素英, 「朴珪壽와 셰난도어호 事件」, 『숙명한국사론』 제2집, 1996; 劉永奉, 「韓國의 歷史와 風水地理」, 『韓國思想과 文化』 19輯, 2003; 신복룡, 『이방인이 본 조선 다시 읽기』, 풀빛, 2002; 이지은, 『왜곡된 한국, 외로운 한국: 300년 동안 유럽이 본 한국』, 책세상, 2006.

연구논문 등이다.[5]

이 글에서는 오페르트의 기록을 기본 사료로 하여 그의 조선에 대한 이미지의 분석을 역사적 스테레오타입의 방법론을 통해서 파악해 보고자 한다. 부연하자면, 조선을 방문하기 전 오페르트는 조선에 대하여 어떠한 인식 가지고 있었는가, 아울러 그러한 인식에 영향을 준 요인은 무엇이었으며, 조선방문 이후 그의 기록에 나타난 조선에 대한 이미지는 조선에 대한 객관적 시각을 담보하고 있는가를 분석하는 작업이 이 글의 목적이라 하겠다.

도입부에 이은 2장에서는 최근 독일의 역사학계에서 새롭게 대두되고 있는 역사학 방법론으로서의 역사적 스테레오타입 연구(Historische Stereotypenforschung)에 대한 소개와 한국에서의 적용가능성[6]을 제시하였다. 3에서는 이러한 방법론을 토대로 본격적으로 오페르트의 조선이미지를 몇 개의 소주제—조선의 자연지리적 조건, 조선 정부에 대한 이미지, 조선 민중에 대한이미지—로 나누어 분석하였으며, 도굴사건과 관련된 부분은 이미 관련 논저들이 있는 관계로 생략하였다. 끝으로 오페르트의 조선이미지가 오리엔탈리즘과 어떠한 관련이 있으며, 그의 조선에 대한 스테레오타입은 어떠하였는가를 종합적으

---

5) 노계현, 「오페르트의 남연군분묘 도굴만행과 한국의 조치」, 『國際法學會論叢』, 1982; 許榮珍, 『大院君 執政期 Oppert 事件 研究』, 이화여자대학교 석사논문, 1989; 元載淵, 「오페르트의 德山掘塚事件과 內浦 일대의 천주교 박해: 門戶開放論과 관련하여」, 『百濟文化』, 2000; 고병익, 「朝鮮王國 紀行書」, 『국제한국학연구』, 2004.

6) 한국에서의 역사적 스테레오타입에 대한 연구는 아직 맹아기에 속한다. 하지만 먼저 국내외에서 진행된 연구방법론에 대한 체계적인 정리와 소개가 선행되고 앞으로 본격적으로 구체적이고 다양한 주제의 사례연구가 이루어질 수 있는 연구 인력과 학문적 토양은 충분히 마련되어 있다고 사료된다. 또한 학제간의 공동연구를 전제할 때, 역사적 스테레오타입의 연구 분야도 무궁무진하다고 볼 수 있다. 예를 들어, 이론적인 부분으로 문화적 제국주의, 오리엔탈리즘 연구에 대한 스테레오타입 방법론의 적용이라든가, 구체적 사례연구로 서양사 각 연구 분과에 있어서 특정 민족이나 인종에 대한 스테레오타입의 연구라든가, 양국 간의 상호 이미지의 비교연구(이미지의 형성과 영향), 한·중·일 3국의 '역사전쟁'과 스테레오타입의 관련성 연구, 민족의식의 형성과 타민족에 대한 스테레오타입 등을 들 수 있다.

로 분석하였다.

2. 역사적 스테레오타입의 개념과 방법론

스테레오타입이라는 용어는 1922년 미국의 언론인 발터 리프만
(Walter Lippmann)이 그의 저서에서 처음으로 '우리 머릿속의 이미지
(pictures in our head)'[7]라는 사회학적 개념(Begriff)으로 사용하면서 세
상에 알려지기 시작했다.[8] 스테레오타입에 대한 리프만의 '인지적
요소(kognitive Komponente)에 결합된 고정화된 관념'[9]이라는 견해
는 교육과 학습을 통해 형성된 문화적으로 인식된 표상, 또는 고정
화된 의식이 새롭게 받아들이게 되는 지식과 경험에 대한 가치판단
의 기저를 이룬다는 의미로 이해된다. 그 후 독일의 저명한 백과사
전(Brockhaus-Enzyklopaedie) 1973년 판에 '스테레오타입(Stereotyp)'의
개념은 '한 집단이 자기 자신이나 다른 집단에 대하여 묘사하고자
하는 사회적 견해나 태도(soziale Einstellung)'로 정의되어 있다.[10] 이러
한 스테레오타입에 대한 리프만이나 백과사전적 정의는 다분히 인

---

7) 'Picture'라는 용어는 원래 '사물의 모습을 그려낸 것'이라는 사전적인 의미를 가지는
   데 실제로 사용될 때는 그림, 사진, 영상, 풍경 등의 뜻으로 해석된다. 김춘식은 그의
   논문에서 'picture'를 '표상'으로 해석했으나 리프만이 의도한 원래의 의미는 '이미
   지'에 더 가깝다고 사료된다. 김춘식, 「독일의 역사적 스테레오타입 연구」, 앞의 책,
   315쪽.
8) 1922년 출간된 리프만의 저서는 그로부터 42년이 경과한 1964년 뮌헨에서 독일어
   판이 선을 보였다. 이에 자극을 받은 독일 인문학계에서의 스테레오타입 연구는
   1970년대부터 본격적으로 활기를 띠게 되었다. Walter Lippmann, *Public Opinion*,
   New York, 1922; Walter Lippmann, *Die öffentliche Meinung*, München, 1964.
9) Walter Lippmann, *Die öffentliche Meinung*, p. 293.
10) Hans Henning Hahn, "Strereotypen in der Geschichte und Geschichte im Stereotyp",
    Hans Henning Hahn, ed., *Historische Stereotypenforschung: Methodische Überlegungen
    und empirische Befunde*, Oldenburg 1995, p. 190 재인용.

지적 요소가 강조되어 있다.

그러나 스테레오타입에 대한 리프만 이후의 연구는 문화적 배경에 의한 인지적 요소 외에도 '감정적 요소(affektive Komponente)'[11]에 의한 사회 현상과 기능을 파악하려는 경향을 보이게 되었다. 그러나 스테레오타입 형성에 영향을 주는 감정적인 요소는 주관적이고 부정확하기 쉽고, 긍정적 또는 부정적 가치판단과 밀접하게 연관되어 있기 때문에 스테레오타입에 대한 개념정의는 이전보다 한층 더 포괄적이고 복잡한 성격을 띠게 되었다. 그럼에도 불구하고 "묵시적으로 통용되는 일반화되고 고정화된 이미지"[12]라는 스테레오타입의 추상적인 정의에는 관련 연구자들이 잠정적인 동의를 보이고 있다.

스테레오타입 연구를 보다 이해하기 쉽게 설명하자면 '자아(자기자신)나 타자에 대상으로 하는 인지적·감정적 요소를 포함하는 묵시적이고 일반화된 고정관념, 또는 정형화된 이미지에 대한 연구'라고도 명명할 수 있을 것이다. 거기에는 긍정적 혹은 부정적 가치판단이 수반된다. 또한 스테레오타입은 사회에 있어서 자아의 정체성 형성을 위한 중요한 역할을 수행한다. 특히 '민족적 스테레오타입(nationale Stereotypen)'이라는 개념은 이미 광범위하게 사용되고 있는데, 이는 타자에 대한 이미지나 자아에 대한 이미지를 통해서 결정된다. 예를 들면, '폴란드 신문에 나타난 독일이미지'[13] 또는 '1930, 40년대 독일인의 여행기에 나타난 동아시아 이미지'[14] 등이 여기에 해당한다. 그

---

11) Adam Schaff, *Stereotypen und das menschliche Handeln*, Wien, 1997, pp. 30~35.

12) Klaus Roh, "Bilder in den Köpfen-Stereotypen, Mythen, Identitäten aus ethnologischer Sicht", Valeria Heuberger, ed., *Das Bild vom Anderen: Identitöten, Mentalitäten, Mythen und Stereotypen in multiethnischen europäischen Regionen*, Frankfurt a.M., 1998, pp. 22~23.

13) Kazimierz Wajda, "Die Deutschen im Spiegel der polnischen Publizistik 1871~1914", Hans Henning Hahn, ed., *Historische Stereotypenforschung*, Oldenburg. 1995.

14) Chun-Shik Kim, *Ostasien zwischen Angst und Bewunderung*, Münster, Hamburg, London, 2001.

러나 스테레오타입은 고정되어 있는 것이라기보다는 사회적·시대적 상황에 따라 변화되는 경향을 보인다.

오늘날 스테레오타입의 개념은 사회학·정치학·심리학·인류학·문학·역사학 등 다양한 분야에서 사용되고 있는데, 역사적 스테레오타입 연구(historische Stereotypenforschung)는 '제시된 사료의 실재(Realitäten)와 인간의 생각(Ideen)—여기에는 인간의 이성(Logos)과 감성(Emotionen)의 요소까지 포함됨—을 재구성하여 인종이나 민족, 어떠한 역사적 사건에 대한 자기 자신이나 타자에 대한 고정관념을 분석하는 작업'이라 할 수 있다.15) 스테레오타입 연구는 자아(自我)에 대한 고정관념이나 선입견(Autostereotyp), 타자(他者)에 대한 스테레오타입(Heterostereotyp) 등 이중적 기능을 가지고 있다.16) 때문에 어떠한 역사적 사실이나 인종이나 민족의 특성에 대한 연구에 있어서 객관성과 신뢰성을 담보하기 위해서는 위의 두 가지 기능이 모두 적용되는 것이 바람직하다. 오늘날 스테레오타입이 결여된 인간의 사고는 불가능할 정도로 스테레오타입은 우리 인식의 저변을 지배하고 있는 것이다.

스테레오타입연구는 1922년 이래로 80여 년의 짧은 역사를 가지고 있지만 유럽에서 역사학의 연구방법론으로 채택하여 본격적인 연구가 이루어진 것은 최근의 일이다. 독일의 경우 니더작센주의 올덴부르크 대학 사학과에서 역사적 스테레오타입연구를 위한 학회(Die Arbeitsstelle 'Historische Stereotypenforschung' ⟨AHS⟩ am Institut für Geschichte der Carl von Ossietzky Universität Oldenburg)를 조직하여 지금까지 일정정도 역사학의 연구방법론의 정립과 구체적인 연구사례들을 꾸준히 발

---

15) Jens Stüben, "Deutscher Polen-Bilder: Aspekte ethnischer Imagotyp und Stereotyp in der Literatur", Hans Henning Hahn, ed., *Historische Stereotypenforschung*, Oldenburg 1996, pp. 48~49.

16) Hahn, *Historische Stereotypenforschung*, Oldenburg 1995, p. 209.

표하고 있다. 한(H. H. Hahn) 교수가 중심이 된 학회의 연구 활동은 독일 내에서도 독일 및 독일과 인접한 중동유럽의 역사적 스테레오타입연구(die historische Forschung zur Geschichte der Stereotypen im mittleren und östlichen Europa)에 있어서 독보적인 위치를 점하고 있다.17) 위 학회는 지금까지 폴란드, 체코, 슬로바키아의 연구자들과 여러 차례 역사적 스테레오타입에 관한 학술회의를 개최하였으며, 그 연구 성과물들을 계속해서 출간하고 있다.18)

머리말에서도 언급했지만 국내에 있어서 역사적 스테레오타입 연구는 아직 시작의 단계라 할 수 있으며, 스테레오타입연구에 해당하는 논문들조차 연구방법론에 대한 언급은 거의 없는 실정이다. 이는 결국 스테레오타입 연구가 유럽의 역사학계에서 비교적 최근에 와서야 논의된 때문이기도 하지만, 국내 학계에서 스테레오타입 연구 방법론에 대한 관심의 부족에도 그 원인을 찾을 수 있을 것이다. 지금까지 역사적 스테레오타입의 연구방법을 도입해서 구체적 사례를 연구한 몇 편의 논저가 있기는 하다. 우선 한국인과 독일인의 상호 이미지를 통해서 간문화적 의사소통의 전망을 연구한 울리히 한(Ulrich

---

17) Die Arbeitsstelle 'Historische Stereotypenforschung'에 대한 보다 상세한 내용은 아래 홈페이지, http://www.bohemistik.de/hs.html, 또는 김춘식의 논문 제3장 '독일의 역사적 스테레오타입 연구경향'을 참조할 것. 김춘식, 「독일의 역사적 스테레오타입 연구」, 앞의 책, 319~327쪽.

18) Kazimierz Wadja, "Die Zusammenarbeit der Thorner und Oldenburger Historiker", Stanislaw Chwirot and Hans Henning Hahn, ed., *Stellung und Verantwortung der Hochschulen in einem politisch offenen Europa: Beiträge des Symposiums anläßlich der 15jährigen Kooperation zwischen der Nikolaus Kopernikus Universität Thorn/Torun und der Carl von Ossietzky Universität Oldenbur*, Oldenburg, 1997, pp.53~56; Hans Henning Hahn, ed., *Berichte und Forschungen: Jahrbuch des Bundesinstituts für Ostdeutsche Kultur und Geschichte Körperschaft*, München u. Oldenburg, 1994; Hans Henning Hahn, "Einführung. Zum 80. Geburtstag des Begriffs Stereotyp", Hans Henning Hahn, ed., *Stereotyp, Identität und Geschichte*, Frankfurt/M u.a., 2002, pp. 9~16; Hans Henning Hahn, "Stereotypen in der Geschichte und Geschichte in Stereotyp", Hans Henning Hahn, ed., *Historische Stereotypenforschung. Methodische Überlegungen und empirische Befunde*, Oldenburg, 1995, pp. 190~204.

Hann)의 저서,[19] 역사·지리교과서, 여행기, 신문기사의 분석을 통하여 냉전시대 대표적 분단국가인 동서독과 남북한의 상호 이미지를 비교·연구한 박재영의 논문,[20] 독일의 저널리스트들이 일제 강점기 한국을 방문 후 기술한 여행기를 통한 독일의 한국에 대한 표상을 연구한 김춘식의 논문[21] 등이다. 그러나 한 가지 아쉬운 점은 위의 논저들이 모두 독일어로 작성되었고 아직 한국어로 번역이 되어 있지 않아 역사학계 일반에 소개되어 있지 않다는 점이다. 위의 논저들은 아직까지 한국적 상황에서 볼 때, 역사적·민족적 스테레오타입연구에 있어서는 주목할 만한 성과물이라 하겠다.

오늘날 세계화는 역사상 유례가 없을 정도로 대규모로, 다층적으로 지구적 통합을 이루어내고 있다. 지난 역사 속에서도 한 국가의 범주를 벗어난 광범위한 지역 사이의 활발한 교류는 종종 이루어져 왔던 것도 주지의 사실이며, 역사적 사료로서 여행기는 이미 오래전부터 그 중요성이 인식되어 왔다. 이를테면 마르코 폴로(Marco Polo)의 『동방견문록』, 이븐 바투타(Ibn Batutah)의 『여행기』, 현장(玄奘)의 『대당서역기』, 혜초(慧超)의 『왕오천축국전』 등은 귀중한 사료로 평가받고 있다.[22]

---

19) Ulrich Hann, *Aspekte interkultureller Kommunikation: eine Studie zum Deutschenbild der Koreaner und Koreanerbild der Deutschen in Suedkorea auf der Grundlage phaenomenologischer Alltagsbeobachtungen und empirisch ermittelter national Stereotypen*, München, 1985.

20) Jae-Young Park, *Kommunismus-Kapitalismus als Ursache nationaler Teilung: Das Bild des geteilten Koreas in der deutschen und des geteilten Deutschlands in der koreanischen Literatur seit den 50er Jahren*, Oldenburg, 2005.

21) Chun-Shik Kim, *Ostasien zwischen Angst und Bewunderung*, Münster & Hamburg, 2001.

22) 마르코 폴로의 여행기 『세계 경이(驚異)의 서(통칭 東方見聞錄)』는 13~14세기의 이란·중앙아시아·몽골의 역사와 지지(地誌) 및 민속 등에 관한 귀중한 문헌이며, 이슬람세계를 중심으로 3대륙 각지를 30년간이나 여행했던 이븐 바투타의 기록은 14세기 이슬람사회를 잘 부각시켜 사료로서의 가치가 크다. 혜초(慧超)의 인도 기행문인 『왕오천축국전(往五天竺國傳)』도 1908년에 프랑스의 동양학자 펠리오에 의해 중국 간쑤성(甘肅省)의 둔황(敦煌)에서 발견되어 고대의 동서 교섭사 연구에 필수적인

스테레오타입은 자아와 타자에 대한 지각이 객관적으로 있는 그대로의 실체 자체와 동일한 것이라기보다는 대상을 인식하는 주체의 인지적·감정적 요소에 의한 고정관념이나 편견이라는 필터를 거친 결과물이기 때문에 역사적 스테레오타입을 연구하는 데 있어서 무엇을 연구대상, 즉 사료로 선택해야 하는가의 문제에 봉착하게 된다. 한(Hahn)의 견해에 따르면 스테레오타입화된 인식을 매개하는 언론매체(신문, 방송, 잡지)와 문학작품, 역사사료, 여행기, 교과서, 각종 사전, 삽화, 사진, 그림 등 문헌학적 텍스트를 포함한 시각화된 자료 등이 스테레오타입의 중요한 연구대상에 포함된다.[23] 여기에서 한 가지 간과해서는 안 될 사항은 제한된 경험과 편견을 가진 관찰자의 머릿속에서 재구성된 민족이나 인종에 대한 이미지는 고정불변한 것이 아니라 사회의 발전 정도에 따라 변화되어 간다는 사실이다. 따라서 이 글에서는 그러한 점을 염두에 두고 오페르트의 여행기록을 분석하여 개화를 전후한 시기 그의 한국과 한국인에 대한 스테레오타입을 분석해 보고자 한다.[24]

사료로 평가되고 있다. 현장(玄奘)의 『대당서역기(大唐西域記)』 또한 인도·중앙아시아 지역의 고대 역사·지리·종교·문화 및 중국과 서역의 교역사를 연구하는 데 귀중한 자료가 되고 있다. 이들 여행기의 번역서로는 Marco Polo, *Divisament dou Monde*, 배진영 편역, 『동방견문록: 마르코 폴로의 길을 걷다』, 서해문집, 2004; Richard Bernstein, *Ultimate Journey*, 정동현 역, 『뉴욕타임스 기자의 대당서역기』, 꿈꾸는 돌, 2003; 慧超 저, 김규현 편저, 『往五天竺國傳』, 『혜초 따라 5만리』, 여시아문, 2005; 玄奘 저, 권덕녀 역, 『大唐西域記』, 『대당서역기』, 서해문집, 2006.

23) Hahn, "Strereotypen in der Geschichte", *op. cit.*, p. 191.

24) Gertrud Claussen ed., *Fremde Heimat Korea: deutscher Arzt erlebt die letzten Tage des alten Korea(1901~1905)*, München, 1983.

3. 오페르트의 조선이미지

에른스트 오페르트(Ernst J. Oppert, 吳拜: 1832~1903)의 명성에 비하여 그의 생애에 대해서는 알려진 사실이 많지 않다. 『유대인 인명자료집』25)과 『독일문헌총람: 1700~1910』26)에 의하면 그는 1832년 12월 5일 독일 최대의 항구도시 함부르크(Hamburg)에서 유태인 가정에서 태어났다. 자료에 의하면 그는 여행가이자 인종학자로 소개되어 있는데 그가 받은 교육 정도에 대해서는 언급해 놓지 않아 그 구체적인 내용을 파악하기 어렵다. 단지 그가 19세의 나이로 홍콩에 상인 신분으로 와 있었던 것으로 보아 일정 수준의 학문적 성취를 이루었다기보다는 일찍이 자신의 진로를 동양에서의 무역업에 두었다고 보는 것이 타당할 것이다.

그는 이후 상해로 자리를 옮겨 상점을 개설하여 무역업에 종사하였으며, 이때 중국의 문화와 인종학에 관심을 가지고 독학한 것으로 보인다. 그는 남다른 사업적 수완을 보여 상해에서 독일인 실업가로 알려지게 되었으며 사업의 대상을 넓혀 중국과 일본만이 아닌 아직 서양인들에게 미지의 세계였던 조선에 관심을 보이기 시작했다. 그는 다방면으로 조선에 대한 정보를 수집하는 한편 상해 주재 미국, 영국, 러시아, 독일 외교사절들과의 친분도 넓히기 시작했다.27) 그는 조선 정부의 철저한 쇄국정책과 천주교 박해에 대한 소식을 접하였고, 조선에의 접근이 어려울 것이라는 예상에도 불구하고 자신의 계획을 포기하지 않았다. 오페르트는 당시 쇄국(鎖國)중이던 조선과의

---

25) Salomon Wininger ed., Jüdisches Bibliographisches archiv, *Grosse Jüdische National-Bibliographie*, Vol. 4, 1929.

26) Hilmar Schmuck u. Willi Gorzny ed., *Gesamtverzeichnis des deutschsprachigen Schrifttums* (GV), *1700~1910*, Vol. 105, K. G. Saur München, New York, 1984.

27) Ernst J. Oppert, *op. cit.*, pp. 162~163, PP. 190~191.

통상의 길을 개척할 목적으로 몇 차례에 걸쳐 입국교섭을 벌였다. 1866년(고종 3년) 2월, 오페르트는 흑산도를 지나 아산만 일대를 탐사하였고, 동년 6월에는 덕적도와 강화도를 탐사하면서 해미(海美) 현감을 만나는 등 조선의 지방관과도 접촉하고 천주교 박해에 대한 정보들을 입수하였다.[28] 오페르트는 이렇게 두 차례에 걸친 탐사작업을 통해 자신의 개인적인 노력만으로는 조선과의 통상이 어렵다는 사실을 절실하게 깨닫게 되었다.

그럼에도 불구하고 그는 종래 자신의 목적을 포기하지 않았다. 1868년 4월 오페르트는 다시 통상로를 트기 위해 차이나호(號)와 크레타호(號)로 프랑스인 신부 페롱, 미국 상인 젱킨스와 함께 조선을 찾았다. 그는 당시 조선의 실권자였던 대원군의 부친 남연군(南延君)의 묘를 도굴하는 사건을 저지르게 되었는데, 그의 도굴 목적은 값진 부장품에 대한 기대와 남연군의 시신을 조선의 문호개방을 위한 수단으로 사용하고자 하는 의도에서였다. 그의 도굴은 능묘의 견고함으로 인하여 실패로 돌아갔는데 다시 상해로 돌아가는 도중, 경기도 영종진(永宗鎭)에 이르러 대원군에게 올리는 글을 제시하면서 영종진을 습격하다가 실패하고 돌아가 버렸다. 결과적으로 오페르트의 의도와는 달리, 이 사건으로 인하여 대원군의 쇄국정책과 천주교 탄압이 더욱 심해졌던 것이다.[29]

오페르트는 그의 조선에서의 체험과 방대한 서지학적 정보를 엮어 1880년 단행본으로 출판하면서 서문에 그의 저술동기를 두 가지로

---

28) 오페르트가 아산만을 탐사목표로 잡은 이유는 조선의 다른 해안에 대한 그때까지의 측량자료가 부족했던 것으로 보이는데, 아산만의 경우 이미 암허스트호와 버르지니호에 의해 이미 탐사가 끝난 장소였기 때문이었다. Ibid., pp. 160~161.

29) 오페르트 사건 이후 대원군의 천주교 탄압에 대해서는, 이애덕, 「大院君 執權期 天主教徒에 대한 分析的 考察: 丙寅迫害殉教者 證言錄을 中心으로」, 부산대 석사논문, 1994; 李玟洙, 「大院君의 宗教政策에 대한 一考察」, 『東學研究』 5(1), 1999 참조.

나누어 설명하고 있는데, 여기에서도 그의 조선에 대한 스테레오타입의 일면을 엿볼 수 있다.

첫째, 그는 조선에 대한 보다 정확하고 객관적인 정보를 독자들에게 제공하기 위해라고 언급하고 있다. 극동의 조그만 반도에 위치한 왕국 조선에 대한 불충분하고 비현실적인 정보들이 가끔씩 신문, 잡지, 간행물 등에 소개되는 것만으로는 조선에 대한 일반적인 지식을 확대시키는데 크게 도움이 되지 않을 뿐만 아니라 조선이 히말라야 부근이나 인도양이나 태평양의 어느 군도에 있다는 식의 잘못된 정보를 바로잡고자 하기 위한다는 것이었다.30)

이 저서가 아시아 대륙에서 가장 흥미 있는 나라에 대한 관심을 불러일으키는데 (…중략…) 하나의 기여가 될 것이라고 생각하며 (…중략…) 외국인으로서 이 나라에 들어가는 것을 방해했던 장애를 극복하는데 이 저서가 도움이 되기를 희망한다.31)

위와 같이 오페르트는 조선에 관심이 있는 서양인들을 의식하고 저술한 것임을 알 수 있다. 그는 여행기에서 종종 찾아볼 수 있는 허황된 이야기나 상상을 통한 서술을 지양하고, 자신이 직접 보고 체험한 것과 전문가들로부터 얻은 확실한 문헌정보에 의한 사실만을 기록하기 위해 세심한 주위를 기울였다고 첨언하고 있다.32)

여기에서 한 가지 중요한 사실을 유추해 볼 수 있는데, 그것은 위의 글에 비추어 확실하지는 않지만 이미 오페르트는 서양인들이 남긴 조선에 대한 이전의 기록들에 대해 여러 보고서나 간행물 등에 소개되었던 내용을 이미 잘 알고 있었으리라는 추측이 가능하다. 이

---

30) Ernst J. Oppert, *op. cit.*, p. viii.

31) *Ibid.*, p. vii.

32) *Ibid.*, p. viii.

는 오페르트의 조선 방문 이전 그의 조선에 대한 인식이 어떠하였는 가를 알 수 있는 단초가 되기 때문이다. 실제로 그의 책을 보면 1860 년대 이전까지 유럽의 여행가나 선교사들에 의해 쓰여진 조선에 대한 기록 및 서지학 관계 자료들을 숙지하고 있었고, 일정 부분 그의 저작에 참고한 것으로 보인다. 오페르트는 조선의 쇄국정책을 논하는 부분에서 서양인들이 조선에 대해 알고 있는 지식은 일차적으로 17세기 이전에 얻은 중국이나 일본의 문헌을 통한 것이고, 이차적으로는 조선에 표류하여 장기간 억류생활을 했던 네델란드인 하멜 (Hendrick Hamel, ?~1692),[33] 영국의 항해사이자 탐험가로 조선의 동해안을 항해했던 브로튼(William R. Broughton, 1761~1821),[34] 영국의 작가로 유구·일본·조선 등지를 여행했던 홀(Basil Hall, 1788~1844),[35] 프랑스 선교사 뒤 알드(Du Halde, 1674~1743)[36]와 독일의 지리학자 리터 (Karl Ritter, 1779~1859), 네덜란드의 진보주의자 빗센(Nic Witsen, 1640~ ?), 맥스웰(Murray Maxwell, 1766~1831)과 맥로드(John Macloed, 1782~ 1820)의 기록,[37] 그리고 일본서의 번역으로 조선에 대한 유용한 정보를 제공한 독일의 동방학자이자 베를린 대학 교수를 역임한 클라프로트(H. J. Klaproth, 1783~1835),[38] 일본 나가사키에 장기 체류하면서 난파로 일본에 표착한 많은 조선인들을 인터뷰했던 지볼트(P. F. von

---

33) Hendrick hamel, *An Account of the Shipwreck of a Dutch Vessel on the Coast of the Isle of Quelpart, Together with the Description of the Kingdom of Corea*, London, 1818.

34) William R. Broughton, *A Voyage of Discovery to the North Pacific Ocean*, london, 1804.

35) Basil Hall, *Account of a Voyage of Discovery to the West of Corea and the Great Loo-Choo Island*, London, 1818.

36) Du Halde, *The GeneralHistory of China*, London, 1741.

37) 맥로드는 스코틀랜드 출신의 외과의사로 1816년 알세스트호의 의사로 홀, 맥스웰 등과 조서 서해를 탐사하여 『알세스트호의 조선 서해 답사기(*The Voyage of the Alceste along the Coast og Corea*)』를 남겼다.

38) H. J. Klaproth, *apercu général des trois Royaumes, traduit de l'Original Japonais-Chinois*, Paris, 1832.

Siebolt, 1796~1866), 조선의 언어와 문자 연구에 조예가 깊었던 호프만 (J. Hoffmann)[39] 등이 남긴 기록에 힘입은 바 크다고 언급하고 있다.

둘째, 오페르트의 저작 동기에는 1868년 4월에 있었던 제3차 조선 탐사에 대한 진상을 밝히려는 의도도 작용하였다. 그는 『폐쇄된 나라』 서문을 보면 '세 번째 항해에서 그가 의도했던 바를 이루지 못한 아쉬움과 함께 그가 취한 세 번째 탐사의 절차와 관련한 근거 없는 소문과 무지, 그리고 그의 탐사가 마치 소설처럼 묘사'[40]되고 있는 상황에서 있었던 그대로의 사실을 전하려는 목적이 저작의 동기로 작용하였던 것이다.

오페르트에 의하면 도굴사건은 남연군의 묘를 파헤쳐 왕족의 유품 (Reliquien)[41]을 확보한 뒤, 그 유품을 매개로하여 대원군에게 조선의 문호를 개방하도록 요구하기 위한 조치였다. 게다가 오페르트는 도굴계획을 세운 사람은 자신이 아니라 당시 조선의 천주교 탄압을 피해 상해에 와 있던 프랑스 신부 페롱과 몇 명의 조선인 천주교도이며, 자신은 페롱 신부의 제안으로 조선으로의 항해에 착수하였다는 것이다. 그러나 오페르트의 이러한 서술은 3차 항해에 자금을 제공하고 동행했던 미국영사관의 통역관을 지낸 젱킨스가 재판에 회부된 점 등을 고려할 때, 남연군 묘의 도굴이라는 부도덕하고 야만적인 행위에 대한 오페르트의 변명으로 보아야 할 것이다.[42]

---

39) P. F. von Siebolt u. J. Hoffmann, *Nippon*, Leiden, 1854.

40) Ernst J. Oppert, *op. cit.*, p. ⅹ.

41) '유물' 또는 '유품'으로 번역되는 독일어 'Reliquien'은 여성명사 'Reliquie'의 복수 형태이다. 이는 '시체' 또는 '시신'으로 번역되는 남성명사 'Leichnam'이나 여성명사 'Leiche'와 명백하게 구분되는 용어임을 알 수 있다. 오페르트 일행은 분명히 묘에 안장된 남연군의 '시신'을 탈취하려고 했는데, 오페르트는 남연군의 '시신'을 '유품' 이라는 용어를 사용함으로써 시신 탈취사건을 교묘하게 은폐하려고 했던 의도가 보인다. *Ibid.*, pp. 273~276.

42) 오페르트 일행의 도굴사건은 발생단계에서 실패에 이르기까지 모든 내막이 은폐될 수도 있는 사건이었지만, 3차 항해에 동행했던 한 마닐라 수부의 피살사건으로 상

위와 같이 오페르트는 자신의 저술 동기를 서술하였는데, 이제 그의 저작에서 묘사한 조선이미지는 어떠한지를 살펴볼 차례이다. 그의 저작을 보면 제1장에서 제6장까지 조선에 대한 백과사전적 지식과 정보들을 총망라하고 있는데 가장 먼저 눈에 띄는 것은 조선인에 대한 오페르트의 인종학적 구분이다. 오페르트에 의하면 조선 사람들의 인상은 중국인과 다른 종족에서 기원하며, 각기 다른 두 민족의 혼혈 민족이라는 것이다. 조선인들은 중국인이나 일본인에 비해 골격이 크고 활달한 인상을 주고 있으며, 몽골족이나 북아시아의 야만적 유목민들을 연상시키지만, 다른 한편 유럽의 코카서스인종의 특징도 나타난다는 것이다. 여기에서 그는 특이하게도 지볼트(P. F. von Siebolt)의 견해를 소개하면서 조선인들은 인종학적으로 유럽인과 흡사하다는 견해를 펼치고 있다. 실제로 오페르트는 코카서스인종과 흡사한 모습의 조선 상인과 몽골리안 계통의 하층민의 얼굴 삽화를 제시하면서 조선인이 유럽인과 생김새가 유사하다는 근거도 제시하고 있다. 이를테면, 고매하고 차분하게 보이는 조선인들이 유럽풍의 전통복장을 입고 있었으면 그들을 유럽인으로 착각할 정도였다는 것이다. 그

해 외교가에 알려지기 시작했다. 도굴에 실패한 오페르트 일행은 귀항하면서 강화도 남쪽의 동검도(東檢島: Tricault Island)에 잠시 상륙했는데 조선 병사들과의 총격전으로 마닐라 수부 한 사람이 피살되었다. 이 사건을 보고받은 스페인 영사는 상해 주재 미국 총영사인 슈워드(C. F. Seward)에게 통보했으며, 그는 젱킨스를 즉시 체포하여 영사재판에 회부하였다. 젱킨스는 미국과 통상조약도 체결되지 않은 조선에 폭력—좀 더 구체적으로 매매나 몸값을 받아낼 목적으로 어느 죽은 왕족의 시체를 도굴하기—을 써 가면서 상륙했다는 이유로 기소되었지만 재판에서 증거불충분으로 풀려났다. 슈워드는 미국무성에 이번 사건은 조선의 왕릉에서 시체를 탈취한 뒤 금품을 요구하기 위해 일어난 것으로 보인다는 보고를 하고 있으며, 이러한 '불법적이고 비난받을만한 항해'에 대한 재판은 당시 상해 외교가에서도 많은 사람들의 관심의 대상이었다. 『은자의 나라 한국』의 저자로 유명한 그리피스(W. E. Griffis) 역시 도굴사건을 언급하고 있는데, 이 사건으로 더 이상 의심할 나위 없이 서양인들은 침략자이자 야만인이며, 조상의 능묘를 함부로 파헤치는 도적이고 강도라는 확신을 조선 사람들에게 심어준 사건이라 평하고 있다. W. E. 그리피스, 신복룡 역주, 『은자의 나라 한국(*Corea: The Hermit Nation*)』, 집문당, 1999, 511~512쪽; 董德模, 『朝鮮朝의 國際關係』, 박영사, 1990, 65~68쪽.

리고 잘 생기고 준수한 용모와 장밋빛 피부와 적갈색의 머리털, 푸른 눈동자를 가진 많은 조선의 어린 아이들은 유럽의 아이들과 구별하기가 대단히 어렵다고 서술하고 있다. 오페르트는 이후 더 많은 조선 사람들을 접촉한 후에야 자신이 조선인들을 유럽인의 후예로 생각했던 것을 바꾸게 되었다고 첨언하고 있기는 하다.[43] 결국 조선인의 인종학적 모습에 대한 오페르트의 견해는 독일인 의사 지볼트의 저작에서 영향을 받은 것임을 알 수 있으며, 그가 조선인이 유럽인의 후손이 아니라는 생각을 바꾼 것은 한참이 지나서였으니 간접적인 경험이나 정보를 통해 형성된 타민족에 대한 스테레오타입의 가장 전형적인 모습을 오페르트의 경우에서 살펴볼 수 있는 것이다.

독일인 의사이며 일본연구가인 지볼트는 1823년 일본에 도착하여 에도(江戶) 정부의 후원으로 일본학 연구에 매진했던 인물이다. 그는 나가사키(長崎)에 표류한 많은 조선인들을 조사한 결과를 다음과 같이 적고 있다.

조선 사람들의 용모는 일반적으로 몽골족의 인상을 떠오르게 한다. 넓고 거친 얼굴, 광대뼈, 튼튼한 턱과 넙적한 콧부리, 치켜 올라간 눈매 (…중략…) 그러나 조선 사람들은 용모에서 두 종족의 특징을 보이고 있다. 코의 생김새는 코카서스인종에 가까우며, 눈의 생김새는 유럽인에 가깝다.[44]

또한 오페르트는 조선의 기후는 인간의 생활에 가장 적합한 조건

---

43) 이지은의 연구에 의하면, 오페르트는 조선인의 인종학적 구분에 대한 자신의 주장을 결국 수정하기는 하지만 조선인을 유럽인과 동일시하거나 최소한 유럽인과 유사한 인종으로 묘사하는 배경은 조선인이 유럽에서 유래했을 수도 있다는 가능성을 은연중에 암시함으로써 그들의 관심을 유도하고 이러한 맥락에서 서구 열강에 의한 조선의 문호개방과 문명화를 의도할 뿐만 아니라 이를 정당화하려는 의도로 파악하고 있다. 이지은, 『왜곡된 한국, 외로운 한국』, 책세상, 2006, 136~137쪽.

44) Ernst J. Oppert, *op. cit.*, pp. 7~8.

들을 갖추고 있으며, 신체적 조건에서도 중국인과 일본인에 비해 결코 뒤지지 않는다고 서술하고 있다. 이와 같이 오페르트의 조선 인식은 주로 일본과 중국과의 비교를 통한 것이었는데, 그가 중국과 일본을 오가며 무역을 하고 있었던 점에서 어찌 보면 그것은 자연스러운 비교라 할 수 있을 것이다.

두 번째로, 오페르트는 조선의 풍부한 지하자원에 많은 관심을 보이고 있는 사실을 발견할 수 있다. 그리고 그러한 관심은 오페르트의 식민주의 담론으로 확대되고 정당화되는 특징을 보여주고 있다. 그는 먼저 지하자원뿐만 아니라 각종 식물자원이나 동물들도 많지만 일반적으로 조선이 척박한 나라로 잘못 알려진 것은 다음의 두 가지에서 연유한다고 보았다. 즉 외부인들이 조선에 대한 정보에 무지한 것과 조선 스스로가 외국의 접근을 막기 위해 의도적으로 퍼뜨린 것이라고 본다. 이러한 오페르트의 견해가 어느 정도 타당성을 가지는지는 논외로 하고, 풍부한 자원의 이용에 대해서 매우 소극적인 조선인의 태도는 그의 비판의 대상이 되었다. 그는 조선 정부의 억압으로 인해 광산업과 제조업의 발달이 미약하며, 조선의 경제는 생필품의 물물교환 수준에 머물러 있는데, 조선은 무한한 발전 가능성을 가진 나라임에도 불구하고 진보와 발전에 대한 사람들의 의욕이 결여되어 있고, 정부의 잘못된 정책도 거기에 일조하고 있음을 다음과 같이 서술하고 있다.

나는 아시아 대륙의 어느 나라에도 광물의 풍부함에 있어 조선에 필적하는 나라는 없다는 것을 강조하고자 한다. (…중략…) 조선의 기후는 온화하고 국토는 척박하지 않다. 풍부한 자원들이 방치되어 있으며 정부도 이 결핍을 극복하려는 노력을 전혀 하지 않고 있다.[45]

---

45) Ibid., pp. 154~155.

오페르트는 대원군의 쇄국정책으로 인해 굳게 닫혀 있는 조선의 대문 밖에서 내부를 들여다보고 있는데, 조선이 문호를 개방할 경우 얻을 수 있는 실제적인 이익을 제시하며 독자들로 하여금 그들이 조선에 대해 가지고 있었던 호기심과 기대감을 자극하여, 확대 재생산하고 있는 것이다. 그는 조선의 백성들 역시 개항과 외세의 개입을 절실히 원하고 있다고 하면서 결국 조선 정부의 쇄국정책이 가장 커다란 걸림돌임을 그의 저작 여러 곳에서 강조하고 있다. 그러나 그러한 그의 주장은 대다수 조선 백성들의 의지가 아니라 그가 접촉했던 소수의 조선인 천주교 신자들의 견해에 가깝다고 할 수 있다. 조선 백성들이 외세의 개입으로 조선의 개항을 원한다는 것은 전적으로 오페르트의 희망사항인 것이다. 여기에서 오페르트는 은연중에 문명화된 유럽 열강들에 의한 조선의 문호개방과 조선에 대한 식민주의 담론을 다음과 같이 제시하고 있다.

> 조선은 국명 이외에는 알려진 것이 없다. (…중략…) 문호를 개방한다면 조선의 풍부한 자원들이 개발되는 것은 물론 과학세계에도 지금까지 알려지지 않은 분야에서 풍부한 수확을 제공할 것이다.[46]

그야말로 19세기 후반 조선의 역사는 안팎으로 격동의 시기였다. 이 시기 유럽에서는 1871년 민족적 통일을 이룩한 독일이 뒤늦게 제국주의 열강의 아시아와 아프리카에 대한 식민지 쟁탈전에 뛰어들었으며, 조선에 대한 서구 열강의 자세는 오페르트로 대표되는바 아직까지는 담장 넘어 내부를 들여다보는 정도였다. 이러한 상황에서 조선에 대한 환상과 호기심을 현실적인 탐욕의 대상으로 만들고 조선을 강제로 개방시켜서라도 식민지로 만들어야 한다는 주장을 한 사

---

46) *Ibid.*, pp. 1~3.

람은 오페르트였다.47) 대원군과 조선인들에게 오페르트의 도굴사건
은 비인도적이고 야만적인 행위일 수밖에 없었지만, 서두에서 밝힌
바와 같이 그의 저작 『Ein verschlossenes Land: Reisen nach Corea』는
하멜과 지볼트 이후 유럽인이 쓴 조선에 관한 자료 중에서 가장 많은
정보를 제시하고 있다. 더군다나 오페르트는 자신의 저작 말미에 조
선이 개항할 경우를 대비해 체결할 조약문의 초안까지 부록으로 제
시하고 있다. 그는 조선을 식민지화하는 이유를 조선의 지정학적 중
요성과 식민지배에 의한 조선의 발전가능성에서 찾고 있는데, 여기
에서 오페르트가 제시한 조선을 군사적으로 점령하고 지배할 주체는
독일이 아닌 러시아로 상정하고 있다는 사실이다.

지정학적으로 중요한 한반도를 점령하고 지배하는 데 필요한 것은 단
지 소규모의 군대와 전함 몇 척이면 충분하다. 만약 러시아가 원한다면
언제든지 동해까지 진출하여 아시아 동부 해안 전체의 지배자가 될 수
있다. (⋯중략⋯) 러시아의 식민정책은 (⋯중략⋯) 완전히 고립되어 있던
환상의 나라가 세계에 개방될 것이기 때문이다.48)

신복룡, 장우영 역주 『금단의 나라 조선』의 후반부에는 1898년 독일
슈트트가르트(Stuttgart)에서 출판된 오페르트의 또 다른 저서 『동아시
아 견문기: 인도·중국·일본·한국의 모습과 회상(Ostasiatische Wanderungen,
Skizzen und Erinnerungen)』의 일부 조선관련 내용을 소개하고 있다. 오페
르트는 1868년 자신의 제3차 조선탐사가 끝난 지 32년이 지난 1898년

---

47) 식민주의 담론의 전형적인 경향중의 하나는 고유명사나 지명을 서양의 언어로 대체
하는 것이다. 1866년 오페르트는 자신이 발견한 강화도 주변의 섬들을 독일어로
바꿔 기록하고 있다. 그는 교동도(喬桐島)를 '베이컨 힐 섬(Beacon-Hill-Insel)', 교동
도 서쪽의 납도(納島)를 '올가섬(Olga-Insel)'으로 명명하고 있다. Ibid., pp. 219~220.
48) Ernst J. Oppert, op. cit., pp. xi~xii.

출판한 책에서 보다 분명하게 조선에 대한 그의 견해를 피력하고 있다. 오페르트는 러시아가 1860년 북경함락 이후 조선을 정복하거나 개항을 강요할 수 있는 절호의 기회를 번번이 놓치고 있다고 비판하고 있는데, 이는 지정학적으로 볼 때도 조선에 대한 지배권은 러시아가 행사해야 한다는 오페르트의 내심을 엿볼 수 있는 서술이라 하겠다. 오페르트는 계속해서 조선의 문호를 개방한 나라는 서양문물을 받아들여 국가개혁을 이룩한 일본이었다는 점을 지적하며, 이는 사실상 거대한 군함을 보유하고 있는 서구 열강들에게는 수치스러운 일이라는 견해를 피력하고 있다.49) 오페르트의 이러한 백인 우월주의적, 오리엔탈리즘(Orientalism)50)적 사고방식은 1880년 그의 저작이 출판된 지 18년이 지난 1898년에도 변함없이 지속되고 있는 것이다.

오페르트의 조선에 대한 식민지 담론 외에도 그의 오리엔탈리즘적인 사고는 조선의 문화 전반을 이해하는 태도에도 잘 드러난다. 특히 인간적인 품성에 있어서의 순수함은 조선인들의 종교적인 태도에도 명확히 드러난다고 보았다. 오페르트는 조선의 종교를 소개하면서 '조선의 공식적인 종교는 불교이다. 그러나 종교적인 형식과 제의를 소홀히 한다는 점에서 야만적인 수준을 벗어났다고 보기 어렵다.'고 기술하고 있다.51) 오페르트의 이러한 한국 불교에 대한 평가절하는

---

49) 이러한 백인 우월주의적 성향은 오페르트뿐만 아니라 고종황제의 시의로 조선에 다년간 체류했던 독일인 의사 리하르트 분쉬(Richard Wunsch)의 기록에도 나타나고 있다. 분쉬는 러일전쟁에서 러시아의 패배는 유럽인들이 수치스러워해야 할 사건이라고 서술하고 있다. E. J. Oppert, 신복룡·장우영 역주, 「동아시아 견문기: 인도·중국·일본·한국의 모습과 회상(Ostasitische Wandurungen, Skizzen und Erinnerungen)」, 『금단의 나라 조선』, 집문당, 2000, 257~273쪽; Getrud Claussen ed., *Fremde Heimat Korea; deutscher Arzt erlebt die letzten Tage des alten Korea(1901~1905)*, München, 1983, p. 90, pp. 95~96.

50) 사이드(Said)에 의하면 오리엔탈리즘은 서양이 동양을 지배하고 재구성하기 위한 인식론적 네트워크의 총체이고 서양과 동양을 구분하는 보편적 사고방식으로 정의된다. Edward W. Said, *Orientalism*, New York, 1979; 번역본으로는 사이드 지음, 박홍규 역, 『오리엔탈리즘』, 교보문고, 1994 참조.

타문화에 대한 이해부족이나 문화적 상대주의의 결여에서 비롯되었다고 볼 수 있을 것이다. 따라서 조선의 종교가 비문명화된 야만적 수준에 머물고 있기 때문에 조선인들 사이에는 샤머니즘이 만연하고 있으며, 조선은 문화적인 교양과 세련미에 있어서 동아시아 3국 중에서 가장 낮은 수준이라고 하였다. 그러한 낮은 수준의 문화적 세련미로 인하여 조선은 자신들의 역사와 문화에 대한 관심이 적고 외부에서 참고할 만한 조선인들에 의한 기록은 거의 가지고 있지 않으며, 기록을 남기려는 노력도 하지 않는다고 평가하고 있다.[52] 또한 오페르트는 조선의 유교문화가 종교적 차원에까지 이른 제례의식과 조상의 능묘에 대한 신성화에 대한 이해가 결여되어 있거나 의도적으로 폄하하고 있음을 알 수 있다. 그는 '조성(Grand-fathernity)'이 제례를 통해 숭앙되고, 제례는 조선인의 생활양식에서 중요한 부분을 차지한다는 사실과 능묘에 대한 훼손이 얼마나 커다란 불경임을 알지 못했던 것이다.[53] 조선 사회에 있어서 여성의 예속성을 소개하는 대목에 있어서는 '조선에서의 일부다처제는 공공연한 제도이며 조선여성의 운명은 중국 여인들과 별반 차이가 없다'고 언급하면서 은연중에 서양 기독교 사회의 일부일처제가 보편적이고 윤리적인 결혼제도인데 반해 일부다처제를 문화적 후진성과 야만성을 드러내는 기재로 자리매김하고 있는 것이다.[54] 문제는 이러한 오페르트의 저작이 유럽에 출판되면서 그의 책을 읽은 독자들에게 오페르트에 의해 한번 걸러진, 즉 오페르트에 의해 상상되고 부분적으로 왜곡된, 부정확한 조선에 대한 지식 등이 서구인들의 조선이미지 형성에 결정적 영향을 끼칠 수 있다는 사실이다. 이렇게 왜곡된 이미지는 사회적 다위니

---

51) Ernst J. Oppert, *op. cit.*, p. 100.

52) *Ibid.*, pp. 44~45.

53) 최용성, 『한국의 조상숭배』, 예전사, 1987, 82~85쪽.

54) Ernst J. Oppert, *op. cit.*, pp. 117~118.

즘과 문화제국주의를 앞세운 서구 열강의 조선에 대한 지배와 식민지화를 정당하게 하는 요인으로 작용하게 되기 때문이다.

마지막으로 조선의 정치상황에 대한 오페르트의 서술을 보면, 특히 대원군에 대한 매우 부정적인 이미지를 가지고 있다는 인상을 강하게 받게 된다. 이는 대원군의 쇄국정책과 천주교에 대한 탄압에 기인한 바 크지만, 이것은 모두 대원군의 잔인하고 혹독한 성품과 권력에 대한 집착에서 연유한 것이라고 파악하고 있다. 따라서 조선은 '난폭하고 변덕스러운' 통치자와 그의 통치에 불만이 있지만 두려움 때문에 많은 관리와 백성들이 억압받는 사회라는 것이다. 이러한 대원군의 통치하에서 조선 백성들에게 정치적·종교적 자유를 주기 위해서도 오페르트에게는 조선에 대한 서구 열강의 문호개방 압력과, 심지어 조선에 대한 식민지배까지 정당화되는 것이다. 아울러 오페르트는 조선이 청국의 예속 하에 있는 나라가 아닌 자주독립국이라는 점을 강조하고 있는데, 이는 조선을 독립된 국가로 인정해야만 하는 서구열강들의 이해관계 때문이다. 강화도조약 당시 일본도 역시 같은 입장이었지만, 조선이 청국의 속국이 아닌 자주국이어야만 열강들의 조선에 대한 개입과 침탈이 청국의 간섭으로부터 자유로울 수 있었기 때문이다.

4. 정형화된 이미지의 확대 재생산

19세기 중반까지도 조선은 서구인들에게 미지의 땅이었다.[55] 위

---

55) 이지은의 연구에 의하면 서양인들이 한국에 대해 관심을 가지기 시작한 것은 16세기 중엽부터였으며, 1871년 통일한 독일이 후발 제국주의 국가로 식민지 경영에 뛰어 들면서 조선에 대한 관심이 고조되기 시작하였다. 그리고 1883년 조독수호조약 이후부터 1910년 한일합방까지 가장 많은 조선관계 서적들이 쏟아져 나오고 있음을 일 수 있다. 1910년 일제의 식민지로 전락한 이후 한국에 대한 유럽인의 자료

에서 살펴본 바와 같이, 조선에 대한 오페르트의 이미지는 이미 17세기 초부터 몇 몇 유럽인들에 의해 전해진 조선에 대한 직접적 체험이나 간접적 지식으로부터 영향을 받으며 형성되었다는 사실을 추론할 수 있다. 왜냐하면 오페르트의 저작에서 부분적이기는 하지만 이전에 유럽인들에 의해 쓰여진 자료들의 흔적을 엿볼 수 있기 때문이다. 본 연구의 목적은 오페르트의 조선에 대한 역사적 스테레오타입의 분석이지만, 더 근본적인 문제는 오페르트의 조선에 대한 이미지가 조선에 오기 전에, 조선을 체험하기 이전에는 어떠했으며, 그러한 이미지에는 어떠한 요인들이 작용했는가를 찾아내야 한다는 사실이다. 그러나 조선에 대한 오페르트의 인식 또는 습득된 지식과 정보의 출처는 오페르트가 직접 밝히지 않는 한 찾아내기가 지극히 어렵고 단지 추축할 수 있다는 사실이다. 이러한 문제는 분쉬나 묄렌도르프의 경우에도 적용되는 중요한 문제라 하겠다.

그러나 다행스럽게도 오페르트는 자신이 참고했던 조선에 대한 이전의 자료들을 제시해 주고 있다. 특히 오페르트의 기록에서 비중 있게 다루어진 홀(Basil Hall), 뒤 알드(Du Halde), 클라프로트(H. J. Klaproth), 지볼트(P. F. von Siebol), 그리고 호프만(J. Hoffmann) 등이 남긴 자료를 찾아 오페르트의 조선 방문 이전 조선에 대한 이미지는 어떠하였는가를 파악하는 작업과, 조선 방문 이후 『폐쇄된 나라』에 나타난 조선이미지와의 비교는 스테레오타입의 형성과 관련해서 수행되어야 할 연구과제다. 그러나 이는 방대한 사료의 분석을 요하는 작업이므로 아쉽지만 본고에서는 문제제기에 그치기로 하고 향후의 연구과제로 남기고자 한다. 특히 지볼트와 호프만의 공저 『Nippon』에 대한 번역과 내용분석은 오페르트의 조선이미지 형성과 관련해서 매우 중요한 자료라 할 수 있다.

의 총량은 오히려 줄어드는 경향을 보인다. 이지은, 앞의 책, 28~33쪽.

그럼 과연 오페르트의 조선에 대한 스테레오타입은 어떤 모습을 하고 있는 것일까? 먼저 우리는 그의 책 제목에서 그 답을 찾을 수 있다. 그의 책은 독일어로 "폐쇄된, 또는 닫쳐진 나라: 코리아로의 여행(Ein verschlossenes Land: Reisen nach Corea)"에서와 같이 "폐쇄성"을 우선 꼽을 수 있다. 그리고 그의 책은 영역본으로도 출판되었는데 책명은 "금단의 나라: 코리아로의 여행(A Forbidden Land: Voyage to the Corea)"에서 보는 바와 같이 "금지"와 범접할 수 없는 "비접근성"의 이미지를 보여주고 있다. 두 번째로, 오페르트의 조선에 대한 민족적 스테레오타입(Nationale Stereotyp)은 조선을 바라본 오페르트의 시선과 깊은 관련성을 보인다. 조선은 오페르트에 의해 관찰과 분석의 대상으로 철저히 객체화된다. 오페르트는 조선의 실상을 조선의 역사와 문화의 맥락에서 이해하며 상대주의적 관점에서 바라 본 것이 아니라, 조선이 유럽과 비교해서 얼마나 문화적으로 미개한 상태에 있는지를 파악하는데 집중했던 것이다. 거기에는 17세기부터 유럽인들에 의해 정형화된 조선에 대한 허구적 상상과 호기심, 사실의 왜곡이 반복과 첨삭, 중복의 과정을 거치면서 확대 재생산되는 경향을 보인다는 것이다. 그렇게 해서 도출된 오페르트의 조선에 대한 민족적 스테레오타입은 "원시성"과 "야만성", "전근대성" 등으로 표상되며, 그러한 표상은 조선의 역사와 문화 전반을 규정하는 '정형화된 이미지', 즉 '고정관념'으로 나타났던 것이다. 이러한 스테레오타입의 기반위에 조선인은 인종학적 열등함, 역사적 정체성, 문화적 후진성, 불합리와 미신 등의 요소를 민족으로 형상화되는 것이다. 이러한 형상화는 당시 조선의 시대적 상황에 대한 객관적이고 설득력 있는 자료에 근거하고 있기보다는 일정부분 오페르트 자신에 의해 첨삭된 것이다. 결국 오페르트의 조선이미지는 조선의 개명을 강제하는 유럽 문명인들의 식민주의적 침탈을 위하여 만들어졌던 것이다. 오페르트의 조선에 대한 역사적 스테레오타입을 볼 때, 그의 저작은 19세기 후반 서구인의 백인우월주의와 문화적 제국주의, 오리엔탈리즘, 그리고 식민주의 담론을 총체적으로 보여주는 하나의 대표적 사례라 할 것이다.56)

---

56) 그러나 동일한 서양인들 사이에도 타자에 대한 인식태도(Hetero-Steroetyp)에 따라 조선을 바라보는 시각에서 차이를 보이기도 한다. 여행가의 시각인가, 인류학자의 시각인가, 아니면 정치가 혹은 의사의 시각인가, 그리고 국적으로 볼 때, 프랑스인인 가, 독일인, 또는 미국인인가에 따른 차이도 있을 수 있다. 한 가지 흥미로운 사실은 같은 국적이라도 그의 직업이나 타자에 대한 관심, 체류기간 등에 따라 나타나는 이미지가 각기 다르다는 사실이다. 이는 오페르트, 묄렌도르프, 분쉬 등 19세기 후반 조선을 방문했던 독일인의 조선이미지에서도 나타나고 있는데, 이는 추후의 연구과 제로 남기고자 한다. Ernst J. Oppert, *op. cit.*; Getrud Claussen ed., *op. cit.*; Rosalie von Moellendorff, *P. G. von Moellendorff-Ein Lebensbild*, Leipzig, 1930.

2장 한말 서구문물의 수용과 독일인

1. 조선과 독일

19세기에 접어들면서 동아시아 세계는 근대적 과학기술문명과 거대한 독점자본, 강력한 군사력을 가진 서구 열강들에 의해서 그때까지 겪어보지 못했던 미증유의 도전에 직면하게 되었다. 이에 동아시아 3국인 중국, 조선, 일본은 서구 문물을 받아들여 국가의 독립과 부국강병을 이루기 위한 광범위한 국가개혁 프로젝트(중체서용, 변법운동, 개화와 자강, 명치유신)를 추진하였다. 또한 1840년의 아편전쟁, 1860년 영·불연합군에 의한 북경함락, 일본의 개항(1854)과 명치유신(1868) 등 동북아 3국과 서구 열강들 사이에 있었던 중대한 사건들로 인하여 이전까지 중국을 중심으로 하는 조공책봉체제라는 전통적인 동아시아의 국제질서는 크게 흔들리기 시작했다. 당시 조선에서는 오랜 세도정치가 종말을 고하고, 1860년 수운 최제우에 의해서 동학(東學)이 창시되면서 조선의 민중이 나라의 주인이 되는 아래로부터의 사회개혁이 시작되는 단계였다. 아울러 대내외적으로는 고종의 즉위로 시작된 대원군[1]의 섭정(1863), 1866년에 있었던 천주교 박해와 병인양요, 제너럴셔먼호 사건, 1871년의 신미양요, 1876년의 강화도조약(고종 13년) 등 문호개방을 요구하는 외세의 압력에 대하여 조선이 어떻게 대응하는가에 따라 국가의 미래가 결정될 수 있는 매우 중요한 사건들이 연이어 발생하였다.

특히, 1876년 개항과 청국, 일본, 러시아 등 열강들의 각축 속에서 조선의 가장 중요한 국가적 과제는 안으로 개혁을 통한 근대화, 밖으로는 자주독립국으로서의 위상을 정립하는 일이었다. 당시 조선은 중국과의 전통적인 조공책봉관계를 청산하고 독립국가로서의 위상을 높이고자 1882년 5월 제물포에서 미국과 수호통상조약을 맺고, 동년 6월 6일에는 영국과, 6월 30일에는 조독수호통상조약을 체결한다.[2] 당시 조선 정부의 입장에서는 근대적 국가체계를 확립하는 데 필요한 전문지식 및 외교조약의 체결과 세관업무에 능통하고, 다양한 외국어를 구사할 줄 아는 외국인 고문이나 전문가들이 절대적으로 필요했는데, 이는 주로 청국과 러시아를 경유해 조선에 입국한 독일인을 정부의 외교고문이나 왕실의 의전담당자로 초빙하면서 구체화되었다.

조독수호통상조약 이후 1910년 경술국치까지 조선에서 활동한 독

1) 金炳佑, 「大院君의 政治的 地位와 國政運營」, 『대구사학』 70집, 2003, 33~70쪽; 김영수, 「갑오농민군과 홍선대원군의 정치적 관계에 대한 연구」, 『한국사회과학』 17집 3호, 1997, 144~184쪽; 李玟洙, 「興宣大院君 內治의 再照明」, 『社會文化研究』 2집, 1983, 117~132쪽.

2) 이 조약은 앞서 체결한 조미통상조약과 전적으로 내용이 같았는데 독일이 조약 문구의 애매성과 관세율을 트집 잡고 비준을 거부하여 결국 재협상을 거쳐 1883년 11월 26일 전문 13조로 된 본조약과 부속통상장정과 선후속약(善後續約)을 작성 조인하였다. 그리고 1884년 11월 18일 조약의 비준과 더불어 젬부쉬(Otto Zembsch)가 초대 영사로 부임하였다. 한스 알렉산더 크나이더, 「'조용한 아침의 나라'에 남겨진 독일의 흔적들: 1910년까지 정동 일대에서 활약한 독일인들의 약사」, 『정동 1900: 대한제국 세계와 만나다』(제10회 서울역사박물관 국제심포지엄 발표 자료집), 서울역사박물관, 2011, 105쪽.

인인은 약 300명 정도로 파악된다.[3] 그들이 조선을 방문한 목적은
그들의 직업(외교관, 공무원, 군인, 귀족, 상인, 엔지니어, 광산기술자, 교수,
과학자, 종교인, 상인, 여행자, 선원 등)만큼이나 다양했다. 그 중에서 조
선의 근대적 제도개혁과 고종을 비롯하여 조선 왕실 및 경운궁을 중
심으로 한 정동 외교가에 영향력을 끼친 인물로 묄렌도르프(P. G. von
Moellendorff), 손탁(Antoinette Sontag), 엠마 크뢰벨(Emma Kroebel) 등을
들 수 있다.

　이 글에서는 묄렌도르프의 부인 로잘리(Rosalie von Moellendorff) 여사
가 남편이 남긴 일기와 편지를 중심으로 쓴 『P. G. von Moellendorff:
Ein Lebensbild』,[4] 손탁에 대한 연구논문과 단편적인 기록들,[5] 그리
고 엠마 크뢰벨이 남긴 회고록 『Wie ich an den koreanischen Kaiserhof
kam: Reise-Eindrücke und Erinnerungen』[6]을 기본 자료로 하여 그들
이 당시 조선이 입국한 경위와 조선에서의 활동을 파악하고, 그들이
조선에 끼친 영향이 을사늑약(1905)을 전후한 시기 대한제국의 외교
관계에서 어떠한 양상으로 나타났는가, 그리고 묄렌도르프, 손탁, 엠마
크뢰벨이 조선에서 남긴 흔적들, 그리고 이들을 통한 한말 서구문물
의 수용이 어떠한 역사적 의미를 가지고 있는가를 살펴보고자 한다.

---

3) 위의 논문, 105쪽.

4) Rosalie von Moellendorff, *P. G. von Moellendorff: Ein Lebensbild*, Leipzig, 1930.

5) 김원모, 「손탁孃의 親露反日運動」, 『中齋張忠植博士華甲紀念論叢』, 1992; 김원모, 「미
　스 손탁과 손탁호텔」, 『향토서울』 56, 1996; 최종고, 『한독교섭사』, 홍성사, 1983;
　리하르트 분쉬, 김종대 역, 『고종의 독일인 의사 분쉬』, 학고재, 1999; Gustave-
　Charles-Marie Mutel, 『뮈텔주교 일기』, 한국교회사연구소, 1986; Horace N. Allen,
　Korea: Fact and Fancy, Being A Republication of Two Books Entitled "Korean Tales"
　and "A Chronological Index", Seoul, 1904.

6) Emma Kroebel, *Wie ich an den koreanischen Kaiserhof kam: Reise-Eindrücke und*
　Erinnerungen, Berlin, 1909.

2. 파울 게오르그 폰 묄렌도르프7)

묄렌도르프(P. G. von Moellendorff)는 1847년 2월 17일 북독일 체데
닉(Zedenick in der Uebermarek)에서 출생하였다.8) 그의 부친은 유명한
마르크 브란덴부르크(Mark Brandenburg) 지방의 한 귀족가문의 자손
이었고 당시 체데닉에서의 경제 자문위원이었다.9) 1865년 묄렌도르
프는 할레(Halle)대학에 입학했으며, 거기에서 그는 법학, 언어학, 동

---

7) 본 절은 『동학연구』 21집(2006)에 발표한 「구한말 독일인 묄렌도르프의 조선인식」
   이라는 논문에서 일부 내용을 요약·정리한 것이다.
8) 구한말 조선의 외교고문이었던 독일인 묄렌도르프(Paul Georg von Moellendorff:
   穆麟德, 1847~1901)에 대한 연구는, 첫째 그의 조선에서의 외교 및 경제 분야의 활
   동을 중심으로 한 평가, 둘째 법률가로서 묄렌도르프가 한국 법체계에 끼친 업적의
   분석, 셋째 구한말 조선의 문명개화와 근대화에 끼친 영향은 무엇인가, 넷째 묄렌도
   르프와 한독관계사의 연관성 파악, 다섯째 묄렌도르프『傳記(P. G. von Moellendorff:
   Ein Lebensbild)』의 번역과 소개, 여섯째 묄렌도르프에 대한 2차례의 세미나 자료
   등으로 나눌 수 있다. 이렇게 묄렌도르프에 대한 다각적 연구가 진행되어 왔던 이유
   는 그가 조선 정부의 독일인 고문으로서 약 3년 동안 매우 다양한 분야에서 활동했
   기 때문이기도 하다. 김진각, 「묄렌도르프의 조선문명개화론」, 『역사교육』 46집,
   1989; 노계현, 「묄렌도르프가 한국외교에 끼친 영향」, 『비교문화연구』 1, 1982; 김
   순래, 「한말 묄렌도르프의 외교·경제활동 연구」, 동국대학교 석사논문, 1999; 김지
   영, 「묄렌도르프에 대한 재평가: 외교·경제활동을 중심으로」, 동국대학교 석사논
   문, 2003; 최종고, 「묄렌도르프와 한국법(I): 한국 법문화의 초기접촉으로서」, 『한
   독법학』 창간호, 1979; 최종고, 「묄렌도르프(Paul G. von Moellendorff)(上)」, 『대한
   변호사협회지』 53호, 1980; 최종고, 「한말의 서양인 법률고문제도」, 『동방학지』 32
   집, 1982; 최종고, 「구한말의 한독관계: 정치적, 문화적 측면」, 『한독수교 100년사』,
   1984; 이태영, 「한독수호통상조약의 성립」, 『한독수교 100년사』, 1984; 김재관 편,
   『묄렌도르프: 묄렌도르프를 통해서 본 구한말 한국사회상』, 현암사, 1984; 묄렌도
   르프, 신복룡·김운경 역주, 『묄렌도르프 自傳(外)』, 집문당, 1999; O. N. 데니 지음,
   묄렌도르프 옮김, 『데니 文書, 묄렌도르프 文書』, 평민사, 1987; 고병익, 「목인덕의
   수기」, 『진단학보』 24집, 1963; 발터 라이퍼, 『묄렌도르프(P. G. von Moellendorff)』
   (제1차 묄렌도르프 세미나자료), 정민사, 1983; 주한독일문화원 편, 『묄렌도르프와
   21세기의 한국』(제2차 묄렌도르프 세미나자료), 주한독일문화원, 2001; 박재영, 「구
   한말 독일인 묄렌도르프의 조선인식」, 『동학연구』 21집, 2006, 65~100쪽.
9) 묄렌도르프의 증조부(Wichard J. H. von Moellendorff)는 프리드리히 빌헬름 1세와
   프리드리히 대왕 시대의 출중한 장군이었다. Rosalie von Moellendorff, P. G. von
   Moellendorff, p. 3.

양학을 공부하였다. 그는 1867년부터 1868년까지 군복무를 수행하였으며, 대학을 졸업한 이후 북독일의 영사관을 지원했다. 그러나 아직 그의 임용허가가 있기 전에 당시 묄렌도르프의 절친한 친구이자 인사담당자였던 폰 게르스도르프(von Gersdorf)로부터 중국에서 근무하도록 요청을 받았다. 1869년 8월 19일 독일을 출발한 묄렌도르프는 11월 14일 중국 상해에 도착해서 중국 세관에 근무하기 시작했다. 그 후 그는 한구(漢口)와 구강(九江)의 중국 해관, 그리고 1874년부터 한동안 중국주재 독일 영사관과 공사관에서 통역관으로 근무하기도 하였다.

1877년 결혼한 묄렌도르프는 그가 원했던 중국 주재 독일 영사의 자리를 얻는 데는 실패했지만, 1879년 9월 초 천진의 대리영사에 임명되었고, 천진에서 그의 인생에서 결정적인 영향을 끼치게 되는 청국의 유력한 정치가이자 직예(直隷) 총독인 이홍장과의 만남을 가지게 되었다.[10] 그 후 묄렌도르프는 이홍장의 비서 자격으로 있으면서, 이홍장에 의해 조선으로 갈 외교 및 해관 업무의 전문가로 추천되었다. 특히 이홍장의 비서인 마건충(馬建忠)은 당시 동아시아의 정세와 외국어에 능통하고, 청국 정부의 신임을 받고 있는 독일인 묄렌도르프가 조선의 외교 및 해관 관련 고문에 가장 적합한 자격을 갖춘 유일한 사람이라고 천거하였다.[11]

---

10) 1881년 11월 독일에서 새롭게 영사가 도착하고 묄렌도르프는 다시 상해로 돌아가 자기보다 나이가 훨씬 아래인 후배의 밑에서 일을 해야 한다는 사실에 독일의 공직 사퇴를 결심하게 되었다. 묄렌도르프는 이제 관직생활에서 그의 능력과 업적에 상응하는 승진을 할 수 있으리라는 데에 아무런 희망도 걸지 않았던 것이다. *Ibid.,* pp. 27~29; 『承政院日記』 高宗 17年 庚辰 5月 25日條; 『高宗實錄』 卷十八 高宗 18年 辛巳 12月 14日條.

11) 조선과 청국 사이의 서양인 고문관 추천에 대한 언급은 그 전부터 있어 왔지만 이홍장은 '일찍이 천진 주재 독일 영사를 역임한 묄렌도르프'를 외교교섭과 세관업무에 능한 서양인으로 추천하였다. 1882년 9월 조선 국왕의 사촌인 조영하(趙寧夏)와 묄렌도르프의 만남에서 외교고문으로 영입하는 일이 거의 확정되었고 고종의 윤허만을 남긴 상황이었다. Rosalie von Moellendorff, *P. G. von Moellendorff,* pp.

1882년 12월 9일(고종 19년) 묄렌도르프는 외무대신 조영하의 영접을 받으며 조선에 도착하였다. 그리고 동월 26일 고종을 알현하였는데, 당일 조선 정부의 통리아문 내무협판이라는 고위 관직에 임명되었다.[12] 그 이후에도 묄렌도르프는 조선에 부임한 이듬해인 1883년 조선 해관의 총세무사(總稅務士), 1884년 3월에는 새로이 화폐주조를 위해 설치된 전환국(典圜局)의 총판(總辦), 1884년 4월에는 의정부 참찬(參贊), 동년 12월 병조참판(兵曹參判)에 임명되어 고종의 최측근으로서 조선의 근대화를 위한 개혁을 주도하게 되었다. 1876년 일본과의 강화도조약을 시작으로 조선은 1882년 5월 제물포에서 미국과 조약을 체결하였다. 연이어 1882년 6월 6일에는 영국과, 6월 30일에는 독일과 조약[13]이 체결되었으나 비준과 승인에 관한 마무리 작업은 묄렌도르프의 몫이었다. 1883년 7월 묄렌도르프의 주도로 체결된 일본과 조선의 무역협정 체결로 그때까지 무관세의 특혜를 누린 일본인들도 여타 외국인들과 마찬가지로 관세지불의 의무를 지게 되었다.[14]

묄렌도르프는 갑신정변 직후 청국, 일본, 러시아 등 강대국들이 보장하는 국제조약에 의거하여 벨기에와 같은 조선의 중립화를 구상하였다.[15] 당시 일본 외무상 이노우에도 조선에 대한 청국의 영향력을 제거하기 위해서 묄렌도르프의 중립화 구상에 관심을 보였다. 조선

<hr/>

35~38.

12) 통리아문과 관련해서 1881년 1월 조선 정부는 의정부(議政府), 육조(六曹)와는 별도로 개항으로 인한 외교와 대외 통상교섭 업무에 대비하기 위하여 통리기무아문(統理機務衙門)을 설치하였는데, 1882년 12월 통리아문(統理衙門)과 통리내무아문(統理內務衙門)으로 업무가 분리되었다. 1883년, 통리아문은 통리교섭통상사무아문(統理交涉通商事務衙門)으로, 통리내무아문은 통리군국사무아문(統理軍國事務衙門)으로 명칭이 바뀌어 조선의 외교와 국방문제의 중추적인 관서로 역할을 하였으나 1894년 갑오개혁(甲午改革)으로 폐지되었다. Rosalie von Moellendorff, *P. G. von Moellendorff*, pp. 48~49; 『高宗實錄』 卷十九 壬午 7月 16日條.

13) Max von Brandt, *Dreiunddreißig Jahre im Ostasien*, 1901, p. 236.

14) Rosalie von Moellendorff, *P. G. von Moellendorff*, pp. 56~57.

15) 김호일, 『한국개항 전후사』, 한국방송사업단, 1982, 189쪽.

주재 독일 부영사 부들러(Budler)는 묄렌도르프의 중립화 구상을 조선 외무대신 김윤식에게 알렸으나 그는 이 사실을 청국의 이홍장에게 통보하였다. 묄렌도르프의 구상은 청국의 강력한 반발로 결국 실현되지는 못하였다. 특히 1884년 7월 조러수호통상조약(朝露守護通商條約) 및 부속통상장정(附屬通商章程)의 조인은 청국의 견제로 어려움을 겪었다. 그는 청국의 압력으로 일시 면직되기도 했으나 이홍장에게 사후 양해를 얻음으로 위기를 넘길 수 있었다.

조선의 외교문제와 관련하여 묄렌도르프는 조선이 청나라의 속국이라는 전제하에서 점진적으로 청나라로부터 독립하여 자주국이 되어야 한다는 입장을 견지하였다.[16] 조선의 외교고문으로 부임한 직후 외교정책을 수립하거나 실행함에 있어서 청국의 이익을 고려한 흔적이 보이기도 하지만, 1884년 초반 이후 묄렌도르프의 외교정책은 조선이 청국으로부터 독립된 자주국이라는 전제에서 출발하였다. 이러한 그의 시각은 자신을 조선의 외국인 고문으로 추천한 이홍장과 청국의 기본적인 대조선정책(對朝鮮政策)에 반하는 것이었다.[17] 그로 인하여 묄렌도르프는 조선에 부임한 지 얼마 되지 않아 천진으로 가서 이홍장이 그에게 가지고 있던 오해와 의혹을 풀어야 했다. 그러나 1885년 조선에서의 모든 공직에서 사퇴하고 이홍장의 소환에 의해 다시 중국으로 귀환한 이후부터는 전통적인 동아시아의 조공관계의 정당성을 주장하며 조선이 중국의 조공국이라는 주장을 하고 있다.[18] 이는 일견 조선과 중국의 외교관계에 대한 묄렌도르프의 모순

---

16) 묄렌도르프는 그의 조선 외교고문 후임이었던 데니(O. N. Denny)의 『淸韓論』에 대한 반론(A Reply to Mr. O. N. Denny's Pamplet entitled: China and Korea) 서두에 이미 수백 년간 조선은 중국의 봉신국이었다는 사실을 전제하고 있는데 원문 내용은 다음과 같다. "I shall endeavour to stick in my reply to facts and to show that Korea is and has been for hundreds of years the vassal of China."(Rosalie von Moellendorff, *P. G. von Moellendorff*, p. 125)

17) *Ibid.*, pp. 51~52.

적인 태도로 보이지만, 재차 조선으로의 입조(入朝)를 원하고 있었던 그로서는 일단 청국의 입장을 옹호할 수밖에 없었던 사정 때문으로 보는 것이 더 타당할 것이다.

다음으로 묄렌도르프의 조선의 내정개혁에 인식과 활동을 살펴보자. 1882년 부임 이래 묄렌도르프가 마음속으로 품고 있었던 조선의 개혁에 대한 구상은 정부의 행정, 재정, 군사, 사법, 교육, 농업, 산업, 무역과 교통 등 매우 광범위했다. 고종의 전폭적인 신뢰를 얻은 그는 조선에서 휴가도 제대로 누리지 못하면서 활발한 공무를 수행하였으나 2년 10개월 간의 재임기간은 그의 원대한 개혁에 대한 포부를 실현하기에는 시간적으로 역부족이었다. 아울러 그의 조선 개혁에 대한 각 방면에 대한 대안이나 구상을 보면 의외로 소상하지 않고 매우 간략하게 서술하는 경향을 보이고 있다.

먼저, 조선의 정치상황에 대하여 묄렌도르프는 조선의 국왕이 강인한 리더십의 소유자라면 왕이 중심이 되는 절대주의 통치가 조선에 적합하다는 견해를 피력하고 있다.[19] 그러나 고종이 훌륭한 심성과 총명함을 덕성으로 지니고 있음에도 국가를 경영할 만한 에너지가 부족하다고 평하면서 조선의 외교정책의 일정한 방향성이 왕에게 제시되어야 함을 주장하고 있다. 국내 정치에 있어서는 가장 정치적 영향력이 큰 당파가 정부를 구성해야 한다고 전제하면서 묄렌도르프는 당시 민씨 일족이 소속된 노론(老論)이 가장 영향력 있는 정치집단이라 언급하고 있다. 그는 반대당으로 당시 대원군을 정신적 지주로 하고 일정한 정치세력을 가지고 있는 남인(南人)을 들고 있지만 노론의 영향력이 워낙 크기 때문에 다른 당은 조선의 정치에서 소외되어

---

18) P. G. von Moellendorff, "A Reply to Mr. O. N. Denny's Pamplet entitled: China and Korea", Rosalie von Moellendorff, *Paul Georg von Moellendorff: Ein Lebensbild*, pp. 125~136.

19) *Ibid.*, p. 100.

있음을 지적하고 있다. 아울러 묄렌도르프는 나라의 안정을 가져오기 위한 최선의 선택은 명성황후의 조카이며 왕세자빈(王世子嬪)의 오라비인 민영익이 민씨 척족의 우두머리이기 때문에 민영환이 내각의 수반으로 임명되고 그가 내각의 대신들을 선임하면 사람들이 기꺼이 따를 것이라 논하고 있다.[20] 또한 왕은 누구의 말에나 귀를 기울이지 말고 소관 부처의 대신(大臣)으로부터 국사(國事)와 관련된 보고를 받도록 해야 하며, 내각의 임명에 있어서도 각의(閣議)에서 승인된 다음에 이루어져야 함을 언급하고 있다.

다음으로 묄렌도르프는 국가 재정과 관련하여 연간 예산제도가 실시되고는 있지만, 왕실유지비가 너무 많이 지출되고 있으며, 조세는 모든 사회계층에 더 균등하게 부과되어야 한다고 주장한다. 화폐제도[21]와 국립은행은 일본의 경우처럼 전문가를 통해서 설치·운영되어야 하며, 왕실의 인삼전매를 홍콩이나 마카오의 아편농장의 경우처럼 경매제로 바꾼다면 4배의 수입을 가져올 수 있다는 점도 지적하고 있다. 조선 해관(海關)은 묄렌도르프에 의해 설치되었는데, 그가 중국으로 소환된 이후 이홍장의 친 중국적 인사들, 예를 들어, 하트경(Sir R. Hart), 브라운(J. Mcleavy Brown)이 조선 해관을 맡고 있었다. 브라운은 조선 해관의 총세무사(總稅務士)로서 청국 해관 소속이었다. 묄렌도르프는 1883년 4월 통리교섭통상사무아문(統理交涉通商事務衙門)의 예속관서인 선해관의 총세무사에 임명되었다.[22] 그리하여 그는 초창기 청국 해관으로부터의 독립성을 유지할 수 있는 조선 해관의 조직과 운영을 총괄하였다. 그러나 그는 열강의 압력으로 해관에 저율의 관세를 허용, 해관 수입의 합리적 지출의 실패 및 관세 취급업무를 일본

---

20) *Ibid.*, p. 101.

21) 묄렌도르프의 당오전 주조정책과 관련해서는 『承政院日記』第399冊 高宗 20年 (1883) 3月 6日條 참조.

22) Rosalie von Moellendorff, *P. G. von Moellendorff*, p. 55.

에 양도하는 오류를 저질렀다는 비판을 듣기도 하였다.[23)

법률개혁과 관련하여 묄렌도르프는 조선에서 사용하고 있는 중국의 명조시대(1368~1644)의 구법을 개화된 법으로 고쳐야 함을 역설하고 있다. 그리고 특이한 점은 그가 이 법들이 종래 한자로 작성되었는데, 법의 내용을 백성들이 알 수 있도록 완전히 한글로 작성해야 함을 주장하고 있는 점이다.[24) 그리고 행정과 사법의 분리는 당시의 상황으로는 권장할 바가 아니라고 언급하고 있다. 군사(軍事)와 관련해서는 러시아 장교들이 이 부문의 개혁에 이미 종사하고 있다는 언급과 약리학은 군사와의 연결선상에서 발전될 것이라는 예측을 내놓고 있다. 또한 군악(軍樂)에 대해서는 유럽의 음악이 도입될 것이라고 짤막하게 언급하고 있다.[25)

묄렌도르프는 조선의 독립이 교육과 상업육성을 통해서 확보될 수 있다는 견해를 피력하고 있다.[26) 비록 나라는 작지만 교육을 통해

---

23) 조선 정부는 행정조직의 개편과 해관의 설치를 위한 자금을 청국으로부터 100만 냥의 차관을 들여와 충당하기로 하고 조선의 해관, 철도, 광산의 이권을 담보로 제공하기로 결정하였다. 묄렌도르프는 1882년 12월 부임한 지 얼마 지나지 않아 다시 청국 상해로 출발하였고, 1883년 2월 청국으로부터 20만 냥의 차관을 도입할 것에 합의하였다. 청국으로부터의 차관도입은 결과적으로 개화파가 추진한 대일 차관교섭을 적극 봉쇄하면서 청국의 영향력 증대에 상당한 역할을 하게 되었다. *Ibid.*, pp. 51~52.

24) 법조문의 한글화는 당시 일반 민중의 법 지식 습득, 사법적 문제에 대처할 수 있는 능력신장, 국가의 공권력으로부터 개인의 생명과 재산상의 피해를 막기 위한 가히 혁명적인 발상이었다. 그러나 그의 의견은 당시 조선 정부에 의해 받아들여지지 않았고, 그 후 일본의 식민지시대와 해방을 거치면서도 어려운 한자로 된 법조문은 그대로였다. 그러나 묄렌도르프의 건의 이후 실로 110여 년 만인 2004년 12월 21일, 한국 정부는 2005년 한글날을 기점으로 몇 개 법령을 제외한 모든 책행 법령의 조문을 한글로 바꾸기 위한 특별법을 의결했다. 법제처 관계자는 "한글 세대의 증가로 어려운 한문으로 된 법률을 제대로 이해하지 못하는 사람이 많은 점을 고려해 현행 1029개 법률 조문을 전부 쉬운 한글로 바꾸기로 했다"고 말했다. 『경향신문』, 2004. 12.22; 『동아일보』, 2003.5.4; 『매일경제』, 2003.5.4.

25) Rosalie von Moellendorff, *P. G. von Moellendorff*, p. 103.

26) P. Lowell, *Chosön, The Land of the Morning Calm*, Boston, 1886, p. 165.

지력(知力)을 갖춘 유복한 국가가 됨으로써 이웃 국가들의 존경을 받을 수 있으며, 이에 상응하는 국가적 지위를 누릴 수 있다는 것이다. 그는 한자습득의 어려움과 한글교육의 중요성을 강조하면서 한자의 폐지를 주장하기까지 한다. 그의 일기에는 어떤 언어든지 유럽어 중에서 한 가지는 학교에서 가르쳐야 한다는 주장도 보이며,[27] 학교교육의 중시와 학교설립의 중요성을 강조하고 있다.

조선의 농업에 대한 묄렌도르프의 인식은 매우 비판적이다. 그는 조선의 농업이 원시적이고 비효율적인 상태에 놓여 있다고 평하고 있다. 원시적인 농기구의 사용, 축산과 낙농업의 부재, 인공비료에 대해서는 전혀 아는 바가 없으며 무분별한 벌목과 조림작업의 필요성을 전혀 생각하지도 않는다는 것이다. 그는 중부 이남에서는 벼농사를 권하고 있는데, 북위 35도 이북에서는 벼 이외에 다른 곡식을 심어야 한다고 지적하고 있다. 뽕나무는 전국적으로 퍼져 있기 때문에 우수 품종을 야생 나무에 접목시켜 양잠을 점차로 번성시킬 수 있다고 보았다. 기타 포도와 담배의 재배와 콩, 삼(麻), 황마 등은 품종이 우수하고 청국과 일본의 수요가 많아 중요한 수출품목이 될 수 있다고 보았다. 또한 그는 조선의 어업에 대해서도 관심을 보이면서 어장에서의 수확은 많은데도 해산물의 수출에 대해서는 사람들이 전혀 생각하지 않고 있다는 점, 생선의 냉장, 건조, 염장, 훈제 등에는 매우 소홀히 여기는 조선인의 태도에 의문을 제기하고 있다.[28]

그는 조선의 수공업도 전반적으로 낙후되어 있다고 평하고 있는데, 이는 당시 서양의 앞선 과학기술과 제도를 참고하면 쉽게 이해가 가는 것이다. 직업으로서의 재단사와 염색공의 부재, 단순한 형태의 목공예품들, 선반공이나 제철공을 볼 수 없다는 점도 거론되고 있다.

---

27) 『漢城旬報』 第15號 開國 493年 甲申 2月 22日.

28) Rosalie von Moellendorff, *P. G. von Moellendorff*, p. 105.

종이의 질은 좋지만 생산비가 너무 높으며, 산업 전 분야에 걸쳐서 손으로 하는 작업을 기계로 대치해야 한다고 언급하고 있다. 유리, 발(簾), 부채 등은 막대한 설비나 큰 비용을 들이지 않고도 쉽게 수출할 수 있는 상품이라고 하였다.[29] 묄렌도르프는 조선의 도자기 산업을 다시 육성시키고자 적지 않은 노력과 비용을 들여 청국으로부터 몇 명의 기술자를 불렀으나, 그들이 일을 시작할 무렵 묄렌도르프가 조선을 떠나야 했고, 기술자들도 해고되었다.[30] 광산의 운영에도 전문가가 필요하며, 모든 산업의 기본이 되는 철과 석탄은 관청의 통제 하에 두어 국가 이익을 가져오게 해야 한다는 점, 산업박람회의 개최가 산업의 발전에 중요하다는 점도 빼놓지 않고 언급하고 있다. 묄렌도르프는 조선에서의 재임기간 동안 광공업의 진흥에 대하여 큰 관심을 가지고 있었으며 광산개발에 적극적이었다. 청국 자본에 의한 광산개발을 적극 권장하였으나 크게 진전되지는 못하였다. 1883년 1월 중국 천진에서 영국의 채화양행과 조선과 청나라 사이의 정기항로 개설문제를 협의하였는데 그 조건의 하나가 조선 정부의 광권이양 약속이었다. 그리고 고체(C. Gottsche) 박사를 초청하여 2차에 걸친 조선에서의 지하자원 조사를 실시케 하였다.

묄렌도르프는 끝으로 빈약한 조선의 교통수단, 도로와 교량의 결함은 조선의 산업화를 위해서도 조속하게 개선되어야 할 부분이라고 지적하고 있다. 그는 조선에 우편제도가 도입되고, 전신의 주요 간선과 지선을 가진 철도망의 건설과 해상교통을 위한 새 항구의 개항은 주로 탄광의 개발과 연계하여 개설되어야 한다고 보았다.[31] 그는 또

---

29) *Ibid.*, pp. 105~106.

30) 임진왜란 때 조선의 많은 도공이 일본에 끌려가 일본의 요업기술이 사쓰마(薩摩) 지방으로 건너가 발전하면서 대유럽 수출 품목의 중요한 자리를 차지하였을 뿐만 아니라 막대한 이익을 남길 수 있었다. 반대로 조선의 도자기 공업은 임진왜란 이후로 다시는 그 전과 같은 전성기를 누릴 수 없었다. *Ibid.*, p. 106.

31) 조선의 철도문제는 이미 1882년 묄렌도르프의 내한 직후에 일어났던 것으로 철도

한 조선 남부의 모든 항구는 1년 내내 부동항이므로, 만일 러시아의 철도망이 조선의 철도와 연결된다면 그러한 항구들은 시베리아 철도의 종착역이 될 수 있다고 보았다. 그렇게 되면 중국과 일본의 물자와 여객 수송이 그 항구들을 통해서 이루어지게 되고 항구를 적당히 요새화함으로써 동아시아에 있어서 최고의 항구가 될 것이라는 견해를 피력하고 있다.[32] 그 외에도 10만주의 뽕나무를 중국에서 들여와 심어 양잠업을 육성하기, 한강 백사장의 모래를 이용한 유리공장 설립, 성냥공장의 운영, 근대 서양기계의 도입(화륜기기), 전기발전기와 경성전환국의 창설[33] 등은 조선의 개혁과 근대화를 위해 필요한 일이라고 보았다.

고종을 비롯한 당시 조선 조정의 핵심 인물들은 묄렌도르프의 인품과 중국 측으로부터 소개받은 그의 능력—영어, 불어, 중국어를 유창하게 구사하고 국제법과 해관 세무에 전문적 식견을 가지고 있다는 점—에 큰 호감과 기대를 가지고 있었다. 묄렌도르프는 그의 표현대로라면 '숨 쉴 여유도 없이' 분주하게 조선이 개화로 나아가고 전통적인 제도와 구습을 개혁하는 데 헌신했던 인물이었다. 물론 묄렌도르프가 벌여 놓은 일은 많지만 어느 것 하나도 제대로 이루어 놓은 것이 없었다는 비판도 있지만, 그러한 비판은 2년 10개월간의 짧은 기간 동안 모두 이룰 수 없었던 시간적 제한, 조선내의 친일개화파의 견제, 열강의 압력 등을 고려해 볼 때 납득할 수 있는 일이다.

부설권을 놓고 영국과 일본이 특히 치열한 경쟁을 벌이고 있었다. 그는 미국의 한 기업체의 도움으로 서울-제물포, 서울-의주, 서울-부산, 서울-마산포, 목포, 동해안, 평양-부산, 서울-원산간 철도 부설 등 주요 구간에 중점을 둔 계획을 완성하기도 했다. *Ibid.*, p. 107.

32) 1897년 1월에 기록된 묄렌도르프의 이러한 원대한 구상은 오늘날에 와서도 참여정부의 '동북아 중심국가론'이나 '아시아의 허브국가'라는 대형 프로젝트로 여전히 유효하다.

33) 김재관, 「묄렌도르프와 한국의 공업화」, 『묄렌도르프』, 정민사, 1983, 266쪽.

조선의 개방과 근대화에 있어서 중요한 시기였던 1882년 말에서 1885년 말까지 약 3년 동안 조선의 외교와 내정의 요직에 앉아 중요한 정책결정을 구상하고 실행에 옮겼던 묄렌도르프는 나름대로 조선을 이해하고, 변화시키고자 많은 노력을 기울였다. 묄렌도르프가 당시 조선을 둘러싼 복잡한 국제정세 속에서 러시아를 끌어들여 조선에서 일본의 영향력을 몰아내려는 시도를 하였다. 그러나 이는 청국과 일본은 물론 영국, 독일, 미국 등의 반발을 불러일으키게 되었다. 조선의 모든 공직에서 퇴임함으로 조선 개혁구상은 좌절되고 말았지만 조선에서의 그의 활동들은 조선의 근대화에 의미 있는 족적을 남겼다고 평가된다.[34]

1885년 묄렌도르프와 러시아 공사 스페이어(Alex de Speyer)의 러시아 군사교관(장교 4, 하사관 16) 초빙과 부동항으로 영흥만을 러시아에 조차한다는 사실을 논의한 조러밀약(朝露密約)이 알려지게 되자 묄렌도르프의 독단적인 외교활동에 대한 김윤식의 반대와 국내외에서 소환요구가 비등해졌다. 영국, 미국, 일본의 신문들이 묄렌도르프를 비판하기 시작하였다. 결국 고종은 묄렌도르프를 그의 모든 공직에서 해임하였고, 이홍장의 동의로 새로운 외교고문으로 미국인 법률가 데니(O. N. Denny)가 추천되었다. 그리하여 묄렌도르프는 1885년 7월 27일 외무협판직에서 물러나고, 같은 해 9월 4일에는 조선 해관의

---

34) 묄렌도르프는 청국이나 일본보다 러시아를 월등히 강한 국가로 인식하고 보다 강력하게 조선과 러시아를 밀착시키려고 하였다. 그러나 그는 청국, 일본, 영국의 동향의 파악에 소홀하였고, 조선이 러시아의 보호를 쉽게 받을 수 있을 것이라는 낙관하에 그 댓가로 조선이 치러야 할 희생을 경시하였다는 점에서 신중하지 못한 처사였다. 그의 개혁이 실패한 이유로는, 첫째 조정 대신들과의 긴밀한 협의를 통한 정책결정 보다는 고종과의 직접 접촉을 통한 업무수행에 편중되었다는 점, 둘째 러시아와의 긴밀한 외교적 관계를 맺기 위해서 독단적이고 경솔하고 무리한 외교활동을 수행한데서 오는 국내외의 강한 비판과 압력을 들 수 있다. 그리고 근본적이고 결정적인 개혁의 실패는 구한말 조선의 열악했던 재정과 외교, 경제문제를 둘러 싼 제반 환경의 제약과 한계에 기인한다고 보는 것이 가장 타당할 것이다.

총세무사직 사임, 10월 17일에는 전환국 총판직에서 해임되어 결국 중국으로 돌아가게 되었다.

몰렌도르프의 조선에서의 공직 퇴임 이후 중국에서의 활동은 다음과 같다. 1885년 12월(고종 22년) 북양대신 이홍장의 소환명령에 따라 몰렌도르프는 청국으로 귀환하여 한동안 천진에서 이홍장의 비서로 근무하다가 영파(寧波) 소재 청국의 해관직원으로 발탁되었다. 영파에서의 근무 중에서도 몰렌도르프 부인의 『傳記』에 의하면 그는 조선 국왕으로부터 10여 차례 조선으로 와 달라는 서신을 받았다. 몰렌도르프 역시 다시 조선에 가기를 원했지만 하트(R. Hart)와 브란트(Max von Brandt) 공사의 방해와 조선 조정의 사정이 그의 재입국을 허락하지 않았다.35) 그러나 『傳記』에 의하면 그의 마음은 항상 '조선의 운명에 대한 끊임없는 관심'으로 가득 차 있었다고 한다. 그는 1898년(고종 35년) 프로이센의 하인리히公(Prinz Heinrich)의 조선방문을 계기로 다시금 조선으로의 복귀를 모색하였다.36) 다음해인 1899년(고종 36년) 조선과 대만을 발판으로 대륙에 진출한다는 일본 제국주의 정책을 지지했던 미국인 고문관 리젠더(Legende)와 그레이트하우스(Greathause)의 후임으로 조선 부임을 원했지만 청국과 일본의 반대로 뜻을 이루지 못했다. 결국 1901년(고종 38년) 몰렌도르프는 54세의 나이로 중국 영파(寧波)에서 눈을 감았다.

---

35) 그러는 동안에도 몰렌도르프는 상해 통계국장 대리로 근무하면서 영국 왕실 아시아 학회(The Royal Asiatic Society) 중국지부 부회장을 역임하였다. 그는 왕성한 학구열을 발휘하여 학회에서 20여 편의 논문을 발표하고 미발표 논문 또한 30여 편에 이르는 등 활발한 저술활동을 하였다.

36) 독일 빌헬름 2세의 아들인 하인리히公은 1899년 6월 8일 조선을 방문하여 조선에 있는 독일인의 실태와 독일어 학교의 운영을 살피고 돌아갔다. 그의 방문과 관련하여 이듬해 독일에서 출판된 조선방문 사진집은 다음과 같다. *Bilder von Reise Seiner Koenigl. Hoheit des Prinzen Heinrich von Preussen nach Chemulpo, Seoul und dem deutschen Bergwerk Tangkogae im Juni 1899*, 0. O. um 1990.

3. 앙뚜아네트 손탁37)

한국 근대외교사뿐만 아니라 생활문화사에 있어서 손탁(Antoinette Sontag, 孫澤, 宋多奇, 1854~1925)만큼이나 한국사회에 영향력을 행사한 인물이 있을까? 그런데 아이러니하게도 그녀는 귀족도 아니고 외교관 신분도 아니며 학자나 교수의 직업을 가진 사람도 아닌 평범한 독일 국적의 여성이었다. 손탁은 1885년부터 1909년까지 25년간 한국에 체류하였으나 그녀가 직접 남긴 기록은 찾아 볼 수 없다. 바로 그 점이 구한말 그녀가 어떻게 조선 왕실의 막후에서 고종과 명성황후에게 영향력을 행사하고 정동 외교가를 주름잡을 수 있었는가를 연구하는 데 있어서 최대의 걸림돌이기도 하다. 따라서 본 절에서는 손탁에 대한 그동안의 연구 성과와 한말 외국인들이 남긴 자료들을 통해서나마 간접적이라도 그녀가 남긴 흔적들을 되짚어 보고자 한다.38)

1885년 10월 6일 손탁은 초대 주한 러시아 대리공사 겸 총영사인 웨베르(Carl Ivanovich Waeber)의 처형으로 공사 가족과 함께 내한하였다.39) 손탁은 원래 프랑스 알자스의 스트라스부르그 출신이었지만 1870~1871년 프로이센-프랑스 전쟁의 결과 알자스가 프로이센 영

---

37) 사실상 'Sontag'은 '손탁'이 아니라 '존탁'이라고 발음해야 하지만 한국의 여러 문헌, 신문, 잡지 등에 '손탁'으로 기재되어 있고, 친숙하기 때문에 본문에서는 '손탁'으로 표기함.

38) 김원모, 「손탁孃의 親露反日運動」; 김원모, 「미스 손탁과 손탁호텔」; 리하르트 분쉬, 김종대 역, 『고종의 독일인 의사 분쉬』; Gustave-Charles-Marie Mutel, 『뮈텔주교 일기』; Horace N. Allen, *Korea*.

39) 손탁과 그녀의 동생이 어떤 관계인지도 불분명하다. 일반적으로는 웨베르 공사의 처형이라고 알려져 있지만, 김원모는 자신의 논문에서 웨베르 공사의 처남의 처형이라고 언급하고 있고(김원모, 「미스 손탁과 손탁호텔」, 176쪽), 한스 알렉산더 크나이더(Hans-Alexander Kneider)는 손탁이 웨베르 공사의 부인의 양언니라고 밝히고 있다. Hans-Alexander Kneider, 「'조용한 아침의 나라'에 남겨진 독일의 흔적들: 1910년까지 정동 일대에서 활약한 독일인들의 略史」, 108쪽.

토에 편입되면서 독일 국적을 갖게 되었다. 한국에 부임하기 전 웨베르 공사는 중국 천진 주재 영사직을 수행하고 있었으며, 그녀의 동생이 웨베르와 결혼하고 한국에 외교관으로 부임하면서 따라 들어오게 된 것이다. 방한 당시 그녀의 나이는 32세였고,[40] 아름다운 용모와 부드럽고 교양있는 몸가짐, 음악과 그림, 요리에도 재능을 갖추고 있었다. 게다가 독일어, 영어, 프랑스어, 러시아어를 유창하게 구사할 줄 알았기 때문에 방한한지 얼마 되지 않아 서울 정동 주재 외교관들 사이에서 인기를 누리게 되었다.[41] 그러한 소문은 명성황후의 귀에도 들어갔으며, 손탁은 웨베르 공사의 소개로 명성황후를 접견한다. 당시 조선 왕실과 정부의 입장에서는 서구 제국과의 조약 체결로 서양인들이 물밀듯이 쏟아져 들어오자 서양의 풍습에 익숙한 조력자가 필요한 상황이었고, 손탁은 명성황후의 눈에 들어 왕실에서 외국인을 접대하는 일을 맡게 된다.[42] 손탁은 서양에 대하여 별로 아는 것이 없었던 명성황후에게 서양의 문화와 제도, 그림, 음악, 서양 요리에 이르기까지 자세히 알려 주었고, 이후 고종과 황후가 기거하던 창덕궁은 서양식 응접실과 침실, 실내장식으로 새롭게 꾸며졌다. 손탁은 조선 왕실에 의식주 모든 면에서 서양식을 도입하였으며, 고종

---

40) 내한 당시 독신녀이기는 했지만 그녀의 나이가 32세였기 때문에 그녀가 결혼한 전력이 있는지, 남편과 사별한 미망인인지, 아니면 순수한 미혼녀인지에 대해서는 구구한 억측이 있지만, 당시 정동 외교가에서는 그녀를 손탁 양(Miss, Fräulein)이라고 불렀다.

41) 손탁의 품성에 대한 일본인 키쿠치 켄조(菊池謙讓)의 기록은 아래와 같다. "그녀는 후덕한 풍모를 지녔다. (…중략…) 그녀는 암흑으로 둘러쳐진 정계, 음탕·방종에 빠져든 궁정생활, 비밀에 던져진 외교관의 樂屋生涯에 빠져들어 미모를 손상시키거나 품성을 더럽히는 루머에 휩싸이는 것을 들어본 일이 없었다. 그녀는 누군가를 굳건히 사랑하며, 굳건히 믿는다는 소중한 신념을 품고 있었다." 菊池謙讓, 『朝鮮雜記』 第2卷, 鷄鳴社, 1931, 98~105쪽.

42) 웨베르 공사의 추천으로 손탁은 조선 궁내부(Korean Household Department) 외인접대계 촉탁으로 일하게 되는데, 여기에는 손탁의 서양문화에 대한 교양과 유창한 외국어 실력이 크게 작용했다. 김원모, 「미스 손탁과 손탁호텔」, 178쪽.

은 처음으로 커피를 마셔보았고 차츰 애용하게 되었다.[43] 아울러 손
탁은 조선 정부의 내외국인을 위한 각종 연회 및 각국 외교관과 귀빈
을 위한 리셉션을 주관하였는데, 그때마다 프랑스 요리솜씨를 발휘
하여 국내외 귀빈들의 입맛을 사로잡았다. 임오군란(壬午軍亂)과 갑신
정변(甲申政變) 등 잇따른 사건을 겪은 고종은 창덕궁에서 경복궁으로
이어(移御)하고 건청궁(乾淸宮)을 단장하면서 손탁으로 하여금 실내장
식을 서양식으로 꾸미게 했다.[44]

　　손탁은 궁내부에 근무하면서 조선어를 습득하였으며, 고종과 명성
황후에게 서양 각국의 풍물, 풍속, 역사를 들려주면서 전폭적인 신임
과 인간적인 신뢰를 얻었다. 도성의 양반들도 왕실의 본을 따서 서양
식으로 방을 꾸미고 서양 식기를 들여와 서양 요리에 맛을 들이고
커피를 즐겼다. 손탁은 왕실 의전업무를 주관하는 것 외에도 주한
러시아 공사관을 배경으로 왕실과 러시아 공사관의 외교업무 연락의
임무를 수행하기도 하였다. 청일전쟁이 발발하기까지 청국의 내정간
섭을 억제하고자 손탁은 웨베르 공사의 영향력을 배경으로 한러밀약
을 통해 조선의 독립을 확고히 하는 데에도 일조했다. 청일전쟁 이후

---

43) 우리나라에 언제 커피가 들어왔는지는 정확하지 않지만, 대체로 1880년대 서양 각
　　국과 통상조약을 맺기 시작한 때로 추정된다. 커피가 한국에 전해지면서 사람들은
　　가비차, 가배차, 양갱탕, 양탕국 등으로 불렸다. 고종의 커피 애호는 각별했다고 전
　　한다. 특히, 고종은 손탁이 만들어 올리는 프랑스 요리와 커피를 즐겼으며, 1898년
　　9월 25일자『일본공사관 기록』에는 "폐하께서는 때로 양식을 즐겨 찾으시는데 항상
　　커피를 먼저 찾으시는 것이 상례"라는 언급이 보일 정도였다. 고종이 얼마나 커피
　　를 애호했는가는 '김홍륙(金鴻陸) 독다(毒茶) 사건'을 보아도 알 수 있다. 러시아 통
　　역관 김홍륙은 고종 35년(1898) 거액 착복 혐의로 흑산도로 유배가게 되자 궁중의
　　서양요리사 긴종화(金鍾和)를 꾀어 커피에 아편을 넣게 했다.『고종실록』은 김종화
　　가 커피 찻잔에 야물을 넣었다고 전한다.『일본공사관기록』에는 "(고종은) 맛이 좋
　　지 않다면서 아주 소량으로 두세 번 마셨지만 황태자(순종)는 거의 한두 번에 반잔
　　을 마셨다"고 전한다. 고종은 아관파천으로 러시아 공사관에 기거할 때는 물론이고
　　경운궁으로 환궁했을 때도 원두커피의 짙은 향기와 맛을 음미했다. 이덕일, 「이덕
　　일의 古今通義: 커피 왕국」,『중앙일보』, 2011.06.06.
44) Gustave-Charles-Marie Mutel,『뮈텔주교 일기』, 199쪽.

친일세력이 득세하자 이에 대항하기 위하여 명성황후를 중심으로 친러·반일 움직임이 일어났는데 이러한 배일운동을 배후에서 주도한 인물이 손탁이었다. 고종은 그러한 손탁의 공로에 보답하는 뜻에서 1895년 정동 29번지 소재 왕실 소유 토지 및 한옥을 하사하였다. 손탁은 하사받은 한옥의 인테리어를 서구풍으로 장식하였고, 서양요리를 만들어 정기적으로 고종에게 진상했을 뿐만 아니라 서양 각국의 외교관이나 전문직 종사자들이 손탁의 사저에 모여들어 프랑스 요리를 즐기는 사교의 중심지가 되었다.

김홍집 친일내각이 들어서자 이에 대항하는 조선의 독립과 왕권수호를 위한 배일 성향의 정치단체가 정동에 있는 손탁 사저에서 결성되었는데 이를 '貞洞俱樂部(Chongdong Club)'라 불렀다. 정동구락부는 미국, 러시아 등 구미 열강과 긴밀한 유대를 강화하고 일본의 간섭을 배제한다는 목표를 가지고 있었기 때문에 친미·친러적 성향이 뚜렷한 정객들이 중심이 되었다.[45] 아울러 서울에 있는 서양 외교관들의 친목단체인 '外交官俱樂部(1892년 6월 2일 창설)' 회원들 역시 정동에 있는 손탁 사저에 모여 친목을 도모하였다. 당시 서울에는 서양인 전용 양식요리를 하는 식당이 없었기 때문에 서양인들은 하루 일과가 끝나면 자연스럽게 손탁 사저에 모이게 되었다. 따라서 정동구락부 정객들은 외교관구락부의 지지와 후원을 받을 수 있었고, 그 중간에 손탁은 '서울 외교가의 꽃'으로 그들을 결속시켜주는 역할을 수행하였다. 김홍집 친일내각을 통해 지배권을 확대하려는 일본의 침략

---

45) 당시 정동구락부 구성원을 보면 친미파로 분류되는 이완용(1887년, 주미조선공사관 참찬관), 박정양(1887년, 초대 주미 조선전권공사), 이하영(1888~1889년, 주미서리공사), 이채연(1890~1893년, 주미서리공사), 이상재(1887년, 주미 조선공사관원), 윤웅렬(윤치호의 부친), 윤치호(1888~1893년, 미국유학생), 이윤용(이완용의 백형), 민상호(1887~1888년, 미국유학생) 등이며, 이범진(1896년 주미 조선전권공사), 민영환(1896년 주러 특명전권공사), 이학균(러시아공사관 인물), 김홍륙(러시아공사관 통역관) 등이 친러파로 분류된다. 김원모, 「미스 손탁과 손탁호텔」, 186쪽 재인용.

야욕에 불안을 느낀 명성황후는 손탁을 통해 정동구락부와 연락을 주고받으며 친러·반일 운동을 주도하였다. 이에 일본은 명성황후를 제거하지 않고는 조선에 대한 지배권을 확보할 수 없다는 판단아래 1895년 10월 8일 을미사변(乙未事變)을 일으킨다.[46] 을미사변 이후 일본군과 일본이 훈련시킨 훈련대에 의해 경복궁 건청궁에서 수인생활을 하게 된 고종은 일본의 잔악한 만행으로 황후를 잃은 슬픔과 생명의 위협 때문에 불안과 독살공포증에 밤잠을 이루지 못할 정도였다. 그리고 미국 공사에 의해 통역관으로 임명된 언더우드를 통해 미국과 러시아 공사관에서 마련한 특별요리를 전달했는데 고종은 선교사들이 날라다 주는 음식은 안심하고 먹었다. 고종은 하루빨리 경복궁을 탈출하기 위해 언더우드에게 밀지를 전해주곤 하였고, 정동에 있는 손탁의 사저는 정동구락부 인사들과 고종을 구출하기 위한 작전을 계획하는 아지트가 되었다.[47] 제1차 국왕구출 거사인 '춘생문사건'은 미국 공사관의 지원에도 불구하고 실패로 돌아갔지만, 그 후에도 국왕구출을 위한 시도는 계속되었고 손탁 역시 그 일에 긴밀히 관여하였다.[48] 정동구락부의 리더격인 이완용과 이윤용, 이범진 등은 러시아 공사 웨베르와 협의하여 고종을 러시아 공사관으로 모실 것을 합의하였고, 그 후 국왕 구출작전은 성공하여 1896년 2월 11일 고종과 왕세자는 궁녀들이 타는 교자로 경복궁을 빠져 나와 무사히 정동에 있는 러시아 공사관으로 피신할 수 있었다. 아관파천 이후

---

46) "왕비가 露國의 세력을 이용할 수 있었던 것은 손탁양 및 웨바부인을 매개로 했던 일이 많았고, 또 노국이 한국에 세력을 부식할 수 있었던 것은 그녀의 이면 활동에 힘입은 것이 많았다." 京城府, 『京城府史』 第1卷, 1934, 651~654쪽.

47) Lilias H. Underwood, *Underwood of Korea*, 1918, pp. 147~148.

48) 뮈텔주교의 일기에는 춘생문사건이 실패한 후 러시아 공사관에서 손탁을 만난 일이 기록되어 있는데, 손탁은 그 일로 매우 실망과 당혹감을 표명하였다고 적고 있다. 이로 미루어 볼 때, 손탁은 고종 구출계획에 깊이 관여하고 있음을 알 수 있다. Gustave-Charles-Marie Mutel, 『뮈텔주교 일기』 1권, 420쪽.

친일내각은 무너지고 박정양을 총리대신으로 하는 친러 내각이 들어섰다. 고종이 러시아 공사관에 기거하는 동안 고종의 수발을 든 이는 엄비와 손탁이었고, 고종이 양식과 커피를 좋아했기 때문에 손탁은 서양요리와 커피를 마련하여 수랏상을 차리게 되었다.49) 고종의 최측근 인사가 된 손탁은 왕실과 외국 사절과의 연락은 물론 왕실의 각종 경비도 그녀의 손을 거치지 않고는 지급되지 않을 정도의 영향력을 행사할 수 있었다.50) 그리고 아관파천 이후 러시아의 영향력이 증대됨에 따라 손탁 사저는 러시아 세력의 아성이 되었다.

고종은 아관파천으로 신변의 안전은 보장될 수 있었지만, 일국의 군주가 외국 공관에 기거한다는 것은 독립국가로서의 위상을 저해하는 일이었다. 국왕이 하루속히 왕궁으로 환어(還御)해야 한다는 여론이 비등해지자, 고종은 경운궁을 보수하여 이어하기로 방침을 세우고 조영공사를 추진하였다. 그리고 경운궁 조영기간에도 고종은 손탁 사저를 임시 거처인 행재소(行在所)로 사용할 정도로 손탁을 전폭

---

49) 고종이 얼마나 서양요리를 좋아했는지는 당시 서양인의 증언을 통해서도 확인할 수 있는데, 까를로 로제티가 남긴 기록에도 고종이 경운궁으로 환궁한 이후에도 손탁이 조리한 음식을 즐겼음을 알 수 있다. "황제의 수랏상을 준비하는 일은 어떤 다른 공무보다 잘 조직되어 있었다. 이는 황제가 아관파천 시절에 (…중략…) 유럽식 수석요리사 자격으로 황제의 궁정에 머물게 된 알자스 지방 출신의 손탁이라는 여인 덕분이다." 까를로 로제티, 『꼬레아 꼬레아니』, 서울학연구소, 1996, 99쪽.

50) "왕궁에 가까이 손탁 호텔이라고 하는 外人專門 旅館이 있었다. 그 주인은 손탁孃이라고 하는 도이치人으로 용모는 그다지 좋지 않았지만, 꽤나 재주가 있는 사람으로 始終 宮中에 출입하며 왕비는 말할 것도 없고 국왕에게까지도 案內없이 근접하는 것이 가능할 정도였다. 따라서 王室과 外人과의 연락은 물론, 運動費의 출납에 이르기까지 大抵 그녀의 손을 거치지 않는 것이 없었는데, 그 세력은 대단한 것이었다. (…중략…) 손탁의 손을 거쳐, 왕실로부터 돈을 인출했던 자는 수도 없지만, 그 중요한 자는 영국인 토마스 베넬, 이는 大韓每日申報 및 코리아 데이리 뉴스(영문)의 양 신문을 발행하며 왕성하게 排日論을 고취하던 자. 그다음은 미국인 헐버트 및 콜브란으로, 前者는 學校 敎員이면서도 정치운동에 浮身했던 자이고, 後者는 電車의 車掌에서 일약 電氣會社社長, 鑛山會社社長이 되어 巨萬의 富를 이룬 자. 그리고 또 도이치인 크뢰벨 夫妻 등도 모두 다 부끄러움을 모르는 冒險家일 뿐이었다." 小松綠, 『明治史實 外交秘話』, 中外商業新報社, 1927, 377~382쪽.

적으로 신임했다. 손탁은 1년간의 아관파천 기간 동안 고종을 섬겼으며, 고종 역시 손탁을 생명의 은인으로 생각하였다. 1897년(고종 34년) 경운궁으로 환궁한 고종은 국호를 대한제국, 왕을 황제라 칭하고, 연호를 광무라 하여 그해 10월 13일 원구단(圜丘壇)에서 황제 즉위식을 거행하였다. 그리고 손탁의 노고에 대한 보답으로 손탁에게 하사한 정동 29번지 사저 1,184평 대지에 벽돌로 양관(洋館)을 지어 하사하였다.[51] 손탁은 하사받은 양관에 독일로부터 수입한 화려한 양탄자를 깔고 가구에서 식기까지 서구식으로 바꿔 호텔영업을 시작했다.[52] 손탁빈관은 서울에 오는 외국인 국빈전용 호텔이었지만 객실이 5개밖에 되지 않아 양관으로는 너무 협소했다. 이에 고종 황제는 1902년 거액의 내탕금을 내려 2층 벽돌 건물을 지어 손탁에게 호텔 경영권을 부여했다.[53]

1904년 러일전쟁이 터지고 1905년 일본의 승리가 확정되자 을사늑약의 체결이 강제되었고, 대한제국은 일본의 보호국으로 전락하였다. 그리고 러시아 공사관을 비롯한 서구 제국의 공사관이 철수하였다. 통감부의 정치적 탄압까지 가해지자 손탁의 입지도 크게 위축되었다. 그녀는 결국 프랑스인 보오에(J. Boher)에게 호텔을 매각하였다.

---

51) 『舊韓國外交文書』 18(俄案 2), 254쪽.

52) 조선의 개항과 함께 외국과의 통상무역이 활성화되고 외국인의 왕래가 빈번해지면서 제물포에 근대적 호텔이 생겨나기 시작했다. 1888년 한 일본인(掘力太郎)이 제물포에 세운 대불(大佛)호텔이 우리나라 근대식 호텔의 효시로 알려져 있고, 서울에는 일본인 전용의 파성관(巴城館)이 있었다. 손탁이 고종으로부터 하사받아 세운 손탁빈관은 서울에 세워진 서구식 호텔의 효시였던 것이다. 김원모, 「미스 손탁과 손탁호텔」, 202~203쪽.

53) '손탁양저' 또는 '손탁빈관', '한성빈관'이라고도 불렸던 손탁호텔은 욕실이 딸린 객실 25개와 각종 대소 연회장, 결혼예식장, 무도회, 공연이 가능한 홀을 갖추고 있었다. 호텔의 1층에는 서울 최초의 커피숍이 있었는데, 서울에 사는 서양인들이 자주 찾는 곳이었다. 고종 즉위 40주년을 경축하기 위해 내한한 전 주한러시아공사 웨베르 부처, 한국을 국빈 방문한 엘리스 루즈벨트, 러일전쟁 취재 차 한국에 왔던『톰 소여의 모험』의 작가 마크 트웨인, 이토 히로부미도 이 호텔에 투숙하였고 이곳에서 을사늑약의 체결을 진두지휘하였다. 위의 논문, 207쪽.

1909년 7월 16일 궁내부의 직책을 사임하자 대한제국 정부는 손탁에게 은사금으로 거금 3만환을 지급하였다.[54] 그해 8월 28일 손탁은 태황제(고종)와 황제(순종)를 알현하고 작별을 고했는데, 이 때 태황제는 손탁에게 은배 한 쌍 등 선물을 하사하면서 그 동안의 노고를 치하하였다. 손탁은 1909년 9월 19일 25년간의 서울 생활을 끝내고 프랑스의 깐느로 떠났다.[55] 당시 그녀는 상당한 재산을 모았지만, 그녀의 재산은 웨베르 부인의 명의로 러시아 기업에 주식의 형태로 투자되었다. 1917년 러시아혁명이 발발하자 그녀의 재산은 전부 몰수되고 무일푼으로 전락하였다. 게다가 하나뿐인 남동생도 1차 대전에 참전하여 전사하였다. 아직까지 분명하게 밝혀진 것은 아니지만 고독과 가난에 시달리던 손탁은 1925년 향년 71세의 나이로 러시아에서 사망한 것으로 알려지고 있다.[56]

54) 『대한매일신보』, 1909.07.16.

55) 손탁은 호텔을 경영하면서 조선인 소년 한 명을 양자로 들였으며, 그녀가 프랑스로 돌아갈 때 함께 갔다는 기록에 대해서는 아래 내용 참조. "여사는 宴會係에 많은 뽀이들 가운데서 한 사람의 조선인을 골라 養子로 삼고 임금께 청하여 官途에 앉혔다. 사람들은 어처구니없는 짓을 하는 것이라고 조롱했던 것이나, 그 양자는 귀국할 제에 여사와 더불어 프랑스로 건너갔다. 그 후 양자는 여사의 곁에서 벗어나 조선으로 되돌아 왔다고도 들었으나 도대체 어떻게 되었는지 알지 못한다." 小坂貞雄, 『外人の觀たる朝鮮外交秘話』, 朝鮮外交秘話出版會, 1934, 199~200쪽.

56) 손탁의 말년 생애에 대해서 일치하는 기록은 없지만, 일본인이 남긴 아래의 기록은 참조할 만하다. "그는 고국에 돌아가자마자 名勝 지구인 칸에 淸爽한 別莊을 지었다. 그곳에다 극동의 왕국에서 가져온 재산을 쌓아두고, 유유히 만년을 보낼 계획이었으나, 어쩐 일인지 그 재산의 대부분은 여동생인 웨베르 부인의 명의로 러시아의 은행에 저금되어 러시아의 기업에 투자되었다. 이윽고 러시아 혁명, 공산정부의 적화는 손탁의 저금도 투자도 한꺼번에 沒却시켜 버렸다. 극동왕국의 말기를 목격하고, 극동제국의 패망을 바라보며, 그는 일대의 영화가 꿈과 같이 말살된 채로, 1925년 러시아에서 客死했다. 그때 그는 71세의 老孃이었다." 菊池謙讓, 『朝鮮雜記』 第2卷, 鷄鳴社, 1931, 98~105쪽.

4. 엠마 크뢰벨

손탁이 휴가를 얻어 독일에 가 있던 시기(1905년 8월~1906년 가을)
그녀를 대신해서 조선 왕실의 의전담당자가 된 인물은 엠마 크뢰벨
(Emma Kroebel)이었다. 그녀는 1872년 7월 6일 독일 북슐레슈비히의
굿 드륄트(Gut Drült)에서 소작인이었던 Carl Kosegarten과 Margaretha
Catharina Kuehl의 딸로 태어났으며, 1901년 11월 5일 에른스트 크뢰
벨(Ernst Kroebel)과 결혼하였다. 그녀의 남편은 1853년 출생으로 1872
년 19살에 쉴레스비히 지역의 보병부대에 근무하였고 1890년대까지
중대장의 임무를 수행하였다. 이후 독일의 점령 지역이었던 당시 중
국 청도의 키아우초우(Kiautschou) 위수지역(Garnison)에 상사를 설치하
고 운영해 달라는 군대 상관이던 코프카 폰 로소우(Kopka von Lossow)
의 권유에 따라 크뢰벨은 1898년 청도(Tsingtau)로 가게 되었다. 그곳에
서 그는 상사를 설치하고 상인(Kaufmann)으로 등록하게 된다. 그에게
중국으로 가는 것은 아주 매력적인 제안이었다. 중국으로 간 뒤 3년
후 그는 잠시 독일로 돌아가 엠마(Emma Kosegarten, 1872~1945)와 결혼
하였다. 결혼 후 그들은 함께 미국과 일본을 거쳐 상하이로, 거기서
다시 청도로 갔으며, 에른스트 크레벨은 청도에서 토지를 매입하고
집을 짓고 회사를 차려 본격적인 사업을 시작하였다.

에른스트 크레벨은 사업적인 이유로, 그리고 역시 청도의 독일군
수비대 사령관 대변인으로서 당시 대한제국의 황실에서 고종의 신임
을 받고 있었던 손탁과도 좋은 관계를 맺고 있었다. 1905년 손탁이
1년간 독일로 휴가를 가는 동안 그의 부인 엠마 크레벨이 손닥 대신
에 대한제국의 궁정에서 일할 수 있는지에 대한 제안을 받게 되고,
엠마는 그 제안을 받아들인다. 엠마의 남편이 청도에 머무르는 기간
에 엠마는 손탁을 대신해서 대한제국 황실의 의전담당(Hofdame)으로
일하게 되는데, 그 기간은 1905년 8월부터 1906년 가을까지였다. 엠

마는 그 후 다시 청도로 돌아가고, 그녀의 남편은 1906년 11월 7일에 그곳에서의 사업을 정리하게 된다. 남편은 땅과 집을 팔고, 동료인 발터(Johann G. Walter)라는 사람에게 회사배당분을 넘긴다. 그 후 엠마의 남편은 중국에서 광산을 찾아다니고, "광산협회" 창업동업자로서도 활동한다. 동아시아 방송(Ostasiatischen Rundschau)의 기사에 의하면 크뢰벨 부부는 늦어도 1907년 초에 이미 청도를 떠났으며, 아마도 1910년까지 그들은 동아시아의 다른 지역에 있었을 것으로 보인다. 이후 크뢰벨 부부는 독일로 돌아가 베를린에 정주하였다. 그들 사이에 자식은 없었다고 전해진다. 제1차 세계대전이 발발했을 때, 엠마의 남편은 장교(Major)로 참전하여 러시아에서 싸우다가 크게 부상을 당하여 오른쪽 팔을 잃게 된다. 그는 전쟁이 끝나자 퇴역했고, 1925년 5월 16일에 베를린에서 사망하였다. 엠마 크뢰벨은 제2차 세계대전이 막바지에 이른 1945년 2월 25일에 베를린에서 사망했을 것으로 추정된다.[57]

엠마 크뢰벨은 동아시아에서 그녀의 경험을 1909년 10월 한 권의 회고록 『내가 어떻게 한국의 궁정에 들어가게 되었는가(Wie ich an den koreanischen Kaiserhof kam)』으로 출간하였다. 그녀의 책은 한국[58]에서의 경험뿐만 아니라 독일에서 출발하여 미국과 일본, 상하이를 거쳐 청도로 가는 여행을 자세하게 기록하고 있다. 책의 후반부는 주로 대한제국 황실에서의 생활에 대한 기록이다. 그녀는 당시 한국을 둘러 싼 국제 정세를 비롯하여 국내의 정치, 경제, 사회, 문화 역사, 교육, 예술, 풍습 등 거의 모든 분야를 속속들이 언급하고 있는데,

---

57) Nachruf auf Ernst Kroebel in der "Ostasiatischen Rundschau", 1925, pp. 139~140. http://www.tsingtau.org/kroebel-ernst-1853-1925-kaufmann-und-emma-kroebel-1872-1945-schriststellerin/

58) 엠마 크뢰벨은 대한제국기인 1905년부터 1906년까지 손탁 여사를 대신해 황실의 의전담당으로 일하게 되었는데, 그녀의 회고록에 한국을 'Korea'로 적고 있다. 따라서 본 절에서는 편의상 '대한제국'을 '한국'으로 표기하고자 한다.

한국에 약 1년 밖에 되지 않은 체류기간에도 불구하고 광범위한 분야에 걸쳐 당시의 모습을 분석한 것은 놀라운 일이다. 그리고 그녀의 책에서 한국(Korea)과 관련된 내용은 99쪽부터 186쪽까지 88쪽 분량으로 전체 187쪽의 절반 정도를 차지하고 있을 정도로 많은 비중을 차지하고 있다.59)

엠마의 회고록에 의하면, 그녀는 1905년 8월에 한국에 도착한 것으로 되어 있다. 하지만 그 이전에 이미 엠마는 남편과 함께 손탁(Fräulein Sotang)을 만난 것으로 되어 있다. 엠마의 남편은 청도에서 사업을 계속 확장하고 있었고, 아울러 청도 주둔 독일제국 군대의 대변인을 겸하고 있었다. 그것은 엠마의 남편이 전직 장교 출신이었으며 청도 주둔 독일제국 군대의 대대장과도 친분이 두터웠기 때문이었다. 엠마의 남편 에른스트 크뢰벨이 어떻게 손탁 과 알게 되었는지 그녀의 회고록에 확실히 밝히고 있지는 않지만, 손탁과의 첫 만남을 아래와 같이 적고 있다.

어느 날 남편은 한국에서 영향력이 높은 손탁이라는 여성의 초대에 나를 데리고 갔다. 그녀는 오랫동안 한국의 궁정에서 독특하고 상당히 우월한 지위를 누리고 있었다. 후에 내가 이 여성에 대하여 상세하게 쓰겠지만, 이 여성을 방문하게 된 것은 나에게는 설레이는 바람이기도 했다. 나의 체류 동안에 손님을 잘 응대하는 집으로 알려진 그녀의 집에서 나는 많은 변화를 보았을 뿐만 아니라, 이 수수께끼 같은 나라에 대한 깊은 조망을 할 수 있었다.60)

---

59) 엠마의 기록을 보면 다소 당혹스러움을 감출 수 없는데, 그것은 그녀가 한국에서의 경험을 시간의 흐름에 따라 언급하지 않고 있다는 점, 그리고 손탁 여사와의 만남이라든가, 고종 황제 알현 등 중요한 사건에 대한 구체적인 날짜를 언급하고 있지 않다는 점 등이다. 예를 들면, 엠마는 고종 황제를 알현한 일을 먼저 쓰고 나중에 손탁 여사의 소개로 고종 황제를 알현한 일을 소개하고 있는데, 이는 사건의 전후관계가 뒤바뀐 것이다.

엠마의 기록에는 그녀가 어떻게 손탁의 대리인으로 대한제국 황실의 의전담당 일을 하게 되었는지 확실하지 않지만, 당시 황실과 황제의 큰 신임을 얻었던 손탁이 자리를 비우는 동안 그녀를 대신해서 궁정에서 일할 사람이 필요했던 것은 확실하다. 왜냐하면 황실의 입장에서는 유럽의 전통과 풍습 그리고 무엇보다도 섬세한 유럽의 음식문화에 대해 정통하고 모두에게 신뢰감을 줄 수 있는 인성(persoenlichkeit)을 갖춘 인물이 필요했고, 엠마는 자신에게 이런 기회가 왔다는 것에 대해서 영광으로 생각했다.61) 엠마는 1905년 8월 기선 '페이호(Peiho)'를 타고 한국에 도착했다. 이어서 그녀는 제물포에서 서울로 이동하는 도중에 본 한국의 자연경관과 사람들, 서울 거리의 모습과 경복궁에 대한 감회를 서술하고 있다. 그녀는 당시 한국을 '고요한 아침의 나라(Das Land der Morgenruhe)'라고 기록하고 있는데, 그러한 그녀의 한국에 대한 이미지는 한말 많은 외국인들이 남겼던 '고요한 아침의 나라'인 한국에 대한 이미지와는 성격이 다른 것이었다. 당시 한국과 한국인에 대한 그녀의 이미지의 단편을 보면 아래와 같다.

'조용한 아침의 나라(Das Land der Morgenruhe)!' 이 나라 스스로 부여한 이 단어는 얼마나 아이러니하게 마음을 울리는지! 왜냐하면 이 민족은 고요를 즐기고, 이것이 상징하는 의미가 가지는 것과는 너무나 멀리 떨어져 있었기 때문이다. 이 나라를 지배하는 고요는 폭풍이 한번 휩쓸려간 뒤의 고요함과 비슷한 것이다. 한국은 특히 지정학적인 위치 때문에 늘 시달린다. 이 반도의 면적은 대략 영국과 비슷하고 3개의 강력한 나라들이 늘 관심을 가지고 노리고 있다. 그로 인하여 그들 나라들은 이 반도를 지배하려는 열망으로 넘쳐나고 있다.62)

---

60) Emma Kroebel, *Wie ich an den koreanischen Kaiserof kam*, p. 101.
61) *Ibid.*, p. 120.
62) *Ibid.*, pp. 101~102.

지난 100여 년간 서양인의 눈에 비친 한국에 대한 이미지는 '고요한 아침의 나라', '은자의 나라', '금단의 나라'였다.[63] 이러한 표현은 서정적이며 아름답고 밝은 햇빛이 비치는 신비로운 나라라는 긍정적인 의미를 가지고 있는 반면, 시간이 과거의 상태로 정지해 있는 듯한 무시간성과 서양 문명의 세례를 받지 못해 폐쇄되어 있는 무변화성 등의 부정적 의미를 내포하고 있다.[64] 그리고 그렇게 한번 고정된 이미지는 많은 세월이 흘렀음에도 불구하고 오늘날까지도 한국을 대표하는 표상으로 서양인들의 의식 속에 각인되어 왔다.[65] 위에 인용한 바와 같이, 당시 한국과 한국인에 대한 엠마의 이미지 역시 긍정적인 측면 보다는 부정적인 측면에 더 경도되어 있다는 것을 알 수 있으며, 더욱이 한반도의 지리적 조건이 주변 강국들의 계속된 지배 열망으로 나타나고 있다는 점에서 우려 섞인 견해를 표명하고 있다.[66] 이어서 엠마는 한국인의 머리 스타일과 모자, 한국 여성들에

---

63) 여행가이자 화가이면서 1895년 『고요한 아침의 나라: 조선』을 간행한 A. H. 새비지–랜도어(Arnold Henry Savage-Landor, 1865~1924)와 1882년 『은자의 나라 조선 (*The Hermit Nation*)』을 출간한 그리피스(William Eliot Griffis, 1843~1948), 그리고 『금단의 나라: 조선』을 쓴 독일인 오페르트가 대표적이다. Ernst J. Oppert, *Ein verschlossenes Land: Reisen nach Corea*, Leipzig, 1880; 이배용, 「서양인이 본 한국 근대 사회」, 『이화사학연구』 28집, 2001, 107~109쪽.

64) 김세은, 「1880년대 서양인의 조선인식」, 『시대전환과 역사인식』(윤세철 교수 정년 기념 역사학논총), 2001, 610~611쪽.

65) 더욱 심각한 것은 "고요한 아침의 나라"라는 다분히 오리엔탈리즘적인 의미가 내포된 한국 이미지가 우리 자신도 의식하지 못하는 사이에 우리의 전통적 표상인 것처럼 우리가 스스로를 타자화한다는 사실이다. 예를 들면, 국내 굴지의 한 항공사가 기내지 제호로 사용하고 있는 『Morning Calm』은 한국을 방문하는 대부분의 외국인들이 처음 접하게 되는 한국에 대한 표상이다. 그 외에도 국방부에서 발행하는 정기 간행물인 『정훈』에도 "고요한 아침의 나라 대한민국"이라는 글이 실릴 정도로 우리는 스스로의 정체성을 "고요한 아침의 나라"로 정형화하고 있다.

66) 지정학적 측면에서 한국의 역사가 타율적으로 전개되었다는 논리는 20세기 중반 서독의 『아시아와 오스트레일리아(*Lehrerhandbücher für den Erdkundeunterricht*)』라는 제목하의 「지리수업을 위한 교사용 지침서」에도 분명히 제시되어 있다. "남북한의 분단과 전쟁이라는 한민족이 겪은 지난날의 비극적 운명은 우연적으로 일어난 일이라고 보기는 어렵다. 그것은 이미 수백 년 동안 여러 번 반복되었던 수난의

대한 인상, 한국의 가옥과 종교, 장례의식 등에 대해서도 언급하고 있다.

엠마와 손탁의 첫 만남은 손탁의 사저에서 이루어졌다. 엠마의 기록에 의하면, 손탁 여사는 흰 머리, 영리하고 반짝이는 눈과 강직한 얼굴 윤곽을 가진 위풍당당한 모습을 지녔으며 황실에서 그녀의 위상이 얼마나 높았는가를 다음과 같이 서술하고 있다.

> 손탁은 의심할 여지없이 많은 공적을 쌓았고, 말 그대로 아주 뛰어난 인성을 지닌 여성으로 특징지어진다. 역시 그녀는 한국에 거주하고 있는 외국인들, 특히 유럽의 권력을 대표하는 변리공사와 영사들로부터 사랑받는 존재이기보다는 좀 두려움을 느끼는 존재였다. 말할 나위 없이 그녀는 공식적인 일을 하나씩 헤쳐 나갔고, 이 나라의 문화적·경제적 발전을 높이는데 최선을 다했다. (…중략…)67)

엠마는 의상에서부터 음식, 취향에 이르기까지 서구 문물의 급격한 유입이 황실을 어떠한 모습으로 바꾸어 놓을지, 그리고 그 점을 후세의 역사가들이 어떻게 평가하게 될지를 조심스럽게 우려하는 전망을 하기도 하였다. 그렇지만 손탁은 이제 의심할 여지없이 대한제국의 발전에 공로를 세웠으며, 그녀의 큰 영향력은 대한제국 황실이

연속이다. 한국이 처한 지리적 상황 때문에 한국은 계속해서 전쟁과 황폐함의 무대가 된 것이다(F. Ratzel, *Ruinenland im Grenzbereich zwischen Ansässgkeit und Nomadismus*). 따라서 한국과 한민족의 운명은 앞으로도 한국의 지리적 정황에 따라서 전개될 것이다." 그뿐만 아니라 1959년 슈레델 출판사에서 발간된 독일 지리교과서에는 한국에 대한 인종주의적 서술 경향도 나타나고 있다. "한반도의 남쪽에 살고 있는 한국인들은 일본인을 닮았고, 북쪽에 살고 있는 사람들은 중국인을 닮았다"는 서술이 그것이다. *Asien und Australien(Lehrerhandbücher für den Erdkundeunterricht)*, München, Düsseldorf, 1955, p. 221; *Seydlitz(Afrika, Asien, Australien)*, Teil 3(Ostfeste), Hannover, 1959, p. 137.

67) Emma Kroebel, *Wie ich an den koreanischen Kaiserof kam*, p. 132.

낯선 외국의 풍습과 관습의 물결을 거부하는 것이 아니라 그와는 반대로 오히려 자연스럽게 인정하고 받아들이게 한 인물로 평가하고 있다. 특히 그녀는 궁정 음식을 유럽적이면서도 특별한 프랑스식으로 하도록 했다. 궁정의 주방에서 일하는 사람들은 다양한 국적의 사람들이었다. 손탁은 영어, 프랑스, 독일어, 러시아어 등 다양한 외국어를 유창하게 구사할 줄 알았으며, 평범한 평민출신의 그녀가 어떻게 외국 땅에까지 와서 이렇게 한 나라의 모든 영역에서 영향을 미치며 엄청난 권력을 누리는지 궁금해 했다.[68] 손탁은 사실 이 나라를 위해서 일하는 것에 비하면 수입이 많은 편은 아니었다. 그러나 그녀는 서로 다른 여러 사업을 하였기 때문에 수입 총액은 조선 정부가 주는 급료보다 몇 배가 많았다.[69] 그녀는 서울에 서로 다른 호화스러운 건축물을 소유하고 있었으며, 겨울에 유럽의 우아한 사교계 생활을 누릴 수 있도록 프랑스 남부의 온천지인 깐느에 소유지를 가지고 있었다. 엠마의 기록에 의하면, 당시 서울 정동의 외교가에서는 손탁 여사는 '왕관 없는 여제(ungekroente Kaiserin)'라 불릴 정도였다.

엠마는 자신의 회고록에서 대한제국의 황실은 손탁의 오랜 동안의 유럽 휴가에 대해서 침울한 분위기였다고 전한다. 왜냐하면 아직 서양식 의전 행사에 서툰 대한 제국 정부에서 각 국의 외교 사절들을 맞이하여 치르게 되는 여러 행사에서 손탁의 역할은 중요한 것이었다. 그 어느 누구도 황실에서 그녀를 대신할 수 없다는 인식이 팽배해 있었기 때문이었다. 그만큼 황실에서 손탁이 갖는 위상은 대단한 것이었다. 손탁은 휴가를 떠나기 전에 엠마를 고종 황제에게 소개하였다. 그 정황에 대한 엠마의 기록은 다음과 같다.

---

68) *Ibid.*, p. 134.
69) *Ibid.*, p. 133.

황제는 내가 충실하게 그의 편에 서서 조력할 수 있는지를 물었다. 그때 그는 나를 애원하는 눈빛으로 바라보았는데, 신뢰할 수 있는 조력자 없이는 자신이 아무 힘이 없음이 전달되어져 왔다. 나는 그의 신뢰와 만족감을 얻기 위해서 최선을 다할 것이며, 나의 힘이 닿는 데까지 모든 것을 하겠노라고 약속하였다. 이러한 나의 설명이 확실히 강하게 그를 움직였고, 그의 흐릿한 눈빛은 밝아지면서 나에게 감사의 악수를 건넸다. 몇 분밖에 안 되는 그것이 접견의 전부였다. 이 순간부터 나는 한국 황제의 의전담당이었고, 또 그렇게 느꼈다.[70]

엠마는 자신의 회고록에서 그녀가 한국에 체류하는 동안 잊을 수 없었던 일은 미국 대통령 시어도르 루즈벨트의 딸인 엘리스 루즈벨트 일행의 국빈 방문이라고 서술하고 있다. 이는 엠마가 치러야 할 대한제국 황실 의전행사에 있어서 중요한 일이었다.[71] 1905년 루즈벨트 대통령은 미국 정부 관리들과 수십 명의 상원의원을 비롯한 영향력 있는 인물들로 구성된 '아시아 순방단(Mission to Asia)'을 파견하였다. 아시아 순방단에는 루즈벨트 대통령의 장녀 엘리스(Alice)가 들어 있어 순방단의 행보에 백악관이 무게를 실어주고 있었다. 배를 타고 태평양을 건너 일본에 도착한 그녀는 명실상부한 '미국의 공주'로서 대접을 받았다. 천황과의 만찬, 무도회 등의 행사가 이어졌고 이어서 필리핀과 중국을 방문했다. 중국에서는 서태후를 만나 진귀한 보석, 비단 등과 함께 애완견까지 선물을 받았다. 고종 황제는 엘리스 일행이 일본에 체류하고 있을 때 그들을 초청했고, 엘리스 일행이 초청을 받아들이고 서울에 도착하는 그 사이의 짧은 시간동안 엠마는 그들이 필요로 하는 모든 것을 준비하는 데 전력을 다하게 된

---

70) *Ibid.*, p. 123.
71) *Ibid.*, pp. 163~166.

다. 1905년 9월 19일 엘리스 루즈벨트(Alice Roosevelt)와 아시아 순방단 일행이 탄 군함 오하이오 호가 제물포항에 도착했다. 9월 20일 미스 루즈벨트는 방문단 일행과 함께 황실을 예방하고 한국 정부의 관리들과도 인사를 나누었다. 21일에는 미국 공사가 주최하는 가든 파티가 열렸는데 그 자리에서 한국에 거주하던 미국인들이 미스 루즈벨트와 그 일행들을 만났다. 22일에는 미스 루즈벨트가 고종 황제와 점심을 함께 했으며, 오후에는 미국 대통령의 딸에게 자신이 할 수 있는 최대한의 환영을 표하기 위해 서울에서 약간 떨어진 곳에 있던 명성황후의 묘(홍릉) 근처에서 야외 리셉션을 열었다. 리셉션은 그 당시 한국을 방문한 다른 어떤 나라의 사절보다도 더 성대한 것이었다. 궁정의 대신들과 외교관들을 비롯하여 수백 명이 예복을 입고 그녀를 기다렸다. 승마복을 입은 엘리스는 약혼자와 함께 말을 타고 먼지를 일으키며 연회 자리에 나타났다. 엠마의 회고록에 서술된 엘리스 루즈벨트의 행적은 다음과 같다.

우리 일행이 한국 왕실의 격식에 따라 최대한의 경의를 표했으나 이 '의용 기병대의 딸'은 이 모든 것을 장난이라고 여기는 듯 했다. 행사를 주관하는 사람으로서 내가 환영의 인사를 건넸지만 그녀의 입에서 나오는 것은 몇 마디의 고맙다는 말뿐이었다. 오히려 그녀는 무덤가에서 무덤을 수호하고 있는 동물들의 조각에 더 많은 관심이 있는 듯 했다. 특히 그녀의 관심을 끌었던 것은 큰 코끼리 석상이었는데 그녀는 그것을 곁눈으로 흘낏 보더니 재빨리 말에서 내려서 순식간에 그 코끼리 석상에 올라탔다. 그러고는 곁에 있던 롱워스(Nicholas Longworth)에게 사진을 찍어 달라고 소리쳤다. 이것을 본 우리 일행은 그녀의 그런 망나니 같은 짓에 경악했고 온 몸이 마비되는 것 같았다. 그토록 신성한 곳에서 저지른 그와 같은 무례한 짓은 한국의 역사에서 찾아 볼 수 없는 일이었다. (…중략…) 그러나 엘리스는 자신이 무슨 짓을 저질렀는지도 모르는 듯 했다.

그 이후로는 어떠한 감사의 인사도 없었고 그녀는 모건 공사 부인과 잡담을 나누면서 씩씩하게 샴페인을 마시고 또 다른 음식들을 즐겼다. 그러다가 갑자기 엘리스는 모두에게 말에 오르라고 하고는 그녀를 따르는 남자들과 함께 버팔로 빌처럼 말을 타고 떠나갔다.[72]

당시 고종황제는 기울어져 가던 대한제국의 운명을 걸고 이들을 통해 한미 공수동맹(共守同盟)을 맺으려 노력했지만,[73] 엠마의 기억 속에 남아 있는 엘리스는 철없고 무례한 방문객이었다. 국빈대접을 해 주었으나 초대받은 사람이 이렇게 무뢰하게 군것은 역사상 그 예를 찾아 볼 수 없을 것이라고 회고하고 있는 것이다.[74] 엘리스 루즈

---

72) *Ibid.*, pp. 164~165.

73) 루스벨트 대통령이 파견한 아시아 순방 외교사절단 80여 명은 1905년 7월 5일 샌프란시스코 항을 출발했다. 사절단에는 엘리스 루스벨트 외에도 루스벨트의 후임으로 제27대 대통령이 되는 육군장관 태프트(William Howard Taft, 1857~1930)를 비롯하여 상원의원 7명, 하원의원 23명과 다수의 군인 및 민간 관료들이 포함되었다. 1904년에서 1908년까지 미국의 육군성(Department of War) 장관을 역임한 윌리엄 태프트는 1905년 7월 27일 일본 도쿄를 방문해 가쓰라 다로(桂太郞) 수상과 장시간 회담을 했다. 1924년에야 그 내용과 실체가 알려진 이른바 '가쓰라—태프트' 밀약은 이 회담의 산물이다. 훗날 가쓰라—태프트 밀약으로 알려지는 이 협약(1905년 7월 29일 체결)에서 미국은 일본의 한국 지배를 사실상 인정하는 대신 필리핀의 미국 지배를 일본으로부터 인정받았다. 회담의 전체 내용은 1924년 미국 외교사학자 타일러 데닛(Tyler Dennett)에 의해 『현대사(*The Current History Magazine*)』라는 잡지에 「시어도어 루스벨트의 대일 비밀조약(Theodore Roosevelt's Secret Pact with Japan)」이라는 제목의 논문으로 전문이 밝혀지기 전까지는 철저히 비밀에 부쳐져 있었다. 그리고 이 밀약을 바탕으로 엘리스가 한국을 떠난 두 달 뒤 11월에 일본은 고종 황제와 대신들을 압박하여 강제로 을사늑약을 맺었다.

74) 1909년 엠마 크뢰벨의 회고록이 출간되자 미국 뉴욕 타임즈는 1909년 11월 16일 위 인용문에서와 같이 그녀의 책에 언급된 엘리스 루스벨트의 외교관례에 어긋나는 행적을 기사화했다. 그러자 다음날 당시 엘리스의 남편이던 니콜라스 롱워스(Nicholas Longworth)는 뉴욕 타임즈를 통해 기사의 내용을 부정하는 발표를 했다. 그는 이런 글을 쓴 엠마 크뢰벨을 비난하고 결코 한국에서 그런 일은 일어나지 않았다고 단언했다. 그리고 자신은 엠마 크뢰벨이라는 여성을 기억하지도 못하며 당시 방문단의 수가 많았기 때문에 아마 크뢰벨이 다른 사람을 착각한 것 같다고 말했다. 그러나 코넬대학교 도서관의 귀중본 컬렉션(Willard Dickerman Straight Digital Collection)에 소장된 1905년 경 한국주재 미국 공사관에서 공사 서기로 근무했던

벨트에 대한 기록 이후 엠마는 러일전쟁에서 일본의 승리와 이토 히로부미의 한국 방문에 따른 의전행사 준비, 고종 황제의 호의에도 불구하고 이토는 고종을 독립국가의 군주로 대우하지 않았다는 점, 그리고 1905년 11월 17일 을사늑약의 체결과 고종 황제의 거부에 대한 내용을 기록하고 있다. 엠마는 '이토가 비스마르크를 숭배하며, 독일과 독일인에 관하여 긍정적인 생각을 표했다는 점, 그리고 자신이 독일 여성이라는 점' 들 때문에 이토의 만찬에 초대되기도 했다고 적고 있다. 회고록 말미에는 을사늑약 이후 한국이 식민화되는 과정, 헤이그 밀사사건 이후 고종의 퇴위와 순종의 즉위, 일본의 지배에 저항한 의병들의 봉기, 고종 황제가 처음으로 기차를 타고 여행을 했던 점들도 언급하고 있다. 엠마는 자신의 회고록 마지막 부분인 「저자 후기」에서 이토 히로부미의 암살 사건을 다루고 있다. 그녀는 자신의 책이 막 출간될 즈음 이토의 비극적인 죽음을 알게 되었다. 그녀는 일본의 압제에 대한 한국인들의 저항과 증오가 유혈 낭자한 보복으로 돌아왔으며, 일본의 정치가들이 자기 제어를 하지 못한다면 한국뿐만 아니라 전체 동아시아 국가들에서 그러한 폭력사태가 야기될 수 있음을 언급하고 있다.

그러나 이 책의 가치는 엠마 크뢰벨의 황실 의전관련 내용의 파악에만 있는 것이 아니라, 1905년을 전후한 시기 한국인의 삶을 생생하

윌러드 스트레이트가 남긴 귀중한 자료들 속에서 '루즈벨트 양의 한국에서의 사건'을 담은 사진이 발견되었다. 이 사진의 뒷면에는 "Alice Roosevelt at Seoul"이라고 '친절하게' 적혀 있었다. 사진 속의 석상이 코끼리는 아니지만 석상인 석마(石馬) 위에 걸터앉아 사진을 찍은 사람은 분명 엘리스(Alice)이고 장갑을 낀 그녀의 손에는 엠마 크뢰벨이 말한 것처럼 말채찍이 들려져 있었다. 아래 인터넷 사이트에서 윌러드 스트레이트가 남긴 170여 장의 사진과 엘리스의 한국 방문 행사 일정을 비롯한 각 종 문서들을 찾을 수 있다. Early U. S.- Korea Diplomatic Relations Willard Dickerman Straight from the Cornell University Division of Rare and Manuscript collection(http://library24.library.cornell.edu:8280/luna/servlet/CORNELL-Asia~2~2ckawh) 참조.

게 묘사해 주고 있는 귀중한 자료라는 점일 것이다. 그녀는 한국 사람의 신체적 특징, 한국인들이 입는 의상을 겉옷과 속옷을 다 망라하며 상세하게 설명하기도 했다. 출가한 한국 여인들의 고달픈 삶과 한국 남자들이 첩을 거느리는 관습도 기록했다. 대다수 한국인들이 거주하는 흙벽돌을 쌓아 지은 작은 집들과 세간, 난방은 어떻게 하는지에 대해서도 상세하게 설명했다. 한국의 전통문화, 신앙과 종교, 기독교 선교사의 활동 등에 대해서도 여러 가지 에피소드를 들면서 소개하고 있으며, 장례 절차와 제사, 삼년상은 어떻게 치르는가에 이르기까지 상세히 기술하고 있다. 그녀의 회고록은 100년 전 제3자의 시각에서 우리의 모습을 비춰볼 수 있는 하나의 거울인 것이다.

5. 고종의 외교행로에 끼친 독일인들의 영향

뮐렌도르프와 손탁, 그리고 엠마 크뢰벨이 한말 조선의 근대화와 서구 문물의 도입에 영향을 끼쳤다는 사실은 재론의 여지가 없을 것이다. 그러나 그에 못지않게 관심을 가져야 할 사항은 을사늑약을 전후한 시기 고종 황제와 대한제국 정부가 국권수호를 위해 독일과 밀접한 외교적 관계를 가지기 위해 노력했다는 점이다. 거기에는 당시 국제정세가 작용한 측면도 있지만 독일인들이 고종 황제에게 끼친 영향력도 무시할 수 없다. 그리고 그것은 고종황제의 독일공사관 피신 요청, 독일은행에 자신의 내탕금 예치, 당시 독일의 조차지였던 중국 청도로의 망명계획, 빌헬름 2세에게 보낸 을사늑약의 부당성을 호소하는 밀서 등으로 나타났다.

먼저, 고종 황제는 러일전쟁의 발발을 예견하며, 일본의 대한제국에 대한 침략이 노골화되면 자신이 취할 수 있는 조치는 무엇인가를 고민하였다. 그것은 우선 1896년 '아관파천'처럼 외국 공관으로의 도

피였다. 1904년 2월 러일전쟁이 발발하자 고종 황제는 자신의 신변에 위협을 느껴 독일 공사 잘데른(Konrad von Saldern)에게 독일 공사관으로 대피할 가능성을 은연중에 타진했다.[75] 잘데른 공사는 본국으로부터 러일전쟁에 대해서 엄정한 중립을 지키라는 훈령을 받은 상태였기 때문에 고종 황제의 요청을 거절할 수밖에 없었지만 순수하게 인간적인 측면에서 고종 황제를 도울 것이라고 답하였다.[76] 1904년 4월 14일 밤 경운궁에서의 화재사건으로 고종 황제는 일단 미국 공사관으로 대피했고, 일본의 감시를 피해서 미국의 보호를 선택했다. 그 후 고종 황제는 미국 공사관의 부지에 둘러싸여 있는 경운궁 중명전으로 거처를 옮겼다. 그러나 1905년 7월 29일 가쓰라-태프트 밀약 체결 이후 미국은 공사관 호위 병력을 철수시켰고, 고종 황제가 기거하고 있던 중명전은 일본 군대에 의해 포위되었다. 고종 황제가 기대했던 미국의 보호 역시 좌절된 것이다.

비록 독일 공사관으로의 피신은 불가했지만, 고종 황제는 잘데른 공사를 신임하여 그를 통해 자신의 개인 재산을 독일 은행에 예치할 것을 결심한다. 고종 황제의 요청에 따라 잘데른 공사는 중국 상해에 있는 독일-아시아은행(Deutsche-asiatische Bank, 德華銀行)에 몇 차례에 나누어 고종의 내탕금을 예치했다. 1907년 작성된 잘데른의 진술서에 따르면 1906년 말 당시 고종의 예치금은 백만 마르크(현재 가치로 한화 약 500억원) 이상이었다.[77] 독일-아시아은행은 고종의 예치금을 베를린에 있는 디스콘토 게젤샤프트(Diskonto Gesellschaft) 은행에 예치했다. 그리고 잘데른은 고종의 내탕금을 개인 사안으로 취급했기

75) 정상수, 「일본의 한국 강제병합과 강대국들의 대응 1895~1910년」, 『서양사연구』 제42집, 2010, 124쪽.
76) 정상수, 「고종 통치비자금 250억 원 도이치은행에 예치돼 있다」, 『뉴스한국』, 2008. 08.04.
77) 위의 글.

때문에 자신의 공사 임기가 끝날 때까지 본국 정부에 보고하지 않고 비밀에 붙여 공개하지 않았다.

한편, 러일전쟁에서 승리한 일본은 대한제국을 보호국화하고 고종을 일본으로 데려가려는 시도를 하지만, 고종 황제는 한번 일본으로 가면 다시 돌아오기가 불가능하다는 판단하에 이를 거부하였다. 그러한 상황에서 고종 황제는 해외 망명을 고려했다. 손탁 여사가 유럽 여행으로 자리를 비운 동안 그녀를 대신해서 황실의 의전을 담당했던 엠마 크뢰벨이 거주하던 중국 청도는 당시 독일의 조차지였다. 일본의 힘이 미치지 않는다는 점을 고려하여 청도가 적합한 망명지로 떠오르자, 고종 황제는 자신의 망명 계획을 실천에 옮기기 시작했다. 고종 황제는 엠마의 남편인 에른스트 크뢰벨(예비역 대위)을 만나 청도에 있는 크뢰벨의 저택과 토지를 매입했다. 그러한 고종 황제의 조치는 일단 청도로 망명하여 독일을 비롯한 열강들의 도움을 받아 국권을 회복하려는 의도로 파악된다. 아울러 독일-아시아은행에 예치한 자금은 고종 황제의 청도체류에 유용하게 사용될 것이었다. 그럼에도 불구하고 일본의 감시와 탄압으로 고종 황제의 청도로의 망명은 성사되지 못했다.[78]

1905년 7월 17일 을사늑약으로 외교권을 강탈당하고 일본은 통감부(統監府)와 이사청(理事廳)을 두어 대한제국의 내정을 장악하였다. 을사늑약의 체결로 대한제국은 명목상으로는 보호국이나 사실상 일본 제국주의의 식민지가 되었다. 그러나 고종 황제는 외국 열강의 힘을 빌어서라도 강압과 위협에 의해 체결된 조약에 대해 비준을 거부하였다. 잘데른 공사 역시 조약문의 날인자인 외부대신 박제순이 고종 황제로부터 비준권을 넘겨받지 않았기 때문에 조약문 자체에

---

78) 『연합뉴스』, 2010.07.12; 정상수, 「고종 통치비자금 250억 원 도이치은행에 예치돼 있다」.

조인할 권리가 없으며, 더구나 고종 황제가 이를 승인하지 않았다는 사실을 들어 을사늑약 자체를 일본의 폭력행위로 규정하는 보고서를 본국으로 보냈다. 그 구체적 내용은 아래와 같다.

이토 후작에 대해서 (고종) 황제는 확고한 자세를 보였고 계속해서 "안 된다(Nein)"고 말했다. (…중략…) 그저께 밤 2시 총리대신을 제외하고 전체 대신들이 부분적으로는 폭력의 결과로, 부분적으로는 노골적인 강요 하에서 일본인들에 의해 준비된 문서에 궁전에 놓여 있는 국새를 인준했다. 궁전은 일본 군인들에 의해 에워싸여져 있었고 국새를 인준하는 과정에 일본 군인들이 개입했다. (…중략…) 조약은 일본 공사 하야시와 대한 제국 외부대신 박제순이 체결했다. (그러나) 외부대신은 일본인들과 협상할 권한은 있으나 조약을 체결할 권한은 없다. (고종) 황제는 자신의 "안 된다(Nein)"를 고집했다.[79]

아울러 최근 밝혀진 바에 의하면, 고종 황제가 을사늑약의 부당성과 국제법 위반을 외국에 알린 최초의 문서(긴급 전보)가 확인됐다.[80] 당시 독일 외교부 관리와 외교부 차관이 1905년 11월 20일과 23일 전보를 각각 확인했다는 자필 서명이 전보의 독일어 번역본에 남아 있다는 점으로 보아 을사늑약 직후 고종 황제가 이 전보를 보낸 것이 확실하다. 이 전보에서 고종 황제는 "일본 정부는 이토 히로부미(伊藤

---

79) Saldern to Bülow, 1905.11.20, PAAA Korea 10, 4.
80) 정상수 명지대 인문과학연구소 연구교수는 국사편찬위원회가 복사한 독일 외교부 정치문서보관소 소장 한국 관련 외교 문서를 판독하는 과정에서 고종이 당시 베를린 주재 공사관이었던 민철훈에게 보낸 전보의 독일어 번역본을 발견했다. 이 전보는 을사늑약 강제 체결 3일 뒤인 1905년 11월 20일경 독일에 도착한 것으로, 을사늑약의 불법성을 알리고 외국 정부의 도움을 요청한 대한제국 최초의 문서로 평가된다. 그 전까지는 고종 황제가 1905년 11월 26일 알렌 전 주한 미국공사에게 보낸 긴급전문이 외국 정부에 도움을 요청한 첫 문서로 알려져 왔다. 『동아일보』, 2008. 04.05.

博文) 후작을 조선 통감으로 임명하도록 짐을 압박하고 있고 대한제국의 외교권을 넘겨받으려고 한다. 이것은 국제법적 관점에서 용납이 안 된다. 귀하(민철훈)는 촌각을 다퉈 이러한 급박한 위기에서 황실과 대한제국이 시급히 벗어나 독립이 보장되고 국제법이 상실되지 않도록 독일 정부에 도움을 요청해 달라"고 지시하고 있다. 이 문서는 을사늑약의 국제법상 무효를 고종 황제가 처음 제기한 문서라는 점에서 의미가 큰 사료다. 특히 그 첫 문서를 미국이 아니라 독일에 보냈다는 것은 고종이 일본과 외교 관계를 맺은 미국보다 러시아와 가까운 독일이 실질적인 도움을 줄 것으로 믿었기 때문이었다. 이와 같이 고종 황제는 을사늑약 이후 외국 주재 공관에 보낸 훈령(1905년 12월), 독일 황제 빌헬름 2세에게 보낸 밀서(1906년 1월), 헐버트 특별위원에게 건넨 친서(1906년 6월), 프랑스 대통령 등 9개국 정상에게 보낸 친서(1906년 6월), 헤이그 밀사(1907년 6월) 순으로 외교적 노력을 기울였으며, 이러한 외교적 노력의 중심에는 독일이 우선적으로 고려되었던 것이다.

6. 문화의 전달자

위에서 살펴 본 바와 같이 19세기 말에서 20세기 초까지 문화전달자로서 한국에서 활동한 독일인(묄렌도르프, 손탁, 엠마 크뢰벨)들이 남긴 자취는 서구 문물과 제도의 도입에서부터 근대 서구식 건축, 의상과 요리에 이르기까지 한국사회 전반에 영향을 끼쳤다. 뿐만 아니라 그들은―손탁의 경우 러시아 공사 웨베르의 추천으로, 묄렌도르프와 엠마 크뢰벨은 중국을 거쳐 한국에서 활동했지만―중국, 러시아, 일본, 미국 등 열강의 틈바구니 속에서 조선이 자주와 독립을 지킬 수 있도록 다양한 방법으로 조력을 아끼지 않았다. 또한 그들이 남긴 기록은 이후 유럽사회에 한국을 알리는 귀중한 자료로서의 가치뿐만 아니라 당시 한국사회의 모습을 되새겨 볼 수 있는 우리의 자화상이기도 하다.

묄렌도르프는 당시 한국을 둘러싼 복잡한 동아시아 정세 속에서 고종의 외교고문으로 초빙되어 제도적 측면(법, 정치, 외교, 경제)에서 '독일 소프트웨어'를 이식했던 인물이었다. 비록 그가 구상했던 조선의 근대적 개혁은 열강의 서로 다른 이해관계의 충돌로 좌절되었지만 중국과 일본에 비해 열악한 조건에서 자신의 직무를 수행했던 점을 간과해서는 안 된다.[81] 그의 좌절은 자신의 능력부족 때문이라기보다는 뒤늦은 조선의 문호개방과 이에 따른 동아시아 세계에 대한 조선 정부의 인식부족에 기인한 바가 크다. 손탁 또한 조선의 왕실에서 그때까지 낯설기만 했던 서양의 문화와 전통을 소개하고 의전담당자로서 중요한 역할을 했던 인물이었다. 뿐만 아니라 그녀는 을미사변 이후 러시아 공사관을 중심으로 한 외교가와 정동구락부의 정객들 사이에서 고종을 러시아 공사관으로 피신시키는 일에 일정한 역할을 하였다. 그녀가 서구식으로 단장한 손탁호텔(Sontag Hotel)은 서울에 지어진 근대 서구식 호텔의 효시로서 당시 한국을 방문한 외국 귀빈들이 즐겨 찾았던 안식처요, 서양 외교관들의 사랑방 역할을 하기도 했다. 엠마 크뢰벨 역시 손탁을 대신해서 성실하게 황실의

---

81) 명치유신(明治維新) 이후 일본 정부의 고빙(雇聘)으로 정부의 핵심 부처에서 서양의 제도와 신식 기술을 전수한 서양인들이 일본의 근대화에 결정적으로 기여한 것은 익히 알려진 사실이다. 묄렌도르프가 조선에서 활동할 당시인 고종(高宗) 22년(1885, 明治 18년) 일본 정부 내에는 이미 220명 이상의 서양 전문가들이 고용되어 활동을 하고 있었던 것이다. 조선에서는 묄렌도르프 단 한명의 서양인 고문이 있었던 반면, 당시 일본은 수 백 명의 외국인—영국인, 독일인, 미국인, 중국인, 프랑스인, 네덜란드인, 이탈리아인, 스페인인 등—을 각 관청에 고용하여, 그들의 전문지식과 기술을 습득하면서 상당수의 일본인 기술진과 관리 층을 양성하고 있었던 것이다. 震檀學會 編, 『韓國史』 第5卷(最近世 篇), 乙酉文化社, 1974, 917~918쪽; 최종고, 「오늘의 한국에서 본 묄렌도르프」, 『묄렌도르프와 21세기의 한국』, 주한독일문화원, 2001, 32쪽.

의전담당자의 역할을 수행하였으며, 을사늑약 체결을 전후로 고종 황제의 중국 청도 망명 시도에도 관여했다. 특히 그녀가 남긴 회고록은 당시 한국의 사회상 및 1905년부터 1906년까지 대한제국 황실 깊은 곳에서 벌어졌던 여러 가지 에피소드와 그녀의 한국에 대한 이미지를 파악할 수 있는 소중한 사료이기도 하다.

지금까지 19세기 말에서 20세기 초까지 조선의 근대적 개혁과 외교에 영향을 미친 3인의 독일인(묄렌도르프, 손탁, 엠마 크뢰벨)의 행적과 그것이 가지고 있는 역사적 의미를 살펴보았다. 그렇다고 해서 그들에 의해 조선의 근대적 개혁이 성취되었다거나 한말 조선의 외교가 좌지우지 되었다는 주장을 하려는 것은 아니다. 한말 조선이라는 시간적·공간적 상황 속에서 그들이 끼친 영향은 당시 동아시아의 국제정세 및 독일제국의 아시아정책과 맞물려 일정한 한계를 가지고 있었다. 치열한 열강들의 각축 속에서 결국 대한제국은 일본의 식민지로 전락하고, 중국은 열강에 의해 반식민지화되었던 불행한 과거를 가지고 있다. 그리고 오늘날 한·중·일 3국의 역사인식에는 현격한 차이가 상존하고 있다.

그럼에도 불구하고 20세기를 전후로 한 시기 '독일 소프트웨어'는 철학, 법학, 문학, 공학의 영역뿐만 아니라 교육, 문화, 예술, 교양을 포함하여 근대적 개혁을 통한 국가 형성에 있어서도 공유되는 바가 적지 않다. 오늘날 유럽의 중앙에 위치하고 있는 독일과 독일인들이 머나 먼 극동아시아에 있는 한국과 한국인들에게 낯설고 어색한 존재가 아니라 왠지 모르게 내면적으로 가깝고 친숙하게 느껴지는 이유는 100여 년 전 한국 땅에서 독일인들이 남긴 유산과 기억 때문일 것이다.

3장 전통사회와 외래종교의 문화충돌

: '이재수의 난'

1. 전통사회와 문화충돌

19세기 조선은 민란의 시대라고 할 만큼 전국적으로 봉건지배체제에 항거하는 민란—1811년 홍경래의 난, 1862년 임술민란, 1894년 동학농민전쟁 등—이 줄을 이어 발생했다. 이는 제주도에서도 마찬가지였다. 독립국 건설을 꿈꾸었던 1813년 양제해의 모변, 1862년 강제검의 난, 남학교도가 주동이 된 1898년 방성칠의 난, 그리고 1901년 '이재수의 난' 등이 대표적인 제주민란이다. 제주민란의 특징은 조선왕조의 지배를 거부하고 별국(別國)을 건설을 내세운 경우, 관리의 탐학과 화전세 과다징수가 원인이 되었던 경우로 대별되는데, '이재수의 난'은 그 규모가 전례 없이 컸다는 점, 특히 천주교라는 외래종교와의 갈등에서 비롯되었다는 점이 특이하다. 1901년 일어난 '이재수(李在守)의 난'은 정부의 조세수탈, 천주교의 교세확장과 이에 따른 폐단 등이 원인이 되어 일어났기 때문이다.

이재수의 난의 원인 중의 하나인 교폐(敎弊)를 제공한 천주교는 대원군 시기까지만 해도 많은 박해를 받았다. 특히, 1866(고종 3)년 대원군 정권에 의해 일어난 병인박해는 당시 6천여 명의 평신도와 프랑스 파리 외방전교회 출신의 선교사 등이 처형된 우리나라 최대 규모의 천주교 박해 사건이었다. 그리고 박해의 원인은 근본적으로 천주교인들의 조선의 전통적인 예절인 조상제사를 거부했다는 점과, 정치적인 파벌, 혹은 서양세력의 진출에 대한 거부감 등을 들 수 있다. 그러나 1886년 체결된 조불수호통상조약과 1896년 교민조약 이후 천주교는 선교의 자유를 획득한다. 그 대신 천주교는 선교 과정에서 토착민들과의 충돌이 잦았다. 1895년부터 10여 년간 전국에서 300여 건의 교안(敎案·종교적 충돌)이 일어날 정도였다. 그중 가장 큰 교안이 1901년 제주도에서 발생한 세칭 '이재수의 난'이다.

지금까지 '이재수의 난'은 '제주민란(濟州民亂)', '신축교난(辛丑敎難)', '성교난(聖敎亂)', '1901년 (신축)제주항쟁', 또는 프랑스와 대한제국 사이의 외교적 분쟁으로 확대된 점 때문에 '제주교안(濟州敎案)'이라는 명칭으로 불리고 있다. 아울러 '이재수의 난'은 연구자의 시각에 따라 천주교인의 희생을 강조한 천주교 박해사건,[1] 조선 말기 자연발생적으로 봉기한 민란과 다를 바 없는 교난(敎難),[2] 제주도민의 단합과 외세에 대한 항거,[3] 천주교와 상무사와의 대립구도에 의한 도식적인 해석,[4] 국사편찬위원화가 소장하고 있는 〈주한일본공사관기록〉 분석을 통한 일본과의 관련성 검토[5] 등 사건의 성격에 대한

1) 유홍렬, 「제주도에 있어서의 천주교박해: 1901년의 교난」, 『이병도박사 화갑기념논총』, 1956; 김옥희, 『제주도신축년교난사』, 태화출판사, 1980.
2) 박광성, 「1901년 제주도 민란의 원인에 대하여: 신축 천주교 박해사건」, 『(인천교육대학)논문집』 제2집, 1967.
3) 정진옥, 「1901년 제주민란에 대한 일고: 소위 신축교난의 발생 원인을 중심으로」, 『한국학논집』 제3집, 1983.
4) 이기석, 「1901년 제주민란의 성격과 구조」, 『종교 인간 사회』(서의필선생 회갑기념논문집 간행위원회), 1988.
5) 김양식은 제주민란에 대한 이전의 연구를 비판적으로 검토하면서 민란 관련 인물들

해석도 다양하게 나타나고 있다.

여기에서 제기되는 의문은 어떻게 '이재수의 난'이라는 하나의 사건이 다양한 명칭으로 불리어질 수밖에 없고, 연구자의 시각도 현저한 차이가 날 수 밖에 없는가 하는 점이다. 이 글에서는 이러한 의문에 대한 답을 구하고자 '이재수의 난'에 대한 선행연구 검토 및 1901년 제주항쟁 기념사업회가 엮은 『신축제주항쟁 자료집』[6]을 중심으로 3.2에서는 역사적 사건으로서의 '이재수의 난'을 전통사회와 외래종교의 문화충돌이라는 측면에서 재구성하였으며, 3.3에서는 현기영의 역사소설 『변방에 우짖는 새』와 이 소설을 원작으로 제작된 영화 〈이재수의 난〉에 묘사된 이 사건에 대한 작가와 감독의 해석을 살펴보고, 끝으로 1901년에 발생했던 '이재수의 난'이 오늘날 한국사회에 시사하는 바가 무엇인지를 분석해 보고자 한다.

2. '이재수의 난'에 대한 역사의 기록

1897년 대한제국의 수립 이후 근대적 개혁을 추진하고자 하던 정부는 재정난에 시달리고 있었다. 부족한 재정을 충당하기 위해 정부는 그동안 지방 관청에서 징수하던 각종 지방세를 국세로 전환시켜 지방관보다 더 큰 권한을 가진 봉세관을 각 지방에 파견하였다. 그러나 이는 지방 기득권자들의 이권을 침해하는 조치였기 때문에 커다

의 보고서, 공초, 소장뿐만 아니라 국사편찬위원회 소장 〈주한일본공사관기록〉 일본순사의 현지보고서와 그 별지 부속서 등을 활용하여 자료의 한계성을 보완하였다. 김양식, 「1901년 제주민란의 재검토」, 『제주도연구』 제6집, 1989.

6) 이 자료집은 '이재수의 난'과 관련된 『평리원 판결문』, 김윤식의 『續陰晴史』, 『李在護 제주목사 보고서』, 『삼군교폐사실성책(三郡敎弊査實成冊)』, 『삼군평민교민물고성책(三郡平民敎民物故成冊)』 영인본과 번역본으로 구성되어 있다. 1901년 제주항쟁 기념사업회 엮음, 『신축제주항쟁 자료집』, 도서출판 각, 2003.

란 반발을 초래하였다. 더구나 중앙 정부와 지방세력 간의 갈등 속에서 백성들의 고충은 이중으로 닥쳐왔다.

　당시 제주도의 세금은 궁중 살림을 도맡은 내장원이 직접 관장하여 제주 목사도 간여할 수 없었기로 중앙에서 파견된 봉세관은 권세를 남용하였고, 백성들에 대한 횡포와 수탈이 극에 다다랐다.[7] 제주도에 파견된 봉세관 강봉헌은 어민이 잡아 제 밥상에 올리는 고기나 전복에까지 어세를 물리고 집안에 큰 나무가 있으면 수세(樹稅)라는 명목으로 돈을 뜯어갔다.[8] 그리고 문제는 강봉헌의 제주도민에 대한 세금 수탈에 일부 천주교도들이 편승한 점이 사태를 더욱 악화시켰다. 뿐만 아니라 당시 프랑스 신부는 왕이 직접 내린 '여아대(如我待: 국왕처럼 대우하라)'라는 신표를 지니고 있었고, 이에 제주 아전들이 천주교에 들어 보신하는 풍조까지 있었다. 아울러 제주에 유배당한 죄인들이 천주교에 들어가 신앙과는 아랑곳없는 분풀이를 일삼았으니 민원이 상승할 수밖에 없었다. 문제는 프랑스 신부들뿐만 아니라 조선 사람도 천주교로 개종하기만 하면 신부들과 비슷한 특권을 누릴 수 있었다는 점이었다. 당시 일부 주민들이 천주교에 입신한 신앙 외적 동기를 보면 '약과 설탕을 얻을 수 있다', '관리와 동등한 권한을 행사할 수 있다', '세금을 내지 않아도 된다', '죄를 짓더라도 성당에 들어가면 못 잡아 간다' 등 등 신앙과 상관없는 것들이었다. 이들은 일반인들의 전답과 전곡을 수탈하는가 하면 지방관의 행정에까지 간섭하였고 인명을 살상하고서 성당으로 피신하기도 하였다.[9] 따라서

---

7) 金允植, 『續陰晴史』, 1901년(광무 5년) 4월 12일 기록.
8) 강봉헌이 조세수취를 위해 조사한 내용은 『濟州·大靜·旌義郡各公土調査成冊』, 『濟州牧三郡各浦漁基漁網稅及口文成冊』, 『濟州牧三郡各知松木雜木調査成策』으로 되어 있는데, 이를 보면 강봉헌의 세원조사가 얼마나 철저했는지 알 수 있다. 이 자료에 의하면 각종의 公土稅가 14,888냥, 각종 浦稅가 7,355냥, 木價가 2,134냥 정도였다. 김양식, 앞의 논문, 132쪽 재인용.
9) 『황성신문』, 1899년(광무 3년) 9월 30일, 10월 13일; 1903년(광무 7년) 2월 12일,

이 사이비 교도들의 월권행위가 주민들과의 갈등을 심화시켰음을 짐작할 수 있다.10)

제주도에 처음 천주교가 전래된 것은 1898년이었지만 3년 후인 1901년에는 영세자 242명, 600여 명의 예비신자를 배출하는 놀라운 교세확장을 이루었다.11) 입교의 동기는 대부분 순수한 신앙의 차원이라기보다는 치외법권적인 특권을 누리는 프랑스 신부를 배경으로 그 특권을 향유하기 위한 것이었다. 더구나 제주도민의 반천주교 의식을 더 한층 자극한 것은 기존의 유교적 가치체계와 제주도의 토착신앙을 부정하였기 때문이었다. 일부 천주교인들은 섬 사람들이 전통적으로 의지해 온 당산목이나 신당을 파괴하고 다니는가 하면,12) 성당 분소마다 형틀을 마련하고, 그들에게 동조하지 않으면 잡아다 고문을 가하기까지 했다. 신평리에 사는 송희수라는 사람은 천주교인들의 월권행위를 비난했다 하여 10여 명이 와 잡아다가 상투머리를 풀어 성당의 분소장이 타고 다니는 말꼬리에 붙들어 매고 5리길이 되는 대정읍내까지 끌고 간 일까지 있었다. 천주교에 입교한 교인들은 아무런

6월 30일 기사 참조.

10) 이 같은 천주교인과 비교인과의 갈등과 대립은 교안(敎案)으로 비화되기도 하였는데 이에 대해서는 이원순, 「조선말기사회의 대서교문제 연구: 교안을 중심으로 한」, 『역사교육』 15, 1973 참조.

11) 천주교가 제주도에 처음 전래된 것은 1898년 4월 중문면(中文面) 색달리(穡達里) 출신 양 베드로가 신(申) 아오스딩의 가족과 강(姜) 도비아에게 선교를 하면서부터라고 전해진다. 이들은 당시 서울에 있던 파리외방선교회 소속 뮈텔 주교에게 간청하여 배(裵) 신부와 김(金) 아오스딩(元永) 신부가 제주도에 파견되었으며, 그 후임으로 1900년 구 마슬(라크루스)과 문제만(제마노 뭇세) 등 2인의 프랑스 신부가 입도하였다. 이들은 전교에 힘써 제주에 본당, 정의현 하논에 홍로교회를 두고 중요 촌락에는 공소를 두어 교세를 확장하였다.

12) 그 당시 제주도 마을 아낙네들이 수백 년 동안 섬겨 받들어 온 神木이 있었다. 이 신목은 팽나무였는데, 그 우거진 팽나무 그늘 아래에서 수백 년 조용히 좌정해 오던 할망당은 마을마다 모시지 않은 곳이 없었다. 천주교 신부들이나 교우들이 토산당 신목, 할망당 神位, 神主 그리고 여드렛당이 모시는 뱀신들을 가만히 둘 수가 없었다. 유일신에 대한 믿음에서 볼 때 이것들은 우상이며 미신이며 잡귀·잡신이었다.

제지도 받지 않은 채 갖가지 불법행위를 자행하기도 하였고 심지어 사형(私刑)까지 마음대로 시행하였다.13) 천주교를 반대한다 하여 사이비교도 오달현 등 다수가 유생 현유순의 집을 습격하여, 세간을 부수고 현유순을 성당으로 끌고 가 상비해둔 형구로 고문을 하다 치사케 한 사건이 벌어졌다.14) 제주 관가에서 나와 치사를 확인하고 검시까지 했으나 살인범을 구금하기는커녕 수사도 하지 않고 돌아갔다. 이때 검시관이 대정현감인 채구석이었고 그 검시를 위해 하수인으로 수행한 것이 대정현의 관노이던 25세 청년 이재수였다.15)

〈표 1〉 1901년 '이재수의 난' 당시 지역별 교폐의 유형

| | 경제적 문제 | | | | | | 토속
신앙
배격 | 입교
강요 | 간통 | 山訟 | 私刑 | 기타 | 합계 |
	토지·조세 수탈	어장 수탈	부채 不報	매매상 폐단	금전 탈취	기타							
정의군	36	3	17	29	28	5	31	11	7	4	13	4	178
대정군	21		5		7		4	7		2	1	1	48

* 출처: 『旌義郡教弊成冊』, 『大靜郡教弊成冊』

따라서 제주도의 통치권을 위협받는 관리들, 향촌 사회에서 기득권을 빼앗긴 향임층, 농어업 기반을 위축당한 민중 등 모든 면에서

---

13) 『황성신문』, 1901년(광무 5년) 5월 2일 기사 참조.

14) "지난 달 정의교당에서 전 훈장 현유순을 잡아가두고 또 오성인 사람(주: 오성락)이 잡혀갔다가 죽었는데, 때려죽였다고도 하고 혹은 스스로 목을 매었다고도 한다." 金允植, 『續陰晴史』, 1901년(광무 5년) 2월 22일.

15) 1901년 제주항쟁을 이끌었던 장두 이재수에 대해서는 그의 출신이 미천하고 25세라는 젊은 나이에 처형당했기 때문에 그에 대한 자료는 매우 제한적이다. 이재수의 누이동생 이순옥이 남긴 「야월(夜月) 한라산」에 의하면, 이재수는 1877년 제주 대정군 인성리에서 부친 이시준(李時俊)과 모친 송씨(宋氏)의 3남 1녀 중 차남으로 태어났다. 거사 당시에는 불과 25세의 나이였던 그는 5척 미만의 작은 키에 노란 빛이 감도는 머리카락을 가진 사람이었다. 그러나 정의감과 의협심이 투철하고, 행동이 매우 민첩해 제주와 대정 사이를 밤중에 다녀갈 정도였다고 전한다. 그러나 집안 형편이 너무 가난하여 대정 군청의 관노(통인) 노릇을 하던 중 1901년 민군의 지도자로 부상하였다.

교인들에게 직접적으로 피해를 입은 도민들은 천주교를 공동의 적으로 인식하게 된 것이다. 연이은 천주교인들의 교폐에 대해 자구의 움직임이 싹틀 수밖에 없었고 대정군의 향장(좌수)인 오대현 등이 주동해 상무사라는 조직을 만들었다. 상무사는 천주교의 교폐에 대한 능동적이고 조직적인 저항체적 성격을 가지고 있었다. 상무사를 중심으로 천주교의 교폐에 대한 민회가 열렸다. 민회에서는 봉세관의 세폐와 천주교인들의 교폐를 성토함은 물론 제주성으로 가서 이들 폐해를 시정해 줄 것을 제주목사와 봉세관에게 등소(等訴)하기로 결의 하였다. 등소란 백성 여럿이 연대 서명하여 요로에 호소하는 민원 통달 방식이다. 그 일행 가운데는 이재수도 끼어 있었다. 민회에서는 오대현과 강우백을 장두(狀頭)로 삼아 두 길로 나누어 제주성의 서쪽과 동쪽 방향으로 향하였고, 이들에 합세하는 제주도민들이 다투어 모여 들었다. 여기까지 민회는 어디가지나 집단적인 등소운동을 통해 자신들의 의지를 관철시키려는 온건적이고 합법적이고 비폭력적인 차원에 머물러 있었다.

민중의 위세에 지레 겁을 먹은 천주교 측은 회민(會民)을 폭도로 규정하고 각지의 교인 천여 명을 소집하여 총기 등으로 무장하였다. 천주교 측은 이번 사건의 해결책으로 폭도의 우두머리를 잡아 기선을 제압하면 이전의 농민봉기처럼 우두머리를 잃은 회민은 해산할 것이라고 생각하고, 5월 14일 북제주군 한림읍 명월에 있는 민회를 급습하여 장두 오대현 등 6명을 납치하였다. 더 나아가 민회 세력의 본거지인 대정현으로 쳐들어가 몇 사람을 쏘아 죽이고 무기고를 열어 중무장하기도 하였다.

이러한 일련의 사건은 오히려 제주도민들로 하여금 등소를 통한 온건노선에서 무장투쟁에 의거한 강경투쟁으로 급선회하는 국면을 초래하였다. 민회 조직은 새롭게 전투적인 체제로 정비되었고, 납치된 장두 오대현을 대신하여 이재수가 새롭게 장두로 등장하였다. 민회의 성격이 민군(民軍)으로 바뀐 것이다. 이재수는 대정으로 돌아와 사발통문을 돌려 주성에 감금된 장두 오대현과 동지들을 구출하고 제주 목사에게 봉세관과 교도의 월권을 다스려줄 것을 호소하고자 했다.16) 이에 의외로 많은 사람들이 호응하였고, 민군은 서진 장두 이재수와 동진 장두 강우백의 지도하에 동서 두 패로 갈라 제주 섬을 한 바퀴 돌며 장정을 모아 제주성에서 합류키로 했다. 드디어 5월 17일, 민군은 제주성 밖의 황사평에 집결하여 제주성에 들어간 천주 교도들과 공방전에 들어갔다. 천주교도들은 성안으로 들어가 무기고 의 무기를 꺼내 성문을 닫고 대치했으며 주민들도 포수들을 앞세워 총격전을 벌여 사상자가 나기 시작했다. 이에 대하여 민군은 제주성 에 대한 철저한 포위작전을 조직적으로 수행하면서 성 밖의 교인들 을 색출하여 처형하기 시작했다. 성을 둘러 싼 공방전이 계속되었지 만 성은 쉽게 함락되지 않았다. 그리고 시간이 흐를수록 성내 주민들 의 불안과 공포는 더해 갔다. 천주교도들 때문에 민군의 미움을 받아 죽임을 당할 수도 있다는 공포가 엄습했고, 무엇보다 바닥난 식량사 정이 성내 주민들의 마음을 민군 측으로 돌려놓았다. 드디어 5월 28 일 성문 폐쇄로 식량이 떨어지고 생업이 중단되자 성안 부녀자들이 봉기하여 성문 빗장을 열었다. 여기에 앞장섰던 이들은 무녀(巫女)와 퇴기(退妓)들로, 그들은 그동안 천주교도들에게 미신이니 부도덕이니 해서 멸시를 받았던 사람들이었다. 입성한 민군은 이재수의 주도하 에 성안의 천주교인을 색출하여 317명을 처형하였다.17) 이때 천주경

---

16) 신축년(辛丑年) 3월, 사발통문을 내어 장정들을 모았던 이재수의 격문 내용은 다음 과 같다. "무릇 대의를 펴매 영웅호걸을 사귀지 아니할 자 누구이며, 대적(大敵)을 토벌할 제 의병이 먼저 나서지 않으면 성공치 못할지라. 영웅열사여, 또 이 사선에 서 헤매는 제주 도민이여, 우리 생활의 토대인 제주도는 나날이 궁핍의 길로 달음질 쳐 간다. 다 같이 일어날지어다. 제주 도민들아, 저 무도한 폭도들을 토멸할지어다." 오성찬, 「성교난(聖教亂)의 주동자 이재수」, 『나라사랑』 제79집, 1991, 36쪽.

17) 지난 2003년 11월, '1901년 제주항쟁기념사업회'(회장 김영훈, 김창선)는 당시 사망 자 317명의 명단이 기록된 '삼군평민교민물고성책(三郡平民敎民物故成冊)'이라는

이나 십계명을 외우며 어느 누구도 원망하지 않고 죽어간 진실한 교도도 적지 않았다.

한편, 이미 5월 20일 프랑스 신부는 유배죄인인 장윤선을 목포로 보내 프랑스 군함을 요청하였다. 그리고 민군이 제주성에 들어간 후인 5월 31일 270명의 프랑스 해군과 새로 부임하는 목사 李在護, 그리고 제주도민의 원성을 받고 있던 신임 대정군수 강봉헌 등을 태운 군함 두 척이 제주도에 입항하였다. 또한 6월 2일에는 대한제국 정부가 파견한 강화도 진위대 병력 100명과 궁내부 고문관인 미국인 샌즈(W. F. Sands)가 급파되었고, 일본 군함까지 출동함에 따라 사태는 국지적 문제에서 국제적 문제로 비화되었다. 프랑스 함대 제독은 전 대정군수 채구석과 민군 장두들을 포박하여 엄중히 처분하도록 위협하였다. 새로 부임한 제주 목사는 중앙 정부의 지시에 따라 선 해산, 후 민폐해결이라는 조건으로 민군과 협상하면서 해산을 종용하였다. 그러나 민군의 입장에서 볼 때, 그들의 운동목표였던 세폐와 교폐에 대한 확실한 보장과 장두들을 체포하지 않겠다는 확실한 보장이 없는 이상 무조건 해산을 할 수 없었기에 협상은 별다른 진전을 볼 수 없었다. 특히, 봉세관 강봉헌이 다시 대정군수로 부임한 일은 제주도민들을 더욱 자극하는 처사였다.

귀중한 자료를 발굴했다. '삼군평민교민물고성책 (三郡平民敎民物故成冊)'은 제주목에서 근대법원인 '평리원'(서울에 있던 법원)의 안종덕 검사에게 보고한 사망자 명단을 적은 문서다. 이번에 발굴된 '삼군평민교민물고성책(三郡平民敎民物故成冊)'에 의하면 사망자 수는 총 317명으로 교인 309명, 평민이 8명, 남자 305명, 여자 12명으로 나타났다. 또 삼군의 물고자(사망자) 현황으로 볼 때 제주군(36개 리) 93명, 대정군(26개 리) 81명, 정의군(8개 리) 142명이다. 1901년 '신축항쟁' 또는 '1901년 제주항쟁'으로 알려진 일명 '이재수의 난'은 당시 민군과 교회 측 사이에 제주성을 사이에 두고 치열한 공방이 전개된 사건으로 그 결과 민군과 교민 쌍반 간에 수백 명이 희생된 것으로 알려졌다. 당시 전체 희생자 수에 대해서는 교회 측에서 대략 500~700백 명 정도, 제주에 유배와 있던 김윤식의 '속음청사'에는 500~600명으로 기록돼 있다. 「1901년 '이재수의 난' 당시 사망자 명단 발굴」, 『오마이뉴스』, 2003. 11.08.

중앙 정부는 민군과의 협상에 진전이 없자 6월 10일 찰리사(察理使) 황기연(黃耆淵)과 200명의 진위대를 제주도에 파견하여 사태를 수습하고자 했다. 민란 수습을 책임진 찰리사가 제주성에 들었을 때만 해도 동서 민군 1만 명이 성을 지키고 있었다. 관군은 민군 지도부에게 일단 제주성내로 들어오면 요구 조건을 들어주겠다고 약속하였고, 6월 11일 봉세관 강봉헌과 세폐·교폐가 심했던 자들, 그리고 천주교 측으로부터 폭도의 두목으로 오인 받은 채구석을 체포하였다. 이에 민군 역시 제주성내로 들어갔고, 관군은 장두들을 즉시 구속한 뒤 민군을 강제 해산시켰다. 그리고 7월 18일 이재수, 오대현, 강우백 세 장두가 40여 명의 관련자와 함께 서울로 압송되는 것으로 이 항쟁은 중앙 정부에 의해 진압되고 말았다. 그러나 제주도민들은 이 항쟁을 통해서 어느 정도는 자신들의 목표를 달성하였다. 6월 17일 찰리사는 세폐 혁파에 관한 17조항을 전령(傳令)하였으며, 제주 목사, 3군수, 프랑스 신부와 더불어 교폐 방지를 법적으로 보장할 수 있도록 12조로 된 〈教民和議約定〉을 체결하였다.

7월 18일 서울로 압송된 제주항쟁 관련자들은 평리원(平理院: 1899년 5월부터 1907년 12월까지 존치되었던 대한제국의 최고법원)의 재판을 받았으며, 그 결과 이재수, 강우백, 오대현은 10월 9일 교수형에 처해졌고, 다른 관련자들은 징역, 곤장, 무죄로 석방되었다. 아울러 프랑스 공사관의 프랑스 신부들에 대한 피해보상과 피살 교인에 대한 구휼금 지불요청은 1903년 말에 타결되어, 1904년 6월에 이를 도민 부담으로 배상함으로써 마무리되었다.[18]

---

[18] 피살 교인의 장지 문제는 1903년 말에 타결되어 역설적이게도 제주도 황사평으로 장지가 결정되었다. 황사평은 제주성 안의 천주교도들을 공격하기 위해 민군이 진을 치고 있었던 장소였는데, 민란 이후 천주교인들의 안식처가 된 것이다.

3. 소설과 영화로 재구성된 역사

위에서 '이재수의 난'에 대한 역사의 기록을 간략하게나마 살펴보았다. 그렇다면 팩션(faction=fact+fiction: 역사적 사실이나 실존인물의 이야기에 작가의 상상력을 덧붙여 새로운 사실을 재창조하는 문화예술 장르)으로서의 역사가 주목받고 있는 오늘날 역사소설과 영화로 재탄생한 '이재수의 난'은 어떤 모습은 하고 있을까? 111년 전 제주도에서 일어났던 민란이 21세기 이 땅에 살아가는 사람들에게 주는 의미는 무엇일까?

먼저, 현기영의 역사소설 『변방에 우짖는 새』를 살펴보자. 현기영은 제주도의 역사적 사건을 작품소재로 삼아 문학을 통해 민중의 역사를 재조명함으로써 민족문학의 대표적인 작가로 알려져 있다.[19] 그의 장편 역사소설 『변방에 우짖는 새』는 월간잡지 『마당』에 연재된 장편소설로 1983년 단행본으로 출판되었다. 소설은 구한말 제주의 봉건적 지배질서와 천주교가 상징하는 외세에 맞섰던 이재수의 난(1901)을 다루고 있다. 현기영은 자신의 작품 서두에서 이재수의 난 당시 제주도에 귀양 온 김윤식(金允植)의 일기 『속음청사(續陰晴史)』를 기본 사료로 하고 천주교 측이 공개한 신부와 주교의 서한문, 황성신문, 그리고 민간에서 취재한 제주 촌로들의 증언을 바탕으로 문학적 상상력을 최대한 배제한 채 이 소설을 집필했다고 밝히고 있다. 작가는 이 작품을 통해 거납(拒納)운동으로 시작된 민란이 어째서 반봉건적 의거(義擧)·천주교 박해(迫害)로 발전되었는가를 집요하게 파

---

19) 작가 현기영은 1941년 제주에서 태어나 서울대 영어교육과를 졸업했다. 1975년 동아일보 신춘문예에 단편 "아버지"가 당선되어 문단에 나왔고 제5회 신동엽 창작기금과 제5회 만해 문학상, 제2회 오영수 문학상을 받았다. 소설집으로 "순이삼촌", "아스팔트", "마지막 테우리", 장편으로 "변방에 우짖는 새", "바람타는 섬" 외에 수필집 "젊은 대지를 위해서"가 있다. 20년의 교직생활에서 떠나 현재 창작에만 전념하고 있음.

고들어 그 성격을 규명하는 데 관심을 쏟고 있다. 혹자는 이 소설이 '서구 외래종교인들의 편견 또는 관변 기록들의 왜곡에서 벗어나 이 땅의 토착적인 민중의 입장에서 반봉건·반외세 성격을 가진 이재수의 난을 생생하게 재구성하여 역사를 보는 우리의 시각을 한결 새롭게 해 주고 있다'고 평했지만, 소설을 아무리 반복해서 읽어보아도 '역사를 보는 우리의 시각'을 새롭게 해 주고 있는 내용을 찾아 볼 수 없었다. 문학에 대해서 과문한 탓인지는 모르겠지만, "상상력을 절제하여 복원작업에 더 열중한 이 작품은 아마 문학이 아닐지도 모르겠다"는 작가의 변처럼, 민란의 성격을 충실하게 형상화하려고만 했지 '이재수의 난' 자체가 가지고 있는 역사적 상징성과 현재적 의미에 대한 고민을 찾아보기 어려웠다. 과거사실의 충실한 복원을 위해서라면 소설을 쓰기보다는 역사를 써야 하지 않을까? 아니면 '이재수의 난'에 대한 역사적 판단을 작가는 독자에게 요구하고 있는 것일까?

그리고 잠시 작가가 소설의 서두인 '책 머리에' 언급한 소설의 의의에 대하여 살펴보자.

나는 이 소설에서 문학성의 추구보다는 두 민란의 진정한 성격을 규명하는 데 더 큰 관심을 쏟았다. 민란은 결코 평지돌출형이 아니다. 화산의 분출은 그것의 지질학적 까닭이 있고, 종기가 곪아터짐은 그것의 병리학적 연유가 있게 마련이다. 민란이 있게 한 당시의 정치적·사회적 병리현상을 찾아내고 그것을 국사의 문맥에서 파악해 보려는 것이 이 소설이 지닌 최대의 의의일 것이다.[20]

위 인용문에서 '국사의 문맥'에서 파악해 보려했다는 작가의 변에

---

20) 현기영, 『변방에 우짖는 새』, 창작과비평사, 1983, 4쪽.

는 당혹감을 느낄 수밖에 없었다. 제주도민이 역사의 주체가 되는 '지방사'의 문맥이 아닌 지배체제의 이데올로기가 강하게 작용하는 '국사'의 문맥에서 파악한다?21) 국사의 관점에서 보면, 이재수의 난은 실패한 반봉건·반외세 민족항쟁이다. 그러나 이 소설은 오히려 '국사'를 통해 소홀하게 다루어졌던 '지방사'를 발굴해 낼 수 있는 '아래로부터의 역사' 시각을 가지고 있다. 바로 그러한 시각이 작가의 문학적 성취와 맞물려 이 소설이 가진 가치를 더욱 빛나게 하고 있는 것이다. 그러기에 소설을 쓰든지 역사를 기록하든지 용어의 선택에 신중을 기해야 한다.

현기영의 역사소설 『변방에 우짖는 새』는 1999년 영화감독 박광수 (朴光洙)22)에 의해 〈이재수의 난〉으로 영화화되었다. 〈이재수의 난〉은 개봉 당시 한국 영화사상 최고의 제작비(35억원), 이정재 심은하 등 초호화 캐스팅, 첫 한-불 합작영화인 데다 프랑스 국립영화센터의 지원작으로 선정될 만큼 일찌감치 국제적 주목을 받았다.23) 그리고 스위스에서 열린 제52회 로카르노 영화제에서 본선 경쟁부문에

---

21) '국사'의 탄생은 중앙집권적인 근대국가의 성립과 시기가 일치하며, 근대국가에서 '국사'는 국민들에게 민족 정체성과 국가 이데올로기를 주입하는 것을 목적으로 한다. '국사'는 여성, 지방민, 소수자의 목소리를 배제하고 통제해 왔기 때문이다. 김기봉, 『팩션시대, 영화와 역사를 중매하다』, 프로네시스, 2006, 147쪽.

22) 박광수 감독의 대표작으로는, 1988년 데뷔작 「칠수와 만수」, 「그들도 우리처럼」 (1990년), 「베를린 리포트」(1991년), 「그 섬에 가고 싶다」(1993년), 「아름다운 청년 전태일」(1995년) 등을 들 수 있다.

23) 신낙균 문화관광부 장관, 국회 문광위의 이협 위원장, 길승흠·신기남 의원, 우근민 제주지사 등이 박광수 감독 연출로 현재 제주도에서 촬영 중인 영화 〈이재수의 난〉에 카메오로 출연하기도 하였다. 신 장관 등이 출연하는 장면은 두령을 선출하는 유림회의 장면으로 30초 정도. 이협 위원장과 길승흠·신기남 의원은 모두 갓을 쓰고 유림으로 출연하였다. 신 장관 등은 "스크린쿼터 문제로 의기소침해진 국내 영화인들을 돕고, 정치인들의 방화 사랑을 과시하는 차원"에서 출연을 결정했다고 전한다. 우근민 제주지사는 비록 엑스트라(유생 역)로 출연하였지만, 100여 년 전의 제주민란을 소재로 한 영화 〈이재수의 난〉을 제주의 관광 상품으로 만들겠다는 포부를 밝히기도 했다. 『조선일보』, 1999.01.26; 1999.03.10.

진출, 청년심사위원상 부문 2등상을 받았다.

오늘날 제주는 뛰어난 자연풍광을 가진 관광지이자 신혼부부들이 허니문을 즐기는 신혼여행지이지만, 역사적으로 제주는 피안의 이상향은 아니었다. 중앙 정부의 손길이 닿지 않는 변방이며, 주류에서 밀려난 이들의 귀양지로 알려진 '까마귀 섬' 제주는 해일처럼 밀려드는 외세의 격랑 속에 있었고 민란도 끊이지 않았다. 영화 소재가 된 '이재수의 난'은 1901년 대정군 인성리에서 일어난 군민과 천주교도 충돌 사건으로 시작된다. 외세에 맞선 민란의 전형적인 모습으로, 고종의 칙서를 앞세운 천주교도들의 교폐와 이에 맞선 민초들의 항쟁이 비극적 서사의 골격을 이룬다. 1901년, 열강의 각축장이 된 조선, 프랑스 신부들이 교세를 확장하면서 일부 질 나쁜 교인들이 관권을 넘는 횡포를 부린다. 조정에서 내려보낸 봉세관도 고혈을 빨면서 백성은「교폐」와「세폐」의 이중고에 시달린다. 보다 못한 유생들이 제주민을 모아 궐기하면서 민란으로 번진다. 제주 서남쪽 대정군 군수 채구석(명계남)의 통인(심부름꾼) 이재수도 난에 동참했다가 장두가 된다. 난이 끝나면 목을 내놓을 운명임을 알면서 자청한 지도자 역이다. 프랑스 전함이 제주도로 진격하는 가운데, 이재수는 교인들이 장악한 제주성 함락에 나선다. '이재수의 난'은 천주교도들과 제주도 민중 사이의 충돌이 총을 든 전쟁으로까지 발전하면서 수백 명의 인명피해를 가져오고 프랑스와의 국제적인 외교 문제로까지 비화된 제주도 역사상 매우 중요한 사건이다.

그리고 제주민란(民亂)과 신축교난(敎難)이라는 용어가 함께 불리는 이유는 세금징수와 관련된 학정과 천주교회의 폐단을 시정하기 위한 정당한 봉기였다는 시각과 수백 명의 천주교도가 피살됨으로써 교회가 수난을 당했다는 평행한 시각 때문이다. 그렇다면 박광수 감독은 어떠한 시각에서 '이재수의 난'을 바라보고 있을까가 궁금해진다. 감독은 '이재수의 난'을 3개의 시선으로 이끌어간다.24) 제주 민초를 상징하는 이재수, 좌절한 개화기 지식인 채구석 군수, 그리고 영화 내내 역사 현장을 맴도는 까마귀가 그것이다. 까마귀는 제3자의 입장에서 사건을 바라보는 감독의 시선이다. 박광수 감독은 그렇게 거리를 두고서 감정 개입을 자제한다. 이렇게 영화에서 제3화자의 배치는 사건을 어느 한쪽에 치우치지 않고 객관적으로 다루려는, 그리고 현재의 입장에서 사건을 재해석하겠다는 감독의 의지로 파악된다. 그러나 그러한 다양한 시선들은 오히려 110분짜리 영화에서 이야기의 균형 있는 전개에 상당한 무리를 수반하는 요인으로도 작용하였다. 영화에서 민란의 주체인 제주민의 시각에서 바라보려는 일관된 역사의식을 찾아보기도 어렵고, 폭도인지 민중의 영웅인지 불분명한 이재수, 시대를 고민하는 지식인이라기보다는 민군과 천주교 양쪽의 눈치 보기에 급급했던 기회주의적인 인물에 가까운 채구석, 그리고 제3화자인 까마귀 역시 감독의 시선인지 영화를 보는 관객의 시선인지, 아니면 사건에 대한 역사적 판단을 내리는 역사가의 시선인지 불분명하다.

4. '이재수의 난'과 '신축제주항쟁' 사이에서

이상에서 19세기에서 20세기로 넘어가는 한국사의 전환점에서 역사적 사건으로서의 '이재수의 난'의 내용과 오늘날 역사소설과 영화로 재현된 '이재수의 난'에 대한 작가와 감독의 시각을 살펴보았다. 당시 주변 열강에 의해 국가의 독립이 위협을 받고 있었던 국제 정세하에 제주도에서는 중앙정부의 가혹한 조세수탈, 천주교의 교세확장

---

24) 박찬식, 「〈이재수의 난〉: 사실성과 상징성 사이의 표류」, 『역사비평』 통권 48호, 1999, 384쪽.

과 그에 따른 폐단 등이 원인이 되어 '이재수의 난'이 발생하였다. 그리고 이 사건은 제주민중운동사에서 반봉건·반외세 민중항쟁이라는 역사적 의의를 점하고 있다. 천주교 세력은 지방 관료들에게 있어서 통치권 행사의 방해자로 인식되었으며, 일반 민중에게는 새로운 형태의 침탈적 특권세력으로, 전통적 의례나 토착종교 신봉자에게는 문화적·종교적 침략자로 규정되어 적대적인 대립과 갈등을 일으켰다. 그럼에도 '이재수의 난'에서 천주교인들이 수난을 당한 것은 사실이다. 교폐에 대한 앙갚음으로 죽은 사람들도 있고, 순수하게 신앙을 지키기 위해 희생된 사람도 있기 때문에 천주교 측의 입장이 잘못된 것은 아니다. 반면, 누적된 봉건적 수탈구조를 혁파하기 위해 목숨을 걸고 참여했던 제주민의 입장에서는 항쟁의 결과 17개 항의 세폐혁파 약속을 받아낸 성공적인 반봉건운동이었다. 또한 천주교 세력을 침략적 외세로 간주하여 무력항쟁을 전개했기 때문에 반외세운동으로도 규정될 수 있다.[25] 아울러 교폐척결의 내용을 담은 12개 항의 〈교민화의약정(敎民和議約定)〉을 받아 일정한 성과를 거두었던 점도 주목할 만하다.[26]

그러나 이 사건은 바라보는 시각에 따라 서로 상이하게 해석되었다. 천주교측은 이 사건을 신축교난 혹은 신축교안이라 불렀고,[27] 주

---

25) 도민들이 천주교인을 "법국놈, 법국년"이라고 부른 점이나, 이재수가 1901년 5월 29일 제주성에 입성하고 "서양 사람을 쳐 없애서 주성을 회복하였으니 그 공이 막대하다"고 한 점이 이를 뒷받침한다. 『續陰晴史』, 1901년(광무 5년) 5월 29일 기록.

26) 이영권, 『제주 역사기행』, 한겨레신문사, 2004, 282~283쪽.

27) 아래 인용한 기독신문 기사는 중앙정부에서 파견한 봉세관의 제주도민에 대한 각종 세금을 징수에 천주교인 최형순(崔亨淳)이 실무를 맡은 것이 사건의 발단이라고 인정하고 있지만, 세폐(稅弊) 시정을 요구하는 제주민들의 요구가 교폐에 대한 응징의 차원으로 발전한 이유가 민회를 습격하고 주민을 살상하는 등 천주교도들의 과잉 대응에 있었다는 사실을 은폐 내지는 누락시키고 있다. 또한 신문기사에서 언급된 것처럼 제주 본토민과 천주교도 사이의 유혈충돌에 대해서는 세칭 '제주도 신축교난(辛丑敎難)'이라고 보는 시각과 '신축교란(辛丑敎亂)'이라고 보는 시각이 대립하고 있다. "1901년 제주도에서 본토민과 전주교도 사이에 일어난 충돌사건을 세칭

민들은 언제부턴가 '이재수의 난'으로 부르고 있다.[28] 천주교 측은 '이재수의 난' 당시 살해당했던 교인들을 황사평에 매장하여 지금까지도 순교자로 추앙하고 있으며, 제주도민들은 이재수가 태어나고 자란 대정읍 보성리 홍살문 거리에 이재수, 오대현, 강우백 3명의 장두의 뜻을 기려 〈제주대정군삼의사비(濟州大靜郡三義士碑)〉[29]를 건립

'제주도 신축교난(濟州道 辛丑敎難)'이라고 한다. 토착신앙이 강한 제주도민들 사이에서 외래종교인 천주교에 대한 강력한 반감과 제주도 경제권을 둘러싼 토호(土豪) 세력과 중앙에서 파송한 봉세관(捧稅官)과의 갈등, 더 나아가서는 일본인들이 토착민들을 앞세워 천주교인과 프랑스 세력을 제거하려는 음모까지 연결된 복잡한 배경을 지녔다. 1901년 1월 제주 목사 이상규(李庠珪)가 탐관오리로 지목, 면직 되고 봉세관 강봉헌(姜鳳憲)이 부임하여 각종 세금을 징수하였는데, 그 수하에 제주읍 성당 복사 최형순(崔亨淳)이 실무를 맡은 것이 사건의 발단이다. 제주도 출신 대정 군수 채구석(蔡龜錫)이 토착세력을 규합, 중앙파송 봉세관과 천주교인들을 공격하였다. 결국 천주교인 300여 명이 학살되는 등 상호에 많은 사상자를 내는 유혈사태로 번졌다. 프랑스 외교관들은 한국 정부에 항의하고 당시 제주 거주 라쿠르츠(M. Lacrouts) 뭇세 신부를 보호한다는 명목으로 프랑스 함대가 제주 해안에 출동했다. 마침내 한국 정부는 토착민 지도자들을 체포하고 지방관을 교체하고, 제주에 유배되었던 유배자들을 다른 곳으로 옮기며, 토착민에 대한 민심수습, 천주교인 사상자들에 대한 보상 활동 등으로 사태를 진정시켰다. 사건은 동족간의 살육으로 끝나고 말았다."『기독신문』, 2009.02.24.

28) 이규태, 「역사 에세이 100년의 뒤안길에서: (6) 제주 성교 이야기」, 『조선일보』, 1999.04.09. 〈신축제주항쟁〉의 주모자 이재수의 누이동생 이순옥은 이재수가 서울에 붙들려가 처형되자 대역죄인의 피붙이인지라 밥을 주면 후환이 있을까 싶어 내쫓거나 달래 보내는 바람에 무척 굶기도 했다. 그는 오빠의 누명을 벗기는 일이 자기가 살 길이라고 작심하고 직접 보고 들은 성교란 이야기를 꼬박꼬박 글로 적어 모았다. 그리고 15세 되던 해 현해탄을 건너갔다. 그녀는 당시 소문난 작가들을 찾아다니며 책자로 내고자 도움을 청했는데, 그 정성에 감동한 작가 12명이 추렴하여 낸 책자가 1901년 제주도에서 일어난 성교란의 견문을 모은 「야월 한라산」이다.

29) '이재수의 난'을 주도한 세 명의 장두를 기리는 〈濟州大靜郡三義士碑〉는 1961년 대정 지역의 유지들과 이재수의 후손들이 60년 전의 의로운 항거를 기념하며 사람들이 많이 다니는 홍살문 거리에 세웠다. 현재 그 비석은 홍살문 거리 주변 도로 확장 공사로 인해 홍살문 거리 남쪽으로 약 15m 가서 다시 동쪽으로 난 좁은 골목길 드랫물 자리로 옮겨졌다. 이 비석은 1997년 새로 만들어 세운 비석 곁에 묻혀 있어 사진으로만 확인될 뿐이고 지금은 콘크리트 기단만 남아 있다. 현재 새로 세운 비석에는 이전에 있었던 "제주의 무뢰배들이 천주교에 입교하여 그 위세를 믿고 탐학을 마음대로 하고 부녀를 겁간하여……" 등의 표현은 빠져 있다(이영권, 앞의 책, 218~220쪽). 1997년 새로 세운 비석의 전문내용은 다음과 같다. "여기 세우는 이 비는 무릇 종교가 본연의 역할을 저버리고 권세를 등에 업었을 때 그 폐단이 어떠한

하였다.

제주도에서 '이재수의 난'은 더 이상 '이재수의 난'으로 불리지 않는다. "난(亂)"이라는 말이 가지고 있는 의미에는 이미 지배체제에 저항하는 불순한 반란이라는 이데올로기가 내재되어 있기 때문이다. '이재수의 난'은 이제 '1901년 제주항쟁' 또는 '신축제주항쟁'으로 불리고 있다. 기념사업회도 조직되어 있어 1901년 제주항쟁을 기리는 행사가 이 항쟁의 진원지인 대정지역에서 열렸다. 제주도에서부터 '국사'의 시대는 가고 '지방사'의 시대가 도래하고 있는 것이다.[30)]

가를 보여주는 교훈적 표석이 될 것이다. 1899년 제주에 포교를 시작한 천주교는 당시 국제적 세력이 우세했던 프랑스 신부들에 의해 이루어지면서 그때까지 민간 신앙에 의지해 살아왔던 도민의 정서를 무시한데다 봉세관과 심지어 무뢰배들까지 합세하여 그 폐단이 심하였다. 당의 신목을 베어내고 제사를 금했으며 심지어 사형 (私刑)을 멋대로 하여 성소 경내에서 사람이 죽는 사건까지 일어났다. 이에 대정 고을을 중심으로 일어난 도민 세력인 상무회는 이 같은 상황을 진정하기 위하여 성내(城內)로 가던 중 지금의 한림읍인 명월진에서 주장인 오대현이 천주교 측에 체포됨으로 그 뜻마저 좌절되고 만다. 이에 분기한 이재수, 강우백 등은 2진으로 나누어 섬을 돌며 민병을 규합하고 교도들을 붙잡으니 민란으로 치닫게 된 경위가 이러했다. 규합한 민병 수천 명이 제주시 외곽 황사평에 집결하여 수차례 접전 끝에 제주성을 함락하니 1901년 5월 28일의 일이었다. 이미 입은 피해와 억울함으로 분노한 민병들은 관덕정 마당에서 천주교도 수백 명을 살상하니 무리한 포교가 빚은 큰 비극이었다. 천주교 측의 제보로 프랑스의 함대가 출동하였으며 조선 조정에서도 찰리어사(察理御使) 황기연(黃耆淵)이 이끄는 군대가 진입해와 난은 진압되었고 세 장두는 붙잡혀 서울로 압송되어 재판 과정을 거친 후에 처형되었다. 장두들은 끝까지 의연하여 제주 남아의 기개를 보였으며, 그들의 시신은 서울 청파동 만리재에 묻었다고 전해 오나 거두지 못하였다. 대정은 본시 의기남아의 고장으로 조선 후기 이곳은 민중 봉기의 진원지가 되어왔는데, 1801년 황사영의 백서사건으로 그의 아내 정난주가 유배되어 온 후 딸 100년 만에 일어난 이재수난은 후세에 암시하는 바가 자못 크다. 1961년 신축(辛丑)에 향민들이 정성을 모아『제주 대정군 삼의사비』를 대정고을 홍살문 거리에 세웠던 것이 도로 확장 등 사정으로 옮겨 다니며 마모되고 초라하여 이제 여기 대정고을 청년들이 새 단장으로 비를 세워 후세에 기리고자 한다."

30) 기념사업회 상임공동대표인 송재호 제주대 교수는 기념사를 통해 "1901년 제주항쟁이 오늘 우리에게 던지는 의미는 '자존'이며, 자존정신이야말로 급변하는 세계화 시대에 지역을 지키고 주민의 번영을 지키는 실질적인 키워드"라며 "100여 년 전 봉건수탈과 서구열강의 침탈에 항거한 '1901년 제주항쟁'이야말로 제주 자존정신의 상징이었다"고 밝혔다.『제주일보』, 2005.01.29.

끝으로, '이재수의 난'에 대한 선행연구를 검토하면서 그동안 소홀히 취급된 문제라고 생각된 점을 언급하고자 한다. 그것은 대원군 정권에 의한 천주교 박해가 막을 내린지 어언 20여 년이 지난 시점에 어째서 중앙정부가 아닌 민중에 의해서 그러한 불상사가 일어나게 되었는가 하는 문제의식이다. 오늘날 한국사회는 근대화 담론을 뛰어 넘어 새로운 세계체제에 편입되고 있다. 민족이나 국가라는 개념이 대중들로부터 외면당하고 있으며, 문화정체성의 위기가 공공연하게 거론되고 있다. 사회 구성원들 간의 다문화사회에 대한 이해부족과 대립은 문화충돌 내지 문화전쟁을 치를지도 모르는 시점에 도달했다는 진단도 있다.31) 우리가 '1901년 제주항쟁'에서 잊지 말아야 할 점은 중앙정부의 기혹한 세금수탈과 학정에 시달리던 사람들이 천주교인이 된 뒤, 천주교의 위세를 등에 없고 어제까지 자기와 별반 다르지 않은 사람들에게 교폐를 부리던 양상이다. 오늘날 한국의 다문화현상을 빗대어 'GNP다문화'라고 하는데, 이 글이 한국의 다문화적 상황에서 우리 사회구성원들이 '내가 바로 이웃에게 교폐를 부리던 교인은 아닌가'하는 자기성찰의 기회가 되기를 기대한다.

---

31) 박찬식, 앞의 논문, 388쪽.

4장 일제강점기 한 조선 청년의 구직 및 일상생활

1. 식민지 시기의 일상생활연구

일제하 식민지 시기의 일상생활연구는 문학분야를 제외하고는 큰 주목을 받지 못하였다. 일제의 식민정책과 경제수탈, 민족독립투쟁이라는 거대담론 속에서 민중들의 생활을 단순히 수탈과 착취의 대상으로 파악하였다.

일상생활 속에서 억압받고 수탈받는 민족이라는 상 이외에, 자기의 일상영역에서 조그만 즐거움을 추구하면서 삶을 누려 가는 민중의 삶의 이야기, 또는 유흥이나 행복의 범주가 존재하는 공간도 복원 재구성할 필요가 있을 것이다. 그런 점에서 일상생활연구는 기존의 민족주의나 국가주의적 접근으로부터 벗어나 실재하는 주체성을 분석할 수 있는 가능성을 크게 한다.

일상생활연구를 위해서는 시각과 방법 이외에 자료에 대한 재규정이 필요하다. 일기나 메모, 각종 기념사진 등 공식적 영역 뒤에 숨어 있는 진솔한 감상을 드러내는 것이 많이 활용되는데, 이는 공식적

자료와 연관하여 분석함으로써 새로운 해석을 이끌어 낼 수 있을 것이다.[1] 이 글에서 분석하고자 하는 자료는 일제시기에 전북 임실군 임실면 성가리 262번지에 거주한 晉判鈺(1903년 생~1950년 몰)[2]이 보통학교 학생이던 16세(1918년)부터 45세(1947년)까지 기록한 일기이다. 이 글에서는 1920년대만을 분석하였다.

진판옥은 소작농의 어려운 생활환경에서 생활하였다. 1920년 고등보통학교 2년을 수료 후, 1921년에는 교사를 꿈꾸고 사범과를 진학하려고 노력하나 낙방을 한다. 이 후 구직을 위해 애를 쓰고, 평상시에는 농사일을 하고 면사무소에서 일급을 받으며 임시직으로 근무를 하였다. 21세인 1923년에는 진학을 위해 고향 형이 있던 동경에 가나 월사금이 없어 학교는 포기하고, 막노동일로 전전하다가, 9월 1일 관동대지진을 동경에서 맞아, 일본 경찰에 의해 수용소에 수감되었다가, 10월에 강제 송환된다. 1925년 1월부터는 임실면 면사무소의 면서기로 1년 반 정도 근무를 하고. 이 후 1927년분이 낙질이 되어 어느 시기에 다시 면서기로 들어갔는지 알 수가 없으나 1928년에는 정식으로 면서기로서 생활하고 있다.

진판옥의 학교생활 및 진학준비는 1918년과 1921년을, 경제생활과 물가는 1923년을, 구직은 1921년부터 1923년 동경생활을 포함하여 1924년까지를, 면서기의 공식적 활동은 1928년을, 여가생활의 독서

1) 공제욱·정근식 편, 『식민지의 일상: 지배와 균열』, 문화과학사, 2006, 16~21쪽 요약 인용.

2) 진판옥은 〈判書公派〉『南原晉氏族譜(昭穆編)』(남원진씨족보편찬위원회, 회상사 간행, 1994.11), 109쪽에 따르면 판옥은 初名이고, 족보에는 경옥(炅鈺)으로 기재되어 있으나, 일기의 첫 권인 1918년 일기장에 진판옥으로 기재되었으므로 초명을 그대로 사용하고자 한다. 족보에는 晉在殷과 영월 이씨 사이에 2남 2여 중 장남으로 1903년(광무 7년) 12월 16일 태어나 1950년 8월 16일 졸한 것으로 되어 있다. 진판옥의 남동생 진규옥, 제수 그리고 조카 진홍탁과 같은 날인 1950년 8월 16일에 사망한 것으로 족보에 기재되어 있는 것으로 볼 때 한국전쟁 시기에 변을 당한 것이 아닌가 추정해 본다.

운동 연극관람 가정생활 등은 20년대 전체를 통해 살펴보았다. 이 글에서는 진판옥의 20대 삶을 통해 1920년대를 살았던 식민지하 조선 젊은이들의 희망과 갈등, 좌절, 행복 등의 일상생활을 재조명하고자 한다.

2. 『진판옥일기』의 서지 사항과 서술방식

『진판옥일기(晉判鈺日記)』는 1918년부터 1947년까지의 30년간의 기록인데 1919년·1920년·1925년·1927년·1940년·1942년~1946년까지 9년치가 落帙이다. 1944년은 진판옥의 아들 진홍준(晋洪畯, 1932년~?)이 중학생이던 13살 때의 일기가 함께 남아 있다. 그리고 1924년분은 2권으로 기록되어 있다.

일기책은 〈표 1〉에서 알 수 있듯이 다이어리는 크기는 보통 책 크기의 국판보다 약간 작은 형태에서부터 휴대용의 작은 포켓형이다.

〈표 1〉 진판옥 일기와 다이어리의 서지사항

연도(나이)	표지명	출판처	크기(cm)	연도(나이)	표지명	출판처	크기(cm)
1918(16)	學生日記	國民書院	10×17	1932(30)	當用日記	國民出版社	10.5×15
1921(19)	懷中日記	積善館	9.5×14.5	1933(31)	朝日日記	朝日出版社	13×18.5
1922(20)	懷中日記	積善館	9.5×14.5	1934(32)	當用日記	博文館	10×17.5
1923(21)	當用日記	積善館	9.5×14.5	1935(33)	當用日記	博文館	13×19.5
1924(22)	ポケト日記	積善館	9.5×14.5	1936(34)	當用日記	國民出版社	13×18.5
1924(22)	懷中日記	積善館	9.5×14.5	1937(35)	當用日記	博文館	12.5×19
1926(24)	當用日記	改善社	12.5×18.5	1938(36)	當用日記	國民出版社	12.5×18.5
1928(26)	新文藝日記	新潮社	12×17.5	1939(37)	當用日記	博文館	13×19
1929(27)	POKET DIARY	積善館	9×15	1941(39)	懷中日記	博文館	9×12.5
1930(28)	當用日記	改善社	12.5×18.5	1947(45)	日記	朝鮮銀行	12.5×18.3
1931(29)	當用日記	博文館	11×15	1944 (子晋洪畯의 일기)	當用日記	博文館	12.5×18

다이어리의 맨앞에는 '勅語'와 '황실' '황족'의 탄생일과 조선 왕족의 탄생일이 순서대로 인쇄되어 있다. 조선왕족은 昌德宮 李王(御名 拓), 同 妃(尹氏), 同 王世子(御名 垠), 德壽宮 李太王(御名 熙), 李堈公, 李埈公, 李埈公 妃(金氏), 二男 改銘을 싣고 있다. 그다음으로 '日曜日大祝祭日表'가 있고, 다음 쪽에 '천황역대표'를 실었다.3) 일본에서 출판된 것이나 조선왕족을 실어 '內鮮 一體'를 강조하고 있다.

이 다이어리의 부록은 시대적 상황에 따라 내용이 바뀌고 있다. 다이어리의 앞뒤에 인쇄된 내용은 출판사나 연도에 따라 약간의 다름이 있으나 대체로 대동소이하다. 1918년 다이어리의 부록의 목차는 ◎ 年代表 ◎ 本邦位置 ◎ 世界, 面積及人口 ◎ 各國大都會人口 ◎ 海軍管區表 ◎ 官公私立學校所在地 ◎ 各國貨幣度量衡彼我對照表 ◎ 通常郵便料金 ◎ 私製端書 ◎ 小包郵便料 ◎ 郵便並電信爲替料 ◎ 外國郵便並爲替料4) 순으로 되어 있다.

1936년 다이어리의 겉표지 안쪽 지도에는 일본군대의 배치도가 일본 한국 만주지역에 표기되어 있다. 30년대 이후 총동원체제에서 일본의 정부 시책에 따라 내용들이 바뀌어 가고 있는 점을 보여 준다. 다이어리를 출판한 국민서원과 박문관은 동경에, 적선관과 국민출판사는 오오사까에 소재하였다.

일기의 글씨는 국한문 혼용으로 만년필과 연필로 기록하였다. 일기를 쓰기 시작한 보통학교 때의 기록은 비교적 또박 또박 펜글씨로 기재하여 알기가 쉬우나 뒤로 갈수록 달필의 가는 흘림체이고, 점점 노필로 바뀌어 해독하기가 대단히 어렵다.5) 종이가 부족한 경우는

---

3) 『晉判鈺日記』, 1918. 이하 각주에서는 '일기'로 표기함.

4) 일기, 1918.

5) 이 일기는 박경하 교수가 2007년 2학기 중앙대 대학원 기록관리학과 석사과정생들에게 〈한국근현대기록사료연구〉를 강의하면서 리포트로 이 일기들을 일 년분씩 할당하여 대강의 내용을 초벌 正書化하였다. 연도별 담당자 명은 다음과 같다. 1918년(김은정), 1921년(강찬주), 1922년(김서혜), 1923년(김지훈), 1924년-1(김현우), 1924년-2(문정

다른 종이를 덧붙여 기록하였다.[6] 그리고 기록한 내용을 일부 다시 기재 한 경우는 미리 쓴 글을 크게 X자로 지우고 그 위에 도장을 날인하였다.[7] 거의 매일 일기를 썼으며, 가끔 밀린 몇 일치를 한꺼번에 쓰거나 다음날에 쓰게 된 경우는 명시하였다.

진판옥의 일기 서술 내용은 날씨, 기상시간, 취침시간은 필수로 기록하고, 날씨는 晴·淡靑·半曇·晴·小雨·雨·灑雨·風·强風·雪 등으로 표기하였고, 날짜는 인쇄된 양력날짜 옆에 음력을 수기로 표기하였다. 재정출납은 맨 뒤의 금전출납부에 월별로 정리하였다. 식사 사항과 오간 장소, 만난 사람, 금전거래 사항, 편지 주고 받은 것, 구입한 물건 값, 읽은 책명 등은 가능한 한 빠뜨리지 않고 기록한 것으로 판단된다. 물건 구매 시는 달걀 몇 개 산 것 까지 값을 적고 있고, 아내와 잠자리를 같이 한 것까지 기록하였다. 사건 중 인상 깊었던 것에 대한 자세한 묘사나 감상이 간간히 들어 있으나 사회적 문제나 정황에 대한 소감은 언급을 잘 하고 있지 않다. 일례로 "조선이 의뢰성이 강해서 망하였다"[8]는 글귀를 보았다고 언급하지만 그에 대한 자신의 견해는 나타내지 않고 있다.

현), 1926년(남재우), 1928년(박성진), 1929년(박애이)

6) 일기, 1924년 9월 1일. 이 외에도 몇 군데 더 있음.

7) 일기, 1829년 2월 1일. 면서기로 근무 중이어선지 작은 계인을 사용하였다.

8) 일기, 1922년. 아마 20살이라 확고한 자기 주견을 가지지 못한 데에서 비롯된 것이 아닌가 한다.

3. 진판옥의 일상생활

3.1. 학교생활

1918년은 학교생활의 기록이 대부분이다. 일기 속에 등장하는 수업과목은 주로 〈국어〉·〈산술〉·〈조선어〉·〈한문〉·〈국어〉·〈농업〉·〈대일본역사〉·〈미술〉 등이다. 1911년 8월에 공포된 '조선교육령'에 따르면 4년제의 보통학교 교과목은 〈수신〉·〈국어〉·〈조선어〉·〈한문〉·〈산술〉을 필수과목으로 하였는데,[9] 이와 과목이 일치하고, 진판옥이 이 해 4월에 졸업 예행연습을 하는 내용이 있는 것으로 봐서 오늘날 초등학교에 해당하는 보통학교 4학년 졸업반으로 추정된다.

또 1921년 사범과에 응시하였다고 기록하고 있는데,[10] 이 사범과에 응시할 수 있는 자격은 「조선교육령」에 따르면 4년제의 고등보통학교의 제2학년 과정을 수료한 자 또는 동등의 학력을 가진 자로 규정[11]하고 있는 것으로 볼 때 진판옥은 1918년에 보통학교를 졸업하고, 1919년, 1920년에는 고등보통학교 2년 과정을 마치고, 정확히는 1921년에 수업연한 1년의 '교원속성과'에 응시한 것으로 여겨진다.[12]

보통학교 〈국어〉시간에 교장선생이 軍兵에 대해 얘기하고,[13] 〈미술〉시간에 일로전쟁에 대해 들은 이야기, 산술시간에 선생님으로부

---

9) 장규식, 『1920년대 학생운동』, 독립기념관 한국독립운동사연구소, 2009, 182~188쪽 참조.
10) 일기, 1921년 5월 7일.
11) 조선총독부, 「조선교육령」 제14조, 1911.
12) 위의 책. "일제는 제1차 「조선교육령」에 초등학원 양성을 위항 사범학교를 따로 두지 않고, 고등보통학교 부설로 수업연한 1년의 사범과 또는 1년 이내의 교원속성과를 설치할 수 있도록 하고, 사범과는 입학자격을 고등보통학교 졸업자로 하고, 교원속성과는 만 16세 이상으로 고보 제2학년 수료한 자 또는 동등 이상의 학력을 가진 자로 하였다."
13) 일기, 3월 14일(수)

터 나폴레옹 얘기, 太宗 때부터 再嫁를 못하게 한 얘기, 러시아전쟁 등에 대해 수업시간에 들을 내용을 기록하고 있다.

보통 학교수업이 끝나면 저녁에 복습소에 다니고, 학교에 돌아 와 기숙사에서 잤다. 기숙사에서 夜學을 하는 것을 보고 잤다는 기록[14] 에서 저녁에는 학교 기숙사에서 야학을 여는 사실을 알 수 있다.

일기에 따르면 1918년에는 신무천황제(4월 3일), 육군기념일(3월10일) 천장절을 공휴일로 지정하였음을 알 수 있다. 공휴일에 대해서 조선총독부의 〈구학부검정 및 인가 교과용도서에 대한 교수상의 주의〉에 나타난 지침에 따르면,

일곱째, 축제일을 준수하도록 가르칠 것, 대일본 제국의 국민된 자는 제국의 축제일[15]을 준수하여 국민된 성의를 표함은 당연한 義이며, 청년 학도의 교육상에 있어서 그리고 일반 風敎상 중요한 관련을 갖는 것인즉 교직에 종사하는 자는 제국축제일의 의의를 알게 하여 교육상 소홀함이 없게 할 것.[16]

이라 하여 천황가에 대한 충성과 황국신민의 자질을 도야하기 위한 일제의 교육정책으로 공휴일을 이용했음을 확인하게 된다.

4월 3일에는 학교 숲에 나무 심기(1500수)를 하였고, 5월 2일에는

---

14) 일기, 1월 9일(수). 『조선일보』 2월 16일자 석간 4면 기사에 "임실군 삼계면 두월리 에서 5년 전부터 야학이 있었다"는 기사에서 임실지역에 야학의 보편화되어 있었다 는 것을 알 수 있다.

15) 『관보』 제479호, 1914년 3월 7일.

16) 축제일로는 四方拜(1월 1일), 元始祭(1월 3일), 효명천황제(1월 30일), 기원절(2월 1일), 신무천황제(4월 3일), 천장절(11월 3일), 神嘗祭(10월 17일), 新嘗祭(11월 23 일), 춘계황령제(춘분일), 추계황령제(추분일)가 있다(「축제일 略解」, 『매일신보』, 1911년 3월 2일, 3면). 정혜정, 「일제 강점기 보통학교 교육정책 연구」, 수요연구회 편, 『일제의 식민지 지배정책과 매일신보 1910년대』, 두림미디어, 2005, 153쪽에서 재인용.

종두 예방주사를 돈을 안내서 못 맞고 있다. 5월 27일(월)에는 학교에서 담배검사를 하였다. 겨울인 12월 11일에는 가마니짜기 실습을 하였고, 12월 28일에는 성적을 통보받았다. 일기에는 5월 모친 사망이후는 집안일 돕기에 바빠서 공부할 시간이 없음을 한탄하고 있다. 1918년 일기의 맨 뒤에는 학교 재학 이도리 성사리 신안리 친구들의 명단이 적혀 있고, 농업전문학교에 진학 한 친구들을 부러워하고 있다.

진판옥은 고등보통학교 수료 후 면서기로 취업하기 전인 1924년까지는 대체적으로 진학을 하여 공부를 하려고 하는 필요성을 느끼고 서울이나 일본에서 유학하는 친구들에 대한 부러움을 나타낸다. 하지만 특히 경제적으로 어려운 현실의 벽에 부딪쳐 포기하거나 후회를 반복하는 생활이었다.

3.2. 경제생활과 물가

진판옥은 형제가 2남 2여인 집안의 장남으로서 한편으로 求職을 하며, 일이 없을 때는 아버지를 도와 함께 농사를 지었는데 小作이었던 것으로 판단된다. 1921년 11월에 군청에 소작료를 납부하고 있다.[17] 군청에 소작료를 납부하는 것으로 봐서 아마 郡소유의 驛屯土가 아닌가 한다.[18] 조선시대에 驛의 경비를 충당하기 위한 驛土와 역에 주둔하는 군대의 경비를 조달하기 위한 屯土가 있었는데, 이 토지들은 조선시대에 公田이었으므로 일제의 토지조사 사업시에 조선총독부 소속이 되었고 이 토지들을 군에서 관리하여, 이 토지들에 소작을 하는 것으로 추정된다.

---

17) 일기, 1921년 11월 26일.
18) 일기, 1928년 9월 1일. 진판옥이 면서기로서 재직시 역둔토수확 조사를 나가고 있는 기록이 보인다.

1924년 추수 후인 11월의 경제사정이 다음과 같다.

> 7시경에 기상하였다. 엄벙덤벙 아침식사 후에는 곧 나락을 훑기 시작하였다. 오늘 종일에야 비로소 다 훑었다. 저녁식사 후 조금 있다가 따뜻한 물로 목욕을 하였다.
>
> 죽도록 지은 나락, 소작료 6석 제하고 나면 겨우 5석쯤 남는다. 더불어 地稅는 어떻게 줄까, 작년 이른 봄부터가 문제이다. 일기를 쓰고 9시경에 취침하였다.[19]

> 7시경에 기상하였다. 한 것 없이 아침식사 후 좌석도 불만족하고 해서 종일을 엄벙덤벙 허송하였다. 오늘부터는 점심도 廢하였다. 저녁식사 후에는 동생과 가정의 형편을 말하고 일기를 쓰고 곧 8시경에 취침하였다.[20]

농사에서 11석을 소출하여 6석을 소작료로 주면, 남은 5석으로는 地稅를 줄 여유도 없는 형편이었다. 그래서 이후는 점심을 못 먹는 상황인 것으로 보인다. 작년 봄부터가 문제이다라는 것으로 보아 작년 봄 춘궁기에 빚을 진 것으로 사료된다. 일제는 '20년대부터 산미증산계획에 따라 수탈이 진행되는 과정에서 농민들은 농토를 일본인에게 빼앗기고 영세소작농으로 전락하였다. 이들 소작은 생산량의 2분의 1에 달하는 고율의 소작료를 물어야 했는데[21] 진판옥은 생산량의 50%를 넘는 소작료를 납부하고 있다.

진판옥은 가정의 이렇게 어려운 형편에서 아버지의 권유로 1925년 초 부터는 면서기로 들어간다. 다음의 1924년 12월 28일 일기에서 그 정황을 여실히 알 수 있다.

---

19) 일기, 1924년 11월 17일.
20) 일기, 1924년 11월 20일.
21) 정덕기 「일제하 미곡수탈 연구서설」, 『경희사학』 9·10합집, 1982 참조.

원수의 家庭때문에 將來의 希望, 主義를 못 쫓는구나. 원수의 가정이 아니라 내가 아니면 이 가정이 죽어지는구나 하는 悲慘을 차마 인정상 떠날 수가 없는 것이다. 혼자 타는 속 불덩이와 같다. 아, 나는 부엌아기를 주먹으로 치면서 決心하였다. 늦다마는 2年 同限만 집안 일을 볼 수밖에 없다. 그 同限은 次次 ○은 없지만 면서기라도 하여 아니 벌 수 없다. 그래야겠다. 면서기라도 하다 벌어서 2년 同限은 돈만 알고 집만 알어 내가 장가갈 때의 빚이나 갚고 가사정리나 大綱하여 家庭之事는 全部 弟에게 다 맡기고 나는 그때부터 한번 뛰어야겠다. 뛰는 것만이 나의 希望目的은 아니다만 첫째 希望을 달성하려면 家庭과는 등져야겠다. 아, 나는 이를 결심하였다. 한참 앉았다가 기름이 없어 등잔불이 꺼졌다. 人生의 運命이란 꼭 저것과 같다. 어두운 방에서 한참을 공상하다가 8시반경에 취침하였다.[22]

진판옥은 원래 사범학교에 진학할 꿈이었으나, 그 꿈이 깨어지고, 서울, 일본 동경 등지에 가서 온갖 고생을 하였다. 그럼에도 가난을 벗어나기 위해 도회지로 나갈 희망을 항상 가지고 있었다. 그러나 집안의 어려운 경제에 가족을 위해 내키지 않는 면서기로 들어가고자 결심을 한 것이다. 사실 면서기의 월급은 21원으로 당시 물가로 볼 때 그리 높은 편이 아니어서, 진판옥은 면서기 생활 내내 빚을 지며 어려운 생활을 한다. 그리고 당시 일본과 한국에서 사회주의 열풍으로 사회주의에 대한 관심을 가지고 있었다. 한 친구가 사회주의를 하려면 사회학과를 나와야 한다는 조언을 진판옥에게 하기도 한다.

다음의 기록은 1926년 당시 조선 민중의 처참한 삶을 사실적으로 보여 준다.

---

22) 일기, 1924년 12월 28일(일).

徐徐히 心審풀이로 이야기를 하며 들구경을 하는데 흘작 누릇한 베들은 잘도 덜 되었다. 하나 다 지은 穀物今番 〇雨에 被害도 적지 않겠다. 띄엄 띄엄 洞里라는게 되어 오개백여 있는 우막사리 草家는 마치 무엇 같을고? 文明國에 比하면 무엇으로도 比例할 수 없겠네. 그 속 무젊여들고 나는 〇〇사람이라 名目를 가진 인간은 참 저것이 인간이랄까 싶으다. 아~ 절로 寒心이 든다. 그러구러하여 가는 妹家宅에는 〇心이였다. 머잘 것 없는 살림 무더구나 風俗制度가 다른 村껌의 그의 生活은 들어서자 어설프게도 여전히 구즈렁 하였고 찬바람은 휘불어 내게로 오는것 같다. 게다가 나의 누님아~사랑하는 한 엄미, 아비의 탯줄을 받고 生存여낸 나의 누님은 아~즐엽다. 지금 먹을 것이 없어서 익지도 않은 논밭이로나 싹을 훑으러 갔다고 없구나. 낯도 씻지 않고 아랫도리 벗은 어린이는 낯설어 누구 왔다고 逃亡하여 버린 저것이 얼마나 家政의 敎育이 없이 자라난 탓인가! 오 한참 후 누님은 치라라고 할까 말까한 다 떨어진 걸 입고 커다란 바구니에다 풋나락 하나를 가득히 훑어가지고 들어오며 멀건 눈물을 감추는 듯한 視線으로 쳐다보며 왔느냐 반가워하며 糧食이 떨어져 이것을 훑트러 갔다 왔다하시며… 옛날의 한 집안에 한 어머니, 한 부모 슬하에서 놀던 일만이 그리워졌으며 아~세상도 어찌하면 그렇단 말인고. 기울어져가는 태양빛 속 하늘을 우러러 恨嘆을 마치 못이였다. 아, 그 나락 한 바구니를 다 훑으며 여자의 손이 얼마나 아팠을고? 그 마음이 얼마나 怨洞스러웠으리! 별로 그리 할 말도 없다. 오래 후에 점심 후는 한참 있다가 또 오겠습니다 잘 계시고 여가 있으면 한번오세요 하고 인사를 마친 후 돌아오며 夕陽에 집에 돌아왔다.[23]

진판옥은 앞서의 일기에서 면서기를 2년만 하겠다고 하였는데, 1926년 9월에 면서기를 그만 두고 집의 농사일을 하고 있다. 이 때에

---

23) 일기, 1926년 9월 25일.

동생과 함께 시집을 가서 고생하는 누님을 찾아 나선다. 방문한 누님은 족보에 따르면 장년인 晉明淑으로 1896년생이니 진판옥보다 7살 손위이다.[24] 옷도 제대로 입지 못하고 양식이 떨어져 풋나락을 훑으려 나간 누님을 보고 애잔해 하는 내용이다.

위의 글은 1920년대 全般의 농촌살림의 어려운 상황을 보여 주고 있다. 1920년대 초반부터 일제는 자기들이 필요한 만큼의 쌀을 증산량과 관계없이 수탈하여 일본으로 가져갔다. 한국의 농민들은 쌀을 증산하고도 그 증산량 이상을 빼앗기게 되어 굶주림을 면치 못하였다. 일제는 1920년은 생산량의 14%를 일본으로 수출하였고, 1924년에는 37%로, 이 글이 씌여진 1926년에는 38%로 가장 많은 쌀이 수탈되는 상황이었다.[25] 위의 내용은 당시 한국 농촌 전반의 비참한 상황을 생생하게 보여 주는 증언이라 할 것이다.

농사일은 면서기 직업을 가져서도 하고 있다. 보통 3월에는 뽕잎을 재배하고, 5월에는 모내기를 하고, 6월에는 보리타작 등 밭일을 하며 馬鈴薯[26] 순을 따고, 제초, 모종을 한다. 7월에는 논에 물을 대고, 8월은 고추 참외를 따고, 8월 말부터 9월에는 내내 논에서 새 쫓기를 한다. 그리고 10월에 추수 및 깨 녹두 콩 호박 등을 거두었다. 11월에는 논에 가서 보리를 갈았다. 작물은 1924년의 일기에서 정리하면 주요작물로는 쌀, 콩, 팥, 깨, 호박, 고추 등이 있고, 밭일로는 보리, 콩, 벼, 팥, 호박, 고추, 흑임자, 깨, 녹두 등이고, 집에서는 소 돼지 토끼 등을 기른다.

1928년에는 면서기 생활을 하면서 가정이 안정되고 경제적 여유도 생겨, 자작농이 되었고, 소도 남에게 붙여서 사육한다. 소를 82원에 시장에 내다 팔게 되는데, 사육한 사람이 30원을 사육비로 요구하는

---

24) 남원진씨족보편찬위원회, 『南原晉氏族譜(昭穆編)』〈判書公派〉, 회상사, 1994, 110쪽.
25) 조선총독부 편, 『조선총독부통계연표』, 각년도판.
26) 감자를 중국명으로 '馬鈴薯'라 하였다.

내용[27]이 보인다. 1920년대 전반기의 물가는 진판옥이 '1922년 11월에 결혼을 하고, 한창 구직활동을 하던 1923년을 통계표화하여 살펴보고자 한다.

〈표 2〉 1923년 일년 가계부 및 물가

	적요	수입	지출		적요	수입	지출
1.3	今年度 私用 日記		90전	1.20	葉書		90전
1.22	31일치 일급	23원25전		1.22	아버지께 드림		10원6전
1.24	문인근 빌린돈갚음		6원60전	1.24	우편요금		17전
〃	舍弟 빌린돈 갚음		27전	1.26	박세구 빌린돈 우편요금		2원 15전
1.28	박갑수 빌린돈 갚음		80전	1.28	蛔蟲散 1回分		30전
1.31	빌린돈 갚음		30전	1.31	현재잔액 2원 60전		
2.7	葉書代		12전	2.21	31일치 일급	23원25전	
2.21	父主께 드림		17원	〃	돈 찾을시 수입인지		2전
〃	친구 대여금 회금		1원	2.24	舍弟에게 給與		69전
3.5	膏藥		25전	3.5	口揩藥		30전
3.6	미쓰와(三和) 비누石鹼		30전	3.6	이솔과 齒磨		30전
3.12	封緘葉書 1枚		3전	3.13	面鏡		8전
3.13	机장식		8전	〃	洗濯 石鹼		5전
〃	毛筆 四本		19전	〃	葉書 6枚		9전
3.14	목 치료 받음		50전	3.14	목욕		15전
3.17	口揩藥		35전	3.22	懷中用漢日鮮玉篇		80전
3.22	기름紙 一枚		10전	3.23	3월분 27일 일금	24원30전	
3.28	菓子代		20전	3.28	현재잔고 27원52전		
4.1	圖章 2個		2원40전	4.1	女弟의 고무신		80전
4.2	身元證明 手數料		20전	4.2	民籍謄本 手數料		10전
〃	理髮料		25전	4.5	16일분 월급	14원40전	
4.6	아버지께 드림		6원	4.6	母主祭祀費用		4원
〃	舍弟 順鈺에게 給		1원22전	〃	女弟에게 給		1원70전
〃	草鞋 一足		13전	〃	전주-釜山 車費		6원44전
〃	夕飯, 茶, 蜜柑		99전	4.7	朝飯代		60전

---

27) 일기, 1928년 10월 4일.

날짜	내역			날짜	내역		
4.7	져붐, 手巾, 洋?代		92전	〃	釜山-岡山 船車費		8원13전
4.7	食代		20전	〃	夕飯, 車費		43전
4.10	菓子		11전	4.12	受驗料		1원
4.12	萬年筆 修繕費		20전	〃	現在殘高		5원90전
4.13	朝鮮飴(엿) 500		80전	4.13	車費往復		60전
〃	飴利價益, 車費除	46전		4.14	飴價		16전
4.14	飴價利益	2원30전		〃	車船往復		63전
〃	半紙		2전	4.15	半紙		2전
4.15	車費往復		76전	〃	給 1貫 500		2원40전
〃	飴價利益	1원98전			요고후에		25전
4.16	飴 1貫 500		2원40전	4.16	飴價 利益	4원10전	
〃	紙, 往復車費		38전	4.18	切手 1枚		3전
4.19	馬車費, 往復車費		97전	4.19	夕食, 朝食		50전
4.20	飴價 利益	2원15전		4.22	飴 1貫 利益	2원10전	
4.22	沐浴費		4전	4.24	半紙		2전
4.24	飴價 1貫 10	1원58전		〃	飴 利益	8원42전	
4.25	飴1 貫 利益	1원90전		4.26	飴 1貫 2百 利益	2원50전	
4.27	理髮料		30전	4.27	便紙紙, 封筒		14전
〃	切手, 葉書 20枚		60전	〃	理髮料		30전
〃	沐浴		4전	4.28	우동		30전
4.29	運動服 上下 運動靴 革帶 사루마다		2원50전 1원40전 75전 45전	4.30	沐浴		4전
4.30	前世文處에 食代		1원65전	〃	共除會 食代		7원50전
〃	現在殘高 7원77전			5.1	船價		2전
5.2	運動服 고비 담		30전	5.8	沐浴		4전
5.12	飴 1관3백 이자	2원50전		5.14	岡山驛-東京驛 車費		7원34전
5.14	도시락35전, 牛乳10전, 茶8전		53전	5.14	牛乳		20전
5.15	電車費		6전	5.20	運動服 上衣		1원20전
5.20	手巾		9전	〃	洗濯 石鹼		5전
〃	封筒		5전	5.23	石鹼		14전
5.24	?		13전	5.25	朝鮮飴		3전
6.5	便紙紙		15전	6.5	萬年筆잉크		30전
〃	菓子		8전	6.11	24日分 月給	18원40전	
6.11	洋服		5원	〃	理髮料		40전

〃	美顔水		30전	〃	洋襪		70전
〃	電車費		14전	〃	菓子代		15전
6.13	齒磨		10전	6.13	齒刷		25전
〃	葉書		15전		便箋		20전
〃	封筒		10전	6.15	往來 電車費		30전
6.15	人力車賃		50전		新聞社에配達保證金		10원
〃	手巾		14전	6.19	絲		5전
6.28	線電車		15전	6.29	市電車		15전
6.29	片紙		22전	6.30	電車費		15전
6.30	新聞社保證金 찾음	2원		7.1	市電車費		8전
7.4	지까다미		1원5전	7.4	面鏡2介80전, 비누50전, 비누갑25전		1원65전
〃	勞動代金	2원		7.5	勞動代金	2원	
7.5	어제2회 식비		1원40전	7.6	美顔水, 解毒藥		56전
7.6	電車費		8전	7.7	勞動代金	4원	
7.8	勞動代金	2원40전		7.8	6~8日分 食費		2원10전
〃	沐浴		5전	7.9	9~10日分 食費		1원40전
7.9	新聞社保證金 찾음	3원		〃	요꼬후에 한개		1원
〃	빵20, 米10, 라무비8		38전	7.10	勞動日費	2원	
7.10	호떡		10전	7.10	現在殘高 6원33전		
7.11	勞動代金	2원		7.11	食費		1원
〃	沐浴 2名		20전	〃	料理, 菓子		50전
7.13	理髮料		50전	7.13	菓子		5전
7.15	立身出世秘結 1冊		20전	7.15	手巾 2介		15전
7.17	女弟의 학비		2원10전	7.18	電車費		21전
7.18	3일치 노임	4원80전		〃	주인에게 給		4원80전
7.20	라무미?		8전	7.21	胃腸藥		20전
7.21	洗濯 石鹼		10전	〃	氷糖砂		10전
7.22	鉛筆		5전	7.22	菓子		10전
〃	빵값		10전	〃	萬年筆 修繕費		50전
7.23	떡값		25전	7.24	菓子		10전
7.24	雜費		16전	〃	現在殘高 1원76전		
7.26	洋服솔과 구두솔		60전	7.26	단초		2전
7.27	호떡		6전	7.27	常用字典 3冊		15전
7.28	運動服 洗濯費		30전	7.28	切手		4전
7.29	電車費		32전	7.29	現在殘高 29전		

날짜	내역	금액	날짜	내역	금액	금액
8.3	撤水費 9日分	14원85전	8.3	切手 葉書 10枚		30전
〃	7月分 食費	8원20전	〃	封筒 100枚		12전
8.4	毛筆10전, 墨斗10전	20전	8.4	三体漢字冊		30전
8.7	고리짝	1원60전	8.7	二中封筒 100매25전, 편지지15전		40전
〃	송곳 5전, 가위25전, 집게20전	50전	〃	다비		10전
〃	下駄	20전	〃	帽子		70전
8.8	保健衛生1日2食論 1冊	20전	8.8	學生단초한복		30전
〃	手帖 1冊	35전	〃	洋襪		20전
8.10	7月20日分 撤水費	1원65전	8.10	時間外鐵水費		50전
〃	空冊1卷	20전	8.11	往復電車費		10전
8.12	電車費	10전	8.12	한쓰봉1, 40, 袮洋襪 20, 메리야스 50	2원10전	
8.13	電車費	10전	8.14	電車費		10전
8.15	電車費	10전	8.15	理髮料		10전
〃	主人게셔 取貸	1원	8.17	지까다비		50전
8.17	電車費	10전	8.18	電車費		10전
8.18	主人게셔 取貸	1원	8.19	電車費		10전
8.20	電車費	10전	8.21	電車費		10전
8.21	3支切手4技	12전	〃	硬膏		10전
8.25	間22至25日分 電車費	40전	8.25	沐浴費		50전
8.27	2日分 電車費	50전	8.27	달尤?		10전
8.28	萬年筆 뿜뿌	50전	8.30	間11至23日, 12日分	22원80전	
8.30	8月分食費	21원	〃	主人게셔 取貸 2원중 回済		65전
〃	電車費往復	15전	8.31	品川-大井町洲流 電車費		36전
9.13	이슬 2介	6전	9.13	雜費		10전
9.14	葉書 6技	9전	9.15	雜費		10전
9.17	雜費	10전	9.16	葉書2技		3전
9.23	비누 1介	15전	9.25	理髮		20전
9.27	慰助金	5전	9.30	東京燒失地画		15전
10.8	洋袙	25전	10.9	食料代		15전
10.10	理髮料	30전	11.5	袜洋 2足		5전
11.5	素麪 10斤	2원20전	〃	심부름갑		5전

11.15	娣에게옵셔 下給	40전		11.16	理髮料		15전
12.28	父主게셔 給	30전		12.29	郡廳例規複寫日給	11원	
12.29	父主게 드렷다		9원	〃	理髮料		20전
〃	桶修繕費		13전				

1923년 4월부터 10월까지는 일본에 건너가 주로 동경에서 막노동으로 생활을 하게 된다. 한국에서의 물가와 일본에서의 일상생활용품에 대한 물가를 비교할 수가 있다. 여러 번 돈을 빌리는 내용이 등장하고, 어려운 형편에서도 아버지와 동생들에게도 생활비 등을 준다.

1월에는 면사무소에서 임시직으로 근무하면서 일급으로 31일에 23원 25전을 받고 있다. 하루에 약 75전 정도이다. 3월분에는 일급이 90전이다. 아마 숙직 출장 등 업무에 따라 일급의 차이가 있었을 것이다. 1941년에 정식 면서기가 상당한 대우를 받은 편인데 30원 정도를 받았다고 하니[28], 정식 면서기나 임시직이나 임금은 크게 차이나 나지는 않으나, 신분의 안정성이나 근무여건에서 임시직이 좀 더 열악했을 것으로 판단된다.

4월부터는 渡日하여 일본의 물가이다. 부산서 오까야마까지의 航船費, 양말, 수건, 칫솔, 치약, 비누, 연필, 이발, 목욕, 엽서, 우동, 호떡, 도시락, 우유, 차, 빵, 떡, 조·석반, 운동복, 편지지, 사전, 전차, 혁대, 잉크, 송곳, 가위, 집게 등등의 소소한 일상 생활용품 값을 알 수 있다. 목욕비는 우리나라에서는 15전이나, 동경에서는 4전으로 일본이 훨씬 싸다. 신원증명 및 민적등본 수수료가 나오는데, 이 같은 각종 수수료는 군과 면의 주요 수입원이었다.

진판옥은 일본에서 제일 먼저 '宣仁공제회'라는 곳에서 엿(飴)을 구

---

28) 국사편찬위원회 편, 『지방을 살다: 지방행정, 1930년대에서 1950년대까지』, 국사편찬위원회, 2006, 37쪽 참조.

입하여 엿장사를 하는데, 이문이 괜찮아 보인다. 7월 4일에는 '지까다비'를 구입하는데 이는 '地下足袋'로 막노동 시 신는 신발이다. 일본에서 구입하는 '요꼬후에'는 옆으로 부는 피리인 橫笛을 말하는 것 같고, '다비조메' 등은 무엇을 말하는지 확인하기가 어렵다. 노동 일당은 직종과 노동강도에 따라 다르나, 통상 하루 1원 50전에서 4원 정도를 받고 있다.

1928년의 물가를 살펴보면 면서기 월급은 21원이고, 야근 숙직비가 1원 80전, 출장비가 3원 60전, 여비는 8원 30전으로 기록되어 있으나, 출장비와 여비는 어느 지역으로 나가느냐에 따라 다를 것이다. 또 축의금으로 1원, 조위금으로 50전을 내고 있다. 호적등본 한통의 수수료가 30전으로 당시의 물가에 비교할 때 상당한 비용으로 보여진다. 1인용 책상이 15원, 뱀장어 2마리에 50전, 린네루양복과 하리세루 양복 2벌 값이 13원 50전으로 양복 1벌 값이 면서기 월급의 30%를 차지한다. 30원과 100원을 빌린 돈의 이자(6리)로 7원 40전을 지출하고 있다.

면서기로서 월급과 숙직비 출장비 이외에는 특별한 별도의 수입이 없어서, 경제적으로 아는 사람으로부터 3부에서 6부까지의 이자로 돈을 빌려 동생들 혼사 준비를 하는 등 항상 어려운 생활을 하고 있었다.

3.3. 상장례 풍속

상장례 풍속은 진판옥이 16세인 1918년에 5월 21일에 모친이 사망하여 상장례를 치루는 데서 알 수 있다. 초상 첫날에는 20원으로 麻를 110자를 구입하고 있다. 그 전날 친척 아저씨 뻘되는 晉在碩[29]

---

29) 晉在碩(1878년생)은 진판석 부의 사촌으로 족보에는 호남굴지의 만석부호로 빈민구

씨가 4원과 米 2말을 부주하여 그 은혜를 잊지 아니하고 내가 죽기 전에 갚기로 결심한다고 일기에 쓰고 있다.[30]

이틀째에 염하는 모습을 다음의 기술에서 알 수 있다.

4시반경에 일어나 아침 식사 후에 哭하고 한참 있다가 伯父氏, 仲父氏, 부친이 殮式을 하나 우리들은 곡하고 柩中에 넌 후에 곡한지라 棺中에 널 적에 관이 작아서 덜 손지라 생각해도 살아 있는 사람이 저러면 아플 터이나 죽었으니 아픈 것을 알까 생각함. 점심 후에 곡하고 있다가 저녁 후에 곡하고 있다가 봉사가 와서 정을 일으나 닭이 울드락 잘 일어 준지라 迷信일이지만 쳉이에다 가루를 담아 盲人 앞에 놓아두었으나 개발자구 되있으니 개 되었다 하더라.[31]

입관시에 관이 작았던 모양이다. 조선시대에는 사람이 죽어 殮을 한 뒤에 무당을 불러 길귀신을 내리는 굿을 하였는데,[32] 여기에서는 징을 치며 점을 보는 독경쟁이를 불러서 死者가 어느 세상에 갔는가를 묻고 있다. '개'로 환생하였다는 점괘가 나온다.

4시 반경에 일어나 아침 먹고 사자를 운반하고 나옴. 제상에 음식을 차려놓고 움. 사자를 상부소에다 넣고 간지라 울며 따라가나 好喪은 호상이나 내일을 생각하니 우습고도 절통하다. 묘자리가 하도 덜 좋으나 하는 수 업다. 공동 산이 없어지기 전에는 하는 수 없다 하고 있은지라 사자를 묻고 돌아와 기가 막히나 하는 수 없다. 점심 후에 놀다가 사자 살리는

흉과 소작료를 감해주는 德惠家로 그 선정비가 삼남에 20여 기가 서 있다고 기록되어 있다. 1925년 5월 16일 『동아일보』 3면에 진재석이 임실군 전체의 窮民에게 쌀을 내어 구제한 미담을 싣고 있다. 그 아들 直鉉은 제헌국회의원을 지냈다.

30) 일기, 1918년 5월 20일.
31) 일기, 1918년 5월 22일.
32) 『성호사설』 제13권 인사문, 下楊亡魂.

수 없으니 가사 일을 돕고 공부나 잘하여 살아 있는 사람의 속을 안 썩히자고 결심하고 저녁 후에 삼부자가 사자있던 방에서 잠.33)

망자(1881~1918)가 38살에 돌아갔는데, 주위에서 好喪이라 한 모양이다. 또 공동선산34)에 묻었으나, 좋은 자리에 안치하지 못해 마음이 편치 않음을 토로하고 있다.

상례 후 常食은 매일 올리지 않고 6월 23일, 7월 22일, 8월 7일, 9월 5일, 10월 13일에 지낸 것으로 기록되어 있다. 제사는 백부, 조부, 증조모 등 10분의 제사를 집에서 모시고 그 외의 제사는 仲父댁에서 지내고 있다.

3.4. 여가생활

진판옥의 여가생활 중에서 독서 범위는 비교적 폭 넓은 것으로 보인다. 1921년에는 『홍길동전』·『郭芙蓉傳』·『산술필수』, 1922년에는 『장한몽』35)·박씨전36)·『명사십리』37)·『사총몽』·추월색38)·『시문독

---

33) 일기, 1918년 5월 23일.

34) 장지는 임실군 오정리 오음수동 남록 갑좌에 안치함. 후에 남편과 합분함.

35) 1913년 『매일신보』에 연재되었던 연애소설로 조중환이 일본소설 『금색야차』를 번안한 것이다.

36) 박씨전(朴氏傳)은 작자 미상의 조선시대 소설로 대표적인 군담소설로 분류된다. 숙종시대에 발간된 것으로 알려져 있다. 병자호란을 역사적 배경으로 하고 여성을 주인공으로 청나라에 복수를 하는 호국적인 내용을 담고 있다. 여러 환상적인 요소를 담고 있으며 여성을 남성보다 우월하게 표현하는 특징을 가지고 있다.

37) 조선시대 소설로 남녀의 기이한 인연과 사랑 그리고 보은을 주제로 한 윤리소설이다.

38) 1912년 3월에 발표된 최찬식(崔瓚植)의 신소설로 당시의 신소설 중에서 가장 널리 애독된 작품의 하나로서, 1918년 3월에는 신극단 취성좌(聚星座)의 첫 공연작품으로 단성사(團成社)에서 상연되기도 하였다. 『추월색』은 무대가 한국·일본·영국·중국에 걸쳐 광범위하고, 새로운 애정윤리·신교육사상·민중의 반항 등을 내세워 시대의식을 반영하면서 생생한 장면묘사로 기구한 남녀의 사랑을 전개시켜 나간 점이 당시 독자의 호평을 받았다.

본』・『설중송』39)・『해당화』40)・『추월색』41)을 읽고 있다. 이런 대중용
의 딱지본들에 대한 가격을 기록하고 있지 않은 것으로 봐서, 친구
간에 돌려보던 것이 아닌가 한다. 30년대의 증언에 의하면 보통 딱지
본은 10전 정도 하나 한 5~6전이면 두 권을 살 수 있다고 한다.42)

　1923년에는 이광수의 소설 『무정』 및 잡지를 보고 있다. 1923년
일본서 7월 15일 『입신출세』를 구입하고, 1924년에는 천도교에서 발
행한 『개벽』43)・『매일신보』44)・『조선일보』를 구독하고, 1926년 이광
수의 『五道踏破記』, 1929년에는 조선프롤레타리아예술가동맹(KAPF)
의 준기관지적 성격을 띤 『朝鮮之光』45)을 보고 있다.

　1919년 3.1운동 이후 일본의 조선 언론에 대한 정책은 '무단정치'
에서 '문화정치'로 변화하면서, 한국인들에게도 신문지법에 의한 신
문 잡지의 발행을 부분적으로 허용하여 『조선일보』・『동아일보』 등
의 민간신문이 창간 허가를 받게 되었다.46) 잡지는 신문지법에 의해
발행이 허용되지 않다가, 1920년 『개벽』, 1922년 9월 『신천지』・『조선
지광』・『신생활』・『동명』 등이 허가되었다. 이 중 『개벽』 등은 신문지

---

39) 1920년에 출간된 신소설이다.

40) 톨스토이의 『부활』을 번역한 것이다.

41) 1912년 3월에 발표된 최찬식의 신소설.

42) 국사편찬위원회 편, 『지방을 살다: 지방행정, 1930년대에서 1950년대까지』, 국사편
찬위원회, 2006, 153쪽.

43) 1920년 창간되어 1926년 종간시까지 72호가 발행된 종합월간지이다. 발행소는 천
도교에서 세운 개벽사로 신문법에 의해 발행된 종합잡지의 효시이다. 창간호 158면
의 정가는 40전이다.

44) 수요역사연구회, 『일제의 식민지정책과 매일신보(1910년대)』, 두리미디어, 2005 참조.
『매일신보』는 '日鮮同化'의 방법으로 일본어 보급, 양 민족의 잡혼, 풍속개량 등의
동화정책의 논조를 폈다.

45) 1922년 1월 창간되어 1930년 11월에 종간된 사회주의 성격을 띤 월간 종합지로
100호까지 발행되었다. 창간호 정가는 50전이다.

46) 김봉희, 「일제시대의 출판문화: 종합잡지를 중심으로」, 『일제시기 근대적 일상과
식민지문화』, 이화여자대학교 출판부, 2008, 207쪽 참조.

법의 허가를 받게 됨에 따라 시사문제들을 다룰 수 있었다.[47] 특히 『개벽』은 세계개조주의 사상의 전달자 역할을 하면서 대중 운동을 전개하였다.

진판옥이 한창 구직을 하러 다닐 때인 1924년에 일제의 동화정책의 전파자 역할을 충실히 수행한 친일 기관지인 『매일신보』를 읽고 있는데, 이는 당시 구장집에 배포하거나 유력자 집에서 구독하고 있던 신문을 빌려서 보았으리라 추정한다. 또 면서기를 하던 1929년에 좌파성향의 『朝鮮之光』을 읽고 있다. 1924년까지만 해도 진판옥은 사회주의에 대해 관심을 많이 가지고 있었다. 그러나 이는 어떤 이념이나 정치적 성향에서가 아니라 신문물을 접하기 위한 방편에서 조선시대 군담소설에서부터 신소설 그리고 신문 잡지 등을 읽고 있으며, 식민지하의 1920년대 당시 젊은이들의 광범위한 독서행태를 보여주는 것이라 할 것이다.

1918년 중학생 시절에는 여가생활에 나무하기, 굿구경, 고기잡기, 새쫓기, 삼벗기기, 피뽑기 등을 한다. 특히 목욕을 자주 하고 있다. 학생시절에는 봄, 여름에 냇가에서 주로 목욕하나 이후에는 상업적 목욕탕이나 집에서 하고 있다. 일주일에 2~3회 정도 목욕을 하고 있다. 구직 중인 1922년에는 운동으로 축구, 庭球,[48] 야구,[49] 체조를 하고, 동네의 봉황산에 오르는 산보와 등산을 한다. 1923년 11월에 김소랑[50] 일행의 신파극을 보고 있다.[51] 판소리를 부르기 전 목을

---

47) 위의 책, 200쪽.
48) 『조선일보』 1925년 8월 23일자, 조간 4면 기사에서 "호남정구대회에서 임실군이 대승했다"는 내용으로 볼 때 당시 정구가 일반인에게 유행한 점을 알 수 있다.
49) 『동아일보』 1922년 9월 5일자, 3면. 제12회 '전조선야구대회'에 대한 소감이 기사화 되어 있는 것으로 볼 때 1910년에 야구가 일반에 도입되었음을 알 수 있다.
50) 생몰년 미상, 본명은 顯이고, 신파극운동가로 신파 극단인 혁신단의 창립멤버였으며, 聚星座를 조직하고, 주로 외국희극을 공연하여 신극발전에 공한하였다.
51) 일기, 1923년 11월 3일.

푸는 단가인 片時春 공연을 보기도 한다.52)

1928년 일기에 보면 면서기를 할 때 '린네루 양복'과 '하리세루 양복53)'을 13원 50전에 사고, 양복바지를 4원 50전에 사는 것으로 봐서 양복이 상당히 보편화되어 있는 것을 보여 준다.

1920년대 초 등장한 생활개선운동은 색복(色服)착용, 단발(斷髮), 시간 엄수, 허례(虛禮) 폐지, 식사 개선, 의복 개량, 부엌 개량 등 일상의 거의 모든 부분에 파고들어 일상을 근대적으로 재편하고자 하였다.54) 이러한 생활개선운동으로 양복에 비추어 한복은 경제적이지 못하고 활동적이지 못한 것으로 비판되고, 실제 1920년대부터는 양복 수요가 급증하여 양복점 경영이 생활안정을 도모하는 인기 직종이 되었다.

부부사이는 직업 없이 농사일만 하던 1922년 11월에 크게 내키지 않았으나 아버지의 강권으로 결혼을 하게 되는데, 결혼 첫날의 일기에 "부인될 사람이 상당한 지식이나 있으면 재미도 있고 재미있는 말도 청하면 대답도 하겠는 것을 지식이 들지 못하였으니까 재미없다."55)라고 소감을 쓰고 있다. 1926년부터는 가끔씩 아내에게 글을 가르치고 있다.

면서기의 직장이 안정적이 되자, 27살인 1929년 일기에서 보면 처가와 가깝게 지내 자주 왕래하고 특히 처남과 사이가 좋아 자주 어울려 지내며, 여러 가지 일들을 의논한다. 가사 일을 많이 돕는 편이며,

---

52) 일기, 1923년 11월 25일.

53) '하루세루'는 손으로 바느질해서 만든 고급의 싱글양복(背廣)을 말하는 것으로 보인다.

54) 이상록 외, 『일상사로 보는 한국근현대사』, 책과함께, 2006 참조.
1934년의 한 신문기사에 의하면, "어떤 가정에서든지 가족 전체는 아니지만 반 수 이상은 어쨌든 양복을 입게 되었다"고 보고하고 있다(김소형·염혜정, 「서울의 의생활 변천」, 『서울 20세기 생활·문화변천사』, 2001, 133쪽).

55) 일기, 1922년 11월 18일.

가끔 본인이 직접 요리도 한다. 부인과의 잠자리를 주 1~2회 정도를 가지면서 부인과 담소도 많이 나누며 가정적이며 자상한 가장으로 비교적 행복한 생활을 하고 있는 것으로 사료된다.

4. 구직 및 면서기 생활

4.1. 구직하기

고등보통학교 2년 수료 후인 1921년 4월에는 사범학교 입학원서를 쓰기 위해 면사무소에서 민적등본을 떼고, 5월 7일에는 高等尋常小學校에서 〈국어〉·〈산술〉·〈일본지리〉·〈역사〉·〈습자〉의 시험을 치른다. 다음날에는 신체검사를 받았다. 21일에 『전북신문』에 합격자 발표가 났는데, 합격자 15명 중 조선인이 4명이고 일본인 11명인데, 임실사람은 다 떨어졌음을 기록하고 있다.

"완전한 정신을 가지고 공부를 하였다면 학교에 떨어지지 아니하였을 것을 공부를 하지 않아서 고등보통하교 사범과 시험에 낙방하였다. 한 것 없이 엄벙텀벙 세월을 보냈다."[56]고 후회하는 감상을 적고 있다. 진판옥이 20살인 1922년 4월 11일부터 25일에는 서울에 가 공부를 하려고 가출을 하여 친구를 찾아 갔다. 아래의 글은 이 과정에서의 어려운 처지를 잘 보여 주고 있다.

잘 곳 찾아야 하기에 어느 부지를 찾아갔더니 부사 발이 부모 몰래 떠난 자는 재우지 않는다 하여… 떼를 쓰며 사정을 하였다. (4월 13일)

---

56) 일기, 1922년 5월 26일.

날이 저물어 집안식구 생각이 나는데… 눈물이 앞을 가리었더라. (4월 14일)

한강 철교를 지나는데 빠져 죽으라 하는 생각도 애절하였다. (4월 16일)

금전 없는 사람은 이 세상에 이름이 없는 것과 같다. (4월 19일)

인근군이 내일 내려가라고 권하여 대었지만 사실 나의 큰 문제라 어찌할 수 없더라. (4월 17일)

공부하러 서울에 갔으나 돈이 없어 고생하고 학습소에 등록도 못하고 한강에 떨어질 생각까지 하다가 결국은 귀향하게 된다. 20년대 초반 당시의 조선 젊은이의 꿈이 현실의 벽에 부딪치는 절망감을 여실히 보여 준다.

1922년 9월에 면사무소에서 임시직으로 근무를 한다.[57] 하는 일은 주로 서류 및 창고 정리라든가, 글을 베끼는 일을 주로 하였다. 1922년 11월 19일 일기에 "저녁 후 '靑年團 勞動夜學 兼 臨時總會'"[58]에 출석하였다는 내용에서 이 야학은 단순 문맹자를 위한 야학이 아니고, 자강운동차원의 야학운동으로서의 노동봉사를 하는 성격[59]의 것이 아닌가 사료된다. 동년 9월 5일자 『동아일보』에 임실군 운남면 모범청년회 16명의 회원이 학교를 지어 주었다는 기사[60]가 보이는데, 이와 같은 역할을 하는 단체가 아닌가 한다. 일기에서는 이 야학

---

57) 일기, 1922년 9월 30일.

58) 일기, 1922년 11월 19일. 1922년 1월 6일에도 청년단 강연회에 참석한 기록이 있다.

59) 김형목, 『대한제국기의 야학운동』, 경인문화사, 2005, 7쪽 참조. 1920년대 이후 야학운동은 종래의 문명퇴치에 한정된 된 것이 아니고, 한말 자강운동의 맥을 잇는 일제 강점기 변혁운동의 주요 영역으로 보고 있다.

60) 『동아일보』 1922년 9월 5일자, 3면.

의 기능에 대한 언급이 전혀 없어서 다만 추정할 뿐이다.

　1923년에는 4월에 일본으로 건너가서 岡山學里에 있는 학교에 가서 〈국어〉·〈작문〉·〈산술〉 시험을 쳐서 합격자 21인 중 15등으로 합격하였으나, 등록금이 70여 엔이라는 말에 포기하고 동경에서 막노동을 하게 된다.[61] 4월 13일에는 선인공제회에서 엿을 사서 엿장사[62]를 하고, 5월 7일에는 약방 급료가 박하다고 거절당한다. 5월 8일에는 요리집에 찾아 가니 새벽 일이 4~5시에 시작하여 저녁 9시 끝난다고 하여 야학을 다닐 수 없어서 포기한다. 5월 15일부터 6월 11일까지 우유배달을 하고, 6월 16일부터 6월 25일까지 〈내일신문사〉에 보증금을 맡기고 신문배달을 한다.

　6월 29일에는 광고를 보고 긴자에 있는 암곡상회에 가니 보증인 필요하다고 하여 포기한다. 7월 4일부터 건축장에서 하루 2원의 막노동을 하고, 7월 20일부터 신전구 시역소 공수부에서 물구루마를 끌고 물주는 일을 한다. 7월 31일은 허리를 다쳐서 쉬고, 8월 11일에는 해변가에 거름 주는 일을 한다. 8월 27일에는 일을 하다 장대한 일본인들에게 얻어맞고 일본 감독에게 말하니 도리어 일본인 편을 들어서 일을 그만 둔다.

　그리고 9월 1일 관동대지진을 동경에서 겪게 되는 과정을 인용하면 다음과 같다.

　　김용선 씨가 업혀서 왔더라. 그래서 몸을 어루만져주고 겨우 정신을 차린 후 조금 있더니 지진이 일어나더라. 그래서 집이 무너질 것 같아 뛰어나오니 집이 무너져버렸다. 한 몇 분쯤 하여 또 한 번 지진이 있었다. 시내로 가자 죽은 사람들을 끌어내고 있었다. 돌아왔는데 형세가 좀 위험

---

61) 일기, 1923년 4월 11일, 12일.
62) 일기, 1923년 4월 13일.

하더라 그래 이제 피난을 하기 시작하였다. 불이 나서 공중에 가득하였는데 공중을 보다가 눈을 데었다. 눈물을 흘리고 비볐다. 해일도 일었다. 가져온 것 없이 몸 하나만 남았다. 밥 한 술씩 먹고 잠을 잤다.[63]

소위 關東大地震은 1923년 9월 1일 11시 58분에 사가미만을 진앙지로 발생했던 큰 지진이다. 관동 지진은 5분 간격으로 강도 7.8리히터의 세 차례의 지진이 있었다. 위의 일기에서 김용선이 업혀 왔다는 시각이 11시 58분 첫 번째 지진인 것으로 보인다. 이 후 2번 더 지진이 발생한 것을 기록하고 있다.

지진 후 관동 지역은 총체적인 혼란에 빠졌다. 정부 조직이 마비되었으며 계엄령이 선포되었다. 관동대지진이 일어난 시간은 11시 58분은 점심시간이 임박한 시간이었기 때문에, 이날 도쿄를 비롯한 지진 피해지역에서는 화재가 발생하였다. 점심을 준비하기 위해 각 가정집과 요식업소에서 불을 사용하고 있었는데, 지진이 발생하면서 불이 대부분 목재건물인 피해지역 건물들을 불태우며 널리 퍼져나갔다.[64]

지진 발생 이틀 후의 일기를 보면,

9월 3일(월) 피난을 떠나기로 하였다. 군부대가 한인들을 害한다기에 죽을 한 그릇씩 먹고 주인과 작별하고 品川便으로 출발하였다. 전차에다가 광고를 붙였다. 일본인이 머리에 띠머리를 하고 가라고 했다. 노병춘을 방문하였는데 아직도 안 왔다고 하기에 전차역쪽으로 막 나가니 일본인이 막아서서 인종구별을 하더니 조선인이라고 하였더니 경찰서를 가자고 하였다. 가던 중에 보니 거리에서 창든 놈, 몽둥이를 든 사람, 여러 가지 연장을 들고 사람에게 겁을 주더라. 경찰서로 가니 나 혼자만이 아니라

---

63) 일기, 1923년 9월 1일(토).
64) 한계옥, 『망언의 뿌리를 찾아서』, (주)자유포럼, 1998년 4월, 107쪽.

여러 동포가 있더라. 거기서 동포한테 듣다. 조선인이 이 기회에 활동을 하자고. 술들을 먹고 우물에 약을 타고 불을 지르고 한 일이 있었다하고 조선사람 2천명이 총칼을 들고 동경으로 향하고 온다는 말이 있어서 조선인은 경찰서에서 잡아가둔다고 하였다.[65]

경찰서에서 점심에 주먹밥 한덩이를 받아서 먹고 있는데 갑갑하고 분함이 컸지만 참았다. 동포들이 잡혀오고 있었다. 저녁에도 현미밥을 얻어 먹고 잠을 자는데 잠이 올 리가 없었다.[66]

피난을 가다가 아마 민간인으로 구성된 自警團의 검열을 받아 경찰서로 연행된 것으로 보인다. 이 당시를 증언한 관동대지진의 기록에 따르면, 경찰서에 하달한 것 중에 "재난을 틈타 이득을 취하려는 무리들이 있다. 조선인들이 방화와 폭탄에 의한 테러, 강도 등을 획책하고 있으니 주의하라"라는 내용이 있었다. 이 내용은 일부 신문에 보도되었고 보도내용에 의해 더욱더 내용이 과격해진 유언비어들이 신문에 다시 실림으로서 "조선인들이 폭도로 돌변해 우물에 독을 풀고 방화 약탈을 하며 일본인들을 습격하고 있다"는 헛소문이 각지에 나돌기 시작했는데,[67] 위의 일기의 내용과 일치한다.

9월 3일에 경찰서 유치장에 수감된 후 조선총독부 출장소를 거쳐 10월 2일 동경을 출발하여 시모노세끼를 거쳐 10월 7일에 부산에 도착함으로써, 동경에서의 구직생활은 막을 내리게 되었다.

1920년대에 취업을 하기 위하여 일본에 건너가는 조선인 수는 1920

---

65) 일기, 1923년 9월 3일(월).

66) 일기, 1923년 9월 4일(화).

67) 한계옥, 앞의 책. 관동대지진으로 도쿄 지역과 요코하마 지역, 지바 현, 가나가와 현, 시즈오카 현 등에서 10만 명에서 14만 2천 명 이상이 사망했고, 3만 7천 명이 실종되었다. 10만 9천여 채의 건물이 전부 파괴되고 10만 2천여 채는 반파되었다.

년에는 4,211명이나, 1928년에는 90,622명으로 급증하게 된다.[68] 당시
'제국 신민'으로 간주되었던 조선인이 일거리를 찾아 일본으로 건너가
'실업구제 토목사업' 등에 취직을 하는 것은 당연하였으나, 특히 1929년
'세계공황'이후 조선 노동자가 일본인의 실업문제를 증대시키는 위협
적인 존재라는 주장들이 제기되고, 조선 노동자들의 渡日 유출을 막기
위해 1930년대에는 조선총독부는 '窮民救濟事業'을 전개하였다.[69]

이러한 시대적 상황에서 많은 조선의 농촌 청년들은 1920년대 초
부터 취업을 위해 서울 등 도회지로 나가 많은 수가 도시빈민층이
되거나, 도일하여 재일 조선노동자들이 되었다. 진판옥도 이러한 배
경에서 구직을 위해 上京하기도 하였고, 渡日하였다. 강제 귀국 후
농사일을 하다가, 경제적 곤궁함에 어쩔 수 없이, 1925년 초부터 면
서기로 근무를 하게 된다.

4.2. 면서기 생활

진판옥은 면서기 생활은 1922년 임시직으로부터 시작하여, 1922
년, 1923년, 1924년까지 부정기적으로 근무한다. 1925년부터 1926년
까지 1년 반 정도 계속 이어지다가 9월부터는 그만 두고 쉰다. 그러
다가 1927년의 일기가 낙질이어서 1927년도부터 다시 면서기로 복
귀하였는지는 미상이나 1928년도부터는 정식 직원으로서 안정적으
로 면서기 일을 수행하는 것으로 보여진다.

일제의 행정구획 '군면동리통폐합' 조치는 1913년 1월의 각도 내
무부장회의에서의 총독 의 지시 이래 1년여의 준비기간을 거쳐 총독

---

68) 김인덕, 「1920년대 후반 재일조선인의 생활상태 연구」, 『한국근현대사연구』 5집,
    1996, 155쪽 참조.
69) 김광렬, 「1920~1930년대 조선에서 실시된 일본의 '窮民救濟' 토목사업」, 『근·현대
    한일관계와 재일동포』, 서울대학교 출판부, 1999, 109~112쪽 참조.

부령 제111호로 '도의 위치, 관할구역 및 부 군의 명칭, 위치, 관할구역'을 정하고 1914년 3월과 4월에 전격 실시하였다. 그 결과 종래의 4,336개의 면이 2,522개로 통폐합되었다.

1917년 10월부터 시행된 제령(制令) 제1호 '면제' 및 부령(府令) 제34호 '면제시행규칙'은 자치적 지역운영에 대신하여 식민지 행정지배의 체제를 완비하려는 일제의 1910년대 지방통치제도 정비과정의 한 귀결점을 이루는 것으로, 면을 행정지배의 전초기지로 삼았다.[70]

일제의 지방통치 정책에 대한 자료나 연구는 많지만 실제 식민 지방통치의 말단 조직인 면의 업무에 대한 구체적 내용에 대하여는 1930~40년대 면서기로 근무한 3명의 증언을 녹취한 자료가 유일하다.[71] 『진판옥일기』에서의 기록은 1920년대 면서기의 업무를 알 수 있는 좋은 자료라 할 수 있다. 따라서 일제하 1920년대의 면서기의 직무를 임시직이 아니라 정식 면서기로 활동하기 시작한 1928년 일기에서 면서기의 업무와 출장 내용을 〈표 3〉에 정리하여 알아보고자 한다.

〈표 3〉 1928년 임실면 면서기의 출장지역과 목적

월	일	요일	내용	월	일	요일	내용
1	1	일	9시경에 당직근무 마치고 취침	1	5	목	신년간담회참석
	6	금	금일부터 제2기분 地稅審付着手		7	토	溫突改良 독려 차 전 직원 총출동
	9	월	지세 업무에 쉴날이 없다		12	목	호적등본 한통 떼어줌.
	26	목	성가리 성가리반 조직 통보받고 육도구실에 도착.				
2	2	목	地稅가 많이 나왔다는 민원 접수	2	4	토	성가리 溫突焚口盖 代金 징수
	5	일	溫突焚口盖代金징수차 기강댁방문		6	월	동료 문성근군과 세금징수문제상의.

70) 김익한, 「일제의 면 지배와 농촌사회구조의 변화」, 『일제 식민지 시기의 통치체제 형성』, 혜안, 2006, 78~83쪽 참조.
71) 국사편찬위원회 편, 『지방을 살다: 지방행정, 1930년대에서 1950년대까지』, 국사편찬위원회, 2006.

7	화	전 직원 총 출장, 온돌분구개대금 징수 차 성가리 출장.		8	수	온돌분구개 대금 징수차 이도리, 성가리 양1구를 출장.
10	금	전 직원 총출장, 혼자 사무소를 지킴		11	토	대설소식 듣고 오정리의 현장 출장 진행복구사항 지켜봄 지세금 명부기장 정리
12	일	휴일에 지세 사무 봄		13	월	이남면장과 인사나눔
17	금	지세 출장명령 받음		18	토	區長이 징수한 지세 수령 아래. 윗동네 지세 징수시작
23	목	오정리 출장, 지세 징수 남은 미수와 酒稅를 징수하러 상대리. 만리로 출장		24	금	오정리 주세징수
25	토	주세로 오정리 출장.온돌화구개량 독려. 이도리서 만남.		26	토	분구개량독려로 성가리 출장 시장세금 징수
3	5	월	구장회의	3	10	토	정월리, 음지뜰 출장 미수된 잡종금을 구장과 함께 징수
13	화	박서기 종후와 함께 오사리, 구장과 무등리 출장, 잡종금 정리		18	일	두곡리 출장 도로수선 부역실상 살펴봄
28	수	지세 명기장 정리		29	목	지세 기장감리
30	금	전 직원 출장, 혼자 사무실에 남음				
4	2	월	제비뽑기로 점심사기	4	9	월	신임직원과 고인들의 발자취에 대해 대담
11	수	두곡리 출장, 부역감독		12	목	두곡리 출장, 부역감독
15	일	면장님의 지시로 작년 출장부와 숙직부를 경찰서에서 조사받음.		16	월	戶稅 징수 출장
18	수	오정리 부역 출장 4개리 돌아다님		20	금	오정리 부역, 장재리 감독
21	토	도로부역감독		22	일	금융조합 총회 주최로 학교에서 활동 사진(영화)을 봄
23	월	戶稅 정리, 영업세 발부 업무		24	화	두만리의 戶稅 징수 출장미수자 몇 명은 다음 장날에 완납하기로 함
25	수	오정리 출장 戶稅 징수 戶稅 대장 정리, 戶稅 징수 집계		27	금	장재리 출장, 戶稅 징수
28	토	이도리 구장 만남		29	일	이도리 구장 만남, 戶稅 징수
5	7	월	조퇴계 제출, 3일 간 휴가원 제출	5	11	금	전 직원 출장
12	토	비로 도로유실, 함몰된 곳을 부역주민이 원상복귀, 부역독려		13	일	종자생산을 시행하는 부서로 배치됨
17	목	이도리 일시키는 출력인부 일을 명받음		18	금	부역독려 이도리 출장, 나머지 직원은 이도리 미출역인 조사, 출역인부 감독
22	화	영업세 징수		23	수	영업세금 징수
25	금	영업세 징수				

6	1	금	군청재무부장이 업무 차 면사무소 방문	6	2	토	업무량 많아 특별 근무
	9	토	둔남면 대명리 제1구 개량 부탁으로 농의 축제를 하러 전 면직원, 전 구장들 모두 출장		14	목	숲○農會 正租植 독려원으로 삼계면 출장
	18	월	군청재무소속 신영갑 씨와 두만리 조사 같이 감.		20	수	正租植 독려로 전 직원 출장
	22	금	정조식 파종독려, 현곡, 신안, 장재, 두만마을 출장		29	금	창고 서류정리
	30	토	창고 문서 정리				
7	1	일	고문서 정리	7	2	월	창고 서류 정리 우편물 수불부 정리
	4	수	장부기재		5	목	서무 후 규정 정리
	7	토	시찰단방문예정 온돌개량에 대한 주의사항 받음		9	월	신안1구, 신안2구, 이사리, 장재리, 두만리 출장
	11	수	檢閱檢問사무 봄. 일반상식시험을 받음		12	목	自家用 酒製造免許 取消效誘 次 대곡리 출장
	13	금	오정리 출장		14	토	자가용 주제조취소를 막으러 출장. 현곡, 신안, 의재, 두병, 정월마을 출장
	15	일	정월, 리인리에서 구장과 함께 업무봄		18	수	오정리로 주세출장
	19	목	조세징수 독려, 현곡리, 신안리, 두만리, 오정리 출장		23	월	오정리 세금징수
	24	화	오정리 세금징수		30	월	자가용 주제조 면허자 용기 검사실에서 업무
	31	화	旱害상황조사 출장 신안리, 두곡리 출장				
8	3	금	저축조합일로 장재리 출장	8	4	토	신안1구, 2구로 출장 전부 乾畓이었고 그 중 한사람만 물을 담은 水畓임. 다른 논들을 보고 구장에 지시사항 내림.
	9	목	현곡리 호구조사.		17	금	성가리 온돌화구 조사출장
	18	토	오후 5시까지 특근업무				
9	1	토	驛屯土收穫조사차 두만, 정월리 출장	9	8	토	가뭄으로 피해본 답 조사 출장 신안리 2구, 신안2구 성장 피해 답 조사 보고서 작성
	9	일	장재리 출장, 전리에 도착하여 구장과 함께 조사		10	월	2개里 출장, 신안1구에서 전구장과 식사
	13	목	재해지 구역 조사관계 차 군청 재무주임 도주한 씨와 임실면 출장 대곡, 감성, 갈마지역 돌다 옴		14	금	문규를 접수 하고 군청에 들림 현곡, 신안, 장재를 거치고 재무주임과 식사, 면장님에게 출장복명드리고 퇴근

15	토	戶稅 징수 출장		17	월	戶稅징수 출장. 장재, 신안 1, 2구 출장
18	화	엄군 사직시키는 일 건으로 면장님께서 진정을 하여 군청에서 봄. 엄인보 씨가 군청 중역진을 방문하여 퇴직금 관계도 상의하고 군수님도 방문하기로 하였으나 군수님이 병석이라 만나지 못함		19	수	戶稅 징수
20	목	戶稅 대장정리		22	토	戶稅 징수 차 이도리 출장
23	일	戶稅 징수 차 이도리 출장		24	월	戶稅 징수
25	화	戶稅 징수 차 이도리 출장		26	수	이도리 戶稅 징수 끝. 면에서 구장과 면직원이 돈을 걷어서 소를 잡음. 일인당 4근 2냥씩 배당
27	목	戶稅 징수 차 성가리 출장 구장 5인이 같이 다님		28	금	호별 감수금 정산 수납부 고지서 작성
30	일	면사무소에서 구장회의				
10	1	월	시정기념일이라 근무가 없음	2	화	온돌화구를 보러 다님
	9	화	재해 필수 조사	10	수	구장회의 개최. 재해일단조사를 지가 기입신구재대조에는 군청에 가서 토지대장과 대조를 함
	11	목	군청에 가서 기장대조를 함. 대명리 만기장 대조는 하지 못하고 다른 동리는 다 끝냄	12	금	대명리 기장 대조를 위해 군청 출장
	16	화	군청 출장, 대곡리 재해조사 구장과 점심식사, 종일 20필지 조사	17	수	군청에서 이도리에 대한 재조사 나옴
	18	목	이도리, 성가리 재해조사	19	금	재해조사 나옴. 차량세 징수
	22	월	차량세 징수 독려	23	화	車輛稅 징수 독려
	24	수	세금징수	29	월	차량세 징수 출장, 재해지 조사로 군청 재무주임과 정월리 출장
	31	수	대곡리 재해조사			
11	1	목	강성 재해조사	3	토	정원리 재해지구조사 출장
	4	일	오후 2시까지 특근근무	5	월	이도리, 갈마리에 군청직원과 재해지 구조사나감
	10	토	고령자독감 예방주사, 즉위기념식장 참가	11	일	군청으로 출장 지세면제신청규정정리
	12	월	군청으로 출장	19	월	군청재무계장과 지목변경신고지조사 출장. 이도리, 평교 출장
	20	화	군청으로 출장, 驛屯土 賣私代金과 貸付料 주선하여 대납 부탁 받음	21	수	전 직원 출장
	24	토	營業稅 독려	25	일	이도리 영업세 기문토대금을 독려 정월리 경문토대 출장 독려
	26	월	군청에 출장, 지세, 재적문서정리	27	화	名寄○○除 정리

28	수	災문서보기	29	목	군청에 출장
30	금	군청에 출장			
12	2	일	밀린사무 정리, 잔무처리	3	월	군청으로 출장
	4	화	군청으로 출장	5	수	군청으로 출장
	6	목	군청으로 출장	9	일	밀린업무 봄
	11	화	잔무처리	15	토	장재리 출장, 지세 출장
	16	일	신안출장, 지세 출장	17	월	지세징수
	18	화	지세 전부를 정리	19	수	의재리 지세 출장
	20	목	지세징수로 신안 2구 출장	21	금	징수토지세 전부 정리, 연말생계와 월급을 찾음
	25	화	지세미납 징수, 전 직원 출장	27	목	공무1기분 지세금 전부 걷음

1973년의 『행정구역요람』72)에 따르면 任實面 관할구역은 二道里 城街里 五亭里 杜谷里 渴馬里 甘城里 大谷里 程月里 里仁里 斗滿里 藏財里 新安里 玄谷里로 13개 里로 구성되어 있는데, 진판옥이 면서기로서 출장을 다닌 곳이 위의 동리와 일치하는 것으로 봐서, 근무지인 면사무소가 '임실면'임을 알게 해 준다. 임실군은 임실면을 포함해 12개 面으로 구성되어 있고, 임실면의 동으로 둔남면과 성수면, 남으로는 삼계면, 서로는 청운면, 북으로는 신평면과 접해 있다. 임실면 외에 삼계면, 둔남면의 출장 기록이 보인다.

〈표 3〉에 따르면 면서기는 한 달에 최소 6일에서 14일까지 출장을 다니고 있다. 출장업무에 동리의 구장이 함께 협조하여 업무를 추진한다. 대부분의 출장은 각종 세금을 직접 받으러 다니는 것이 가장 큰 업무인 것으로 판단된다.

구장제도는 1918년 토지조사사업의 종료와 때를 같이해 총 6만여 개의 동리가 28,000여 개로 통폐합하고, 그리고 면 아래의 동리에 無給職인 區長을 두었다. 종래 동리장은 마치 동리의 천한 심부름꾼과 같이 여겨져 일반적으로 이를 비하하는 풍습이 있고, 동리 내의 유력

---

72) 내무부지방국, 『지방행정구역요람』, 1973.

자는 이를 맡기를 즐겨하지 않는 상황이므로, 동리장이라는 명칭을 구장이라 칭하였다.[73]

〈표 3〉에서 면서기는 1월 6일부터 地稅를 징수하기 위한 심사에 착수하여 2월 중순까지 지세 징수에 쉴 날이 없었다고 적고 있다. 총독부의 歲入에서 가장 중요한 위치를 차지한 지세는 조세증수에 가장 크게 기여했다.

일제는 이미 1908년 7월 한국정부로 하여금 「地稅徵收臺帳調製規定」(탁지부령 제19호)을 제정하여 대장을 정리하고 지세징수의 기초대장을 각 면별로 調製함으로써 토지파악에 착수하였다. 1918년 6월에는 土地臺帳과 地籍圖가 완비되어 토지조사사업이 종결되었으므로, 地稅令도 개정되었다. 즉 1914년의 지세령이 여전히 結數와 結價를 기준으로 하고 있었던 데 반하여, 개정된 地稅令은 종래의 과세표준인 전근대적 結制度를 폐지하고 토지수익을 기초로 하여 土地臺帳에 등록된 地價를 과세표준(地價의 13/1,000)으로 삼음으로써 자본주의적 수익세로서의 완성을 보았다.[74]

1월 7일부터는 온돌개량을 독려하고, '溫突焚口盖代金'을 징수하고 있다. 온돌화구의 덮개를 공급하고 대금을 받는 것으로 여겨진다. 이 당시는 온돌 구들장의 개량, 개량 화구 등 다양한 온돌 개량론이 표출되었다. 온돌로 인한 빈번한 화재와 연료 낭비 등의 문제 때문에 일찍부터 온돌 개량에 관심을 기울여온 일제는 각 지역에 온돌개조 기성회, 온돌개조계 등을 조직하고 강습회를 열어 개량 온돌을 보급하는 데 노력하였다.[75]

---

73) 김익한, 「일제의 면 지배와 농촌사회구조의 변화」, 김동노 편, 『일제 식민지 시기의 통치체제 형성』, 혜안, 2006, 77~83쪽 참조.

74) 김호범, 「일제하 식민지재정의 구조와 성격: 1910년대 및 20년대의 조세정책을 중심으로」, 『경제연구』 3(1), 1994 참조.

75) 「溫突改良方法, 경긔도청에서 발표」, 『동아일보』 1923년 1월 13일자. 이상록 외, 『일상사로 보는 한국근현대사』, 책과함께, 2006, 137쪽에서 재인용.

주택 개량 문제에서 온돌은 특히 논쟁적이었는데, 초반에는 온돌이 '위생에 해로운 것'으로서 폐지되어야 한다는 주장이 제기되다가, 1930년대 건축 전문가들이 논쟁을 주도하는 가운데, 폐지보다는 개량론이 확산되었다.[76]

1월 26일에 성가리반 조직을 통보 받고 참석하였다는 내용인데, 이 행사는 '전북임실청년동맹 임실지부 성가리반'을 설치하는 대회로 천도교종리원에서 18명의 회원으로 구성된 것임을 『동아일보』 기사[77]에서 확인 할 수 있다. 2월 하순부터는 酒稅를 걷으러 다니고 있다. 주세는 1909년 2월에 도입된 최초의 간접소비세로 새로운 稅目으로 파악할 수 있는 조세이다. 주세법(법률 제3호)은 自家用과 販賣用을 불문하고 제조소마다 정부의 면허를 받도록 하고 造石 數에 따라 과세하였다. 일제는 이를 통해 무면허제조자에 대한 단속을 강화하고 주조업의 발전을 자극하여 증세하고자 하였다.

1919년에는 다시 일반주류의 세율을 인상하고 最低 石數를 증가(2石→5石)시켰다. 酒稅令은 이후에도 1920년, 1922년, 1927년(最低石數: 20石)에 걸쳐 개정됨으로써 대중수탈적 성격을 강화시켜 나갔다. 그 결과 酒製造場 數는 1916년 13만여 개소에서 1928년에는 약 2만여 개소로 격감하여, 자급적 소비구조가 상품경제로 강제 편입되어 갔으며, 이에 따라 주세수입은 1917년 이후에는 1천 1백만원을 훨씬 상회하였다.[78] 이러한 주세를 통한 수탈적 배경에서 민간에서 酒제조면허를 취소하는 사태가 발생하자 7월 12일, 14일에는 '自家用 酒

---

76) 박진희, 「일제하 주택개량 담론에서 보여지는 근대성」, 『담론 201』 7(2), 2005 참조. 손진태는 1920년대에 온돌의 우수성을 현지답사를 통해 민속학적 접근을 하였다 (손진태, 「온돌문화전짜ㄴ」, 『신민』 제24호, 신민사, 1927).

77) 『동아일보』 1928년 1월 31일자, 4면. 2월 10일에는 성가리반월례회를 동아일보 임실지부에서 갖고 있다(『동아일보』 1928년 2월 14일자, 4면).

78) 김호범, 「일제하 식민지재정의 구조와 성격: 1910년대 및 20년대의 조세정책을 중심으로」, 『경제연구』 3(1), 1994, 220쪽.

製造 免許 取消 效誘'79)라 하여 면서기가 면허취소를 막기 위하여 출장을 가고 있는 사례를 확인할 수 있다.

4월에는 戶稅를 징수하러 출장을 다니고 있다. 戶稅는 人頭稅로서 구한국시대에는 매년 일금 3냥이 봄·가을 2회로 나누어 과세되었는데, 1907년에는 매호 당 30전을 극빈자를 제외하고 부과하였다. 한편 서울 및 각 도청 각 군 등이 있는 시가지에는 호세가 면제되었으므로 1909년에는 법률 제2호 「家屋稅法」을 공고하고 1910년에는 서울을 포함하여 367개소에 실시하였다. 이 두 稅目은 토지 조사 사업으로 지방파악이 완료되는 1919년 3월 제령 제 3호에 의해 지방세로 전환되었다.80)

地稅, 印紙收入, 戶稅 등의 직접세는 1914년 이후 약 2천만원에 이를 정도로 증가하였고, 酒稅, 煙草稅, 關稅 등의 간접세 또한 크게 증가하였는데, 화폐경제의 진전으로 20년대에는 간접세가 조세수입의 50% 이상을 차지할 정도로 증가하였다. 이와 같이 조세수입이 증가함에 따라 總督府의 稅入構成에서 식민지 사회에서 조달되는 經常部의 비중이 1930년에는 78%를 차지할 정도로 압도적이 되었다81).

1910년대 이후 조세수입의 압도적 비중을 차지한 지세, 호세, 가옥세 등 直接稅는 그 가혹한 수탈성 때문에 농가경제의 몰락과 植民地 社會構成의 변화에 보다 직접적인 영향을 미쳤다. 이 밖에 세금으로는 市場稅(2월 26일), 營業稅(5월 22일), 驛屯土貸付稅(9월 1일), 車輛稅(10월 14일) 등이 보이고 있다.

그 밖에 면서기 업무로는 경찰서에 출장부와 숙직부를 가지고 가서 조사를 받으며, 〈일반상식〉 시험도 치루고 있다. 대민업무로 호적등본 등을 떼어주고 인지대를 걷으며, 도로수선 부역 등의 감독 및

---

79) 일기, 1928년 7월 12일.
80) 김호범, 앞의 논문, 219쪽.
81) 위의 논문, 216쪽.

독려, 旱害·寒害 상황 파악, 농번기 파종 등 농사일 독려, 창고 및 제반 문서정리, 고령자 독감예방주사 실시 등 세금수납에서부터 일상생활에서의 모든 일에 간여하고 있다고 볼 수 있다.

1930년대 이후의 면의 조직 및 업무분장은 크게 서무계와 산업계로 나누어지고, 서무계에는 호적을 담당하는 호적계와 세금을 담당하는 재무계가 있었다. 그리고 산업계에는 통상 '보농'이라 불리우는 보통 농사계가 있어서 비료 식량 논농사를 담당하고, 밭농사를 담당하는田作系가 따로 있었다. 군에서는 課이나, 面에서는 係로 나뉘었다.[82]

진판옥은 세금 징수와 농사일 등 면의 대부분의 일에 간여하는 것으로 보이나, 주로 세금업무를 담당하고 호적등본을 떼어 주기도 하는 것으로 볼 때, 서무계 소속으로 재무를 담당하고, 일손이 달릴시 보통농사의 업무를 집행한 것으로 여겨진다. 진판옥은 면서기의 업무가 대단히 바쁜 것으로 기록하고는 있으나, 이러한 업무가 마음에 들지 않거나 크게 불편을 주는 것은 아닌 것 같고, 면서기 업무에 대한 개인적 감정은 기록을 하지 않고 있다.

5. 조선 청년의 자화상

이 글에서는 1920년대 임실에 거주하였던 진판옥의 10대, 20대의 삶을 『진판옥일기』를 통해 학교생활 경제생활 여가활동 그리고 구직 및 면서기 생활로 재구성하여 살펴보았다.

진판옥은 1918년에는 보통학교를 다녔고, 고등보통학교 2년 수료 후인 1921년부터 사범과로 진학하여 교사로서의 꿈을 꾸지만, 진학

---

82) 국사편찬위원회 편, 『지방을 살다: 지방행정, 1930년대에서 1950년대까지』, 국사편찬위원회, 2006, 260~263쪽 참조.

에 실패하였다. 1922년에는 가출하여 서울에 올라오지만 냉혹한 현실에 절망하여 한강철교에 떨어질 자살을 생각하기도 하였다. 1923년에는 일본에 건너가 진학 및 취업을 하려고 하나, 조선인에 대한 차별에 엿장사, 우유배달, 신문배달, 건설현장 막노동 등을 전전하다가 9월 1일 관동대지진으로 일본 경찰에 구류되어 10월에 강제 송환된다.

귀국하여 고향에서 부친과 함께 농사일을 하나, 소작료를 납부하고 나면 생활비가 없어 하루에 두 끼도 겨우 먹는 경제 환경 속에서 부친의 強勸으로 1925년 초부터 내키지 않는 면서기 생활을 시작한다. 그 후 1년 반 만에 그만 두었다. 그 후 1928년에는 다시 면서기로 취업하였으나 남에게 빚을 지어야 할 정도로 여전히 경제생활은 어려우나, 1920년대 초반 小作을 하는 수준에서 벗어나 自作農이 되었고, 비교적 안정된 가정생활을 하고 있다. 1928년의 면서기 생활을 통해서 일제통치의 對民 前哨 행정단위인 面에서의 직무를 살펴보았다. 여기에서 일기의 내용이 기존에 연구된 일제의 식민 지방통치정책과 일치하다는 것을 확인할 수 있었다.

이 일기를 통해 1920대 조선의 젊은이들이 미래에 대한 보다 나은 삶에 대한 꿈을 꾸지만, 어쩔 수 없는 가난 속에서 자기의 뜻을 펼치지 못하고 갈등과 좌절을 경험하는 것을 생생하게 목도하게 된다. 기존에 우리는 일제시기의 면서기를 민을 착취하는 일제의 주구로 좋지 않은 인상을 가지고 있으나, 이 일기에서는 가난 때문에 어쩔 수 없이 면서기를 직업으로 받아들이는 진판옥의 고뇌하는 모습을 보았다. 이는 1930년대 이후 '국민총동원체제'에서의 면서기의 역할과는 또 다를 수가 있으리라 사료된다. 진판옥의 1930년대와 1940년대의 삶은 稿를 달리하여 추후 비교 분석하고자 한다.

5장 파독 간호사·광부의 독일정착과 삼각이민

1. 독일 파견 이주 노동

근대 세계 성립 이래 국가경계는 아직까지도 인간집단의 삶과 정체성을 구분 짓는 중요한 경계로 여전히 남아 있지만, 각국은 모두 국가발전의 필요성에서 경계를 넘어 인적·물적 교류를 확대해 왔다. 특히 인적 교류와 관련해서는 자국의 잉여 노동력을 타국으로 보내기도 하고 타국에서 노동력을 대규모로 받아들이기도 했다. 한국 역시 세계체제에 편입된 이후 세계사의 영향 속에서 역사가 전개되었다. 개항, 식민지, 분단, 한국전쟁의 역사과정 모두에서 한국인의 의지보다는 국제적 역학관계가 더 크게 작용했다. 한국전쟁 이후 산업화와 경제성장에서도 국제적 힘이 크게 작용했다. 지난 수십 년 간의 한국의 경제발전 역시 국제교류와 교역의 확대를 통해서 이루어졌다. 이런 점에서 한국과 타국과의 교류는 한국 현대사의 이해에 중요한 부분을 차지한다.

이 글은 한국 현대사 연구에서 아직 체계적으로 정리되어 있지 않은 독일 파견 이주 노동력(간호사·광부)에 초점을 맞추고 있다. 1950년대 한국전쟁 이후 남한은 원조경제의 틀 속에서 빈곤을 벗어나지 못했다. 1960년대 들어 국가주도의 경제발전이 추진되었지만 자본과 산업시설이 부족한 상황에서 잉여 노동력은 경제적·사회적 문제로 나타났다. 기술교육생, 광부, 간호사들을 중심으로 하는 노동력의 독일파견은 이러한 문제를 해결하는 한 방편으로 추진되었다. 초기에는 주로 개인적이거나 사적인 단체들에 의해서 진행되었다가 점차 국가적인 차원의 사업이 된 것도 있고 처음부터 국가적인 차원의 사업으로 진행된 것도 있다. 이렇게 해서 한국 땅을 떠난 이들은 이후 독일에 정주하거나 제3국으로 이주하여 오늘날 한인 디아스포라의 일부를 형성하게 되었다. 가난한 한국에서 독일에 파견된 광부와 간호사들은 개인적으로는 보다 나은 경제적 기회를 추구했지만, 국가경제 차원에서는 경제발전 초기의 외화수입 및 외자조달에 기여한 바가 컸다. 이들 파독 노동자들은 한편으로는 독일 경제에 기여하고, 다른 한편으로는 냉전기 반공국가의 선봉에 있던 한국과 독일의 교류와 협력에도 기여했다.

하지만 한국 현대사 연구에서 이들 이주 노동력에 대한 연구는 아직 충분히 이루어지지 않고 있다. 노동력의 해외 파견을 통한 경제발전 추구는 남북 모두에서 한국 현대사와 발전과정의 중요부분을 구성하지만 전문적인 역사연구에서 제대로 주목을 받지 못했다. 파독 노동자들이 외화획득을 위한 국가적인 희생양이라는 이미지 이외에 파독 노동자들을 둘러싼 노동력의 파견과 수용의 국제적 조건, 국내 사회 및 노동시장의 구조와 경제정책, 그들의 삶과 기억 등 파독노동자의 전체적 역사상은 제대로 그려지지 않았다. 뿐만 아니라 이들의 삶과 경험에 대해 부정확하거나 심지어 왜곡된 인식이 형성되어 다양한 경로로 확산되고 있다. 따라서 이 글은 지금까지 한인 독일 이주노동자들에 대한 기본적인 자료를 수집·정리하여 간호사·광부의 독일 파견과 정착 및 제3국으로의 이주를 파악하여 한인 디아스포라 연구에 학문적으로 일조하는 데 목적이 있다. 따라서 2절에서는 지금까지의 파독 노동력에 대한 연구사적 검토를 시도하였고, 3절에서는 파독 간호사·광부의 독일 파견의 배경을 최근 성구성과를 바탕으로 재구성하였으며, 4절에서는 파독·간호사 광부의 구술자료, 회고록, 에세이를 중심으로 독일에서 그들의 삶을 조망하였고, 5절에서는 파독 간호사 광부의 삼각이민, 그 중에서도 특히 북미지역(미국, 캐나다)을 중점적으로 다루었으며, 마지막으로 한국 경제성장기 파독 노동력의 문제를 보는 접근 시각의 확대에 대하여 논하였다.

2. 연구사적 검토

2.1. 국·내외 연구동향

디아스포라 현상의 확산 속에서 최근 이주문제 일반을 비롯하여 해외한인에 대한 연구가 진행되고 있으며, 국사편찬위원회[1]에서도 해외한인이나 국내에 이주한 소수문화인에 대한 연구들이 진행 되었지만 독일을 대상으로 하는 경우는 찾기 어렵다.

역사학의 파독 노동자에 대한 초기 연구는 해외인력수출에 대한 보고서 형식의 글 이외에 거의 없다.[2] 다만 최근에 간호여성에 대한

---

1) 국사편찬위원회 소장 자료 B. 149. Nr. 6246/ B. 149 Nr. 22430/ B. 149 22431; 외교사료관 소장 자료 761.64GE/ 761.643/ 741.94GE 조624경; 국가기록원 대한민국정부와 독일연방공화국정부간의 기술협조 협정.

2) 국무총리기획조사실, 『행정백서』, 대한민국정부, 1966; 김유배, 「국제협력과 해외인력수출」, 『정보실 연구보고』 제89-1호, 한국해외개발공사, 1989.06; 노동청 편, 『한국노동통계연감(제1회~6회)』, 노동청, 1971, 1972, 1973, 1974, 1975, 1976; 박래영 외, 『한국의 해외취업』, 아산사회복지재단, 1988; 심윤종, 「해외취업인 실태: 재독 한국간호원을 중심으로」, 『인문과학 논문집』 제2권 7호, 충남대학교 인문과학연구

연구가 시작되고 있는 중이다.[3] 그 중에서 특히 파독 한인 여상의 독일행의 원민 및 그들의 노동의 성격과 역할에 대한 나혜심의 연구는 주목할 만 하다.[4] 그러나 이 글들은 한국노동력의 국경을 넘어서는 고용에 영향을 주었던 다양한 요소들이 어떤 것들이었는가에 대한 국내외적인 분석이나 다양한 유형의 이주노동력들의 구성, 그들의 독일에서의 다양한 삶의 경험들과 한국과의 관계 등, 이주노동과 관련된 내용들을 풍성하게 알려줄 만한 축적을 보이지 못하고 있다. 축적된 정도가 적다는 것은 이용 가능한 기록들에 대한 충분한 사용이 이루어지고 있지 못하다는 것을 의미한다. 파독 노동력의 역사적 역할을 통해 한국과 독일의 경제적 관계를 역사화 시키는 작업이 진행되기도 했는데 이들을 둘러싼 역사적 시간들은 보다 많은 연구들을 필요로 한다.

이런 상황에서 본다면 2008년 과거사위원회의 보고서 「파독 광부·간호사의 한국경제발전에 대한 기여의 건」은 간과할 수 없는 연구성과이다.[5] 국내외의 원사료들, 인터뷰들, 국가기록원에 있는 양국

소, 1975.

3) 강진구, 「소설에 나타난 파독 간호사의 재현 양상 연구」, 『다문화콘텐츠연구』 제13집, 2012; 김용찬, 「여성노동자 국제 이주와 이주 수용국가에서의 조직화의 관계연구: 한인 여성노동자의 독일 이주와 조직화 사례 분석」, 『사회과학연구』 제15집 1호, 2007; 김학선·홍선우·최경숙, 「파독 간호사 삶의 재조명」, 『한국산업간호학회지』 제18권 2호, 2009; 이선희, 「재독한인들의 한국인으로서의 인식문제와 정체성 변천과정」, 『한국사연구』 158, 2012; 이수자, 「지구화와 이주과정에서 발현되는 문화혼성성: 재독 한인 여성과 재한외국인 여성의 문화적응 비교분석을 중심으로」, 『한독사회과학논총』 제16권 2호, 2006; 이영석, 「재독일 교민의 한국에 대한 기억」, 『독일어문학』 제40집, 2008; 이영석·박재홍, 「재독일 교민의 역이주와 귀향의식에 대한 연구: 남해군 '독일마을' 입주 교민들의 경우」, 『독어교육』 제36집, 2006; 이희영, 「이주 노동자의 생애 체험과 사회운동: 독일로 간 한국인 1세대의 구술 생애사를 중심으로」, 『사회와역사』 68, 2005.

4) 나혜심, 「파독한인여성 이주노동자의 역사: 1960~1970년대 한인 간호인력 독일행의 원인」, 『서양사론』 100호, 2009; 나혜심, 「독일 한인간호여성의 노동의 성격」, 『독일연구』 제17호, 2009; 나혜심, 「독일 한인여성 간호노동자의 독일이주와 한인 가족 내 여성의 역할」, 『여성과 역사』 제11집, 2009.

간의 협정 등을 토대로 작성된 이 연구는 이들 노동력의 파견과 차관 도입과의 관련설과 이들의 한국에 대한 경제적 기여의 진실여부를 자료를 통해 검증한 본격적인 파독 노동력에 대한 연구로서 의미를 갖고 있다. 자료를 통해 과거의 떠도는 소문의 진위를 검증해 역사적 사실에 한 발자국 나아가기는 했으나 검증의 내용은 상당히 제한된 범위의 것이라는 아쉬움이 있다.

독일에 파견된 노동자들에 관한 기록으로 중요한 것으로는 당사자에 의한 기록들이 있다. 주로 광부로 갔다가 공부를 했던 이들이나 자신의 뜻을 펼친 여성의 자서전적인 것들이 그런 경우에 해당한다.[6] 또한 간호사 협회나 광부협회 등에서도 각종 정부기관 및 시민단체를 통하여 자신들의 이야기를 발표했다.[7] 이 이외에 파독노동자들을 매개했던 이수길 박사나 백영훈 씨의 글들은 자료 활용의 가능성이 높은 경우이다.[8] 그러나 이 기록들은 대개 주관적인 경험을 엮은 것들이어서 사료와 비교 검토하여 정확성을 보완해야 한다.

해외 특히 독일의 이주민에 대한 관심은 이미 1955년부터 이주노

5) 진실·화해를 위한 과거사 정리 위원회, 『파독 광부·간호사의 한국경제발전에 대한 기여의 건』, 재외동포재단, 2008.

6) 권이종, 『막장 광부 교수되다』, 이채, 2012; 권이종, 『독일에서 흘린 눈물』, 지성공간, 2011; 김용출, 『독일아리랑』, 에세이, 2004; 박찬경 외, 『독일로 간 사람들: 파독 광부와 간호사에 관한 기록』, 눈빛, 2003; 이영숙, 『누구나 가슴속엔 꿈이 있다: 독일에서 의사가 된 파독 간호사 이야기』, 북스코프, 2009; 이지숙, 『독일에서 온 한국여자』, 문학동네, 1994; 재독 한인그뤽아우프 친목회 편, 『파독 광부 30년사』, 한인그뤽아우프 친목회, 1997; 홍윤표, 『파독 광부의 노래: 독일로 파견된 광부의 한 많은 이야기』, 청문각, 2011.

7) 국회의원 이애주 주최, 『파독간호사 45년의 역사를 묻는다』, 이애주 의원 주최 정책 세미나 자료집, 2010; 박찬경 외, 『독일로 간 사람들: 파독 광부와 간호사에 관한 기록』, 눈빛, 2003; 소기상, 『이주노동운동 사례(파독광부)』, 2007년 이주인권연대 한독공동심포지움 발표자료집, 2007.11.1.

8) 이수길, 『한강과 라인강 위에 무지개 다리를 놓다』, 지식산업사, 1997; 백영훈, 『아우토반에 뿌린 눈물』, 한국산업개발연구원, 1997; 백영훈, 『한국에 흐르는 라인강의 기적』, 한국산업개발연구원, 2001.

동자가 들어갔음에도 불구하고 1970년대부터 나타나기 시작했다. 그
리고 그들의 관심은 주로 독일사회에 이주노동자들의 조화와 적응의
문제였다. 이들에게서는 한국인 이주노동력에 대한 관심은 전혀 보
이지 않고 다만 한인연구자들에 의한 연구가 일부 있다. 예를 들면
Jae-Hyeon Choe와 Hansjuergen Daheim, 그리고 Yoo Do-Jin에 의한
것이다.9) 이들 역시 독일인들의 연구관심의 범주 내에서 연구했다.
이와 달리 노동력 파견이 결국 독일의 긴급한 노동력 부족을 해결하
기 위한 것이며 일종의 거꾸로 된 개발원조라는 주장이 Sun-Ju Choi
와 You Jae Lee에 의해서 쓰여졌다.10) 미국이나 영국에서는 한인의
조직이나 사회적 융화과정에 대한 연구가 일부 이루어졌다.11)

2.2. 연구의 방법론적 접근

이주노동력의 역사를 단순하게 국경을 넘어서서 타 지역에 정주하
는 이들로, 그리고 이들의 역사를 유입국과 이주민간의 역사로 협소
하게 인식해서는 곤란하다. 이 연구는 세계사적 요인과 양국 간 국내
적 요인, 그리고 파독노동자에 대한 생활사적인 시각까지도 동원해
야만 국경을 걸쳐서 존재하는 이주민들의 문화적인 혼성성의 본질을
이해할 수 있다. 일반적으로 파독 노동력 관련 문헌자료는 자료의
소재지를 기준으로 국내자료와 해외자료로 구분된다. 또 자료의 내

---

9) Choe, Jae-Hyeon & Daheim, *Hansjuergen Rueckkehr- und bleinperspektiven koreanischer Arbeitsmigration in der Bundesrepublik*, Frankfurt a.M, 1987.

10) Choi, Sun-Ju/You Jae Lee, *Umgekehrte Entwicklungshilfe. Die koreanische Arbeitsmigration in Deutschland*, in: Kölnischer Kunstverein u.a. (Hg.), Projekt Migration, Köln, 2005, SS. 735~742; SS. 831~832.

11) Brinkerhoff, Jennifer M., ed., *Diasporas and Development: Exploring the Potential, Boulder*, Colorado: Lynne Rienner Publishers, 2008; Esman, Milton J., *Diasporas in the Contemporary World*, Cambridge, UK: Polity, 2009; Gaddis, John Lewis, *The Cold War: A New History*, New York: Penguin Books, 2005.

용을 기준으로, 노동력 파견과 관련된 정책 자료와 노동자의 삶과 경험에 관한 생활사자료로 구분된다. 따라서 전체적으로 보면 국내 자료는 정부의 공식문서, 외교문서, 보고서, 파독 노동자 개인의 회고록, 일기 등을 포함한다. 공식문서와 외교문서는 한국과 독일과의 교류 및 노동력 파견 관련 문서를 포함한다. 이런 자료들은 당시 정책결정의 배경, 한국과 독일 관계의 성격 등을 판단할 수 있는 기초 자료로서 가치를 지닌다. 개인적 기록은 독일에 파견된 광부 및 간호사의 삶의 경험에 대한 기록이 포함된다.

따라서 파독 한인에 대한 연구도 분석대상에 따라 다양한 방법론적인 시도가 있었다. 한 예로 트랜스내셔널 히스토리는 어느 특정한 민족이 바라본 역사관이 아닌 관계지향적인 시각에서 역사를 바라보는 새로운 역사 패러다임이다. 이는 국가 사이를 횡단하여 관통하는 시선이며, 기본적으로 내셔널한 실체를 인정하고 이를 바탕으로 역사를 해석하려 한다는 점에서 일종의 역사학적 지향성으로 해석할 수 있다.[12]

또한, 현대자본주의적인 체제는 발전정도를 달리하는 국가들 간의 노동의 분업화를 가져왔고 냉전의 구도는 한국과 독일을 국민국가적인 영역을 넘어서는 고용관계로 연결하였다. 파독 인력들은 자신들의 이야기를 하고 싶어 하는 경향이 있고 이는 반대로 공식적인 기록이나 묘사 등에서 이들에 대한 설명이 불충분함을 의미한다. 또한

---

12) 트랜스내셔널 히스토리 연구방법론과 관련된 연구 성과로는 다음 논저서를 참고할 것. 나혜심, 「파독한인여성 이주노동자의 역사: 1960~1970년대 한인 간호인력 독일행의 원인」, 『서양사론』 100호, 2009; 윤인진, 『코리안 디아스포라: 재외한인의 이주, 적응, 정체성』, 고려대학교 출판부, 2004; 이선희, 「재독한인들의 한국인으로서의 인식문제와 정체성 변천과정」, 『한국사연구』 158, 2012; 이수자, 「지구화와 이주과정에서 발현되는 문화혼성성: 재독 한인 여성과 재한외국인 여성의 문화적응 비교분석을 중심으로」, 『한독사회과학논총』 제16권 2호, 2006; 이용일, 「트랜스내셔널 전환과 새로운 역사적 이민연구」, 『서양사론』 103, 2009; 정현백, 「트랜스내셔널 히스토리의 가능성과 한계」, 『역사교육』 108집, 2008.

다른 현대사의 자료들이 대부분 그러하듯이 공식적인 자료도 매우 한정되어 있는 상황이다. 이러한 의미에서 국경을 넘어서는 파독 간호사·광부에 대한 구술사 연구가 진행되기도 하였는데, 향후 파독 한인에 대한 구술사 연구는 국제적이고 세계체제적인 방식으로의 접근이 요구된다.13)

3. 한국 간호사·광부 독일 파견의 국내·외적 배경

한국경제는 1950년대 원조경제의 상태를 벗어나지 못하고 높은 대미의존성을 가지고 있었다. 본격적인 개발전략은 군사정부가 들어선 1960년대 이후 추진되었다. 하지만 국내자본과 기술이 부족한 상태에서 해외자본의 유입이 필요하였고 남한정부는 외자의 유입과 잉여노동력 문제를 해결하기 위하여 1960년대 초부터 국내 노동력의 해외 고용정책을 적극 추진하기 시작하였다. 한편 남한은 여전히 미국 주도의 자본주의 국제질서에 속해 있었고 군사적·경제적 원조를 받고 있었다. 따라서 남한의 대외정책은 미국의 대외정책의 틀과 영향력에서 벗어나지는 못하였다. 1960년대는 군부가 권력을 장악하고 경제개발을 본격화한 시기이며, 노동통제가 일관되게 관철된 시기이

---

13) 김학선·홍선우·최경숙, 「파독 간호사 삶의 재조명」, 『한국산업간호학회지』 제18권 2호, 2009; 나혜심, 「독일 한인여성 간호노동자의 독일이주와 한인가족 내 여성의 역할」, 『여성과 역사』 제11집, 2009;이선희, 「재독한인들의 한국인으로서의 인식문제와 정체성 변천과정」, 『한국사연구』 158, 2012; 이수자, 「지구화와 이주과정에서 발현되는 문화혼성성: 재독 한인 여성과 재한외국인 여성의 문화적응 비교분석을 중심으로」, 『한독사회과학논총』 제16권 2호, 2006; 이영석, 「재독일 교민의 한국에 대한 기억」, 『독일어문학』 제40집, 2008; 이영석·박재홍, 「재독일 교민의 역이주와 귀향의식에 대한 연구: 남해군 '독일마을' 입주 교민들의 경우」, 『독어교육』 제36집, 2006; 이희영, 「이주 노동자의 생애 체험과 사회운동: 독일로 간 한국인 1세대의 구술 생애사를 중심으로」, 『사회와역사』 68, 2005.

기도 하다. 1961년 이후 국가 권력구조가 재편되는 가운데 노동관계도 상당한 변화가 있었다. 국가주도의 경제개발정책 수행과 더불어 노동력 이동, 노동정책, 노사관계 등에서 변화를 수반하였다. 따라서 국외노동력 이출문제도 경제개발정책 과정에서 제기된 것이었다.

노동자들이 한 국가의 경계를 넘어 다른 국가로 이주하는 것은 노동자 개인의 경제적 이익추구라는 차원을 넘어 노동력 파견국가와 수용국가의 정책에 크게 영향을 받는다. 또한 노동력의 이동은 국가 간 사람의 이동이라는 점에서 국제관계의 요인들도 영향을 미친다. 노동자들의 파독이 이루어지기 시작한 1950년대 및 1960년대는 냉전적 대립과 경쟁이 국제질서의 기본적 틀을 규정했다. 노동력의 국가 간 이동에는 개인적 동기를 넘어 국제적 요인과 함께 양국의 국내적 필요성도 작용했다. 한국의 경우 분단과 한국전쟁, 국가주도의 급속한 산업화의 진행 속에서 외국자본과 기술의 도입, 잉여노동력 문제해결 등이 필요했다. 독일의 경우 제2차 세계대전 이후의 경제회복 및 유래 없는 경제호황을 겪으면서 노동력의 부족을 겪었다. 사회민주주의 국가체제의 유지를 위해 임금 노동자 군과 사회적 요구에 대한 수요를 맞추기 위한 저렴한 육체적인 서비스업종에 대한 노동력수요가 폭발했고 이런 노동력 부족으로 인한 사회, 경제적 피해를 줄이기 위해 외국인 노동자, 특히 먼 외국에서의 노동력을 수용하게 되었다.

한국 간호사·광부의 독일 파견의 배경을 둘러 싼 논란은 지난 2008년 〈진실·화해를 위한 과거사위원회〉가 펴낸 『파독 광부·간호사의 한국경제발전에 대한 기여의 건』을 통해 일단락되었다고 할 수 있지만, 그 이전까지 파독 인력에 대한 일반의 인식은 부정적인 측면 도한 적지 않았다. 1961년 12월 독일과 차관 협상에 성공한 한국대표단이 상업차관에 필요한 지급보증의 문제를 간호사와 광부를 파견함으로써 해결하였으며, 파독 인력은 차관의 볼모 내지는 임금노예로서의 노동자라는 억측이 생겨났기 때문이었다.14) 아울러 간호사·광부의 서독 파견은 한국 경제발전의 물질적 토대를 성공적으로 구축해 나간 박정희 정권의 업적이라는 평가까지 나오는 실정이었다. 그러나 광부의 파견은 이미 1961년 1월 31일 주한 독일대사관에서 미국의 경제원조기구의 한국 측 담당자, 한국 상공부 내 광산 관련 부서의 대표 등이 모인 가운데 논의된 바 있다. 당 회의에 참석한 빙어(Buenger)가 독일 정부에 제출한 보고에 의하면, 한국인 광부의 독일 파견 제안은 미국 측으로부터 나왔으며, 그것을 수용하는 것이 독일의 입장에서는 추가비용 없이 한국경제를 도울 수 있는 방편일 수 있다는 긍정적인 검토를 요청했던 것이다. 2008년 〈진실·화해를 위한 과거사위원회〉는 1961년 독일의 한국에 대한 상업차관은 한·독 정부 간 체결된 〈경제 및 기술협조 의정서(상업차관 보증자: 서독 Hermes 수출보험공사; 자금 공여자: 독일 부흥금융공사)〉(1961.12.31)에 의거한 원조의 일종이었다는 이유로 광부·간호사의 임금을 담보로 독일로부터 상업차관을 성사시켰다는 주장과 인식은 사실이 아님을 확인하였다.15) 따라서 한국 간호사·광부의 독일 파견에는 미국 정부의 역할이 일정정도 개입되었음을 알 수 있다.16)

---

14) 김용출, 『독일아리랑』, 에세이, 2004; 백영훈, 『아우토반에 뿌린 눈물』, 한국산업개발연구원, 1997.

15) 진실·화해를 위한 과거사위원회 편, 『파독 광부·간호사의 한국경제발전에 대한 기여의 건』, 2008, 173~256쪽.

16) 한국 광부의 독일 파견은 1961년 초 미국대외원조기관(USOM)의 중개를 통해서였다. 1957년부터 1963년까지 독일에 파견되었던 일본 광부의 계약기간이 만료되고 일본 국내사정으로 더 이상 파독이 불가능해지자 미국은 한국 광부의 고용을 독일 정부에 적극적으로 추천했다. 이유재·최선주, 「전도된 개발원조: 독일로의 한국인 노동이주」, 『교포(*Kyopo Shinmun*)』 제492호, 2006.03.25; 국사편찬위원회 수집 독일 연방문서고 자료 B 149, Nr. 6246-ber. Nr. 82/61(400-84.03), Betr.: Entsendung koreanischer Bergleute nach Deutschland, Botschaft der BRD, 31. Jan. 1961.

〈그림 1〉 대한민국 정부와 독일연방공화국 정부 간의 경제 및 기술협조에 관한 의정서

4. 파독 간호사·광부의 독일정착

　파독 간호사·광부의 독일 정착을 다루고 있는 본 장에서는 그들에 대한 기존의 구술자료, 수기, 그들이 남긴 다양한 종류의 회고록들을 참고하여 구성하였다. 왜냐하면, 독일사회의 문화적 소수자로서의 한인의 정주의 역사를 기록한 구술사 기록은 매우 중요한 의미를 갖기 때문이다. 독일과 한국의 인력교류는 양국의 사회경제적인 조건에 영향을 받으면서 진행되었으며 그 자체의 역사적인 과정을 보인다. 한국전쟁 이후 원조 관계의 틀은 먼저 기술교육생이라는 명분의 인력의 독일행을 낳았고 이 과정이 계기가 되어 손님노동자(Gastarbeiter)를 보내기에 이른다. 이 과정은 독일의 경제적이고 사회적인 상황의 변화와 인력교류의 역사 속에 정주의 길을 택한 파독인력의 독일 정착으로 이어진다.

1959년 한국 간호 인력의 독일행부터 1977년 서독 정부의 공식적인 한국인 노동력 수입 금지조치에 이르기까지 11,057명의 젊은 여성들이 독일로 향했다.[17] 그들 중 많은 이들은 독일에 남았고 그래서 이들의 역사는 여전히 진행 중이다. 이들은 독일 역사의 일부이기도 하지만 한국 역사의 일부이기도 하다. 이들이 왜 독일로 갔었는지에 대한 다양한 설명들이 있는데 이에 대한 역사연구자들의 사료를 바탕으로 한 분석이 여전히 필요하다.[18] 이 여성들은 처음에는 종교기관에 의해 독일행을 하게 되나 후에 독일과 한국 정부 간의 중개로 해서 국경을 넘어갔다. 이들이 독일로 갔던 시기에 한국은 분단과 전쟁의 상황을 막 경험하고 경제발전과 실업문제를 해결하기 위한 외화를 필요로 했다. 여기에는 국내적인 의료상황을 희생하고 산업화를 이루려는 정권의 목적이 절대적으로 작용했다.

다른 한 편 독일 쪽에서는 1950년대와 60년대의 유례없는 호황과 사회민주주의 체제를 지속하기 위해서 긴급하게 노동력이 필요한 상황이었다. 이러한 양 국가의 사회, 경제, 정치적인 요인들은 당시 한국사회에서 경제적인 부분과 교육기회의 확보하는 측면에서 명백하게 취약한 여성들의 보다 나은 기회에 대한 열망과 결합하면서 이들의 독일생활은 시작되었다.[19] 간호사로 외국에서 일한다는 것은 당시의 많은 여성들에게 가난과 남성 중심적인 가족질서로부터 벗어날 수 있는 기회였다. 그래서 이들 여성들에게는 어려웠고 힘들었던 생

---

17) 최초의 한국 간호요원 파독은 1957년 파비안 담(F. Damn) 신부가 경북 김천 성의여자고등학교 졸업생 30명을 선발하여 독일병원에 간호학생으로 입학시켜 교육한 후 독일 간호사 자격을 취득하게 한 후 독일 병원이 취업시킨 일이었다. 최종고, 『한강에서 라인강까지: 한독관계사』, 유로, 2005, 324쪽.

18) 나혜심, 「파독한인여성 이주노동자의 역사: 1960~1970년대 한인 간호인력 독일행의 원인」, 『동서양 역사 속의 다문화적 전개양상』, 도서출판 경진, 2009, 291쪽.

19) 한국 간호사가 공식적으로 독일에 파견되기 시작한 시점은 1966년이며, 당시 독일 36개 도시 91개 병원에 1,216명의 한국 간호사가 근무하고 있었으며, 1973년 말에는 452개 병원(독일 전체 병원의 12.6%)에 2,124명의 간호사가 근무하고 있었다.

활과 함께 많은 부분에서 갖게 된 기회의 긍정적인 측면이 독일에서
의 이주민으로서의 과거를 설명하는 데 겹쳐진다.[20]

1950년대 말부터 시작된 한국여성들의 독일 간호인력 파견은 한국
과 독일 모두의 사회, 경제적인 요인에 의해 추동된 현대사의 한 중요
사건이었다. 그 중 독일 노동시장의 필요에 의해서 한국인 여성들은
일시적인 이주노동자의 기간을 거쳐서 보다 장기적인 이주민의 지위
로 변화해 갔다. 이주가 인간이 보다 나은 삶을 찾기 위한 본능적이고
역사적인 행위라는 점을 생각하면 이 과정에 당시 한국 여성들의 개
인적인 다양한 원인들이 작용하였다는 점은 너무나 당연하다.

그리고 낯선 국가에서의 삶은 결혼(독일 남성과의 결혼 및 광부 출신
한국 남성과의 결혼 포함)이라는 계기를 통하여 보다 장기화되었다.[21]
이 장기적인 기간이 필요했던 이주민적인 삶의 개척과정에서 이들이
원래 개인적으로 원했던 다양한 이주의 목적들은 일정부분 채워졌
다. 그것은 가난의 극복과 직업적 노동의 영유였다. 특히, 이들은 임
시 이주 노동자였고 장기적인 체류가 원천적으로 불가능했던 한국인
광산 노동자와의 결혼생활에서 직업적인 안정성과 이에 이은 체류신
분의 안정성으로 인해서 가정 내에 중심적인 위치를 가질 수 있었다.
또한 독일의 환자들과 직접 대면하는 직업적인 성격은 이들이 독일
사회와 문화에 적응하는데 도움이 되었고, 이는 자녀들의 교육적인
경로의 진행에서도 적극적인 역할을 하였다. 파독 간호사의 역사는
한인 노동력 이주사의 시작이자 한인 정주사의 중심이다. 따라서 이

---

20) "독일의 병원시스템은 한국과 달라 간호사들이 환자의 모든 일들을 보살펴야 합니
다. 예를 들면, 한국에서는 간병사들의 역할인 환자를 씻기고 옷을 입히고 밥을 먹
이고 대소변 처치까지 하는 일들을 하는 것입니다. (…중략…) 또 밤 근무시간에
있었던 일로 새벽 한 두시 경 환자가 사망했을 경우에 사후처리도 간호사들이 다
했습니다." 석숙자, 「파독간호사업 재평가에 바라는 마음」, 『파독간호사 45년의 역
사를 묻는다』(국회의원 이애주 주최 정책세미나 자료집), 2010, 55쪽.

21) 독일에 잔류한 간호사의 30% 정도가 독일인과 결혼한 것으로 알려져 있으며, 그
수는 대략 600~700명에 이르는 것으로 추정된다.

는 파독 노동력의 역사를 종적으로 연결하는 과정의 종합부분이자 현대사회가 관심을 갖고 있는 주류 국가의 다문화성을 형성하는 인적구성의 중요한 연결고리이기도 하다.22) 이들이 갖고 있던 고용상의 안정성과 체류조건의 상대적인 우위성 때문에 당시 광부들도 이들과 결혼을 통하여 정주를 의도했다.

한국 광부의 독일 파견은 한국정부의 임시고용계획에 관한 한국노동청과 독일탄광협회 간의 협정(1963.12.16)에 의해 이루어졌다. 표면상으로 한국 광부의 독일 파견은 한국 광부의 탄광지식을 향상시켜 한국 산업에 기여하고자 하는 목표에서 추진되었지만, 독일의 광부인력 부족현상을 해소하는 동시에 미국이 독일에게 요청했던 한국 재건지원의 약속 이행이라는 두 마리 토끼 모두를 잡고자 했던 독일 정부의 의도와, 실업난과 외화획득을 위해 해외 인력수출을 원했던 한국 정부의 이해가 부합되어 이루어진 조치였다.

주독 대한민국 대사관의 자료에 의하면 양국 간의 협정에 의하여 1963년부터 1976년까지 광부로 독일에 파견된 인원은 7,936명이었다.23) 1963년 파독광부 500명 모집에 4만 6,000여 명이 지원할 정도로 당시 한국의 실업난은 심각한 상태였다. 3년 계약의 파독광부들에게는 매월 600마르크(160달러)의 높은 수입이 보장되었기에 많은 한국인들이 독일로 가기를 희망했다. 그러나 많은 사람들이 광산 노동의 경험이 없던 초심자였기에 크고 작은 부상과 후유증에 시달리기도 하였다.24)

---

22) 이영석, 「파독 광부·간호사의 한국사회에 대한 기여 담론과 정부의 과제」, 『파독간호사 45년의 역사를 묻는다』(이애주 의원 주최 정책세미나 자료집), 2010, 13쪽.

23) 주독 대한민국 대사관 편, 『업무현황』, 1981.

24) "석탄을 끌어내는 소리에 귀를 찢을 듯한 판저(Pamzer)위 소음, 앞에서는 3미터 두께의 탄층이 떨어져 나가고 뒤에서는 암석층이 계속 무너져 온다. 암진으로 어떤 때는 1미터 앞이 안보일 때도 있다. 가지고 들어간 빵은 탄가루로 범벅이 되어 우리는 이 탄가루를 반찬삼아 점심식사를 했다. (…중략…) 땀이 범벅이 된 얼굴에는

독일연방통계청의 자료(1900)에 의하면 약 5,000여 명의 간호사·광부들이 독일에 잔류중이며 이들 중에서 약 1,000여 명이 여전히 간호사로 활동하고 있다. 그 중 의사, 교수, 사회복지사, 화가, 작가 등 전문직 종사자도 전체의 10%인 약 500여 명이며, 기술직 노동자, 사업체 근로자는 1,000여 명에 이른다. 식품점 및 태권도장을 운영하는 사람도 1,500여 명이 이르고 있다. 아울러 한국 재외동포재단의 자료에 의하면, 2007년 현재 약 29,000여 명의 교포들이 독일에 거주하고 있으며 이는 유럽의 한인사회 중에서 가장 큰 규모이다.[25] 그리고 1978년 독일의 외국인법시행령 개정이후 장기체류 및 영주가 용이해짐에 따라 독일사회에 한인사회가 정착되는 계기가 되었다. 독일에서 태어난 파독 간호사·광부 2세의 경우는 독일 사회에 성공적인 통합한 외국인 그룹의 대표적인 사례라 할 수 있다. 그들 중 70% 이상이 고등학교 졸업자격시험인 아비투어를 마쳤거나 석사학위를 취득하였으며, 이는 독일 내 다른 소수 집단들에 비해 월등히 높은 비율이며, 독일인 평균에 비해서도 2배 이상이다. 2세들은 의학, 법학, 경영학 등을 공부하여 독일사회 내에서 성공적으로 자아를 실현하고 있다.[26]

1960년대와 70년대의 파독이주노동자 간호사와 광부에 대한 연구 전반이 부진하다. 특히, 파독 광부는 간호사들에 비해 연구자들의 관심으로부터 더 멀리 떨어져 있다. 그 이유는 그들이 임시고용계약을 통하여갔고 간호사에 비하여 경제적, 법적인 지위가 불안정하였으며

이미 새까만 탄가루로 화장이 되어 있어서 목욕을 하기 전에는 누가 누구인지 분간하기조차 힘들다. 이것은 전쟁이었다. 정말 석탄이라는 적과 생가를 판가름하는 전쟁이었다." 파독 광부 홍종철 씨의 회고, 재독 한인그뤽아우프 친목회 편, 『파독광부 30년사』, 한인그뤽아우프 친목회, 1997, 115~128쪽.

25) 코리안넷, http://www.korean.net/morgue/status_4.jsp.
26) 이유재·최선주, 「전도된 개발원조: 독일로의 한국인 노동이주」, 『교포(Kyopo Shinmun)』 제492호, 2006.03.25.

<表 1> 연도별·직종별 파독 현황

연도	계	광부	간호요원	기능공
1963	247	247		–
1964	806	806	1,043	
1965	1,198	1,180		
1966	1,513	280	1,227	–
1967	428	7	421	
1968	94	3	91	
1969	847	10	837	
1970	3,022	1,305	1,717	
1971	2,731	982	1,363	476
1972	1,728	71	1,449	208
1973	2,176	842	1,182	152
1974	2,386	1,088	1,206	92
1975	462	–	459	3
1976	376	314	62	–
1977	795	795	–	
계	18,899	7,936	11,057	931

* 출처: 『독일병원협회』(생산연도 미상); 주독대사관, 『업무현황』, 1981

독일 한인 이주의 역사에서 상대적으로 부차적인 위치에 있었기 때문이다. 또한 이들의 역사가 한국 경제개발 과정과 얽혀 있다는 점 때문에 그 자체에 대한 관심보다는 그 기여에 대한 강조가 그들의 삶의 기록을 덮어버리고 있는 상황이기 때문에 독일과 한국에 보관되어 있는 사료와 이들에 대한 구술을 기초로 해서 파독 광부의 역사를 충실하게 복원하는 작업이 필요하며, 아직 생존해 있는 이들을 대상으로 인터뷰나 설문조사를 실시하여 그들의 시각에서 재독 한인 디아스포라의 현주소를 파악하는 작업이 국가적인 지원을 통하여 이루어져야 할 것이다.[27]

---

27) 지난 2007년 독일 에센에 〈파독광부기념회관〉이 건립되기도 하였다. 성당건물을 매입하여 리모델링을 거쳐 개관된 기념회관은 대지 970평, 건평 230평 규모의 2층 건물로 건립비용가운데 일부는 한국 정부가 파독광부들의 모임인 〈글뤽아우프〉에

다른 한편, 독일에서의 노동계약 기간이 만료되어 귀국을 선택한 이들은 고향으로 돌아가거나 도시에서 새로운 삶을 개척하기도 하였고, 경남 남해군 삼동면에 독일마을을 형성하였다.

남해군의 적극적인 지원으로 조성된 독일마을은 지방자치단체가 외국에 사는 교민들에게 집단 이주촌을 만들어 준 최초의 사례이다.[28] 남해 독일마을은 지난 2000년 남해군이 남해문화예술촌 조성사업의 일환으로 추진된 것으로, 남해군이 1960년대부터 1970년대까지 조국 근대화를 위해 이역만리 독일에서 광부와 간호사로 일했던 교포들에게 안정적인 노후를 보낼 수 있는 안식처를 제공한 셈이다.[29] 지난 2000년부터 조성된 독일마을은 빨간색 지붕에 하얀색의 벽으로 지어진 전형적인 독일풍 주택촌이다. 2001년부터 분양에 들어가 2006년까지 모두 27가구가 입주했으며, 2013년 현재 33가구가 살고 있다. 독일마을에는 주로 독일에서 부부의 연을 맺은 한국인들이 살고 있지만 독일인 남편과 한국인 아내가 사는 가구도 있다. 2013년 말에는 7000여㎡의 부지에 독일문화체험센터도 들어설 예정이다. 센터 지하 1층에는 파독 당시의 광부와 간호사들의 생활을 파악할 수 있는 전시실과 기념관도 마련된다. 독일마을이 주목을 받게 된 것은 2009년 '독일마을 맥주축제'를 열고부터다. 30년을 넘게 독일에서 살면서 정통 맥주의 매력에 빠졌던 이들은 독일식 소시지까지 준비해 행사를 열었다. 일부 가구는 게스트하우스나 민박을 운영하고 있다. 지금까지의 독일마을은 파독 교포들이 노후를 보내는 장소로만 여겼겠지만 이제는 독일의 문화를 우리나라에 전달하고 우리

전달하여 이루어졌다. 이영석, 파독 광부·간호사의 한국사회에 대한 기여 담론과 정부의 과제」, 『파독간호사 45년의 역사를 묻는다』(이애주 의원 주최 정책세미나 자료집), 2010, 22쪽.

28) 독일마을 홈페이지 http://남해독일마을.com/history.html

29) 이영석, 파독 광부·간호사의 한국사회에 대한 기여 담론과 정부의 과제」, 『파독간호사 45년의 역사를 묻는다』(이애주 의원 주최 정책세미나 자료집), 2010, 22쪽.

〈그림 2〉 경상남도 남해군 삼동면 소재 독일마을 전경

국민들이 독일을 이해할 수 있는 소통의 공간 역할을 하고 있다.[30]

5. 파독 간호사·광부의 삼각이민

삼각이민이란 먼저 특정 국가로의 이주 이후 해당 국가에 거주하다가 다시 제3국으로 재이주하는 현상을 의미하는데, 파독 인력의 독일에서 제3국으로의 재이주도 이에 해당한다.[31] 파독 간호사·광부들은 노동계약기간이 만료된 이후 그들 중에서 약 20%는 독일에 잔류하였고, 기타 유럽 및 북미 등 제3국으로 재이주한 사람들은 약

---

30) 이완용, 「부울경 지구마을 리포트 〈2〉 경남 남해군 삼동면 독일마을」, 『국제신문』, 2013.09.11, 6면.

31) 이광규, 「한국에서 보는 미주 한인사회」, 『미주한인이민 100년사』, 한미동포재단, 2002, 438쪽.

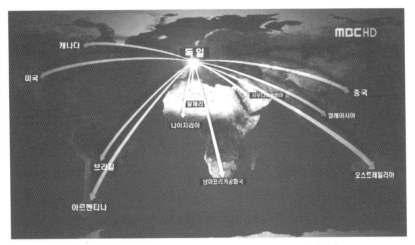

〈그림 3〉 파독 간호사·광주: 독일에서 제3국으로의 삼각이민
* 출처: MBC 다큐멘터리 〈이주 50년, 독일로 간 광부·간호사 이야기〉(2012.09.27)

40%, 한국으로의 귀환을 선택한 이들도 40%에 달했다. 제3국으로의
재이주를 선택한 이들 중에서 약 5,000여 명이 독일을 제외한 유럽
20여 개국에 새로운 삶의 터전을 일구었다. 유럽에서는 스위스, 프랑
스, 이탈리아, 스페인 등지로 진출하였고 해당 국가 한인사회의 주류
를 형성하게 된다.[32] 미국과 캐나다 등 북미(토론토: 400여 명, 시카고:
450여 명, 뉴욕: 550여 명, LA: 700여 명 등)로의 이주자도 많았다.[33] 이
들은 1960년대 말부터 1970년대 초반까지 지역 한인조직을 만들었
으며, 장학사업 및 복지사업 등을 통하여 북미지역 한인 공동체의
형성과 발전에 기여하였다.

---

32) 『재외동포신문』, 〈중부유럽 스위스 한인사회와 동포들의 현황〉, 2003.09.04; 인터넷
    한겨레, 〈재독 이민역사·현황〉, 2002.11.01.
33) MBC 제작, 〈다큐멘터리: 독일로 간 광부·간호사들(제2부)〉, 2004.06.12 방영.

5.1. 미국

서독 체류기간 연상이 어려웠던 파독 간호사·광부의 대부분은 고국으로의 귀환을 선택했지만, 미국으로의 이주를 선택한 이들도 있었다. 이들은 LA, 뉴욕, 시카고와 같은 미국 대도시에 정착하여 초기 미국 한인사회를 형성하고 발전시키는 데 커다란 영향을 끼쳤다.[34] 여기에는 1960년대 급격히 성장한 미국의 의료보건 분야에 미국이 자체적으로 인력을 충당하지 못하여 필리핀, 인도, 아르헨티나, 한국 등과 같은 국가들로부터 의사나 간호사들을 받아들이게 된 이유도 있었다.[35] LA를 비롯한 캘리포니아 지역의 한인 이민은 1900년대 초반부터 시작되었으나, 1965년 하트-셀러법(hart-Celler Act)의 제정 이후 미국으로의 한국인 이주 쿼터가 연 2만 명으로 정해지면서 이를 계기로 파독 간호사·광부의 미국으로의 삼각이민도 활기를 띠게 되었다. 독일에서 미국으로 이주한 간호사들은 이주 이후에도 간호사의 직업을 유지하는 경우가 많았다. 광부의 경우 미국으로의 이민 초창기에는 기름공장, 자동차공장, 베이컨공장 등에서 일하면서 현지정착을 위한 자금을 마련하였으며 그 중 일부는 서비스업, 부동산업, 금융업 등에 진출하여 자영업자도 성공한 경우도 있으며, 사업가로 성공한 광부출신 이민자들은 각종 기금마련 행사 및 장학사업을 주도하기도 하였으며, 한인밀집상가에 한인타운(Korea Town)을 형성하는 데 일조하였다. 1970년대에 접어들어서는 파독 광부 출신들에 의해 〈LA 서독동우회〉가 조직되어 한인사회를 주도적으로 이끌어

---

34) Yoon, In-Jin, *On My Own: Korean Business and Race Relation in America, Chicago*, iversity of Chicago Press, 1997.

35) Shin, Eui Hang & Kyung-Sup Chang, "Peripheralization of Immigrant Professionals: Korean Physicians in United States", *International Migration Review*, 22, 1988, pp. 609~626.

〈그림 4〉 미국 시카고 소재 서독동우회 활동 자료

나갔다.[36)]

사실상 북미 지역으로 진출한 파독 간호사·광부 중에는 처음부터 제3국으로의 이주를 목적으로 파독행을 선택한 이들도 있었다. 시카고에 정착한 한인 간호사의 경우 LA 지역 간호사들과 마찬가지로 이후 후에도 간호사직을 유지했으며, 한인들을 위한 의료봉사활동에 주도적인 역할을 하였다. 1960년대 말 미국으로 진출한 광부들 중에는 독일 광산에서의 근무경험을 살릴 수 있는 시카고 공업지대로 이주한 이들이 많았다. 이들은 이주 초기 도로공사 기술자, 선반공, TV제작회사 기술자, 자동차 부품공장 직원 등으로 일하였으며, 이후 식당업, 보험업, 금융업, 여행업 등으로 사업 영역을 확대하였다. 이들은 시카고 서독 동우회를 결성하여 시카고 클라크거리(Clark St.)에 한인타운 형성을 주도하였다.[37)]

---

36) 국회의원 이애주 주최, 『파독간호사 45년의 역사를 묻는다』(이애주 의원 주최 정책세미나 자료집), 2010, 219~220쪽.

37) 위의 책, 220~222쪽.

5.2. 캐나다

파독 간호사·광부 중에서 귀환이 아닌 제3국으로의 재이주를 선택 이들 중에는 캐나다로 이주하는 경우도 있었다. 캐나다로의 이주는 1967년 캐내다 정부의 유색인종에 대한 문호를 개방하면서부터였다. 1967년 개정된 이민법은 인종이나 민족보다는 캐나다 노동시장의 수요와 개인의 기술이 중시되었는데, 이에 따라 1960년대 후반 독일, 베트남, 브라질, 아르헨티나 등에서 광부, 기술자 농업이민자들이 캐나다로 재이주하면서 한인 이민사회가 형성되기 시작하였다.[38] 특히, 1969년부터 1974년까지 서독으로 파견되었던 한국인 간호사·광부의 캐나다 재이주자는 대략 천 명 정도로 추창되고 있어 주목할 만 하다.[39] 이들이 가장 많이 거주한 도시는 토론토였지만, 이후 캘거리, 벤쿠버, 에드먼턴, 몬트리올 등지까지 이주지역이 확대되었다. 캐나다로 이주한 파독 출신 간호사·광부들은 현지 생활에 적응하는 과정에서 두 가지 일(Two Job)을 하는 것이 일반적 현상이었다. 이주 초창기에는 은광, 다이아몬드광산, 자전거공장, 자동차공장 등에 취업하여 생계를 꾸려 나갔지만, 이후 자영업으로 전환하는 이들이 많아지자 한인 상가지역을 형성하게 되었다. 1977년에는 캐나다 서독동우회가 결성되어 한인공동체의 체육대회, 경로잔치, 봉사활동 등을 주도하였다. 199년에는 한인상위원회가 수여하는 〈한인상〉 단체상을 수상하기도 하였다.[40]

---

38) 윤인진, 『코리안 디아스포라: 재외한인의 이주, 적응, 정체성』, 고려대학교 출판부, 2004, 266쪽.

39) 위의 책, 276쪽.

40) 위의 책, 222~223쪽.

6. 현재적 의미

앞에서 파독 간호사·광부의 독일에서의 삶과 제3국으로의 재이주에 대한 내용을 살펴보았지만, 이주노동력의 역사를 단순하게 국경을 넘어서서 타 지역에 정주하는 이들로, 그리고 이들의 역사를 유입국과 이주민간의 역사로 협소하게 인식해서는 곤란하다. 국제적 냉전이 심화되던 시기에 아시아의 분단국가인 남한과 북한이 한국전쟁 이후 각각 유럽의 분단국가인 서독 및 동독과의 교류를 통해 국가건설과 경제발전을 추구한 것은 세계사적 맥락 속에서 전개된 한국 현대사의 주요 부분으로 정리되어야 할 과제이다.

오늘날 한국사회를 일국사적 입장에서 논의하기는 불가능하다. 파독 노동력이라는 소재의 성격상 한독 양국 간의 역사의 일부로 재구성되기는 하지만, 한독 간의 교류 역시 냉전체제 아래에서의 세계사적 계기와 직간접으로 연관되어 있다. 따라서 일국사적 시각을 넘은 세계사적 관점의 연구가 필수적이다.

남한의 파독 노동력뿐 아니라 특히 북한과 동독 간의 인적 교류도 연구대상에 포함시킴으로써 한국 현대사의 국제이주에 대한 연구지평을 확대할 필요가 있다. 남북분단과 냉전적 국제질서는 남북 간의 대립과 체제 경쟁뿐 아니라 학문연구에도 단절을 초래했다. 현대사의 전개과정에서 남한과 북한이 서로 대립하는 진영에서 각각 자본주의적 방식과 사회주의적 방식의 발전을 추구했지만 한반도 전체의 맥락에서는 대외적 교류와 지원을 통해 발전을 도모한 것이었다.

따라서 지리적 분단과 함께 연구마저 분단되었던 한국현대사의 외연을 확장하기 이해서라도 냉전기 한국의 역사적 특성에 기초해 파독 노동력에 초점을 맞추어 남북한 모두를 대상으로 하는 연구가 진행되어야 할 것이다.[41]

이를 통하여 냉전적 국제질서 속에서 전개된 한국과 서독, 북한과 독일 간의 교류의 제반 조건과 국내정책, 이주 노동력이 모국과 수용국에 미친 영향, 그리고 이주 노동자들의 삶의 모습 등 파독 노동력에 대한 종합적 역사상이 구축될 수 있기 때문이다.[42]

또한 중국이나 미국, 일본 등 다른 지역으로 이주한 사람들에 비해서 연구자들의 주목의 대상이 되지 못했던 파독 인력에 대한 관심은 한국 현대사와 독일 현대사가 갖고 있던 조건들 속에서 한국현대사를 해명하는 주요한 키워드이다. 지난 2007년 국내 거주 외국인의 숫자가 100만 명을 돌파하면서 한국사회는 급속하게 다문화사회로 이행하고 있다. 수십 년 전 한국의 근로자들이 독일에 파견되어 한국과 독일의 교류 증대와 함께 한국의 경제발전에 기여한 역사적 경험에 대한 연구는 한국에서 일하는 외국인 근로자들뿐만 아니라 국제결혼 등을 통해 한국에 이주해 온 사람들의 모국과 한국의 교류 증대와 상호발전에 도움을 줄 것이다. 뿐만 아니라 과거 파독 간호사·광부의 역사적 경험은 오늘날 한국에 거주하는 외국 이주민들에 대한 이해를 증진시켜줄 것이며, 한국 다문화사회의 성격을 어떻게 규정할 것인가에 대한 시사점을 제공할 수 있을 것이다.

---

41) 독일 쪽의 동독과 북한에 대한 자료는 E. R. Ressel이 1950년대의 북녘, 북녘 사람들의 생활모습을 담은 사진 자료집(백승종 편저)이 있고 학술적인 연구로는 1954년에서 1962년까지 함흥재건사업에 대한 연구서(F. Rüdiger)가 유일하다. 북한과 동독의 경제협력과 인적교류에 대한 대부분의 자료가 아직 이용되지 않은 채 독일의 각 문서보관소에 산재되어 있다.

42) 북한 내부의 자료에 대한 접근이 원천적으로 불가능하여 북한연구는 자료의 빈곤의 문제를 안고 있다. 따라서 구동독의 대 북한 공식문건들은 미흡한 자료의 보완 및 제3자의 시각에서 북한을 조망할 수 있음으로 사료로써의 활용가치가 크다. 냉전시대 북한과 동독의 경제협력에 대한 연구로 주목할 만한 것으로는 통일연구원이 독일 국립문서보관소 소장 자료를 수집하고 분석한 것이 있다. 여기서는 동독과 북한의 협력사업, 함흥시 재건사업, 1960년대 중·소 이념갈등에 따른 외교 변화, 경제정책과 정치 동향을 담고 있다. 그러나 해외 산재된 북한 관련 문헌자료의 수집이라는 중요성은 갖고 있지만 그 전체 내용 중 아주 일부만이 실려 있다. 이 자료를 기반으로 한 연구로는 북한정권의 초기과정에서의 북한과 동독 관계, 동독의 북한 경제지원을 분석한 글이 있다. 그러나 발굴되고 이용 가능한 자료 중 극히 일부만이 사용되었기에 이 자료들을 활용한 더 왕성한 연구 활동이 이어져야 한다.

6장 한국사회와 다문화

1. 다문화사회로의 이행

1.1. 국내거주 외국인의 증가

1990년대 이후 외국인 산업연수생 도입을 시작으로 국제결혼 여성, 외국인 노동자, 유학생, 상사 주재원 등 국내 거주 외국인의 숫자가 급격하게 증가하기 시작했다. 외국인 노동자 증가현상의 이면에는 국내 산업현장에서 내국인 노동자의 3D업종 기피와 저임금 노동력에 기초한 중소기업들의 극심한 인력난, 노동생산성 저하와 고비용의 노동인건비 등이 자리 잡고 있었다. 한국에서 거주하는 외국인들 중 가장 큰 비중을 차지하는 이들은 미숙련 이주노동자들이다. 그러나 최근 들어 그 외에 여러 목적으로 한국 땅에 입국하는 외국인들의 수도 늘어나고 있다. 한류 열풍으로 인해 한국에 대한 세계인의 관심이 증가하면서 한국을 찾는 외국인들의 수는 계속 증가하는 추세이다.

국내에 거주하는 외국인들 중 일부는 집단 거주지를 형성하기도 하였다. 경기도 안산시의 외국인노동자 거주지인 '국경 없는 마을'이 대표적인 사례이다. 그 외에 영등포구 대림동을 중심으로 한 조선족 동포 거주지, 인천광역시 중구의 '차이나타운', 서울특별시 용산구의 일본인 거주지, 서울특별시 서초구에 위치한 프랑스인 집단 거주지 '서래마을' 등도 있다.[1]

국내의 많은 외국인들은 쉽지 않은 생활여건 속에서도 한국의 문화를 적극 받아들이고자 하며 자신들의 문화도 지켜 나가기 위해 노력하고 있다. 최근에는 이들의 활약이 TV나 인터넷 등의 매체를 통해 다양하게 소개되기도 하면서 외국인을 향한 한국인의 낯선 시선을 누그러뜨리는 데 큰 역할을 하고 있다. 그러나 한편으로는 국내 체류 외국인의 비중이 늘어나면서 나타날 사회적 문제 혹은 한국문화의 정체성 상실 등을 우려하는 시각도 여전히 존재한다.

1.2. 국제결혼과 다문화 가정

1990년대에 접어들어 외국인들의 유입이 많아지고 국제결혼의 유형이 다양해지고 그 비중이 커지기 시작했다. 2014년 기준으로 국내 총 결혼 중 국제결혼의 비중은 약 8%이다. 현재 국내의 국제결혼은 대부분 한국인 남성과 외국인 이주 여성 사이에 이루어진다. 미혼 여성의 비중이 적은 농촌 지역에 거주하는 남성이 개발도상국 출신의 여성과 혼인하는 경우가 대표적이다.

이러한 유형의 국제결혼은 혼인율을 높인다는 점에서 사회에 긍정적인 영향을 주지만 한편으로는 여러 문제점들도 존재한다. 결혼이

---

1) 강진구·이혜숙·박재영, 『서울 지역 중국동포 밀집 지역과 거주 공간 확대에 대한 연구보고서』, 서울연구원, 2016.

주여성들은 한국인과 혼인하여 가정을 꾸리고 아이까지 낳았음에도 외국 출신이라는 이유로 여전히 낯선 존재라는 꼬리표를 달고 지내는 경우가 대부분이다. 한국 특유의 가부장적 풍토로 인해 남편 혹은 시댁과 마찰이 일어나기도 한다.

결혼이 지나치게 성급하게 추진되면서 또 다른 문제들이 생기기도 한다. 몇몇 국제결혼 중개업체들이 제대로 된 역할을 하지 않아 문제가 발생하기도 한다.

> 필리핀 출신인 자넷 씨는 결혼 1년 4개월 만에 파경을 맞았습니다. 임신 7개월의 몸으로 쫓겨 나와 지금은 갓난아기와 함께 이주 여성의 집에서 살고 있습니다. 남편이 착하고 좋은 직장에 다닌다던 중매업소의 말은 거짓말. 걸핏하면 폭언에 주먹을 휘둘렀습니다.
> —「'엉터리 중매' 난립에 국제결혼 파경 급증」, SBS, 2006.5.3.

위와 같은 상황이 초래되는 가장 큰 이유는 국제결혼을 중개하는 업소들이 돈벌이에 급급한 나머지 결혼 성공률을 높이고자 잘못된 정보를 제공한 데에 있다. 이럴 경우 결국 피해는 고스란히 결혼 당사자에게 돌아가게 된다.

혼혈인에 대한 사회적 인식 역시 개선되어야 할 부분이 많다. '튀기'라는 비아냥거림을 받았던 과거보다는 나아졌지만 여전히 이들은 완전한 한국인으로 환영받지 못하는 경우가 종종 있다. 다문화 가정이 많아질수록 혼혈인들의 비중 역시 커질 수밖에 없다. 외모가 다르다고 해서 편견을 갖고 이들을 대해야 할 이유는 전혀 없어 보인다.

국제결혼으로 형성된 다문화 가정의 비중은 커져 가고 있지만 이들이 우리나라 사회에서 겪는 다양한 문제점들이 부각되면서 이를 해결하기 위한 정책적인 지원이 필요하다는 목소리가 높아지고 있다. 반면 단순한 정책 차원의 지원은 오히려 일반 가정에 대한 역차별의 우려가 있으며, 다문화 가정에 대한 근본적인 사회 인식 변화가 우선이라는 주장도 있다.

1.3. 북한이탈주민(새터민)의 증가와 한국사회 적응

1990년대 중반 북한의 극심한 경제난으로 인해 국내로 유입되는 탈북자들이 급격하게 늘어나면서 이들을 보호하고 국내 정착을 지원하기 위하여 「북한이탈주민의 보호 및 정착지원에 관한 법률」이 제정되었다. 동 법률 제2조 제1호는 '북한이탈주민'을 북한에 주소, 직계가족, 배우자, 직장 등을 두고 있는 사람으로서 북한을 벗어난 후 외국 국적을 취득하지 않은 사람으로 정의하고 있다. 2005년부터는 탈북자에 대한 부정적인 이미지를 불식하고 긍정적·미래지향적 이미지 제고를 위해 '새로운 터전에서 삶을 시작하는 사람'이라는 의미를 가진 '새터민'이라는 용어를 사용하였다. 현재는 공식적인 용어로 법률용어인 '북한이탈주민'을 사용하되, 비공식적으로 '탈북자'를 대신하여 '새터민'을 상황에 맞게 사용하고 있는 상황이다.[2)]

지난 1997년 한국 정부는 북한이탈주민들이 한국사회 일원으로 자립·자활 의지를 갖고 안정적으로 정착하도록 법률을 제정하여 다양한 정책적 지원을 시행해 오고 있다. 북한이탈주민에 대한 지원은 이들이 자유민주주의 사회에 정착하여 자립기반을 조성하고 자활능력을 갖추어 건전한 민주시민이 될 수 있는 방향으로 추진되고 있다. 이들에 대한 정착지원제도는 초기정착금 지급제도, 취업지원제도, 교육지원제도, 사회보장지원제도, 거주지보호제도 등 다각적으로 이루어지고 있으며, 민간영역에서도 다양한 관심 속에서 세부적인 프

---

2) 류찬열, 「탈북자를 바라보는 두 개의 시선」, 『다문화 인문학의 공간과 시간: 갈등과 연대, 차이와 인정, 배제와 융합』(2014 중앙대학교 다문화콘텐츠연구사업단 전국학술대회 발표자료집), 중앙대학교 문화콘텐츠기술연구원, 2014, 31~43쪽.

로그램들이 이들의 사회적응을 위하여 추진되고 있다.[3]

최근에는 가족단위로 입국하는 북한이탈주민의 증가로 인해 새터민의 연령구조 상 비생산연령 계층의 증가와 가족 부양 부담이 늘어나고 있기 때문에 이들이 장기적으로 한국사회에서 정착하고 자립할 수 있는 체계적이고 통합적인 취업정책이 요구된다. 또한 이들의 조기 정착 및 경제적 안정을 위해서는 이들이 정착하고 있는 지역사회의 공공영역과 민간영역간의 협력이 필요하다. 장차 통일 한국의 주춧돌이 될 북한이탈주민들이 한국사회에 안정적으로 정착하고 함께 어울려 행복한 생활을 영위할 수 있도록 국민적 차원에서의 관심과 지원이 확대되어야 할 것이다.

아울러 아래 제시된 바와 같이 북한이탈주민에 대한 한국사회의 시각은 '포용, 거부, 경계, 동정, 동포애, 보호' 등 다양하게 나타나고 있다. 이들에 대해 부정적으로 바라보는 시각은, 북에 있는 가족을 버리고 혼자 살겠다고 탈북했다는 점, 탈북자가 간첩일지도 모르니 감시와 경계를 철저히 해야 한다는 점, 국민 세금으로 탈북자에 대한 경제적 지원을 한다는 점에 대한 거부감, 탈북자들로 인해 남한 사람들이 역차별을 받는다는 인식 등으로 나타나고 있다.

"지금 이 순간에 오히려 국내 순수 대한민국 사람들이 역차별 받고 있습니다. 탈북자 전원 취업 좋죠. 그런데 그럼 취직 못하고 있는 우리나라 대한민국 사람은요? 문제 있는 거 아닐까요?"[4]

"탈북자들은 분명 우리가 보호해야 할 같은 민족이요 핏줄입니다. 북한의 굶어 죽어가는 동포도 우리가 돌아보아야 할 핏줄입니다."[5]

---

3) http://cafe.naver.com/ikgsa/579

4) 최윤형·김수연, 「대한민국은 우릴 받아줬지만, 한국인들은 탈북자를 받아준 적이 없어요」, 『한국광고홍보학보』 15(3), 2013.7, 204쪽.

북한이탈주민에 대한 부정적인 인식은 그들과의 직접적인 접촉의 기회를 가지고 그들의 입장에서 생각할 때 감소된다는 연구결과도 있듯이, 정부뿐만 아니라 민간차원에서의 관심과 소통을 위한 노력, 북한이탈주민 이미지 개선을 위한 미디어 캠페인 등을 통해 탈북자와의 접촉기회를 늘릴 수 있는 방안이 마련되어야 할 것이다.[5]

2. 다문화 정책과 법

2.1 한국 정부의 다문화 정책

오랫동안 단일민족 국가의 명맥을 이어온 한국사회는 1990년대 이후 다양한 외국인의 유입으로 급격하게 다문화사회로 이행하고 있다. 농촌을 중심으로 한국 남성과 동남아시아 및 중국 조선족 출신 여성들과의 국제결혼으로 다문화가정 자녀들이 급속히 증가하면서 한국사회의 인구구성과 사회관계가 급격하게 변화를 겪고 있다. 또한 한국의 다문화현상이 예상했던 것보다 훨씬 더 빠른 속도로 확산되어가면서 국내노동시장의 불안정, 최저생계비의 하락, 국제결혼가정의 이혼율 증가, 다문화가정 자녀들의 사회부적응, 외국인 기피현상 등 여러 가지 사회문제들을 야기하고 있다. 또한 출산율 저하와 노령화 현상으로 인한 노동 가능 인구 감소현상, 3D 업종을 기피하는 한국인들을 대신한 외국인 노동자 수요는 앞으로도 계속 증가할 전망이며, 그에 따른 불법체류자, 외국인 범죄, 사회복지 예산의 증가도 불가피한 실정이다.

---

5) 위의 논문, 206쪽.
6) 김상학, 「소수자 집단에 대한 태도와 사회적 거리감」, 『사회연구』 7호, 2004, 169~
  206쪽.

이에 따라 정부는 외국인 고용허가제, 방문 취업제, 결혼이민자 및 다문화가정과 관련된 정책을 통해 외국인 관리, 인권보호 및 사회통합에 매진하고 있다. 정부 부처별로 살펴보면, 고용허가제와 관련된 고용정책은 노동부가, 방문취업제는 법무부가 주관하고 있으며, 결혼이민자지원센터 운영은 보건복지가족부가, 재한외국인 사회적응 및 생활편의지원은 안전행정부가, 이주민 정책의 총괄은 법무부가 주관하고 있다. 사회통합을 위해 실질적으로 작용하는 다문화관련 정책은 다문화가족지원법으로 주된 대상은 결혼이민자와 그들의 가족이다. 〈재한외국인처우기본법〉의 경우, 보호대상을 대한민국에 합법적으로 거주하는 외국인으로 한정하고 있으며, 그들의 권익보다는 규제에 초점을 맞추고 있다.[7]

아직까지 한국 정부의 다문화 정책은 진정한 의미의 다문화가 부재된 외국인의 한국사회로의 통합에 초점이 맞추어져 있으며, 정책의 수혜대상이 제한적이고, 정책의 내용 또한 아직 빈약한 것이 현실이다. 더구나 다문화가족의 열악한 경제상황, 자녀교육문제, 가정폭력, 이혼증가, 인권침해 등의 문제는 매년 증가하는 추세에 있다.

2.2. 다문화 관련법에는 어떤 것들이 있을까?

국내 체류 외국인의 증가와 체류 유형의 다양화에 따라 이들에 대한 적정한 처우를 도모하고, 한국사회 적응의 문제를 해결하며, 그동안 각 부처 간 개별적, 단편적으로 외국인정책을 추진함에 따른 정책의 충돌, 중복, 부재현상을 개선하고자 종합적·거시적 관점에서 추진체계를 정비하기 위해서 2007년 제정된 것이 〈재한외국인처우

---

7) 김영란, 「독일과 한국의 다문화가족 정책에 대한 고찰」, 『다문화콘텐츠연구』 제13집, 2012, 31~67쪽.

기본법〉이다. 그 내용으로는, 법무부는 5년마다 외국인정책 기본계획을 수립하고, 중앙 행정기관 및 지방 자치단체는 기본계획을 바탕으로 연도별 시행계획을 수립하여 시행하도록 규정하고 있다. 또한 기본계획 및 추진 실적 등 외국인 정책에 관한 중요사항을 심의·조정하기 위해 국무총리를 위원장으로 하는 '외국인정책위원회' 구성하여 결혼이민자 및 그 자녀, 영주권자, 난민인정을 받은 자 등 정주하는 외국인들의 사회적응 교육을 지원하도록 하고 있다. 아울러 이들에 대한 불합리한 차별방지와 인권옹호를 위해 정부는 교육·홍보 기타 필요한 노력을 하며, 국민과 재한외국인이 화합하는 환경 조성을 규정하고 있다.[8]

국제결혼이 늘어나면서 결혼중개업 역시 급격한 증가세를 보여왔다. 매매혼 형태의 중개로 대표되는 인권 침해적 혼인중개의 양상 및 최근 늘어나는 인신매매성 위장결혼, 사기결혼 등의 문제점이 부각되면서 사회문제화되자 정부는 2007년 〈결혼중개업의 관리에 관한 법률〉을 제정하였다. 이 법은 결혼중개업을 건전하게 지도·육성하고 이용자를 보호함으로써 건전한 결혼문화 형성에 이바지함을 목적으로 하고 있다. 동 법률은 국제결혼중개업자는 이용자와 상대방으로부터 혼인경력, 건강상태, 직업, 범죄경력 등에 대한 증빙서류를 제출받아 국제결혼 개인신상정보확인서를 작성한 후 양 당사자가 이해할 수 있는 언어로 번역하여 제공하고, 양 당사자가 신상정보 확인서를 확인한 후 쌍방이 모두 만남에 서면동의 한 경우에만 만남을 주선하도록 규정하고 있다. 그럼에도 불구하고 국제결혼이 가지고 있는 문제점들을 해소하기 위해서는 국제결혼에 대한 안내 프로그램 개발, 국제결혼 안내 전문강사 양성, 결혼중개업체에 관한 지속적 관리 및 한국인과 결혼하려는 현지인 대상으로 한국에 대한 사전교육

---

8) 위의 논문, 50~51쪽.

등이 강구되어야 할 것이다.9)

　국제결혼으로 인한 다문화가정과 그 자녀에 대한 정부적 차원의 관심과 지원은 〈다문화가족지원법〉으로 나타났다. 2008년 3월 21일 제정된 〈다문화가족지원법〉은 다문화가족 구성원이 안정적인 가족생활을 영위할 수 있도록 함으로써 이들의 삶의 질 향상과 사회통합에 이바지함을 목적으로 하고 있다. 법조문의 주요 내용으로는 다문화가정 지원을 위한 기본계획을 여성가족부 장관이 5년마다 수립하여야 하고(제3조 2항), 국가와 지방자치단체의 책무를 밝히고 있으며(제3조), 연도별 시행계획의 수립과 시행(제3조 3항), 다문화가족의 삶의 질 향상과 사회통합에 관한 중요 사항을 심의·조정하기 위하여 국무총리 소속으로 다문화가족정책위원회의 수립(제3조 4항), 3년마다 다문화 가족에 대한 실태조사(제4조)를 벌여야 함을 규정하고 있다. 또한 다문화 가정의 여성들과 자녀들에게 생활정보 제공 및 교육을 지원하고(제6조), 가정폭력피해자에 대한 보호와 지원(제8조), 의료 및 건강관리를 위한 지원과 아동보육과 교육에 대한 지원책(제10조), 다문화가족지원센터의 설치 및 운영 등(제12조)에 관한 규정을 두고 있다.10) 이에 따라 정부는 전국에 217개 다문화가족지원센터를 두고 한국어교육, 가족교육·상담·문화 프로그램 등을 제공하여 다문화가족이 안정적인 가정생활을 할 수 있도록 조력하고 있다.

---

9) 위의 논문, 52~53쪽.
10) 위의 논문, 48~50쪽.

3. 다문화사회의 문제점

3.1. 단일민족 신화를 넘어서

해방 이후 한국의 역사교육은 지속적으로 '반만년의 유구한 역사와 찬란한 문화를 가진 단일민족, 단군의 자손'이라는 점을 강조해 왔다. 이러한 역사교육은 민족적 자긍심과 애국심을 고취시킬 수 있지만, 반대로 편협한 자민족 중심주의나 국수주의에 치우칠 수 있는 위험성을 내포하고 있다.

유엔 인종차별철폐위원회(CERD)가 지난 2007년 한국의 단일민족 강조에 우려를 표명한 것처럼, 과도하다고 생각될 정도의 민족주의 역사교육은 한민족이 일제강점기와 분단을 겪으면서 강화되고 고착되어 왔다. 일제강점기 한민족의 지상과제는 일본 제국주의로부터 '민족의 독립'이었으며, 해방 이후 오늘날까지 이어지고 있는 분단시대의 지상과제는 '민족의 통일'이다. 지난 100여 년 동안 한국 현대사의 전개과정에서 한국사회의 중심화두는 '민족'이었으며, 역사교육역시 '민족주의'를 강화하는 방향으로 나아가게된 것이다. 그래서 단군의 자손이 강조되고 국난을 극복한 인물이 역사교육의 중심 화두가 될 수밖에 없었다. 그러나 다문화시대의 역사교육은 한국의 역사와 문화가 세계사와의 관련 속에서 전개되고 발전되어 왔음을 전제로 한국의 유구한 역사 속에 내재되어 있는 세계성을 찾아내고 이를 오늘날의 다문화 현실과 접목시킬 때 비로소 새로운 대안을 발견할수 있을 것이다.

한국 재외동포재단의 통계에 의하면, 오늘날 외국 땅에서 살고 있는 재외동포는 약 700만 명이 이르고 있으며, 이는 남북한 인구의약 10%에 해당하는 수치이다. 한국인의 해외 이주의 역사는 150여년 전으로 거슬러 올라간다. 1860년대 기근과 부패한 관리의 폭정을 피해 고향을 떠난 조선인들은 만주와 연해주로 이주래 농사를 짓고 살았다. 1902년 하와이 사탕수수 농장 취업을 위해 떠난 이들이 국외 이주의 공식적인 첫 기록이며, 1905년 멕시코로 이주한 한국인들은 '애니깽(Henequen, 용설란)'이라 불렸다. 일제 강점기에도 간도나 만주·연해주로 대규모 이주가 이루어졌다. 1920년대 돈을 벌기 위해 일본으로 떠난 한국인들도 많았으며, 중국, 러시아, 일본으로 이주한 사람들은 각각 '조선족', '고려인', '재일코리안'이라 불렸다.11) 해방 이후에도 해외 입양, 미국인과의 결혼, 유학 등이 주를 이루었으며, 주요 행선지는 미국과 캐나다였다. 1960년대부터는 유럽과 중남미로 이민을 떠나기 시작했으며, 브라질·아르헨티나·파라과이·볼리비아 등 남미로 떠나는 농업 이민자가 많았다. 1963년부터 1977년까지 한국 간호사·광부가 독일로 파견되었으며, 그 숫자는 약 19,000명에 이른다.12)

위와 같이, 한국 근·현대사의 흐름 속에서 보다 나은 삶을 찾아 외국으로 이주한 한국인들이 매우 많았으며, 이들은 주류 사회에 적응하면서 나름대로 재외 한민족 공동체를 발전시켜 왔다. 이와 관련하여 다문화사회로 진입한 오늘날 한국사회의 중요한 과제는 국내

---

11) 일본에 거주하고 있는 한국인을 가리키는 용어로는, 재일교포, 재일동포, 재일한국인, 재일조선인, 재일코리안, 자이니치 등이 있다. 한국에서는 일반적으로 '재일교포' '재일동포'가 많이 사용된다.

12) 민병갑, 「The Korean Community in New York: New Jersey Area in the 1980s」, 『디아스포라의 경험과 재외 한인사회』(국제학술대회 발표자료집), 중앙대학교 다문화콘텐츠연구사업단·중앙사학연구소, 중국 연변대학 민족학연구소, 미국 뉴욕시립대학 퀸즈컬리지 한인사회연구소, 2012, 109~146쪽; 박재영, 「독일 다문화사회의 한국 이주민 연구: 파독 간호사·광부를 중심으로」, 『디아스포라의 경험과 재외 한인사회』(국제학술대회 발표자료집), 중앙대학교 다문화콘텐츠연구사업단·중앙사학연구소, 중국 연변대학 민족학연구소, 미국 뉴욕시립대학 퀸즈컬리지 한인사회연구소, 2012, 53~62쪽; 장규식, 「초기 도미 이민자의 삶과 미국사회 정착과정: 차의석의 이민 전기를 중심으로」, 『디아스포라의 경험과 재외 한인사회』(국제학술대회 발표자료집), 중앙대학교 다문화콘텐츠연구사업단·중앙사학연구소, 중국 연변대학 민족학연구소, 미국 뉴욕시립대학 퀸즈컬리지 한인사회연구소, 2012, 63~72쪽.

체류 외국인들을 우리 사회의 일원으로 받아들이고 소통과 공존을 위한 노력을 아끼지 말아야 한다는 점이다. 그럼에도 불구하고 외국인 노동자들을 비롯해 결혼이주자 및 그 자녀들을 대하는 태도는 임금체불과 직장 내 차별대우, 외국인 아내에 대한 폭력, 학교에서의 따돌림과 소외 등 개선되어야 할 여지가 많은 것이 사실이다.

3.2. 다문화 자녀의 증가

1990년대 농촌을 중심으로 한국 남성과 동남아시아 및 중국 조선족 출신 여성들의 국제결혼이 증가하면서 한국사회의 인구구성이 빠르게 변화하고 있다.13) 국제결혼 이주여성과 한국인 배우자 사이에서 형성된 다문화가정과 그 자녀의 증가는 전통적 한국사회가 아직까지 겪어보지 못한 상황이다.

다문화 가정의 자녀는 한국에서 출생한 경우와 중도 입국한 경우로 나누어 볼 수 있는데, 외모나 생김새 때문에 친구를 사귀기 어렵거나 생활습관 및 사고방식의 차이로 인해 오해를 불러일으키는 경우도 있다. 그렇지만 이들이 처한 가장 큰 문제점은 역시 언어 소통이라 하겠다. 한국사회에서 적응하기 위한 필수적 조건은 한국어 사용 능력이며, 언어 소통에 문제가 생길 경우 오해와 갈등이 증폭이 될 수 있으며 한국에서 적응하는데 큰 걸림돌이 될 수 있다. 그리고 음식과 주거양식, 생활예절 등 문화적 차이, '가난한 나라 출신'이라는 심리적 차별 또한 다문화 가정 자녀들이 한국 생활에 적응하는데 지장을 초래할 수 있다.14)

---

13) 심보선, 「온정주의 이주노동자 정책의 형성과 변화: 한국의 다문화 정책을 위한 시론적 분석」, 『담론 201』 제10권 제2호, 2007, 41~76쪽.

14) 조민식, 「다문화가정 자녀의 사회적 차별문제」, 『한국 반다문화주의의 현황과 전망』 (중앙대학교 문화콘텐츠기술연구원 다문화콘텐츠연구사업단 2012 전국학술대회

또한 이들은 한국사회에서 한국인으로 인정을 받지 못하는데 따른 정체성의 혼란을 겪고 있다. 경제적 취약 계층이 상당수인 이들 다문화가정 자녀들은 사회적 편견과 가정의 경제적 형편에 따라 학교에서 자신의 역량을 발휘하지 못하여 학업성취도나 상급학교 진학률이 상대적으로 떨어지는 경향을 보이고 있다. 이로 인해 부모의 빈곤이 대물림될 가능성이 크며, 이들이 사회에 나왔을 때 제대로 적응하지 못하면 사회적 문제가 될 것임은 자명한 사실이다. 이러한 문제를 개선하기 위하여 중앙 정부 및 지방 자치단체, 민간단체에서는 중도입국자녀 한국어 교실, 이중 언어 능력 향상, 대학생 다문화 자녀 멘토, 다(多)그루 공부방 등 다양한 형태로 다문화가정 자녀들이 학교·가정·사회에 잘 적응할 수 있는 프로그램을 진행하고 있다.

3.3. 다문화 교육의 중요성

다문화교육은 다문화가정 자녀, 새터민, 중도입국 자녀 등 사회적 소수자들을 주류 사회에 적응시키거나 동화시키기보다는 이들이 가지고 있는 문화적 정체성도 유지하면서 동등한 사회구성원으로서의 역할을 감당하고 권리를 누릴 수 있도록 교육하자는 것이다.15) 그러나 한국의 다문화교육 현실은 구체적인 내용이나 방향에 대한 사회적 논의를 거치기보다는 수요에 대한 임기응변식 대처로 이루어져왔다. 이는 다문화교육 개념에 대한 혼란, 다문화 교육철학의 부재, 미진한 다문화 교과교육, 창의적 상상력의 부족 등에 기인한다. 또한 지금까지의 다문화교육은 보다 큰 틀에서 거시적인 청사진을 만들기

발표자료집), 중앙대학교 문화콘텐츠기술연구원, 2012, 3~17쪽.

15) 이긍연, 「다문화교육 주요 정책과 실제」, 『미래 비전으로서의 다문화사회, 교육 과제로서의 다문화소통』(건국대학교 개교 70주년 기념 제2회 다문화소통교육 교사포럼 자료집), 건국대학교 아시아·디아스포라 연구소, 2016, 11쪽.

보다는 다문화 프로그램의 나열에 그치고 있는 실정이다.[16]

다문화교육의 대상에 대한 인식에 있어서도 변화가 요구된다. 다문화가정 자녀들이 다문화교육의 대상이라는 고정관념을 버리고, 주류사회의 다수를 차지하고 있는 내국인에 대한 문화다양성 교육이 우선되어야 할 것이다. 아울러 다문화 교육의 획일화를 경계하면서도, 다문화 교육의 실천 공간을 학교에만 한정하지 말고 가정과 지역사회가 연계하여 함께 논의하고 공조하는 협력체제의 구축이 필요하다.[17]

장차 한국 다문화사회의 미래가 어떤 모습으로 다가올 것인가는 현재 한국사회에서 벌어지고 있는 다문화교육의 현실을 보면 짐작할 수 있다. 통계청이 발표한 〈2015 청소년통계〉 자료에 따르면, 2014년 다문화가정 학생 수가 7만 명에 육박하면서 처음으로 1%대를 넘어섰다. 이같이 다문화가정 학생들이 급증하고 있는 데 반하여 이들을 포용하려는 사회적·교육적 관심과 대책은 아직 부족한 실정이다. 진정한 다문화란 일방적으로 우리 것을 강요하는 것이 아니라 다양한 문화를 인정하고 공유하는 것이다. 하지만 우리는 다문화가정 학생들이 처한 상황에 대한 이해와 배려보다는 이들이 한국말도 유창하게 구사하고 한국의 문화에 익숙하게 행동하기를 기대한다. 우리 사회 주변에서는 엄마가 외국인이라서, 피부색깔이 달라서, 한국어 구사능

---

16) 다문화 교과교육 프로그램 개발과 관련하여 아래 글 참조. 박재영, 「다문화 역사교육을 위한 교재개발과 내용구성」, 『동아시아와 다문화』(제13회 동아시아비교문화국제회의 발표자료집), 중앙대학교 문화콘텐츠기술연구원·동아시아비교문화국제회의, 2016, 317~319쪽; 장영희, 「전통놀이를 활용한 다문화가정 청소년의 문화교육 방안 연구」, 『동아시아와 다문화』(제13회 동아시아비교문화국제회의 발표자료집), 중앙대학교 문화콘텐츠기술연구원·동아시아비교문화국제회의, 2016, 303~316쪽; 이명현, 「고전서사의 서사문법을 수용한 다문화 애니메이션 창작사례연구」, 『동아시아와 다문화』(제13회 동아시아비교문화국제회의 발표자료집), 중앙대학교 문화콘텐츠기술연구원·동아시아비교문화국제회의, 2016, 320~329쪽; 한국문화예술교육진흥원, 『2010 다문화 교육콘텐츠 사례집: 문화로 소통하는 다문화 교육』, 문화체육관광부, 2011.
17) 이찬욱·강진구·노자은, 『한국사회와 다문화』, 도서출판 경진, 2012, 236~237쪽.

력이 부족해서, 학업성취도가 낮아서 학교 친구들로부터 놀림을 받거나 따돌림을 당해 학교 및 사회생활에 적응하는데 어려움을 겪고 있는 다문화가정 자녀들을 어렵지 않게 찾아볼 수 있다. 그러한 상황에서 다문화가정 자녀들의 상급학교 진학률이 점점 낮아지고 사회적응력이 떨어진다면, 2000년대 중반 프랑스나 영국의 사례에서 볼 수 있듯이 가까운 미래에 심각한 사회문제가 야기될 수 있다. 그러한 문제를 사전에 예방하기 위해서는 범국가적 차원에서 바람직한 다문화교육의 방향에 대한 사회적 합의와 정책적 대안이 마련되어야 할 것이다.

4. 다문화사회 통합

4.1. 다문화사회 통합의 방향

오늘날 한국사회에서 외국인 노동자, 결혼 이민자, 다문화가정 자녀, 새터민, 외국인 유학생들과 마주치는 일은 더 이상 낯선 경험이 아니다. 음식점, 숙박시설, 건설현장, 병원, 농장이나 과수원에서도 외국인 노동자나 조선족 출신 이주민을 쉽게 찾아볼 수 있다. 지방은 물론이고 도시의 학교에서도 다문화가정 아이들을 만나는 것은 이제 일상적인 일이 되어 버렸다. TV 드라마는 물론이고 다큐, 교양, 오락 프로그램에서도 이들의 이야기를 종종 접할 수 있다.

한국사회의 다문화담론이 폭넓게 확산되면서 정부 각 부처 및 지방자치단체 등에서 다양한 다문화 정책을 적극적으로 제도화하고 있다. 그러나 부처별, 지자체별 논의들이 서로 조율되지 않아 제도적 혼선이 적지 않다. 아울러 한국의 다문화 정책은 정부 주도적이고 사회적 소수자들이 한국사회에 통합되는 것에 초점을 맞추고 있어 정작 외국인 이주자들 자신의 목소리는 오히려 주변화되는 양상을 초래하고 있다. 다문화가정 이혼율의 증가, 외국인 범죄, 불법 체류자의 증가와 관련된 언론 보도들도 이들에 대한 경계심과 반다문화적 정서를 확산시키는 데 일조하고 있다.[18]

　결혼이주민 가족과 이주노동자에 대한 차별화된 지원과 사회보장 역시 한국 내에서 사회통합을 저해하는 요소로 작용할 여지가 다분하다. 외국인이기 때문에 받는 사회적 차별을 방지하고, 국제사회가 규정하는 외국인 및 내국인 노동자의 동등한 권리보장 외에도 이들의 가족까지 최대한 사회적 보장이 약속되고 내국인과 동등한 혜택을 받을 수 있도록 제도적 개선이 이루어져야 할 것이다.

　이상적인 다문화사회는 사회적 소수자들을 일방적으로 주류 사회에 동화시키려는 것이 아니라 주류 사회가 이들의 문화적 정체성을 존중하고 수용하는 쌍방향적인 상호 작용 속에서 이루어져야 한다. 또한 차이와 다양성을 인정하고 관용하고 포용할 수 있는 성숙한 민주시민 의식도 필요하다. 이런 점에서 비추어 볼 때 한국의 다문화사회통합 정책은 아직 해결해야 할 과제가 많음을 알 수 있다.

4.2. 다문화사회의 미래

　출산율 저하와 인구의 노령화 현상으로 노동가능인구가 감소하고, 3D 업종에 종사하려는 국내 인력이 턱없이 부족해 외국인 노동자 수요는 앞으로도 계속 증가할 전망이다. UN은 다가올 2050년에는

---

18) 조동환, 「한국 정부의 다문화 정책과 민족말살」, 『한국 반다문화주의의 현황과 전망』(중앙대학교 문화콘텐츠기술연구원 다문화콘텐츠연구사업단 2012 전국학술대회 발표자료집), 중앙대학교 문화콘텐츠기술연구원, 2012, 25~51쪽.; 신만섭, 「정치적 관점에서 본 한국 다문화 현상의 문제점」, 『한국 반다문화주의의 현황과 전망』(중앙대학교 문화콘텐츠기술연구원 다문화콘텐츠연구사업단 2012 전국학술대회 발표자료집), 중앙대학교 문화콘텐츠기술연구원, 2012, 71~83쪽.

한국 전체 인구의 20%가 외국인일 것으로 예측하고 있다. 오늘날 한국사회는 유사 이래 처음으로 급격하게 다인종·다문화 상황을 맞이하고 있는 것이다. 한국과 같이 통일된 소속감과 단일민족이라는 정체성을 근간으로 하는 국가가 다문화사회로 전환되는 것은 결코 쉽지 않은 일이지만, 한국이 나아가야 할 길이 다문화사회라면 적극적으로 그에 대한 대안을 준비해야 한다.[19]

이러한 시점에서 한국사회가 해결해야 할 시급한 과제는 첫째, 불법 체류자들에 대한 엄격한 법률 적용과 대처, 둘째, 합법적 외국인 노동자에 대한 사회적·법적 지위 부여, 셋째, 다문화 가정의 문제에 대한 국가적 차원의 관심과 지원, 넷째, 다문화 자녀의 사회적응 지원과 교육에 있어서 기회 균등의 보장 등이다. 그러나 이는 지금까지 국내 거주 외국인들에 대한 '관리' 및 '통제'의 차원에서 행해지고 있는 과시성 정책이나 이벤트가 아니라, 그들이 더 이상 정책의 대상이 아닌 정책의 주체로 참여하고 그들의 목소리가 정책에 반영되는 방향으로 전환되어야 할 것이다. 다문화사회가 추구하고 있는 차별과 배제를 지양하고 차이와 다름을 인정하는 자세, 편견이나 고정관념이 아니라 서로 이해하고 관용하는 자세, 소통과 배려를 통한 상호 존중이라는 이상은 말하기는 쉽다. 장차 한국 다문화사회의 미래는 그러한 이상을 실천하려는 우리 사회 구성원 각자의 의지와 노력 여하에 따라 그 모습이 달라질 것이다.[20]

---

19) 최성환, 「다문화 시민교육의 이념: M. 왈쩌의 관용론과 M. 누스바움의 시민교육론을 중심으로」, 『다문화 인문학의 공간과 시간: 갈등과 연대, 차이와 인정, 배제와 융합』(2014 중앙대학교 다문화콘텐츠연구사업단 전국학술대회 발표자료집), 중앙대학교 문화콘텐츠기술연구원, 2014, 59~80쪽.
20) 최성환, 「다문화 담론과 다문화 생활세계의 변증법」, 『다문화 인문학의 정립』(2013 중앙대학교 다문화콘텐츠연구사업단 국제학술대회 발표자료집), 중앙대학교 문화콘텐츠기술연구원, 2013, 55~78쪽.

참고문헌

1. 국내자료

1) 사료

『三國史記』

『三國遺事』

『高麗史』

『高麗史節要』

『新增東國輿地勝覽』

『宋史』

『訓民正音諺解』

『桓檀古記』

『檀奇古史』

『朝鮮王朝實錄』

『韓國民族文化大百科』

『神字日文伝』

『慕夏堂文集』

『宣祖實錄』

『承政院日記』

『日省錄』

『賜姓金海金氏世譜』

『往五天竺國傳』

『大唐西域記』

『晉判鈺日記』

2) 단행본

姜仁求 外,『新羅五陵測量調査報告書』, 韓國精神文化研究院, 1990.

강진구·이혜숙·박재영,『서울 지역 중국동포 밀집 지역과 거주 공간 확대
        에 대한 연구보고서』, 서울연구원, 2016.

高柄翊,『東아시아文化史論考』, 서울대학교출판부, 1997.

高柄翊,『아시아의 역사상』, 서울대학교출판부, 1986.

공제욱·정근식 편,『식민지의 일상: 지배와 균열』, 문화과학사, 2006.

국무총리기획조사실,『행정백서』, 대한민국정부, 1996.

국립경주문화재연구소,『慶州龍江洞古墳發掘調査報告書』, 1990.

국립경주박물관,『명품100선』, 국립경주박물관, 2007.

국립경주박물관,『新羅, 서아시아를 만나다』, 국립경주박물관, 2008.

국립경주박물관,『新羅文化와 西아시아文化: 금속 및 유리공예를 중심으
        로』, 국립경주박물관, 2008.

국립문화재연구소,『韓國考古學事典』, 국립문화재연구소, 2001.

국립중앙박물관,『황금의 제국 페르시아』, 국립중앙박물관 문화재단, 2008.

국사편찬위원회 편,『지방을 살다: 지방행정, 1930년대에서 1950년대까지』,
        국사편찬위원회, 2006.

국제한국학회,『실크로드와 한국문화』, 소나무, 2000.

경기도 다문화교육센터 편,『다문화교육의 이론과 실제』, 양서원, 2019.

권덕녀 역,『대당서역기』, 서해문집, 2006.

권덕영,『재당 신라인 사회 연구』, 일조각, 2005.

권이종,『막장 광부 교수되다』, 이채, 2012.

권이종, 『독일에서 흘린 눈물』, 지성공간, 2011.

그리피스, 신복룡 역주, 『은자의 나라 한국(*Corea: The Hermit Nation*)』, 집문
　　　당, 1999.

김규현 편저, 『혜초 따라 5만리』, 여시아문, 2005.

김당택, 『한국 대외교류의 역사』, 일조각, 2009.

김동노 편, 『일제 식민지 시기의 통치체제 형성』, 혜안, 2006.

김두종, 『한국의학사』, 탐구당, 1993.

김대식, 『처용이 있는 풍경』, 대원사, 2002.

김민호 외 12인, 『지역사회와 다문화교육』, 학지사, 2011.

김병조·김복수·서호철·오만석·은기수·정미량·정재기·조동기,　『한국의
　　　다문화 상황과 사회통합』, 한국학중앙연구원 출판부, 2011.

김상기, 『高麗時代史』, 서울대학교출판부, 1996

김상현, 『신라의 사상과 문화』, 일지사, 1999.

김세화, 『기하학적으로 분석한 훈민정음』, 학문사, 2001.

김영욱, 『세종이 발명한 최고의 알파벳 한글』, 루덴스, 2007.

김옥희, 『제주도신축년교난사』, 태화출판사, 1980.

김용출, 『독일아리랑』, 에세이, 2004.

김윤경, 『朝鮮文字及語學史』, 조선기념도서출판관, 1938.

김원 외 지음, 『한국의 다문화주의: 가족, 교육 그리고 정책』, 이매진, 2011.

김원룡, 『고대한국과 서역』(미술자료 34), 1984.

金元龍, 『新羅土器』, 悅話堂, 1981.

金元龍·安輝濬, 『韓國美術史』, 一志社, 1993.

김위현, 『고려시대 대외관계사 연구』, 경인출판사, 2004.

김재관 편, 『묄렌도르프: 묄렌도르프를 통해서 본 구한말 한국사회상』, 현
　　　암사, 1984.

김재덕, 『조국을 바꾼 사람들: 사야가 일대기』, 도서출판 대일, 1994.

김재덕, 『해방을 전후로 해서 일본인이 쓴 모하당 사론』, 도서출판 대일,

1995.

김재덕, 『김충선 사야가·우록동』, 녹동서원, 2000.

김진영, 『다문화 콘텐츠 기획: 다문화 시대를 여는 미래전략』, 한국외국어 대학교출판부, 2012.

김창현, 『고려 개경의 구조와 이념』, 신서원, 2002.

김충선(사야가)연구회, 『한일수교 40주년 기념 김충선(사야가) 한일관계 SYMPOSIUM 자료집』, 영남일보, 2005.11.06.

김충선(사야가)연구회, 『조선통신사 400주년 기념 김충선(사야가) 한일관계 SYMPOSIUM 자료집』, 영남일보, 2007.11.10.

김호일, 『한국개항 전후사』, 한국방송사업단, 1982.

김형목, 『대한제국기의 야학운동』, 경인문화사, 2005.

까를로 로제티, 『꼬레아 꼬레아니』, 서울학연구소, 1996.

다문화교육방법연구회, 『교실 속 다문화교육』, 학이시습, 2010.

동덕모, 『朝鮮朝의 國際關係』, 박영사, 1990.

리하르트 분쉬, 김종대 역, 『고종의 독일인 의사 분쉬』, 학고재, 1999.

무함마드 깐수, 『新羅·西域交流史』, 단국대출판부, 1992.

묄렌도르프, 신복룡·김운경 역주, 『묄렌도르프 自傳(外)』, 집문당, 1999.

박기현, 『우리역사를 바꾼 귀화성씨』, 역사의아침, 2007.

朴魯埻, 『高麗歌謠의 研究』, 새문사, 1990.

박래영 외, 『한국의 해외취업』, 아산사회복지재단, 1988.

朴龍雲, 『高麗時代史』 下, 일지사, 1987.

박찬경 외, 『독일로 간 사람들: 파독 광부와 간호사에 관한 기록』, 눈빛, 2003.

발터 라이퍼, 『묄렌도르프(P. G. von Moellendorff)』(제1차 묄렌도르프 세미나자료), 정민사, 1983.

백산학회, 『新羅의 建國과 社會史 研究』, 백산자료원, 2000.

백영훈, 『아우토반에 뿌린 눈물』, 한국산업개발연구원, 1997.

백영훈, 『한국에 흐르는 라인강의 기적』, 한국산업개발연구원.2001

서울대학교 사범대학 1종도서연구개발위원회, 『중학교 도덕 3』, 교육부, 1997.

손소연·이륜, 『살아있는 다문화교육 이야기』, 즐거운학교, 2013.

송호근, 『한국의 노동정치와 시장』, 나남, 1991.

수요역사연구회, 『일제의 식민지정책과 매일신보(1910년대)』, 두리미디어, 2005.

시바 료타료, 박이엽 역, 『한나라 기행』, 학고재, 1998.

신대현, 『옥기공예: 옥과 옥리를 통해 본 동양의 정신문화』, 혜안, 2007.

신복룡, 『이방인이 본 조선 다시 읽기』, 풀빛, 2002.

神坂次郞, 양억관 역, 『바다의 가야금』, 인북스, 2001.

안경식 외 6인, 『다문화교육의 현황과 과제』, 학지사, 2008.

안지원, 『고려의 국가 불교의례와 문화』, 서울대학교출판부, 2005.

楊渭生, 『宋麗關係史硏究』, 杭州大學出版社, 1997.

양희순, 『파독간호 40년사』, Filderstadt, 2008.

엄한진, 『다문화사회론』, 소화, 2011.

오경석 외, 『한국에서의 다문화주의』, 한울 아카데미, 2007.

오은순 외, 『다문화 교육을 위한 범교과 교수·학습 프로그램 개발 연구』, 한국여성정책연구원/한국교육과정평가원, 2008.

오페르트, 문교부 편역, 『(금단의 나라)조선기행』, 한국번역도서, 1959.

오페르트, 신복룡·장우영 역주, 『금단의 나라 조선』, 집문당, 2000.

유광남, 『사야가 김충선 1·2·3: 조선을 사랑한 사무라이』, 스타북스, 2012.

윤명철, 『바닷길은 문화의 고속도로였다』, 사계절, 2001.

윤성석 외, 『재외한인의 단체활동과 의식실태』, 북코리아, 2006.

윤인진, 『코리안 디아스포라: 재외한인의 이주, 적응, 정체성』, 고려대학교 출판부, 2006.

윤재운, 『한국 고대무역사 연구』, 경인문화사, 2006.

에른스트 오페르트, 한우근 역, 『조선기행』, 일조각, 1974, 1980.

李基白·李基東, 『韓國史講座: 古代編』, 一潮閣, 1982.

이상록 외, 『일상사로 보는 한국근현대사』, 책과함께, 2006.

이선미 외, 『재외한인여성의 사회경제활동』, 북코리아, 2006.

李成市·김창석, 『동아시아의 왕권과 교역』, 청년사, 1999.

이성미, 『다문화 코드: 코리언 드림 해법 찾기』, 생각의나무, 2010.

이수길, 『한강과 라인강 위에 무지개 다리를 놓다』, 지식산업사, 1997.

이영권, 『제주 역사기행』, 한겨레신문사, 2004.

이영숙, 『누구나 가슴속엔 꿈이 있다: 독일에서 의사가 된 파독 간호사 이야기』, 북스코프, 2009.

이애주, 『파독간호사 45년의 역사를 묻는다』(이애주 의원 주최 정책세미나 자료집), 2010.

李仁淑, 『한국의 고대유리』, 도서출판 창문, 1993.

李鍾旭, 『新羅國家形成史』, 一潮閣, 1982.

이종일, 『다문화사회와 타자이해』, 교육과학사, 2014.

이지숙, 『독일에서 온 한국여자』, 문학동네, 1994.

이지은, 『왜곡된 한국, 외로운 한국: 300년 동안 유럽이 본 한국』, 책세상, 2006.

이찬욱·강진구·노자은, 『한국사회와 다문화』, 도서출판 경진, 2012.

이희근, 『우리안의 그들 역사의 이방인들: 섞임과 넘나듦 그 공존의 민족사』, 너머북스, 2008.

이희수, 『한·이슬람교류사』, 문덕사, 1991.

임채완 외, 『재외한인과 글로벌 네트워크』, 한울, 2006.

장규식, 『1920년대 학생운동』, 독립기념관 한국독립운동사연구소, 2009.

장윤수·김영필, 『한국 다문화사회와 교육』, 양서원, 2012.

長澤和俊·이재성, 『실크로드의 역사와 문화』, 민족사, 1994.

정수일, 『문명교류사연구』, 사계절, 2004.

정수일, 『문명의 루트 실크로드』, 효형출판, 2002.

정수일, 『신라·서역교류사』, 단국대학교출판부, 1992.

정수일, 『씰크로드학』, 창작과비평사, 2001.

정예경, 『중국 북제·북주 불상연구』, 혜안, 1998.

조기상, 『이주노동운동 사례: 파독광부』(2007년 이주인권연대 한독공동심 포지움 발표자료집), 2007.

조혜영·이창호·권순희·서덕희·이은하, 『다문화가족 자녀의 학교생활 실 태와 교사학생의 수용성 연구』, 한국여성정책연구원/한국정소년 정책연구원, 2007.

존 카터 코벨·김유경, 『한국문화의 뿌리를 찾아』, 학고재, 1999.

주보돈, 『금석문과 신라사』, 지식산업사, 2002.

주한독일문화원 편, 『묄렌도르프와 21세기의 한국』(제2차 묄렌도르프 세미 나자료), 주한독일문화원, 2001.

재독 한인 그뤽아우프 친목회 편, 『파독 광부 30년사』, 한인 그뤽아우프 친목회, 1997.

震檀學會 編, 『韓國史』 第5卷(最近世篇), 乙酉文化社, 1974.

진병용·최용진·이정희·박려옥·이제상, 『한일 평화의 가교 김충선(沙也可) 과 우록리에 관한 연구』, 대구경북연구원(2012-43), 2012.

진실·화해를 위한 과거사 정리 위원회, 『파독 광부·간호사의 한국경제발전 에 대한 기여의 건』, 재외동포재단, 2008.

秦弘燮, 『慶州의 古墳』, 열화당, 1975.

추병완, 『다문화사회에서의 반편견 교수 전략』, 도서출판 하우, 2012.

최몽룡·이청규·이영문·이성주 편, 『한국 지석묘(고인돌)유적 종합조사 · 연구(I)』, 문화재청, 1999.

崔秉鉉, 『新羅古墳研究』, 一志社, 1992.

崔永俊, 『영남대로: 한국고도로의 역사적 지리적 연구』, 고려대학교 민족문 화연구소, 1990.

최용성, 『한국의 조상숭배』, 예전사, 1987.

최종고, 『한독교섭사』, 홍성사, 1983.

최종고, 『한강에서 라인강까지: 한독관계사』, 유로, 2005.

최충규·민윤·이향아·이광원, 『다문화 시대의 어린이 역사교육』, 대교, 2011.

최충옥 외 9인, 『다문화 교육의 이해』, 양서원, 2010.

한국문화예술교육진흥원, 『2010 다문화 교육콘텐츠 사례집: 문화로 소통
    하는 다문화 교육』, 문화체육관광부, 2011.

韓國史研究會 編, 『韓國史의 國際環境과 民族文化』, 경인문화사, 2003.

한국사연구회, 『개경의 생활사』, 휴머니스트, 2007.

한국사연구회, 『고려의 황도 개경』, 창작과비평사, 2002.

한계옥, 『망언의 뿌리를 찾아서』, (주)자유포럼, 1998.

한·유럽연구회 편, 『유럽한인사』, 재외동포재단, 2003.

한일공통역사교재 제작팀, 『조선통신사(도요토미 히데요시의 조선 침략과
    우호의 조선통신사)』, 한길사, 2006.

홍윤표, 『파독 광부의 노래: 독일로 파견된 광부의 한 많은 이야기』, 청문각,
    2011.

현기영, 『변방에 우짖는 새』, 창작과비평사, 1983.

황정미·김이선·이명진·최현·이동주, 『한국사회의 다민족·다문화 지향성
    에 대한 조사연구』, 한국여성정책연구원, 2007.

Eunsook Lee Zeilfelder, 평택대학교 다문화가족센터 편, 『한국사회와 다문
    화가족』, 양서원, 2007.

Gustave-Charles-Marie Mutel, 『뮈텔주교 일기』, 한국교회사연구소, 1986.

Marco Polo, Divisament dou Monde, 배진영 편역, 『동방견문록: 마르코 폴
    로의 길을 걷다』, 서해문집, 2004

Richard Bernstein, Ultimate Journey, 정동현 역, 『뉴욕타임스 기자의 대당서
    역기』, 꿈꾸는 돌, 2003.

O. N. 데니 지음, 묄렌도르프 옮김, 『데니 文書, 묄렌도르프 文書』, 평민사,

1987.

1901년 제주항쟁 기념사업회 엮음, 『신축제주항쟁 자료집』 1, 도서출판 각,
　　　2003.

3) 논문

강기정·박수선, 「다문화시대 사회통합 관점에서의 다문화가족정책 및 전
　　　달체계에 관한 전문가 의견 조사: 다문화가족지원 사업을 중심으
　　　로」, 『한국가족복지학』 19(4), 2014.

강일국, 「다문화 대안학교 "새날학교" 연구: 농어촌 다문화가정 교육지원
　　　을 위한 기초연구」, 『교육과정연구』 28(4), 2010.

강진구, 「소설에 나타난 파독 간호사의 재현 양상 연구」, 『다문화콘텐츠연
　　　구』 13, 2012.

경혜영, 「17세기 조선의 다문화 정책과 다문화 가정교육에 관한 연구」, 경
　　　기대학교 박사학위논문, 2013.

고병익, 「아시아사상의 한국」, 『한국의 발견』, 박문사, 1962.

고병익, 「목인덕의 수기」, 『진단학보』 24, 1963.

공은숙, 「다문화 정책인가 동화정책인가: 한국에서의 다문화 개념에 대한
　　　반성적 고찰」, 『건지인문학』 2권, 2009.

권재선, 「가림토에 대한 고찰」, 『한글』 244, 1994.

권영철, 「慕夏堂詩歌硏究」, 『대구효성가톨릭대학교 연구논문집』 2, 1967.

권영필, 「경주 괘릉인물석상」, 『실크로드 미술』, 열화당, 1997.

김광렬, 「1920~1930년대 조선에서 실시된 일본의 '窮民救濟' 토목사업」,
　　　『근·현대 한일관계와 재일동포』, 서울대학교출판부, 1999.

金炳佑, 「大院君의 政治的 地位와 國政運營」, 『대구사학』 70, 2003.

김복순, 「신라와 고려의 사상적 연속성과 독자성」, 『한국고대사연구』 54,
　　　2009.

김봉희, 「일제시대의 출판문화: 종합잡지를 중심으로」, 『일제시기 근대적 일상과 식민지문화』, 이화여자대학교출판부, 2008.

김상학, 「소수자 집단에 대한 태도와 사회적 거리감」, 『사회연구』 7, 2004.

김선기, 「한일 문헌 속에 나타난 沙也可(김충선) 고찰」, 『韓國日本語文學會 第7回 學術大會 및 國際 Symposium 자료집』, 2009.

김선기, 「항왜 김충선(사야가)의 모하사상 연구」, 부산외국어대학교 박사 논문, 2011.

김선기, 「항왜 사야가(沙也可·金忠善)의 실존인물로서의 의미와 평가」, 『한 일어문논집』 13, 2009.

김선기, 「항왜 사야가(沙也可·金忠善)의 실존인물로서의 의미와 평가」, 『일 어일문학』 43, 2009.

김선정, 「다문화가정 자녀 실태 및 다문화교육의 추진 방향」, 『외국어교육 연구』 24(1), 2010.

김선희, 「북한이탈주민 사회적은의 철학 상담 치료적 접근: 일방적 소통에 서 상호 통섭적 소통으로의 소통 패러다임의 전환」, 『다문화콘텐츠 연구』 3(통권 8호), 2010.

김성윤, 「새터민 정착과 지원정책에 관한 연구」, 『한국동북아논총』 50, 2009.

김성혜, 「봉암사 지증대사 적조탑의 음악사적 조명」, 『韓國音樂史學報』 39, 2007.

김성혜, 「신라의 불교음악 수용에 관한 고찰」, 『韓國音樂研究』 40, 韓國國 樂學會, 2006.

김성혜, 「신라의 외래음악 수용양상」, 『韓國音樂史學報』 35, 2005.

김성혜, 「신라토우의 음악사학적 조명(1)·(2)·(3)」, 『韓國學報』 91·92, 95, 101, 일지사, 1998·1999·2000.

김소형·염혜정, 「서울의 의생활 변천」, 『서울 20세기 생활문화변천사』, 서 울시정개발연구원 , 2001.

김순래, 「한말 묄렌도르프의 외교·경제활동 연구」, 동국대학교 석사논문,

1999.

김세은, 「1880년대 서양인의 조선인식」, 『시대전환과 역사인식』, 윤세철교
　　　수정년기념역사학논총 간행위원회, 2001.

김양식, 「1901년 제주민란의 재검토」, 『제주도연구』 6, 1989.

김영란, 「독일과 한국의 다문화가족 정책에 대한 고찰」, 『다문화콘텐츠연
　　　구』 13, 2012.

김영수, 「갑오농민군과 흥선대원군의 정치적 관계에 대한 연구」, 『한국사
　　　회과학』 17(3), 1997.

김영숙·우정한, 「다문화 가정의 실태와 지원정책 개선방안에 대한 고찰」,
　　　『다문화콘텐츠연구』 13, 2012.

김용찬, 「여성노동자 국제 이주와 이주 수용국가에서의 조직화의 관계연
　　　구: 한인 여성노동자의 독일 이주와 조직화 사례 분석」, 『사회과학
　　　연구』 15(1), 2007.

김유배, 「국제협력과 해외인력수출」, 『정보실 연구보고』 89(1), 한국해외개
　　　발공사, 1989.

김원모, 「손탁孃의 親露反日運動」, 『中齋張忠植博士華甲紀念論叢』, 중재
　　　장충식박사화갑기념론총 간행위원회, 1992.

김원모, 「미스 손탁과 손탁호텔」, 『향토서울』 56, 1996.

김은규, 「다문화미디어교육의 운영 현황 점검과 방향성 모색: 다문화가족
　　　지원센터와 시민미디어센터의 다문화미디어교육 사례를 중심으
　　　로」, 『언론과학연구』 15(1), 2015.

김은숙, 「朝鮮後期 文獻에 나타난 日本語: 조선왕조실록, 첩해신어, 사행록」,
　　　경희대학교 박사논문, 2013.

김인덕, 「1920년대 후반 재일조선인의 생활상태 연구」, 『한국근현대사연구』
　　　5, 1996.

김익한, 「일제의 면 지배와 농촌사회구조의 변화」, 『일제 식민지 시기의
　　　통치체제 형성』, 혜안, 2006.

金定慰, 「中世 中東文獻에 비친 韓國像」, 『한국사연구』 16, 한국사연구회, 1977.

김재관, 「묄렌도르프와 한국의 공업화」, 『묄렌도르프』, 정민사, 1983.

김재덕, 「慕夏堂 金忠善(沙也可)의 生涯」, 『일본학』 17, 동국대학교 일본학연구회, 1998.

金在萬, 「傳統的 韓國 女人像의 研究」, 『女性問題研究』 5·6집, 1976.

김지영, 「묄렌도르프에 대한 재평가: 외교·경제활동을 중심으로」, 동국대학교 석사논문, 2003.

김진각, 「묄렌도르프의 조선문명개화론」, 『역사교육』 46, 1989.

金昌錫, 「8~10세기 이슬람 제종족의 신라 來往과 그 배경」, 『한국고대사연구』 44, 한국고대사학회, 2006.

김철웅, 「고려와 大食의 교역과 교류」, 『문화사학』 25, 2006.

김판준, 「저출산, 고령화 사회에 대비한 다문화 정책의 과제」, 『다문화와 평화』 6(2), 2012.

김학선·홍선우·최경숙, 「파독 간호사 삶의 재조명」, 『한국산업간호학회지』 18(2), 2009.

김호범, 「일제하 식민지재정의 구조와 성격: 1910년대 및 20년대의 조세정책을 중심으로」, 『경제연구』 3(1), 1994.

김형우, 「고려시대 연등회 연구: 설행실태를 중심으로」, 『국사관논총』 55, 국사편찬위원회, 1994.

나혜심, 「파독한인여성 이주노동자의 역사: 1960~1970년대 한인 간호인력 독일행의 원인」, 『서양사론』 100, 2009.

나혜심, 「독일 한인간호여성의 노동의 성격」, 『독일연구』 17, 2009.

나혜심, 「독일 한인여성 간호노동자의 독일이주와 한인가족 내 여성의 역할」, 『여성과 역사』 11, 2009.

남원진씨족보편찬위원회, 「判書公派」, 『南原晉氏族譜(昭穆編)』, 회상사, 1994.

노계현, 「묄렌도르프가 한국외교에 끼친 영향」, 『비교문화연구』 창간호, 1982.

盧明鎬, 「高麗의 多元的 天下觀과 海東天子」, 『한국사연구』 105, 한국사연구회, 1999.

盧明鎬, 「동명왕편과 이규보의 다원적 천하관」, 『진단학보』 83, 1997.

류마리, 「김충선의 다문화적 가치의 확립과 실천: 和의 정신을 중심으로」, 계명대학교 석사논문, 2011.

류지명, 「귀화인 김충선의 문학세계」, 『어문교육논문집』 10, 1988.

류찬열, 「탈북자를 바라보는 두 개의 시선」, 『다문화 인문학의 공간과 시간: 갈등과 연대, 차이와 인정, 배제와 융합』(2014 중앙대학교 다문화 콘텐츠연구사업단 전국학술대회 발표자료집), 중앙대학교 문화콘텐츠기술연구원, 2014.

리득춘, 「훈민정음 창제설과 비창제설」, 『중국조선어문』 99(2), 1999.

민병갑, 「The Korean Community in New York: New Jersey Area in the 1980s」, 『디아스포라의 경험과 재외 한인사회』(국제학술대회 발표자료집), 중앙대학교 다문화콘텐츠연구사업단·중앙사학연구소, 중국 연변대학 민족학연구소, 미국 뉴욕시립대학 퀸즈컬리지 한인사회연구소, 2012.

朴慶植, 「新羅 始原期 石塔에 대한 考察」, 『문화사학』 9, 한국문화사학회, 2003.

박광국·채경진, 「다문화 정책에서의 네트워크 분석: 부처별 기능비교를 통한 효율적 다문화 정책 체계구축」, 『한국행정학회 동계학술발표논문집』, 2011.

박광성, 「1901년 제주도 민란의 원인에 대하여: 신축 천주교 박해사건」, 『인천교육대학 논문집』 2, 1967.

박광용, 「대종교 관련 문헌에 위작이 많다: 『환단고기』의 성격에 대한 재검토」, 『역사비평』 10, 1990년 가을호.

박미경, 「다문화사회와 이주노동자 사회통합 정책과 과제: 미등록 이주노동자 권리보장을 중심으로」, 『다문화와 평화』 4(2), 2010.

朴範薫, 「佛典에 記錄된 音樂用語에 관한 研究」, 『蓮史洪潤植敎授停年退任紀念 韓國文化의 傳統과 佛敎』, 논총간행위원회, 2000.

박선희, 「문학화된 사야가(김충선)에 대한 고찰」, 고려대학교 석사논문, 2010.

박성혁·곽한영, 「다문화교육정책 국제비교를 통한 우리나라 다문화 교육정책의 방향 모색」, 『시민교육연구』 41(2), 2009.

박재영, 「구한말 독일인 묄렌도르프의 조선인식」, 『동학연구』 21, 2006.

박재영, 「Das Bild Nordkoreas in den ostdeutschen Reiseberichten waehrend des kalten Krieges」, 『독일언어문학』 36, 2007.

박재영, 「유럽 다문화사회의 문화충돌: 영국·프랑스·독일을 중심으로」, 『다문화연구』 창간호, 2008.

박재영, 「전통사회와 외래종교의 문화충돌: '이재수의 난'을 중심으로」, 『경주사학』 36, 2012.

박재영, 「독일 다문화사회의 한국 이주민 연구: 파독 간호사·광부를 중심으로」, 『디아스포라의 경험과 재외 한인사회』(국제학술대회 발표자료집), 중앙대학교 다문화콘텐츠연구사업단·중앙사학연구소, 중국 연변대학 민족학연구소, 미국 뉴욕시립대학 퀸즈컬리지 한인사회연구소, 2012.

박재영, 「파독 간호사광부의 독일정착과 삼각이민 연구」, 『다문화콘텐츠연구』 15, 2013.

박재영, 「다문화 역사교육을 위한 교재개발과 내용구성」, 『동아시아와 다문화』(제13회 동아시아비교문화국제회의 발표자료집), 중앙대학교 문화콘텐츠기술연구원·동아시아비교문화국제회의, 2016.

박진희, 「일제하 주택개량 담론에서 보여지는 근대성」, 『담론201』 7(2), 2005.

박찬식, 「〈이재수의 난〉: 사실성과 상징성 사이의 표류」, 『역사비평』 통권

48호, 1999.

박창범·나대일, 「단군조선 천문현상의 과학적 검증」, 『한국상고사학보』 14, 1993.

朴漢男, 「高麗의 對金外交政策 硏究」, 성균관대 박사논문, 1993.

白承鎬, 「高麗와 宋의 貿易 硏究」, 전남대 박사논문, 2006.

서신혜, 「고전 서사 속 降倭의 형상화 양상에 대한 연구」, 『동양고전연구』 37, 2009.

서운석, 「한국인의 다문화 인식 현황: 연령별 비교를 중심으로」, 『다문화와 평화』 4(1), 2010.

서운석, 「한국인의 국내 거주 다문화 집단에 대한 수용적 인정에 관한 영향 요인 분석」, 『다문화와 평화』 5(2), 2011.

손은하, 「다문화사회에서 이주민의 타자화: 재현된 영상물을 중심으로」, 『다문화와 평화』 7(1), 2013.

손진태, 「온돌문화전파고」, 『신민』 24, 신민사, 1927.

송찬식, 「僞書辨」, 『월간중앙』, 1997.

송호수, 「한글은 세종 이전에도 있었다」, 『광장』 125, 1984.

신만섭, 「정치적 관점에서 본 한국 다문화 현상의 문제점」, 『한국 반다문화주의의 현황과 전망』(중앙대학교 문화콘텐츠기술연구원 다문화콘텐츠연구사업단 2012 전국학술대회 발표자료집), 중앙대학교 문화콘텐츠기술연구원, 2012.

심미경, 「다문화가정 이혼 남성 사례 연구」, 『다문화와 평화』 9(1), 2015.

심봉섭, 「慕夏堂 金忠善(사야가) 陰宅의 風水地理 硏究」, 영남대학교 석사논문, 2006.

심윤종, 「해외취업인 실태: 재독 한국간호원을 중심으로」, 『인문과학 논문집』 2(7), 충남대학교 인문과학연구소, 1975.

안창범, 「桓檀古記는 眞書 중 眞書이다」, 『신종교연구』 15, 2006.

안혜영, 「새터민의 자립정착을 위한 취업정책 모형개발 연구」, 『통일정책

연구』 14(2), 2005.

오세민·박정훈·홍성휘, 「기초자치단체의 다문화가족지원 조례 제정현황과 내용에 관한 분석: 경기도 내 시, 군을 중심으로」, 『다문화와 평화』 8(1), 2014.

오성찬, 「성교난(聖敎亂)의 주동자 이재수」, 『나라사랑』 79, 1991.

우양호·안미정, 「다문화 가족의 지역사회 정착과 삶의 기억: 이민자 공생의 새로운 해법 찾기를 위한 학제적 접근」, 『지방정부연구』 19(2), 2015.

劉永奉, 「韓國의 歷史와 風水地理」, 『韓國思想과 文化』 19, 2003.

유홍렬, 「제주도에 있어서의 천주교박해: 1901년의 교난」, 『이병도박사 화갑기념논총』, 1956.

尹素英, 「朴珪壽와 셰난도어호 事件」, 『숙명한국사론』 2, 1996.

尹榮玉, 「慕夏堂의 文學」, 『민족문화논총』 23, 2001.

윤향희·전세경, 「다문화가족 지원정책 전달기관의 정책수행 실태 및 개선 방안에 관한 연구: 대전광역시를 중심으로」, 『다문화콘텐츠연구』 18, 2015.

이광규, 「한국에서 보는 미주 한인사회」, 『미주한인이민 100년사』, 한미동포재단, 2002.

이근수, 「한글은 세종 때 창제되었다」, 『광장』 126, 1984.

이긍연, 「다문화교육 주요 정책과 실제」, 『미래 비전으로서의 다문화사회, 교육 과제로서의 다문화소통』(건국대학교 개교 70주년 기념 제2회 다문화소통교육 교사포럼 자료집), 건국대학교 아시아·디아스포라 연구소, 2016.

이기동, 「라말려초 남중국 여러 나라의 교섭」, 『역사학보』 155, 1997.

이기석, 「1901년 제주민란의 성격과 구조」, 『종교 인간 사회』, 서의필선생 회갑기념논문집 간행위원회, 1988.

이도학, 「재야사서 해제 환단고기」, 『민족지성』, 1986.11.

이동영, 「慕夏堂研究」, 『청구문학』 6, 1966.

이명현, 「고전서사의 서사문법을 수용한 다문화 애니메이션 창작사례연구」, 『동아시아와 다문화』(제13회 동아시아비교문화국제회의 발표자료집), 중앙대학교 문화콘텐츠기술연구원·동아시아비교문화국제회의, 2016.

李美香, 「불교도상에 나타난 악기 연구」, 『蓮史洪潤植教授停年退任紀念 韓國文化의 傳統과 佛教』, 논총간행위원회, 2000.

이민수, 「興宣大院君 內治의 再照明」, 『社會文化研究』 2, 1983.

이민수, 「大院君의 宗敎政策에 대한 一考察」, 『東學研究』 5(1), 1999.

이병도, 「임란시의 항왜 김충선」, 『이충무공 350주기 기념논총』, 동화사, 1950.

李寶燮, 「帰化武将沙也可(金忠善)に関する評価の変遷」, 『広島修大論集 人文編』 48(1), 2007.

이배용, 「서양인이 본 한국 근대사회」, 『이화사학연구』, 28집, 2001.

이선희, 「재독한인들의 한국인으로서의 인식문제와 정체성 변천과정」, 『한국사연구』 158, 2012.

李盛周, 「新羅式 木槨墓의 展開와 意義」, 『新羅考古學의 諸問題』, 韓國考古學會, 1996.

이수자, 「지구화와 이주과정에서 발현되는 문화혼성성: 재독 한인 여성과 재한외국인 여성의 문화적응 비교분석을 중심으로」, 『한독사회과학논총』 16(2), 2006.

이영석·박재흥, 「재독일 교민의 역이주와 귀향의식에 대한 연구: 남해군 '독일마을' 입주 교민들의 경우」, 『독어교육』 36, 2006.

이영석, 「재독일 교민의 한국에 대한 기억」, 『독일어문학』 40, 2008.

이용범, 「三國史記에 보이는 이슬람 商人의 무역품」, 『李弘稙博士回甲紀念論叢』, 1969.

이용범, 「삼국사기에 보이는 이슬람상인의 무역품」, 『이홍식박사회갑기념

한국사학논총』, 신구문화사, 1969.

李龍範, 「處容說話의 一考察: 唐代 이슬람商人과 신라」, 『震檀學報』 32, 1969.

이용일, 「트랜스내셔널 전환과 새로운 역사적 이민연구」, 『서양사론』 103, 2009.

이용재, 「다문화사회 갈등 해소를 위한 다문화개념의 전환: 분기하는 다양성과 동의형식의 문화개념」, 『사회과학연구』 19(2), 2011.

이우성, 「삼국유사소재 처용설화의 일분석」, 『김재원박사회갑기념논총』, 1969; 『한국중세사회사연구』, 일조각, 1991.

이유재·최선주, 「전도된 개발원조: 독일로의 한국인 노동이주」, 『교포(Kyopo Shinmun)』 492, 2006.

이유립, 「동양문명 서원론을 비판한다」, 『자유』, 1976년 5월호.

이애덕, 「大院君 執權期 天主教徒에 대한 分析的 考察: 丙寅迫害殉教者 證言錄을 中心으로」, 부산대 석사논문, 1994.

이원순, 「조선말기사회의 대서교문제 연구: 교안을 중심으로 한」, 『역사교육』 15, 1973.

李鎭漢, 「高麗時代 宋商 貿易의 再照明」, 『歷史教育』 104, 역사교육연구회, 2007.

이찬욱, 「한국의 귀화성씨와 다문화」, 『다문화콘텐츠연구』 17, 2014.

이태영, 「한독수호통상조약의 성립」, 『한독수교 100년사』, 한국사연구협의회, 1984.

李漢祥, 「三國時代 環頭大刀의 製作과 所有方式」, 『한국고대사연구』 36, 2004.

李漢祥, 「新羅古墳 속 西域系文物의 現況과 解析」, 『한국고대사연구』 45, 2007.

이희수, 「이슬람권의 한국사 관련자료 소개」, 『역사와 현실』 8, 1992.

李熙濬, 「4~5世紀 新羅의 考古學的 研究」, 서울대 박사논문, 1998.

이희영, 「이주 노동자의 생애 체험과 사회운동: 독일로 간 한국인 1세대의 구술 생애사를 중심으로」, 『사회와역사』 68, 2005.

임현혁·이충훈, 「훈민정음과 동아시아 고대문자의 타이포그래퍼 유사성 연구」, 『The Korean Society of Illustration』 Vol. 9, 2004.

장갑수, 「국제결혼 이주여성의 임신출산과 자녀양육」, 『다문화콘텐츠연구』 14, 2013.

장규식, 「초기 도미 이민자의 삶과 미국사회 정착과정: 차의석의 이민 전기를 중심으로」, 『디아스포라의 경험과 재외 한인사회』(국제학술대회 발표자료집), 중앙대학교 다문화콘텐츠연구사업단·중앙사학연구소, 중국 연변대학 민족학연구소, 미국 뉴욕시립대학 퀸즈컬리지 한인사회연구소, 2012.

정덕기, 「일제하 미곡수탈 연구서설」, 『경희사학』 9·10합집, 1982.

장영희, 「전통놀이를 활용한 다문화가정 청소년의 문화교육 방안연구」, 『동아시아와 다문화』(제13회 동아시아비교문화국제회의 발표자료집), 중앙대학교 문화콘텐츠기술연구원·동아시아비교문화국제회의, 2016.

장은영, 「고려 팔관회의 관광축제 특성」, 『관광학연구』 28(2)(통권 47호), 한국관광학회, 2004.

전덕재, 「한국 고대 서역문화의 수용에 대한 고찰」, 『역사와 경계』 58, 부산경남사학회, 2006.

전상운, 「한국에 있어서의 이슬람문화」, 『한국과학사학회지』 14(1), 1992.

전영준, 「신라사회에 유입된 서역 문물과 多文化的 요소의 검토」, 『新羅史學報』 15, 2009.

정상기, 「다문화가족 시원사업의 효과적 운영방안: 다문화가족지원센터를 중심으로」, 『한국행정학회 동계학술발표 논문집』, 2009.

정상수, 「일본의 한국 강제병합과 강대국들의 대응 1895~1910년」, 『서양사연구』 42, 2010.

정수일, 「혜초의 서역기행과 『왕오천축국전』」, 『한국문학연구』 27, 동국대
　　학교, 2004.

정용교·유명철, 「다문화 시민사회의 실태와 방향: 다문화이주여성의 사회
　　적응을 중심으로」, 『대한정치학회보』 20(2), 2012.

丁載勳, 「북아시아 遊牧民族의 移動과 定着」, 『동양사학연구』 103, 동양사
　　학회, 2008.

정진옥, 「1901년 제주민란에 대한 일고: 소위 신축교난의 발생 원인을 중심
　　으로」, 『한국학논집』 3, 1983.

정현백, 「트랜스내셔널 히스토리의 가능성과 한계」, 『역사교육』 108, 2008.

정혜정, 「일제 강점기 보통학교 교육정책 연구」, 『일제의 식민지 지배정책
　　과 매일신보 1910년대』, 두림미디어, 2005.

조동환, 「한국 정부의 다문화 정책과 민족말살」, 『한국 반다문화주의의 현
　　황과 전망』(중앙대학교 문화콘텐츠기술연구원 다문화콘텐츠연구
　　사업단 2012 전국학술대회 발표자료집), 중앙대학교 문화콘텐츠기
　　술연구원, 2012.

조민식, 「다문화가정 자녀의 사회적 차별문제」, 『한국 반다문화주의의 현
　　황과 전망』(중앙대학교 문화콘텐츠기술연구원 다문화콘텐츠연구
　　사업단 2012 전국학술대회 발표자료집), 중앙대학교 문화콘텐츠기
　　술연구원, 2012, 3~17쪽.

조인성, 「환단고기의 단군세기와 단기고사·규원사화」, 『단군학연구』 2,
　　2000.

주　정, 「다문화가족서비스 전달체계의 전망과 과제: 다문화가족지원센터
　　를 중심으로」, 『사회복지경영연구』 1(2), 2014.

진동혁, 「慕夏堂歌考」, 『수도여사대논문집』 6, 1974.

崔圭成, 「대외관계」, 『한국사』 15, 국사편찬위원회, 1995.

최　관, 「일본에서는 임진왜란을 어떻게 인식하여 왔는가」, 『아시아문화연
　　구』 15, 2008.

최선일, 「통일신라시대 梵鐘에 표현된 天人像 연구」, 『新羅史學報』 15, 2009.

최성환, 「다문화 담론과 다문화 생활세계의 변증법」, 『다문화 인문학의 정립』(2013 중앙대학교 다문화콘텐츠연구사업단 국제학술대회 발표자료집), 중앙대학교 문화콘텐츠기술연구원, 2013, 55~78쪽.

최성환, 「다문화 시민교육의 이념: M. 왈쩌의 관용론과 M. 누스바움의 시민교육론을 중심으로」, 『다문화 인문학의 공간과 시간: 갈등과 연대, 차이와 인정, 배제와 융합』(2014 중앙대학교 다문화콘텐츠연구사업단 전국학술대회 발표자료집), 중앙대학교 문화콘텐츠기술연구원, 2014.

최용기, 「다문화사회의 한국어 교육 정책 현황과 과제」, 『다문화와 평화』 5(1), 2011.

최윤형·김수연, 「대한민국은 우릴 받아줬지만, 한국인들은 탈북자를 받아준 적이 없어요」, 『한국광고홍보학보』 15(3), 2013.

최인표, 「고려 성종의 유교정치이념 채택과 역사적 의의」, 『국학연구』 5, 한국국학진흥원, 2004.

최장근, 「近世日本 朝鮮侵略 領土擴張: 降倭 沙也可 實體 考察」, 『조선사연구』 33, 2010.

최장근, 「金忠善에 대한 정밀 탐구: 관직으로 보는 사야가의 위상」, 『일어일문학』 52, 2011.

최장미·차순철, 「2006년도 사천왕사지 발굴조사의 성과와 의의」, 『신라사학보』 8, 신라사학회, 2006.

최종고, 「묄렌도르프와 한국법(Ⅰ): 한국 법문화의 초기 접촉으로서」, 『한독법학』 창간호, 1979.

최종고 「묄렌도르프(Paul G. von Moellendorff) (上)」, 『대한변호사협회지』, 53호, 1980.

崔鍾庫, 「法學을 통한 韓獨關係史」, 『韓獨法學』 2, 1980.

최종고, 「한말의 서양인 법률고문제도」, 『동방학지』 32, 1982.

최종고, 「구한말의 한독관계: 정치적, 문화적 측면」, 『한독수교 100년사』, 한국사연구협의회, 1984.

최종고, 「오늘의 한국에서 본 묄렌도르프」, 『묄렌도르프와 21세기의 한국』, 주한독일문화원, 2001.

추명엽, 「고려전기 '번(蕃)' 인식과 동·서번의 형성」, 『역사와 현실』 43, 2002.

한문종, 「임진왜란시의 降倭將 金忠善과 『慕夏堂文集』」, 『한일관계사연구』 24, 2006.

한스 알렉산더 크나이더, 「'조용한 아침의 나라'에 남겨진 독일의 흔적들: 1910년까지 정동 일대에서 활약한 독일인들의 약사」, 『정동 1900: 대한제국 세계와 만나다』(제10회 서울역사박물관 국제심포지엄 발표 자료집), 서울역사박물관, 2011.

許榮珍, 「大院君 執政期 Oppert 事件 硏究」, 이화여자대학교 석사논문, 1989.

許興植, 「『高麗史』地理志에 실린 名所와 山川壇廟와의 關係」, 『韓國史硏究』 117, 한국사연구회, 2002.

홍기원, 「한국 다문화 정책의 현황과 과제」, 『다문화와 평화』 3(1), 2009.

후지와라 다카오(藤原隆夫), 「沙也可의 儒學思想用例」, 『유학연구』 24, 2011.

후지와라 다카오(藤原隆夫), 「사야카[김충선(金忠善)]의 투항 요인과 시기의 윤색(潤色)문제」, 『조선사연구』 23, 2014.

후지와라 다카오(藤原隆夫), 「沙也可(金忠善)の遺跡, 史績と儒學觀」, 영남대학교 박사논문, 2014.

E. J. Oppert, 신복룡·장우영 역주, 「동아시아 견문기: 인도·중국·일본·한국의 모습과 회상(Ostasitische Wandurungen, Skizzen und Erinnerungen)」, 『금단의 나라 조선』, 집문당, 2000.

4) 기타

(1) 신문

「잃어버린 고대문자」, 『문화일보』, 1994.12.28.

「훈민정음 이전 한글, 가림토 발견, 경북 경산시 와촌면 명마산서 'ㅅ, ㅈ,
ㅠ' 자모 뚜렷 학계 관심」, 『부산일보』, 2003.03.13.

「찌아찌아족 9일 '2010한글사랑 축제' 공연」, 『더 데일리』, 2010.01.06.

「일본 최고 역사서, 한글로 작성됐다」, 『머니투데이』, 2009.10.09.

「일본 最古 역사책, 19세기 한글본 발견」, 『국민일보』, 2009.10.08.

「유네스코 세계기록유산 등재됐다」, 『동아일보』, 2013.06.18.

(2) 방송

NHK 역사발견 〈조선출병 400년, 히데요시에게 반역한 일본무장(歷史発見
朝鮮出兵400年 秀吉に反逆した日本武将)〉, 1992.10.30.

KBS 역사스페셜, 〈추적 환단고기 열풍〉, 1999.10.02.

KBS 역사스페셜, 〈한글은 집현전에서 만들지 않았다〉, 1999.10.09.

KBS 역사스페셜, 〈임진왜란 비사, 왜군과 싸운 왜군들〉, 2002.11.16.

MBC, 〈다큐멘터리: 독일로 간 광부·간호사들(제2부)〉, 2004.06.12.

MBC 한글날 특집 다큐멘터리, 〈미스테리 한글 해례 6211의 비밀〉, 2007.
10.07.

KBS 역사스페셜, 〈역사의 수레바퀴를 움직여 온 귀화 성씨〉, 2010.07.17.

EBS 역사채널e, 〈영웅과 역적 사이(36화)〉, 2012.06.22.

대구 MBC 창사 특집: 독일 경상도 사람들 1부 〈이주 50년, 독일로 간 광부·
간호사 이야기〉, 2012.09.27.

대구 MBC 창사 특집: 독일 경상도 사람들 2부 〈경계의 삶, 독일과 한국사
이〉, 2012.09.28.

KBS 역사저널 그날, 〈풍전등화의 조선, '그들'이 있었다〉 1편(항왜 왜장

사야카, 조선에 투항한 날), 2015.05.31.

2. 국외자료

1) 단행본

江宮隆之, 『沙也可, 義に生きた降倭の将』, 結書房, 2005.

菊池謙讓, 『朝鮮雜記』(第2卷), 鷄鳴社, 1931.

宮本徳蔵, 『虎砲記』, 新潮社, 1991.

貫井正之, 『秀吉と戦った朝鮮武将』, 六興出版, 1992.

金竜煥, 『亀甲船海戦記』, 成甲書房, 1979.

麻倉一矢, 『小西幸長』, 光文社時代小説文庫, 1997.

文慶哲, 『朝鮮を三度も救った日本人「沙也可」』, 総合政策論集, 2003.

文部省檢定済教科書, 『高教 日本史 A』, 実教出版株式会社, 1999.

北島万次, 『豊臣秀吉の朝鮮侵略』, 吉川弘文館, 1995.

司敬 作, 河承男 畵, 『沙也可(1~3)』, 尙禾, 2005.

司馬遼太郎, 『韓のくに紀行・街道を行く2』, 朝日新聞社(初版本 1978), 1978.

山田風太郎, 『朝鮮役悲歌(改題「降倭変」)』, 講談倶楽部, 1954.04.

小山帥人, 『不正義の戦争から脱走し, 日本{軍と戦う: 戦国武将、沙也可が
　　　　　問いかけるもの』, 部落解, 2001.

小松緑, 『明治史實 外交秘話』, 中外商業新報社, 1927.

小坂貞雄, 『外人の觀たる 朝鮮外交秘話』, 朝鮮外交秘話出版會, 1934.

神坂次郎, 『海の伽倻琴』(上・下), 徳間書店, 1993.

森鴎外, 「佐橋甚五郎」, 『中央公論』, 1913.04.

李正伯, 『遥かなる降倭: 沙也可を追跡せよ』, アプロ21, 2003.01~2004.04.

日本 文部省, 『高教 日本史 A』, 實敎出版, 1998.

長谷川つとむ, 『帰化した侵略兵』, 新人物往来社, 1996.

中村栄孝, 『日鮮関係史の研究』(上・中・下), 吉川弘文館, 1965~1969.

中村栄孝, 「朝鮮役の投降倭将金忠善: その文集と伝記の成立」, 『名古屋大
学文学部研究論集』, 1965.

秦恒平, 『北の時代』, 筑摩書房, 1984.

青柳綱太郎 編, 『慕夏堂集』, 朝鮮研究會, 1915.

平田篤胤全集刊行会 編, 『新修平田篤胤全集』(第15巻), 名著出版, 1978.

Angenendt, Steffen, *Deutsche Migrationspolitik im neuen Europa*, Oplade, 1997.

*Bilder von Reise Seiner Koenigl. Hoheit des Prinzen Heinrich von Preussen nach
Chemulpo, Seoul und dem deutschen Bergwerk Tangkogae im Juni 1899*
(O. O. um 1990).

Boehme, Gerno, u.a. (ed.), *Migration und Auslaenderfeindlichkeit*, Darmstadt,
1994.

Boesch, Frank (Hg.), *Die Massen bewegen*, Frankfurt a. M.. 2006.

Broughton, William R., *A Voyage of Discovery to the North Pacific Ocean*, London,
1804.

Bundesamt fuer Migration und Fluechtlinge, *The Impact of Immigration on
German society*, Nuernberg, 2005.

Choe, Jae-Hyeon & Daheim, *Hansjuergen Rueckkehr- und bleinperspektiven
koreanischer Arbeitsmigration in der Bundesrepublik*, Frankfurt a.M.,
1987.

Chun-Shik Kim, *Ostasien zwischen Angst und Bewunderung*, Münster, Hamburg,
London, 2001.

Dege, Eckart, *ntwicklungsdisparitäten der Agrarregionen Südkoreas*, Kiel, 1982.

Oppert, Ernst J., *Ein verschlossenes Land: Reisen nach Corea*, Leipzig, 1880.

Gaddis, John Lewis, *The Cold War: A New History*, New York: Penguin Books,

2005.

Galanis, Georgios N., *Migranten als Minoritaet im Spiegel der Presse*, Frankfurt, a.M.. 1989.

Hahn, Hans Henning (ed.), *Berichte und Forschungen: Jahrbuch des Bundesinstituts für Ostdeutsche Kultur und Geschichte Körperschaft*, München u. Oldenburg, 1994.

Halde, Du, *The GeneralHistory of China*, London, 1741.

Hall, Basil, *Account of a Voyage of Discovery to the West of Corea and the Great Loo-Choo Island*, London, 1818.

Hamel, Hendrick, *An Account of the Shipwreck of a Dutch Vessel on the Coast of the Isle of Quelpart, Together with the Description of the Kingdom of Corea*, London, 1818.

Han, Jong-soo, *Die Beziehungen zwischen der Republik Korea und der Bundesrepublik Deutschland 1948~1986*, Diss. Frankfurt am Main u.a., 1991.

Hann, Ulrich, *Aspekte interkultureller Kommunikation: eine Studie zum Deutschenbild der Koreaner und Koreanerbild der Deutschen in Suedkorea auf der Grundlage phaenomenologischer Alltagsbeobachtungen und empirisch ermittelter national Stereotypen*, München, 1985.

Hyams, C. Barry u. a. (ed.), *Arbeitsmigration*, Marburg, 1975.

Klaproth, H. J., *apercu général des trois Royaumes, traduit de l'Original Japonais-Chinois*, Paris, 1832.

Kroebel, Emma, *Wie ich an den koreanischen Kaiserhof kam: Reise-Eindrücke und Erinnerungen*, Berlin, 1909.

Lehberger, Kurt, *Die Arbeits- und Lebensbedingungen in Südkorea in der Phase der exportorientierten Industrialisierung(1965~1980)*, Saarbrücken, 1983.

Lippmann, Walter, *Public Opinion*, New York, 1922.

Lippmann, Walter, *Die öffentliche Meinung*, München, 1964.

Lowell, P., Chosön, *The Land of the Morning Calm*, Boston, 1886.

Park, Jae-Young, *Kommunismus-Kapitalismus als Ursache nationaler Teilung: Das Bild des geteilten Koreas in der deutschen und des geteilten Deutschlands in der koreanischen Literatur seit den 50er Jahren(Diss.)*, Oldenburg, 2005.

Said, Edward W., Orientalism, New York, 1979.

Schmuck, Hilmar u. Gorzny, Willi (ed.), *Gesamtverzeichnis des deutschsprachigen Schrifttums(GV), 1700~1910*, Vol. 105, K. G. Saur München, New York, 1984.

Wininger, Salomon(ed.), *Jüdisches Bibliographisches archiv, Grosse Jüdische National-Bibliographie*, Vol. 4, 1929.

Schaff, Adam, *Stereotypen und das menschliche Handeln*, Wien, 1997.

von Siebolt, P. F. u. Hoffmann, J., *Nippon*, Leiden, 1854.

Wunsch, Getrud Claussen(ed.), *Fremde Heimat Korea; deutscher Arzt erlebt die letzten Tage des alten Korea(1901~1905)*, München, 1983.

von Moellendorff, Rosalie, P. G. *von Moellendorff - Ein Lebensbild*, Leipzig, 1930.

Allen, Horace N. , *Korea: Fact and Fancy, Being A Republication of Two Books Entitled "Korean Tales" and "A Chronological Index"*, Seoul, 1904.

Yoo, Jung-sook, *Koreanische Immigranten in Deutschland: Interessenvertretung und Selbstorganisation*, Bochum, 1996.

Yoon, In-Jin, *On My Own: Korean Business and Race Relation in America*, Chicago, University of Chicago Press, 1997.

2) 논문

森克己, 「日宋と高麗との私獻貿易」, 『朝鮮學報』 14, 1959.

Choi, Sun-Ju & Lee, You Jae, "mgekehrte Entwicklungshilfe. Die koreanische

Arbeitsmigration in Deutschland", Kölnischer Kunstverein u.a. (Hg.), *Projekt Migration*, Köln, 2005.

Diamond, Jared, "Writing Right", *Discover*, 1994.6.

Esman, Milton J., "Diasporas in the Contemporary World, Cambridge, UK: Polity", Freie und Hansestadt Hamburg (Hrsg.), *Koreaner in Hamburg*, Hamburg, 2009.

Hahn, Hans Henning, "Strereotypen in der Geschichte und Geschichte im Stereotyp", Hans Henning Hahn (ed.), *Historische Stereotypenforschung: Methodische Überlegungen und empirische Befunde*, Oldenburg 1995.

Hahn, Hans Henning, "Einführung. Zum 80. Geburtstag des Begriffs Stereotyp", Hahn, Hans Henning (ed.), *Stereotyp, Identität und Geschichte*, Frankfurt/ M u.a., 2002.

Roh, Klaus, "Bilder in den Köpfen-Stereotypen, Mythen, Identitäten aus ethnologischer Sicht", Valeria Heuberger (ed.), *Das Bild vom Anderen: Identitöten, Mentalitäten, Mythen und Stereotypen in multiethnischen europäischen Regionen*, Frankfurt a.M., 1998.

Wajda, Kazimierz, "Die Deutschen im Spiegel der polnischen Publizistik 1871~1914", Hahn, Hans Henning (ed.), *Historische Stereotypenforschung*, Oldenburg. 1995.

Wadja, Kazimierz, "Die Zusammenarbeit der Thorner und Oldenburger Historiker", Stanislaw Chwirot and Hans Henning Hahn (ed.), *Stellung und Verantwortung der Hochschulen in einem politisch offenen Europa: Beiträge des Symposiums anläßlich der 15 jährigen Kooperation zwischen der Nikolaus Kopernikus Universität Thorn/Torun und der Carl von Ossietzky Universität Oldenburg*, Oldenburg, 1997.

Shin, Eui Hang & Kyung-Sup Chang, "Peripheralization of Immigrant Professionals: Korean Physicians in United States", *International*

Migration Review, 22, 1988.

Stüben, Jens, "Deutscher Polen-Bilder: Aspekte ethnischer Imagotyp und Stereotyp in der Literatur", Hans Henning Hahn (ed.), *Historische Stereotypenforschung*, Oldenburg, 1996.

발표지면

제1부 전근대: 6장 한국 근세의 문화적 다양성

1. 다문화적 관점에서 본 한글과 동아시아 문자와의 관련성(박재영)
⇨ **발표지면:** 「다문화적 관점에서 본 한글과 동아시아 문자와의 관련성」,
　　　『경주사학』 37, 101~128쪽.

2. 귀화인 金忠善(沙也可)의 생애와 역사·문화콘텐츠로의 재현(박경하)
⇨ **발표지면:** 「귀화인 金忠善(沙也可)의 생애와 역사문화콘텐츠로의 재현
　　　사례」, 『다문화콘텐츠연구』 19, 2015, 45~76쪽.

제2부 근현대

1장 서세동점기 독일인 오페르트의 조선이미지(박재영)
⇨ **발표지면:** 「역사적 스테레오타입 사례연구: 서세동점기 독일인 오페르트
　　　(E. J. Oppert)의 조선이미지」, 『동학연구』 22, 2007, 181~205쪽.

2장 한말 서구문물의 수용과 독일인(박재영)
⇨ **발표지면:** 「韓末 西歐文物의 受容과 獨逸人: P. G. von Moellendorff·
　　　Antoinette Sontag·Emma Kroebel」, 『독일연구』 23, 2012, 31~72쪽.

3장 전통사회와 외래종교의 문화충돌: '이재수의 난'(박재영)

⇨ **발표지면**: 「전통사회와 외래종교의 문화충돌: '이재수의 난'을 중심으로」,
『경주사학』 36, 2013, 135~156쪽.

4장 일제강점기 한 조선 청년의 구직 및 일상생활(박경하)

⇨ **발표지면**: 「1920년대 한 朝鮮 靑年의 求職 및 日常生活에 대한 일고찰」,
『역사민속학』 31, 2009, 153~194쪽.

5장 파독 간호사·광부의 독일정착과 삼각이민(박재영)

⇨ **발표지면**: 「파독 간호사·광부의 독일정착과 삼각이민 연구」, 『다문화콘
텐츠연구』 15, 2013, 335~364쪽.